# Der Wiederaufbau der Dresdner Frauenkirche

## Botschaft und Ausstrahlung
einer weltweiten Bürgerinitiative

# Der Wiederaufbau der Dresdner Frauenkirche

Botschaft und Ausstrahlung
einer weltweiten Bürgerinitiative

*Einweihung: 30. Okt. 2005*

Herausgegeben von
Ludwig Güttler

unter Mitarbeit von
Hans-Joachim Jäger, Uwe John
und Andreas Schöne

SCHNELL + STEINER

Bibliografische Informationen der Deutschen Bibliothek
Die Deutsche Bibliothek verzeichnet diese Publikation
in der Deutschen Nationalbibliografie; detaillierte bibliografische Daten sind im Internet über http://dnb.ddb.de abrufbar.

1. Auflage 2006
© 2006 Verlag Schnell & Steiner GmbH, Leibnizstraße 13,
93055 Regensburg
Umschlaggestaltung: grafica, Regensburg
Gesamtherstellung: Erhardi Druck GmbH, Regensburg
ISBN-10: 3-407-7954-1894-1
ISBN-13: 978-3-7954-1894-6

Alle Rechte vorbehalten. Ohne ausdrückliche Genehmigung
des Verlags ist es nicht gestattet, dieses Buch oder Teile daraus
auf fototechnischem oder elektronischem Weg zu vervielfältigen.

Weitere Informationen zum Verlagsprogramm erhalten Sie unter:
www.schnell-und-steiner.de

# Inhalt

*Ludwig, Güttler*
Vorwort .................................................... 9

*Claus Fischer, Hans-Joachim Jäger*
Bürgersinn und Bürgerengagement als Grundpfeiler des Wiederaufbaus
der Frauenkirche ............................................ 11

*Dankwart Guratzsch*
Das innere Leuchten ......................................... 59

*Hans Nadler (†)*
Der Erhalt der Ruine der Frauenkirche nach 1945 ............... 77

*Andrzej Tomaszewski*
Materielle und immaterielle Werte von Kulturgütern
in der westlichen Tradition und Wissenschaft .................. 90

*Heinrich Magirius*
Relikt, Reliquie und Gestalt. Der Wiederaufbau der Dresdner Frauenkirche
als denkmalpflegerische Herausforderung ...................... 101

*Jochen Bohl*
Freiheit, die wir meinen ..................................... 112

*Joachim Reinelt*
Eine Chance für die Botschaft des Evangeliums ................ 124

*Hans Joachim Neidhardt*
Die neue Dresdner Frauenkirche. Anfänge, Risiken und Wirkungen ......... 127

*Eberhard Burger*
Der Wiederaufbau der Frauenkirche zu Dresden
– ein persönliches Bekenntnis ................................ 142

*Günter Voigt*
Die friedliche Revolution von 1989 als Chance für den Wiederaufbau
der Frauenkirche ............................................ 154

*Friedrich Dieckmann*
Etwas Abenteuerliches war an dem Bau. Viermal: die Frauenkirche ....... 158

*Martin Walser*
Gerettete Geschichte ......................................... 171

*Peter Hahne*
Wenn Steine schreien ........................................ 176

*Roman Herzog*
Erinnerungen um die Frauenkirche ............................ 179

*Richard von Weizsäcker*
Nicht ICH, sondern WIR! .......................................... 184

*Helmut Kohl*
Symbol der Versöhnung ............................................ 186

*Kurt Biedenkopf*
Was uns die Frauenkirche zu sagen hat ............................. 190

*Hans-Jochen Vogel*
Die Botschaft der Frauenkirche ..................................... 198

*Theo Waigel*
Eine Gedenkmünze für die Frauenkirche ............................. 206

*Hans-Olaf Henkel*
Was wir vom Wiederaufbau der Frauenkirche lernen können .............. 210

*Ludwig Güttler*
Ein Paukenschlag. Jahrtausendwechsel in der Frauenkirche ................ 226

*Edward Herzog von Kent*
Die Frauenkirche – wieder aufgebaut und in Erwartung .................. 244

*Alan Keith Russell*
Ein kleiner Schritt für eine große Zukunft. Die Arbeit des Dresden Trust
für die Frauenkirche ............................................... 250

*Frank Wobst*
Dresden und Columbus. Eine Städtepartnerschaft im Zeichen
des Wiederaufbaus der Frauenkirche ................................ 263

*Bernhard Walter*
Eine Bank engagiert sich ........................................... 274

*Aino Kann Rasmussen*
Eine besondere Spende ............................................ 281

*Dieter Joachim Vollstedt*
Die Schafe, ein Papyrus, Dresden und die Frauenkirche ................. 285

*Horst Köhler*
Was uns eint. Ansprache des Bundespräsidenten zur Eröffnung
der Dresdner Frauenkirche am 30. Oktober 2005 ...................... 295

*Ludwig Güttler*
Epilog ............................................................ 302

*Claus Fischer, Hans-Joachim Jäger, Manfred Kobuch*
Chronologischer Abriß zur Geschichte des Wiederaufbaus
der Frauenkirche Dresden 1945–2005 ................................ 321

Personenregister .................................................. 351

Abbildungsverzeichnis ............................................. 360

### Friedensgebet

Herr, mache mich zu einem Werkzeug deines Friedens,
daß ich liebe, wo man haßt;
daß ich verzeihe, wo man beleidigt;
daß ich verbinde, wo Streit ist;
daß ich die Wahrheit sage, wo Irrtum ist;
daß ich den Glauben bringe, wo Zweifel droht;
daß ich Hoffnung wecke, wo Verzweiflung quält;
daß ich Licht entzünde, wo Finsternis regiert;
daß ich Freude bringe, wo der Kummer wohnt.

Herr, laß mich trachten,
nicht, daß ich getröstet werde, sondern daß ich tröste;
nicht, daß ich verstanden werde, sondern daß ich verstehe;
nicht, daß ich geliebt werde, sondern daß ich liebe.

Denn wer sich hingibt, der empfängt;
wer sich selbst vergißt, der findet;
wer verzeiht, dem wird verziehen;
und wer stirbt, der erwacht zum ewigen Leben. Amen.

*Hl. Franz von Assisi*

# Vorwort

„Und man braucht sie doch!" rief wiederholt und unüberhörbar der unvergessene, aus Dresden stammende Architekt Curt Siegel mitten in der Auseinandersetzung um das Für und Wider des Wiederaufbaus der Dresdner Frauenkirche. Alle, die in der Anfangszeit unsere Bürgerinitiative ungläubig bestaunten oder auch vehement gegen den Wiederaufbau argumentierten, können spätestens seit der Weihe am 30. Oktober 2005 feststellen, wie überraschend stark, ja geradezu überwältigend das öffentliche Interesse an der wiederaufgebauten Frauenkirche ist. Und man braucht sie doch! Die zunehmende öffentliche Faszination, die vom Wiederaufbau der Frauenkirche ausging, war allerdings schon in den Jahren vor der Fertigstellung spürbar – sowohl am regen Besuch der Baustelle, der Wiederaufbaukonzerte, Gottesdienste, Andachten und Vorträge in der 1996 geweihten Unterkirche und der weihnachtlichen Vespern vor der Kirche, als auch am weltweiten Spendenfluß.

Im Laufe der Zeit sind über verschiedene Aspekte des Wiederaufbaus zahlreiche Publikationen erschienen. Sie reichen von wissenschaftlichen Monographien und Periodika über reich bebilderte Berichte von verschiedenen Etappen des Wiederaufbaus, Festschriften zu bestimmten Ereignissen bis hin zu zahlreichen kleineren Schriften. Diese finden guten Anklang und zeigen einmal mehr, wie sehr der Wiederaufbau der Frauenkirche Menschen unterschiedlicher Herkunft, Religion und Interessen verbindet und bewegt. Ihn aber auf die Bauaufgabe zu begrenzen, griffe zu kurz. Begeisterte Zustimmung, tätige Hilfe, dankbare Freude, Mut und hoffnungsvolle Zuversicht, die vom Wiederaufbau auf Hunderttausende Menschen ausstrahlten, zeigen, daß das Wiederaufbaugeschehen in erster Linie das Ergebnis einer weltweiten Bürgerinitiative bisher ungekannten Ausmaßes war.

Die gesellschafts- und kulturpolitische Bedeutung des Wiederaufbaus der Dresdner Frauenkirche ist das Thema dieses Buches, das sich demgemäß in Profil und Zielstellung deutlich von der Mehrzahl der um die Dresdner Frauenkirche erschienenen Veröffentlichungen unterscheidet. Vertreter aus Politik, Wirtschaft, Wissenschaft und den Kirchen aus dem In- und Ausland beschreiben ihre persönlichen Erlebnisse, Überzeugungen, Einsichten und Aktivitäten im Zusammenhang mit dem Wiederaufbau. Sie vermitteln einen Eindruck von den ungeahnten Kräften solidarischen und glaubwürdigen Handelns und etwas von den erhebenden und beglückenden Erfahrungen, die uns als Handelnde beim Wiederaufbau immer wieder aufs Neue angetrieben haben.

Zu danken ist an dieser Stelle in erster Linie der Autorin und den Autoren, die sämtlich trotz großer Arbeitslast ihre Beiträge rechtzeitig eingereicht haben. Dr. Hans-Joachim Jäger, Andreas Schöne und Uwe John (alle Dresden) haben durch ihre sachkundige und kritische konzeptionelle Begleitung das Buchprojekt immer wieder vorangebracht, waren Ideengeber von der Auswahl der Autoren bis hin zur Redaktion sowie Garanten für ein rechtzeitiges Erscheinen. Namhafte Leihgeber und Fotografen haben uns bei der Bereitstellung von Abbildungen großzügig unterstützt. Die Bildredaktion besorgte Jan Weichold, Dresden; das Register erstellte Axel Heinzel-Berndt, Dresden. Der Verleger Dr. Albrecht Weiland vom Verlag Schnell & Steiner erklärte unser Projekt zur Chefsache und hat auf diese Weise nicht nur seine persönliche Verbundenheit zum Gegenstand des Buches zum Ausdruck gebracht, sondern auch dessen Erscheinen in ansprechender Ausstattung ermöglicht. Ihnen allen ist herzlich zu danken.

Der größte Dank aber gebührt all den ungezählten Spenderinnen und Spendern, die uns mit ihrem Vertrauen ehrten und dem Wiederaufbau ihr Geld anvertrauten. Ohne die ungezählten Spenden aus Nah und Fern gäbe es nichts, wovon dieses Buch Zeugnis ablegen könnte.

*Ludwig Güttler*
*Dresden, im Sommer 2006*

*Claus Fischer und Hans-Joachim Jäger*

# Bürgersinn und Bürgerengagement als Grundpfeiler des Wiederaufbaus der Frauenkirche*

Nur sechzehn Jahre nach Gründung der Bürgerinitiative und nach zwölfjähriger Bauzeit – beginnend mit der archäologischen Enttrümmerung der Ruine – ist die Frauenkirche wiedererstanden. In Medienberichten konnte man im Sommer 2005 über die „Gesellschaft zur Förderung des Wiederaufbaus der Frauenkirche Dresden e.V." (im folgenden abgekürzt: Fördergesellschaft), erfahren, daß weltweit etwa 13 000 Mitglieder in 23 Ländern der Erde, in verschiedenen Formen organisiert, dieses Projekt unterstützen und mitgeholfen haben, Tausende, ja Hunderttausende Freunde und Förderer zu gewinnen.

Begonnen hatte alles am 24. November 1989 in der Wohnung des Dresdner Kunsthändlers Heinz Miech in Dresden-Blasewitz. Nach Vorbereitung durch den Dresdner Zahnarzt Dr. Günter Voigt, der angesichts der sich abzeichnenden politischen Veränderungen bereits am 1. November 1989 einen offenen Brief an den sächsischen Landesbischof mit dem Hinweis auf die immer noch in Trümmern liegende Frauenkirche geschrieben hatte, traf sich eine Gruppe von Enthusiasten: die Dresdner Dipl.-Ing. Steffen Gebhardt (Architekt), Dr. theol. Karl-Ludwig Hoch (Pfarrer), Dipl. Med. Hans-Christian Hoch (Zahnarzt), Dr.-Ing. Hans-Joachim Jäger (Hochbauingenieur), Dr.-Ing. Walter Köckeritz (Architekt), Dr. phil. Hans Joachim Neidhardt (Kunsthistoriker), Dipl.-Ing. Dieter Schölzel (Architekt), Dr. med. Günter Voigt (Zahnarzt) und Dr. med. vet. Rudolf Stephan (Mikrobiologe) aus Berlin-West, um zu beraten, wie der Wiederaufbau der Dresdner Frauenkirche bewerkstelligt werden könnte und müßte. Dr. Karl-Ludwig Hoch trug seinen Entwurf eines Appells „Ruf aus Dresden – 1989" vor.[1] Die Überlegung dabei war, daß rasch gehandelt und an die Öffentlichkeit gegangen werden sollte. Es wurde beschlossen, den Mu-

---

\* Die Autoren danken ganz besonders dem Vorsitzenden der Gesellschaft zur Förderung des Wiederaufbaus der Frauenkirche Dresden e.V., Prof. Ludwig Güttler, für die umfangreichen Zuarbeiten und Anregungen sowie weiterhin den Mitgliedern des Vorstands der Gesellschaft zur Förderung des Wiederaufbaus der Frauenkirche Dresden e.V., die diesen Beitrag mit wertvollen Hinweise unterstützt haben, vor allem Landeskonservator i. R. Prof. Dr. phil. habil. Dr. h.c. Heinrich Magirius, Architekt Dr.-Ing. Walter Köckeritz und Architekt Dipl.-Ing. Dieter Schölzel, außerdem Herrn Dr. phil. Manfred Kobuch.

siker Prof. Ludwig Güttler anzusprechen, den Vorsitz der Bürgerinitiative zu übernehmen. Zwei Tage danach erfolgte die Gründung der Bürgerinitiative. Prof. Ludwig Güttler wurde ihr Vorsitzender und Sprecher.

Jeder aus dieser Gruppe und alle, die der Bürgerinitiative beitraten oder sich ihr später anschlossen, brachten langjährige Erfahrungen, wichtige persönliche Eindrücke, Hoffnungen und den festen Willen mit, den Wiederaufbau der Dresdner Frauenkirche tatsächlich in Gang zu setzen. Diese Hoffnung, der Enthusiasmus und die in den Tagen des Herbstes 1989 gewonnene Zuversicht schlossen den Kreis zusammen, um sich gegenseitig zu versichern, einen Anstoß zum Wiederaufbau der Frauenkirche zu geben, um überhaupt erst einmal eigenen Mut aufzubringen und an diese Aufgabe heranzutreten.

*Wurzeln der Bürgerinitiative*

Die Bürgerinitiative war verwurzelt in einer Vielzahl der Aktivitäten, die seit dem 4. August 1945, als die „Kommission für Bergung und Wiederaufbau bei der Landesverwaltung Sachsen" ihre Arbeit aufgenommen hatte,[2] und in den folgenden Jahren bis 1989 auf den Wiederaufbau der Dresdner Frauenkirche abzielten. Große Verdienste erwarben sich die Dresdner Denkmalpfleger, vor allem Prof. Dr.-Ing. Hans Nadler (1910–2005) und seine Mitarbeiter vom Sächsischen Landesamt für Denkmalpflege (ab 1952 Institut für Denkmalpflege, Außenstelle Dresden), die seit 1946 zusammen mit anderen Freunden Dresdens in der Überzeugung, daß auch die Frauenkirche wiederaufgebaut werden müsse, beharrlich und trotz schwieriger Umstände immer wieder an den notwendigen konkreten Vorleistungen, an Berichten, der Sicherung des Bestands an historischen Quellen und der authentischen Bausubstanz der Ruine, gearbeitet hatten.

Besonders genannt seien in diesem Zusammenhang die erste archäologische Enttrümmerung 1948/49 unter Leitung von Prof. Dr. Walter Henn (1912–2006) und unter Mitarbeit von Architekt Arno Kiesling (1889–1963), die im Auftrage des Landesamtes für Denkmalpflege Sachsen angefertigte umfangreiche Bauaufnahme von Arno Kiesling und der von Dr. Heinrich Magirius initiierte Bericht, den der Maler und Restaurator Erich Hennig (1902–1983) abfaßte. Hennig war maßgeblich an der Innenraumerneuerung der Frauenkirche bis 1943 unter Leitung von Prof. Paul Rößler (1873–1957) beteiligt gewesen.[3] Das waren unentbehrliche Voraussetzungen für die baugeschichtliche Forschungsarbeit und spätere Planungsvorbereitung.

Bürgersinn und Bürgerengagement als Grundpfeiler des Wiederaufbaus 13

Eine von der Dresdner Malerin Dore Mönkemeyer-Corty (1890–1973) bereits im Dezember 1945 entworfene Spendenkarte mit einem Engel, der herausgetrennt, gefaltet und aufgestellt werden konnte, der Verkauf von Bausteinen aus Trümmersandstein, versehen mit einer einge-

*Wiederaufbau-Plakat von Paul Sinkwitz, 27. Mai 1947*

betteten Plombe aus Orgelzinn und einem Steinmetzzeichen, oder kleine Kupferkreuze mit der Inschrift *Herr, ich habe lieb die Stätte Deines Hauses* und auch die Anfang 1948 durchgeführte Wiederaufbau-Geldlotterie für die Frauenkirche zeugen vom festen Willen zum Wiederaufbau des Gotteshauses schon kurz nach 1945. Prof. Paul Sinkwitz (1899–1982) schuf 1946 das eindrucksvolle Plakat „Hilf mit – Spenden für den kirchlichen Wiederaufbau" mit der Ruine der Frauenkirche und der Vision des wiederaufgebauten Baus dahinter und entwarf eine Briefmarke mit der Frauenkirche, mit der ebenfalls der Wiederaufbau der Frauenkirche und weiterer Kirchen unterstützt werden sollte.[4]

Aufgrund der seit 1946 immer wieder an die Landeskirche gerichteten sorgenvollen Hinweise zur illegalen Entnahme von Steinmaterial und dem Eindringen in die Ruine wurden deren Zugänge immer wieder geschlossen, zugängliche Teile der Ruine wurden vermauert. In der Sorge um den Erhalt der Ruine konnten 1966 engagierte Dresdner dafür gewonnen werden, sich im Auftrage des Institutes für Denkmalpflege und der Landeskirche ehrenamtlich ihrer Pflege zu widmen.

In unerschütterlicher Weise hatte sich – über alle politischen Widrigkeiten hinweg – auch Dr. Fritz Löffler (1899–1988) für die umfassende Dokumentation, für den Erhalt und den Wiederaufbau Dresdner Baudenkmale, besonders der Frauenkirche, eingesetzt. Er wies schon in den fünfziger Jahren auf die Stadt und die Kirche als Zeugnisse der Weltkultur hin. Alle, die ihm persönlich nahe standen, forderte er auf, das Vermächtnis mitzunehmen, zum rechten Zeitpunkt den Wiederaufbau der Frauenkirche in der Öffentlichkeit einzufordern.[5]

Die von Löffler wie auch von vielen Kunsthistorikern oder manchem Hochschullehrer ungeprüft weitergegebene Auffassung, Bähr habe in der ersten Hälfte des 18. Jahrhunderts „statische Fehler" gemacht, provozierte bei technikgeschichtlich bewanderten Bauingenieuren und Architekten eine dringend notwendige Richtigstellung und Würdigung seiner baumeisterlichen Leistung und ermutigte diese Fachleute, die Aufbauinitiative sofort zu unterstützen. Auch eine vom Architekten Dr.-Ing. habil. Horst Fischer 1988 gestaltete George-Bähr-Ausstellung im Rahmen eines Kolloquiums im Museum für Geschichte der Stadt Dresden konnte genutzt werden, um unter den Gegebenheiten der DDR die Frauenkirche und die Möglichkeiten zu ihrem Wiederaufbau wieder ins öffentliche Bewußtsein zu rücken.

Unmittelbar nach diesem Kolloquium umriß Prof. Hans Nadler Nutzungsgedanken für die wiederaufzubauende Frauenkirche als Zielvorstellung noch einmal sehr klar: „Die aus den herabgestürzten Steinen und

Originalsandstein wiederaufgebaute Frauenkirche wird dem Gedenken an die Opfer Dresdens dienen. Der Bau wird damit mahnen, daß ein Handeln, das zur Zerstörung Dresdens führte, sich nicht wiederholen darf. Mit der wiederaufgebauten Frauenkirche wird ein Ort entstehen, der der aktiven Verständigung, dem friedlichen Miteinander der Menschen und der Bewahrung der Schöpfung dienen soll."[6]

In seinen Vorlesungen an der Technischen Universität Dresden erörterte Dipl.-Ing. Wolfgang Preiß (1922–2004) als Sachwalter des Vermächtnisses von Prof. Dr.-Ing. Georg Rüth (1880–1945), Ordinarius für Tragwerkslehre an der Technischen Hochschule Dresden und verantwortlich für die statisch-konstruktive Sicherung der Frauenkirche von 1938 bis 1943, vor Generationen von Studenten der Architektur und des Bauingenieurwesens an der Technischen Universität Dresden immer wieder die bautechnischen Besonderheiten und Fragen des Wiederaufbaus der Dresdner Frauenkirche.

Hervorhebung verdienen über die bisher erwähnten Aktivitäten einzelner Persönlichkeiten hinaus folgende Beispiele von Initiativen zugunsten des Wiederaufbaus:
– Wiederholte, allerdings erfolglos gebliebene Bemühungen (zuletzt 1989) von Bundesminister a. D. Dr. jur. Hans-Jochen Vogel MdB und Bundesminister a. D. Wolfgang Mischnick MdB (1921–2002) beim Eigentümer, der sächsischen Landeskirche, um dort den Gedanken für einen Wiederaufbau der Dresdner Frauenkirche zu bewegen.[7]
– Die bereits 1979 öffentlich vorgetragene Idee der Gründung eines Fördervereins für den Wiederaufbau der Dresdner Frauenkirche in Berlin-West durch Lieselotte Berger MdB.[8]
– Das Memorandum, verfaßt vom Düsseldorfer Baudezernenten und Architekten Dr.-Ing. Rüdiger Recknagel, als Hilfsangebot des Landes Nordrhein-Westfalen von 1989 für den Wiederaufbau des Dresdner Schlosses und der Frauenkirche, das beim Ministerium für Kultur der DDR einging und nicht beantwortet werden durfte.[9]
– Die Erarbeitung der „Konzeption zum weiteren Umgang mit dem Trümmerberg, zur Ruinensicherung und zur Gestaltung der Frauenkirche zu Dresden" durch die Architekten Dipl.-Ing. Dieter Schölzel, Dr. Walter Köckeritz, den Statiker Dr. Roland Zepnik und die Bauingenieure Ewald Kay und Rolf Kaubisch im Auftrag des Ev.-Luth. Landeskirchenamtes Sachsens vom November 1988[10] und der dazu durch die Architekten Walter Köckeritz und Dieter Schölzel am 8. Dezember 1988 verfaßte Brief an den sächsischen Landesbischof Dr. Johannes

Hempel, bei den notwendigen ersten Schritten der Planungsvorbereitung zur Ruinensicherung auch einen möglichen und wünschenswerten Wiederaufbau der Frauenkirche zu bedenken. Diese Gedanken stießen beim Empfänger auf unmißverständliche Ablehnung.

Obwohl zunächst auch kirchlicherseits bis auf ganz wenige Ausnahmen ablehnende Haltungen gegenüber einem Wiederaufbau vertreten wurden, gaben zahlreiche Gespräche Hoffnung und später die Gewißheit, daß eine Beförderung des Wiederaufbaugedankens zusammen mit der Ev.-Luth. Landeskirche Sachsens unabdingbar war.

Von den zu diesem Zeitpunkt möglichen wechselseitigen Informationen über das persönliche Engagement für die Idee des Wiederaufbaus in Dresden hatte der (West-)Berliner Freundeskreis im Bürgerbüro von Dr. Hans-Jochen Vogel MdB Kenntnis. Als Vortragende zum Thema Frauenkirche hatten vor dem Oktober 1989 bereits der frühere Dresdner Stadtarchitekt Oberbaurat i. R. Kurt W. Leucht (1913–2001) und der frühere Baureferent der sächsischen Landeskirche und Dombaumeister OKR i. R. Dr.-Ing. Otto Baer (1913–1996) dort als „reisewürdige Rentner" sprechen dürfen. Auch Dr. Elisabeth Hütter war mit diesem Kreis in Verbindung. Kontakte zur regionalen Remagener Fördergemeinschaft Frauenkirche Dresden e.V., die am 4. Dezember 1988 im Hotel Bristol, Bonn, von Dr. phil. Fritz L. Büttner (1922–2003) ins Leben gerufen worden war und am 10. Februar 1989 in Remagen-Rolandseck ihre Gründungsversammlung erlebte, konnten erst im Februar 1990 geknüpft werden.

Die oben geschilderten Vorgänge und die Anstrengungen Dresdner Denkmalpfleger zur Bewahrung der Ruine, die der späteren Bürgerinitiative vorausgingen, waren nicht nur entscheidend für die Idee des Wiederaufbaus selbst, sondern vor allem auch für die Möglichkeit und die Art des Wiederaufbaus überhaupt; es wurden also die geistigen und wissenschaftlich-technischen Voraussetzungen für den Bau geschaffen.

### *Beginn des Handelns*

In der zweiten Beratung der Bürgerinitiative am 26. November 1989 trat die Gruppe in einen intensiven Gedankenaustausch zu den Chancen und möglichen Auswirkungen eines an die Öffentlichkeit gerichteten Aufrufs, zum Bekenntnis deutscher Kriegsschuld, zu einer möglichen Friedensverkündigung an diesem wiederentstehenden Ort, zur notwendigen Einbeziehung bedeutender Repräsentanten des Geisteslebens und der Kirche sowie zu einem inständigen Appell, vor allem an alle Dresdner und alle Freunde der Stadt in nah und fern, zum Wiedererstehen der Dresdner Frauenkirche nach Kräften beizutragen. Dabei verdeutlichte Prof. Ludwig Güttler, daß ein Appell, wenn er bereits im November 1989 und in nicht weiter verbesserter Form veröffentlicht werden würde, wegen der bis dahin nicht einbezogenen sächsischen Landeskirche und vieler damit zusammenhängender Widerstände niemals erfolgreich sein könne.

Im Gesprächsverlauf erkannten alle Teilnehmer dieser Beratung die Notwendigkeit, den Aufruf weiter zu überarbeiten und somit die erforderlichen Voraussetzungen für eine wirksame Veröffentlichung zu schaffen. Es bestand Übereinstimmung darin, daß die Frauenkirche am originalen Ort, unter Verwendung von originalem Material und in originaler Form wieder aufgebaut werden müsse und auch könne. Von allen Mitgliedern der Initiative wurde auf Vorschlag von Prof. Ludwig Güttler übereinstimmend der bevorstehende 45. Jahrestag der Zerstörung Dresdens am 13. Februar 1990 als sinnvoller und auch frühestmöglicher Termin einer Veröffentlichung des Appells in seiner überarbeiteten Fassung benannt und festgelegt.

Die weitere Arbeit betraf vor allem das Konzept des Appells der Bürgerinitiative, die Vertiefung und Abgrenzung der Argumentation, strategische Überlegungen zur Planung des Vorgehens und zu dem sich immer deutlicher herauskristallisierenden zentralen Punkt – der späteren Nutzung. Die Vertiefung der Gedanken über die erforderlichen Strukturen, die Suche nach geeigneten, potenten Partnern und weiteren Mitstreitern als Mitgliedern der Bürgerinitiative, zunächst auch nach Mitunterzeichnern des „Rufes aus Dresden", kennzeichneten nun die tägliche Arbeit der Initiative.

Dr. Hans Joachim Neidhardt, Mitglied der Initiative und ein guter Bekannter des Landesbischofs Dr. Johannes Hempel, erbot sich, ein Gespräch mit Vertretern der Bürgerinitiative und dem Landesbischof zu arrangieren. Prof. Ludwig Güttler, der als Vertrauensstudent und Kantor der Leipziger Studentengemeinde in den Jahren seines Studiums mit dem Landesbischof als damaligem Studentenpfarrer in Leipzig ebenfalls bekannt war, begrüßte dies ausdrücklich.

Aus einem Bericht von Dr. Rudolf Stephan, Berlin-West, ging hervor, daß Initiativen Herbert Wehners (1906–1990) und Dr. Hans-Jochen Vogels Ende der achtziger Jahre bei der sächsischen Landeskirche für den Wiederaufbau der Dresdner Frauenkirche zu werben, erfolglos geblieben waren. So bestand die Absicht von Dr. Hans Joachim Neidhardt darin, einer befürchteten kirchlichen Ablehnung als Antwort auf einen spontan vorgetragenen Appell für den Wiederaufbau der Dresdner Frauenkirche in einem persönlichen Kontakt mit dem Landesbischof sensibel zu begegnen und zuerst das persönliche Gespräch zu suchen, um ihm die von der Bürgerinitiative getroffenen Überlegungen zu erläutern.

Ab Dezember 1989 wurde mit Unterstützung von Oberkirchenrat Dieter Zuber, der mit dem zum Jahreswechsel 1989/90 eingeführten Präsidenten des Ev.-Luth. Landeskirchenamtes Sachsens Hans-Dieter Hofmann engen Kontakt hielt, der 1985 gebildete kirchliche Arbeitskreis Frauenkirche in die Arbeit einbezogen.

Der Nestor der sächsischen Denkmalpfleger Prof. Hans Nadler betonte bereits im Dezember 1989, daß eine Stiftung die geeignete Struktur für den Wiederaufbau bieten würde. Dabei verwies er auf das Zentrum Judaicum in Berlin und regte an, dortige Erfahrungen und strukturelle Überlegungen zu prüfen, um sie ggf. in ähnlicher Weise in Dresden zu verfolgen. Dr. Günter Voigt und Dipl.-Med. Hans-Christian Hoch bereiteten alles vor, um später zu einem noch zu bestimmenden Zeitpunkt die Presse und die öffentlichen Medien von Ost und West zu informieren. Die Architekten Dr. Walter Köckeritz und Dipl.-Ing. Dieter Schölzel erarbeiteten eine konzeptionelle Projektstudie mit Zeichnungen, Kostenschätzungen und Anregungen für die Nutzung des wiederaufzubauenden Gotteshauses. Sie beschafften die erforderlichen Abbildungsvorlagen für den Aufruf und stellten die notwendigen bauwirtschaftlichen Überlegungen für eine wirksame argumentative Unterstützung des Appells an. Oberkirchenrat i. R. Dr. Otto Baer entwickelte Vorstellungen zur Errichtung einer Bauhütte zum Wiederaufbau der Dresdner Frauenkirche und zu einer denkbaren Terminfolge des Bauablaufes. Die mögliche Nutzung der Pläne, die in den fünfziger Jahren von dem Architekten Arno Kiesling gezeichnet worden waren und eine wertvolle Hilfe darstellten, wurde diskutiert. Dieter Schölzel stellte sofort die Verbindung zum Modellbildhauer Franz Bretschneider (1926–2004) her, um Architekturmodelle der Frauenkirche für die öffentlichen Präsentation des Aufrufs fertigen zu lassen. Unter verschiedenen Aspekten verdeutlichten vor allem die anwesenden Architekten, Ingenieure und Denkmalpfleger die verblassende Wirkung der Ruine der Frauenkirche in einem nicht mehr durch Leere bestimmten, sondern wiederaufgebauten Neumarktgebiet, das für alle sichtbar vor Augen stand.

Daß die Bürgerinitiative seit der dritten Beratung bis zur Veröffentlichung des „Rufes" hauptsächlich im Hause des Pfarrers Dr. Karl-Ludwig Hoch neben der Auferstehungskirche in Dresden-Plauen ein Domizil für ihre weiteren Zusammenkünfte finden konnte, verdient Dank und Anerkennung und ist für den Charakter der Initiative bezeichnend. In dieser Kirche entfalteten die Ephorien Dresden-Stadt und Dresden-Land nach der Zerstörung der Dresdner Innenstadt wieder neues Leben. Die freundschaftliche, geistig und geistlich geprägte Atmosphäre im Pfarrhaus, das auch die Kultur und Lebenswelt des Kunstkenners Hoch ausstrahlte, bot eine wichtige Grundlage für die Arbeit am Appell.

Bereits bei den Anfang Dezember 1989 stattfindenden Konzerten begann Prof. Ludwig Güttler mit der inzwischen mehr als 1500 mal gehandhabten Praxis, nach dem Konzert bei den in der Regel fälligen Zugaben den Beifall zu unterbrechen und das Publikum über die Absicht, die Dresdner Frauenkirche wieder aufzubauen, zu informieren mit der gleichzeitigen Bitte, der Initiative beizutreten und am Schluß des jeweils stattfindenden Konzertes für den Wiederaufbau zu spenden. Das geschah zuerst in Hartha, Erzgebirge, bei einem Konzert des Blechbläserensembles, einen Tag später im Dom zu Halle a. d. Saale und danach in einem Konzert der Virtuosi Saxoniae in Berlin-West in der Philharmonie, wo am Ende 7000 DM für den Wiederaufbau gesammelt werden konnten. Ein anwesender Unternehmer war von diesem Ergebnis so begeistert, daß er durch weitere 1000 DM dieses Ergebnis auf 8000 DM erhöhte. Diese ersten Eindrücke prägten sich unausweichlich ein. Der Beifallssturm, der nach den werbenden Worten für den beabsichtigten Wiederaufbau losbrach, verbreitete Mut und Zuversicht, dieses Unterfangen tatsächlich zu wagen.

An dem wichtigen Gespräch mit Landesbischof Dr. Johannes Hempel, das am 28. Dezember 1989 in dessen Haus stattfand, nahmen Prof. Ludwig Güttler, Dr. Karlheinz Blaschke, Prof. Heinrich Magirius, Dr. Rudolf Stephan, Dr. Günter Voigt und Oberkirchenrat Dieter Zuber teil. Der Landesbischof bat um engen Kontakt zum Freundeskreis, sah jedoch von einer Zustimmung zu unserem Vorhaben noch ab. Die Teilnehmer hatten jedoch den Eindruck gewonnen, daß die Ernsthaftigkeit des vorgetragenen Zieles eines vollständigen Wiederaufbaus der Dresdner Frauenkirche und der damit verbundenen identitätsstiftenden Symbolwirkung nicht ohne Wirkung geblieben war. Es begann sich die Erkenntnis zu festigen, daß vor allem eine enge, geduldige Zusammenarbeit die Zustimmung zum Wiederaufbau seitens der Landeskirche bewirken könne. Als Bedingung dafür wurden folgende Ziele skizziert: Die Frauenkirche ist wieder als Kirche zu errichten. Der Wiederaufbau sollte der sächsischen Landeskirche keine Mittel abverlangen. Die Kirche wird in den Wiederaufbaugremien mitwirken. Wichtig war die Aussage des Landesbischofs, „er würde sich nicht gegen diese Initiative stellen wollen".

# Ruf aus Dresden – 13. Februar 1990

Am 13. Februar 1945 – wenige Wochen vor Ende des bereits entschiedenen Krieges – legten Luftangriffe auch die

## Dresdner Frauenkirche

in Trümmer. Jahrzehntelang war diese Ruine Anklage und Mahnmal für alle friedliebenden Menschen. In der schweren Zeit politischer Bedrückung und weltweiter Hochrüstung haben junge Menschen immer wieder brennende Kerzen auf die Ruine gestellt. In gewaltlosem Protest wollten sie Hoffnungszeichen setzen für eine Zeit des Friedens, der Gerechtigkeit und der Bewahrung des Lebens.

Doch der weitere Verfall der Ruine ist nicht aufzuhalten. Ihre Sicherung und Erhaltung würde umfangreiche bauliche und finanzielle Anstrengungen erfordern.

Wir wissen, daß unsere sächsische Landeskirche keine Mittel für einen Wiederaufbau der Frauenkirche zur Verfügung hat.

Wir wissen, daß weder unsere Stadt noch unser Land diesen Aufbau finanzieren können.

Wir wissen, daß Kirchen der Bundesrepublik Deutschland den Aufbau vieler Gotteshäuser in unserem Lande ermöglicht haben.

Wir wissen auch, daß Neubauten und Erhaltung von Altbauten angesichts des Zerfalls vieler Gebäude notwendiger sind, als der Aufbau der Frauenkirche.

Dennoch: Wir wollen uns nicht damit abfinden. daß dieses einmalige und großartige Bauwerk Ruine bleiben soll oder gar abgetragen wird.

Wir rufen auf zu einer weltweiten Aktion des Wiederaufbaues der Dresdner Frauenkirche zu einem christlichen Weltfriedenszentrum im neuen Europa. In diesem Gotteshaus soll in Wort und Ton das Evangelium des Friedens verkündet, sollen Bilder des Friedens gezeigt, Friedensforschung und Friedenserziehung ermöglicht werden.

Damit würde der Weltkultur ein architektonisches Kunstwerk von einzigartiger Bedeutung wiedergeschenkt, das mit dem Namen des genialen Erbauers, George Bähr, aber auch mit dem Namen Gottfried Silbermann, Johann Sebastian Bach, Heinrich Schütz und Richard Wagner verbunden ist.

Damit würde ein steinernes Zeugnis des christlichen Glaubens wieder erstehen; ein Gotteshaus, das sich die evangelische Bürgerschaft auf den Fundamenten der ältesten Kirche Dresdens errichtete.

Damit würde eines der schönsten Städtebilder im Herzen Europas wieder seine beherrschende Krönung, die „Steinerne Glocke", erhalten, ohne die der Wiederaufbau Dresdens Stückwerk bliebe.

Wir rufen auf zur Bildung einer internationalen Stiftung für den Wiederaufbau der Dresdner Frauenkirche, die in die Welterbeliste der UNESCO aufgenommen werden soll.

*Wortlaut des Appells „Ruf aus Dresden – 13. Februar 1990", aus: Broschüre zum Ruf aus Dresden, 13. Februar 1990*

Wir wenden uns besonders an die Staaten, die den zweiten Weltkrieg geführt haben. Es ist uns dabei schmerzlich bewußt, daß Deutschland diesen Krieg entfesselt hat.

Dennoch: Wir wenden uns auch an die Siegermächte und die vielen Menschen guten Willens in den USA, in Großbritannien und in aller Welt: ermöglicht dieses europäische „Haus des Friedens!".

Wir wenden uns an die Dresdner in der Ferne: Dankt Eurer Heimatstadt durch ein Opfer zur Wiedererrichtung der Frauenkirche.

45 Jahre nach ihrer Zerstörung ist auch für uns die Zeit herangereift, die Frauenkirche als einen verpflichtenden Besitz der europäischen Kultur wiedererstehen zu lassen.

Darum rufen wir aus Dresden um Hilfe.

## Bürgerinitiative für den Aufbau der Frauenkirche

Prof. Ludwig Güttler, Musiker
(Sprecher)
Prof. Dr. hc. mult. Manfred v. Ardenne, Physiker
Dr. Otto Baer, Architekt, Oberkirchenrat i. R.
Hans-Helmut Bickhardt, Pfarrer
Dr. Karlheinz Blaschke, Kirchenhistoriker
Steffen Gebhardt, Architekt
Dr. Karl-Ludwig Hoch, Pfarrer
Hans-Christian Hoch, Zahnarzt
Dr. Hans-Joachim Jäger, Bauingenieur
Friedrich-Wilhelm Junge, Schauspieler
Dr. Walter Köckeritz, Architekt

Prof. Dr. Heinrich Magirius, Denkmalpfleger
Dr. Joachim Menzhausen, Kunsthistoriker
Heinz Miech, Kunsthändler
Prof. Dr. Hans Nadler, Architekt, Denkmalpfleger
Dr. Hans-Joachim Neidhardt, Kunsthistoriker
Wolfgang Preiß, Bauingenieur
Prof. Dr. Hermann Rühle, Bauingenieur
Dieter Schölzel, Architekt
Dr. Rudolf Stephan, Mikrobiologe
Dr. Günter Voigt, Zahnarzt
Dr. Roland Zepnik, Bauingenieur

Kontaktadresse:
Dr. Walter Köckeritz
Institut für Kulturbauten
Sophienstraße, PSF 414
Dresden
DDR - 8012

Bezeugen Sie Ihr dauerhaftes Interesse am Aufbau dieses einzigartigen Bauwerkes durch Ihren Beitritt zum „Förderkreis Frauenkirche Dresden"!

**Konten:**
Dresdner Bank Frankfurt (Main)  Spendenkonto 3888800 (BLZ 50080000)
Staatsbank der DDR  5161-58-31390 (Valuta)
Stadtsparkasse Dresden  5152-35-201381 (Mark d. DDR)

Bei den Erörterungen der Möglichkeiten zur Realisierung des Wiederaufbau schälte sich immer mehr die Kernfrage heraus, woher und wann erhalten wir über die lange Zeit des Wiederaufbaus und von wem verläßlich die notwendigen Mittel für dieses gewaltige Vorhaben? Wie sich im Laufe der Bemühungen um die Vorbereitung des Wiederaufbaus herausstellen sollte, gab es dabei eine Helferin, deren Bedeutung und Ergiebigkeit zu diesem Zeitpunkt nur annähernd einzuschätzen war – die Musik. Die Möglichkeit, nach einem erfolgreichen Konzert zu den Menschen zu sprechen, ihre Aufgeschlossenheit und Zuwendung zum Konzertgeschehen für unser Begehren, den Wiederaufbau zu unterstützen, zu motivieren, führte zu großer Spendenbereitschaft, auch zu später sich verselbständigenden Unterstützungen.

Auch die erste große Spende entsprang der Musik. Prof. Ludwig Güttler stellte den Geldbetrag seines DDR-Nationalpreises, den er im Weltjahr der Musik 1985 für die Interpretation der von ihm zur Aufführung gebrachten Werke der älteren, zum Teil vergessenen Musikliteratur im In- und Ausland erhalten hatte, für den Wiederaufbau der Dresdner Frauenkirche zur Verfügung. Diese 60 000 Mark bildeten den Grundstock einer sich später durch viele Aktivitäten auffüllenden, bis heute unglaublich anmutenden Summe von Unterstützungen.

Die Hinweise, Korrekturvorschläge und Präzisierungen, die seit der Beratung am 26. November 1989 im Laufe der weiteren gemeinsamen Bearbeitung des Appells eingebracht wurden, führten dann zu seiner Endfassung, dem „Ruf aus Dresden – 13. Februar 1990". Mitte Januar 1990 überbrachte Dieter Schölzel den Kulturattachés der britischen und der US-amerikanischen Botschaft in Berlin-Ost den „Ruf aus Dresden – 13. Februar 1990" zur Weiterleitung an die britische Königin bzw. den Präsidenten der USA. Mit den Antworten der Botschaften erfuhr die Bürgerinitiative die ersten und wichtigsten, sofort von positiver Zuwendung getragenen internationalen Reaktionen, aus denen sich bis heute eine weltweite Unterstützung entwickelt hat.

Darüber hinaus wurden Anfang Februar 1990 weitere Schreiben an internationale Organisationen, z. B. den Weltkirchenrat und die Vereinten Nationen sowie an die wichtigsten Persönlichkeiten des öffentlichen Lebens in Deutschland, allen voran Bundespräsident Dr. Richard von Weizsäcker, gerichtet.

Der zu veröffentlichende Wortlaut des Appells war der Ev.-Luth. Landeskirche Sachsens zur eingehenden Information und Abstimmung vorgelegt worden und wurde Beratungsgegenstand in der Kollegialsitzung des Landeskirchenamtes am 6. Februar 1990.

## Der erste Schritt in die Öffentlichkeit

Der „Ruf aus Dresden – 13. Februar 1990" wurde am 12. Februar 1990 vom Sprecher der Bürgerinitiative, Prof. Ludwig Güttler, im Hotel Bellevue Dresden vor Vertretern der Medien öffentlich präsentiert.[11]

Bei der Vorstellung des „Rufes aus Dresden" waren diesem Argumente für den Wiederaufbau der Frauenkirche aus der Feder von Kirchenhistoriker Dr. Karlheinz Blaschke, ein Überblick über ihre Baugeschichte von Hauptkonservator Prof. Dr. Heinrich Magirius und eine Projektstudie mit Erläuterungen der Architekten Dipl.-Ing. Dieter Schölzel und Dr. Walter Köckeritz beigefügt worden.

In der „Aktuellen Kamera" berichtete das DDR-Fernsehen über den Appell der Bürgerinitiative, eine internationale Stiftung zum Wiederaufbau der Dresdner Frauenkirche zu gründen. Daraufhin begann eine kon-

*Pressekonferenz der Bürgerinitiative im Dresdner Hotel „Bellevue" (v.l. sitzend: Prof. Heinrich Magirius, Prof. Hans Nadler, Dr. Karlheinz Blaschke, Prof. Ludwig Güttler, Dr. Folkert Ihmels, Dr. Otto Baer, stehend Dr. Walter Köckeritz, Dieter Schölzel, Dr. Roland Zepnik, Dr. Rudolf Stephan, Steffen Gebhardt, Dieter Zuber, Prof. Hermann Rühle, Dr. Hans-Joachim Jäger, drei Pressevertreter, Dr. Hans Joachim Neidhardt), 12. Februar 1990*

troverse öffentliche Diskussion und Presseberichterstattung. Die nunmehr erfolgte Einbeziehung der Öffentlichkeit führte ungeachtet erster mutmachender Spenden im Februar 1990 zunächst zu einer Polarisierung in Befürworter (ca. 10 Prozent) und sich lautstark artikulierende Gegner des Wiederaufbaus (ca. 90 Prozent). Das führte zu der Erkenntnis, daß die Bürgerinitiative unverzüglich Rechtsperson werden, die strukturellen Überlegungen forcieren, zur Absicherung der gesamten Arbeit einen Verein gründen und Spendenkonten einrichten müsse. Bereits Anfang März 1990 erfolgte die Vereinsgründung mit der Wahl des Vorstands, der aus dem Gründungsvorsitzenden Prof. Ludwig Güttler, Schatzmeister Hans-Christian Hoch und Schriftführer Dr. Walter Köckeritz bestand. Dem Kreisgericht in Dresden-Mitte als Registergericht wurden 22 Gründungsmitglieder als Unterzeichner des „Rufes aus Dresden" benannt (15 Mitglieder waren damals rechtlich erforderlich).

Von nicht zu unterschätzender Bedeutung war die bereits am 14. März 1990 erfolgte Eintragung der „Vereinigung" [12] „Förderkreis zum Wiederaufbau der Frauenkirche Dresden e.V." in das Register des Kreisgerichtes Dresden-Mitte unter Registernummer 1/1, d. h. durch die Bürgerinitiative war der erste Verein in Dresden in der 40-jährigen Geschichte der DDR ins Leben gerufen worden. Der Förderkreis begann unverzüglich seine Arbeit. Noch im März erhielt er von der Dresdner Bank die Bestätigung zur Führung eines DM-Spendenkontos in Frankfurt am Main.

### *Aufwind und Meinungsstreit*

Die denkwürdige Rede von Bundeskanzler Dr. Helmut Kohl am 19. Dezember 1989 vor der Ruine der Frauenkirche und die begeisterte Reaktion der versammelten Menschen auf die Vision einer möglichen Wiedervereinigung Deutschlands hatte bei ihm tiefe Eindrücke hinterlassen, so daß er anläßlich seines 60. Geburtstages am 3. April 1990 seine Gäste anstelle von Geschenken um Spenden „für die Bürgerinitiative zum Aufbau der Frauenkirche" bat.

Der Generalsekretär der CDU, Volker Rühe, der zusammen mit Ludwig Güttler und seinem Blechbläserensemble an eben jenem 19. Dezember eine kleine Weihnachtsfeier für die CDU-Fraktion in Bonn ausgestaltet hatte, organisierte eine Mitwirkung von Ludwig Güttler bei der Geburtstagsfeier in der Bonner Beethoven-Halle am 3. April 1990. Der Transport der Musiker mit einer Bundeswehrmaschine von Dresden nach

Köln-Bonn und unmittelbar danach sofort zurück nach Dresden zum Dienst in der Semperoper sowie das Einrichten eines DM-Spenden-Treuhandkontos mit den entsprechenden Beauftragungen und Legitimierungen erfolgten in einer einzigartigen, nur damals vorstellbaren Art und Weise. Als passendes Geschenk erhielt der Bundeskanzler vom Förderkreis eine Kopie des Modells der Frauenkirche, das der Dresdner Modellbildhauer Franz Bretschneider angefertigt hatte. Solche Modelle dienten bis zum Jahre 2005 zur Unterstützung der Spendenwerbung.

Bereits im April 1990 mußten Überlegungen zu strukturellen und anderen Voraussetzungen angestellt werden, die die Errichtung der Bauherrschaft für den Wiederaufbau ermöglichten. Zu klären war auch, wer für die Übernahme der Bauherrschaft in Betracht kam, ob die Landeskirche oder der Verein. Ausgehend vom Fehlen finanzieller Mittel für die Errichtung einer „internationalen" Stiftung, wie im „Ruf aus Dresden" vorgesehen, mußte zumindest eine stiftungsähnliche Rechtsform in Betracht gezogen werden. Ein Münchner Rechtsanwalt entwarf die Satzung für einen einzutragenden Verein mit dem Namen „Stiftung Frauenkirche Dresden e.V." (Stiftungsverein).[13]

Unverzüglich begann der Förderkreis eine eingehende Erörterung dieser Erfordernisse mit allen zur Verfügung stehenden Partnern. Es verdichtete sich die Überzeugung, falls im Augenblick nicht eine reguläre Stiftung gegründet werden könnte, dann sollte es eben ein Verein sein, der in besonderer Weise die Ev.-Luth. Landeskirche Sachsens bzw. ihre Vertreter einband, der den Namen der künftig zu gründenden „Stiftung Frauenkirche Dresden" tragen sollte und der mit diesem Ziel die Arbeit zu beginnen hatte.

Nach dem ersten halben Jahr Spendensammeln und der Währungsumstellung befanden sich auf den verschiedenen Spendenkonten des Förderkreises bereits über 740 000 DM.

Am 1. Juli 1990 begann die bauliche Sicherung der Ruine des nordwestlichen Treppenturms. Auftraggeber war die Ev.-Luth. Landeskirche Sachsens unter Leitung ihres stellvertretenden Baureferenten, des Kirchenbaurates Dipl.-Ing. Eberhard Burger, während die Stadt Dresden gemäß der Entscheidung des Oberbürgermeisters Wolfgang Berghofer die Finanzierung übernahm. Die Planung hierfür hatte Dr.-Ing. Roland Zepnik, Dresden, Mitglied der Bürgerinitiative und des Förderkreises, durchgeführt.

Am wichtigsten war zu dieser Zeit die Intensivierung des Kontaktes zur Ev.-Luth. Landeskirche Sachsens. Der Förderkreis suchte den Gedankenaustausch mit Vertretern der Landeskirche und stellte weitere Aktivitäten in der Öffentlichkeit zunächst zeitweise zurück.

Viel Zeit und Kraft kosteten die an Intensität immer noch zunehmenden Auseinandersetzungen mit Denkmalpflegern, Kunsthistorikern und verschiedensten Vertretern kirchlicher Kreise. Um in Widerrede und letztlich gegenüber zu gewinnenden Partnern möglichst überzeugend mit einer Stimme zu sprechen, wurde ein Arbeitspapier des Förderkreises von Prof. Heinrich Magirius verfaßt,[14] welches, liest man es mit den Augen von 2006, von präziser und verantwortungsvoller Vorausschau geprägt war.

Ein weiteres Argumentationspapier, verfaßt von Dr. Köckeritz, Prof. Güttler und Dipl.-Ing. Schölzel, ging, verbunden mit dem Dank des Förderkreise an die Spender und an die Öffentlichkeit.

Zur Begründung des „Wie" und „Womit" oder der Bedeutung des Wiederaufbaus überhaupt veranstaltete der Förderkreis gemeinsam mit dem Institut für Denkmalpflege, Arbeitsstelle Dresden, vom 21. bis 23. Februar 1991 eine wissenschaftliche Tagung zum Thema „Die Dresdner Frauenkirche und ihr archäologischer Wiederaufbau". Ohne die Mitwirkung des Institutes für Denkmalpflege und die Unterstützung durch die Wüstenrot-Stiftung Ludwigsburg hätte die Tagung nicht stattfinden können. Fachleute aus Deutschland und Vertreter mehrerer Generationen waren eingeladen, zu referieren und sich zu einzelnen Themenkomplexen, etwa der baulichen Sicherung von 1938–1943, den ersten Bemühungen um den Wiederaufbau nach dem Zweiten Weltkrieg, der Sorge um den Bestand der Ruine und deren Sicherung sowie mit dem Willen zum Wiederaufbau auseinanderzusetzen und Stellung zu nehmen. Mit Begeisterung wurde die Rede des Architekten Prof. Dr. Curt Siegel (1911–2004), der bereits als junger Mann unter Georg Rüth an der Sicherung der Frauenkirche 1938–1943 mitgewirkt und die erforderlichen statischen Berechnungen ausgeführt hatte, zu bautechnischen Fragen aufgenommen. Die Teilnehmer der Tagung verabschiedeten ein Votum, in welchem der einzigartige architektonische Rang der Dresdner Frauenkirche „als zu bewahrendes europäisches Kulturerbe und ihre Bedeutung für die Stadt Dresden" herausgearbeitet wurden. Darin ist zwingend formuliert, daß der Wiederaufbau des Bauwerks als Kirche, der Konstruktionsidee ihres Erbauers George Bähr folgend, in originaler Form und mit originalem Material, dem sächsischen Sandstein, befürwortet wird. „Die Beratungsteilnehmer empfahlen nachdrücklich die umgehende unverzügliche Errichtung der geplanten und bereits vorbereiteten Stiftung im Einvernehmen mit der Ev.-Luth. Landeskirche Sachsens, um damit die Bauherrschaft für den Wiederaufbau zu stellen."[15]

Die Auseinandersetzungen innerhalb der deutschen Denkmalpflege und Anstrengungen der kirchlichen Baudezernenten, den Wiederaufbau zu verhindern, erforderten die gesamte Kraft und Aufmerksamkeit des Förderkreises. Im Februar 1991 votierte die Baudezernentenkonferenz der Evangelischen Kirche in Deutschland, die sich in Dresden zu ihrer jährlichen Tagung traf, nahezu einstimmig gegen den Wiederaufbau der Dresdner Frauenkirche. Der Meinungsstreit gipfelte in der Formulierung des „Pro" von Professor Dr. Heinrich Magirius und des „Contra" von Oberkirchenrat Dr. Ulrich Böhme, dem Chef der Baupfleger des Ev.-Luth. Landeskirchenamtes Sachsens in der Zeitschrift „Deutsche Kunst und Denkmalpflege".[16]

Auf dem Symposium „Vom Umgang mit kirchlichen Ruinen", das die Evangelische Akademie Hamburg zusammen mit einer Ausstellung vom 31. Mai bis 1. Juni 1991 veranstaltete, begründete Prof. Dr. Heinrich Magirius in seinem Beitrag „Ruine oder Wiederaufbau" eindeutig die Notwendigkeit und Rechtfertigung des Wiederaufbaus unbeirrt von der Ablehnung durch kirchliche Baupfleger, Kunsthistoriker und viele Denkmalpfleger.[17] Auf der ersten Jahrestagung der Vereinigung der Landesdenkmalpfleger in der Bundesrepublik Deutschland vom 10. bis 12. Juni 1991 in Potsdam widerstanden die sächsischen Denkmalpfleger gemeinsam mit ihren bayerischen und Hamburger Kollegen einem Beschlußantrag gegen den Wiederaufbau der Dresdner Frauenkirche.

Den Verunglimpfungen, Beleidigungen und unberechtigten Zurechtweisungen zum Trotz, die auch zur Folge hatten, daß durch das überproportionale Wahrnehmen der Wiederaufbaugegner eine Verunsicherung der Öffentlichkeit eintrat, die sogar einen zeitweilig drastischen Spendenrückgang nach sich zog, setzten namhafte Vertreter des Wiederaufbaugedankens, wie der Architekt Prof. Dr. Curt Siegel, der Ordinarius für Kunstgeschichte an der TU Dresden Prof. Dr. Jürgen Paul, der Architekturkritiker Dr. Dankwart Guratzsch, der Kunsthistoriker Prof. Dr. Jörg Traeger, u. a., in namhaften Zeitungen und Zeitschriften entschiedenen Widerstand entgegen.[18]

Ungeachtet dessen konnte der Förderkreis in dieser schwigen Zeit einen überaus großen Erfolg verbuchen. Am 8. Mai 1991 fand mit dem Gerüsthersteller Hünnebeck-RÖRO GmbH, Ratingen, die erste Presse- und Werbeveranstaltung in den östlichen Bundesländern statt, die zunächst vor allem für Fachfirmen bestimmt war. Die Vortragsveranstaltung im Landesamt für Denkmalpflege in Dresden diente der Unterstützung des Wiederaufbaus der Frauenkirche in Zusammenarbeit mit dem Förderkreis.[19] Referenten waren Prof. Dr. phil. Heinrich Magirius, Dr.-Ing. Roland Zepnik, Dr.-Ing. Hans-Joachim Jäger und Dipl.-Ing. H.-G. Ruppelt, Sprecher der Geschäftsführung der Hünnebeck-RÖRO GmbH. Besondere Bedeutung hatte die während dieser Tagung symbolisch übergebene erste große Sachspende in Form von über 10 000 m$^2$ Stahlrohrgerüst, das zunächst für die konstruktive Sicherung des ruinösen Choranbaus, aber auch weiterhin für den Wiederaufbau der Frauenkirche bestimmt war. Diese Sachspende besaß einen Wertumfang von etwa 750 000 DM.

*Schaffung fester Strukturen*

Besonderes Gewicht ist der Entscheidung der Frühjahrssynode 1991 der Ev.-Luth. Landeskirche Sachsens beizumessen. In der Presseerklärung vom 20. März 1991 hieß es: „Die 23. Evangelisch-Lutherische Landessynode Sachsens hat nach intensiver Debatte in namentlicher Abstimmung mit 43 gegen 26 Stimmen bei 5 Enthaltungen einer Mitarbeit der Landeskirche in der Stiftung Frauenkirche Dresden e.V. zugestimmt. Das bedeutet, daß einer Gründung dieser Stiftung nichts mehr im Wege steht und daß sie ihr Ziel, dieses Baudenkmal wiedererstehen zu lassen, in Angriff nehmen kann. Kirchliche Gelder werden weder für den Aufbau noch für die spätere Unterhaltung eingesetzt. Die kirchlichen Eigentumsrechte am Grundstück bleiben gewahrt. Dem Charakter des Gebäudes als Kirche und als Mahnmal wird beim Wiederaufbau Rechnung getragen."

Die vorausgegangene Diskussion in der Synode zu diesem Punkt war heftig. Prof. Ludwig Güttler hatte als Gast an der Sitzung am 16. März 1991 teilnehmen können. An der zwei Tage später stattfindenden öffentlichen Sitzung und Abstimmung waren seitens des Förderkreises anwesend: der im Auftrag des Förderkreises sprechende Kunsthistoriker Dr. Joachim Menzhausen, weiterhin Prof. Ludwig Güttler, zeitweise Dr. Hans-Joachim Jäger und Dr. Claus Fischer. Dr. Menzhausen vertrat mit klaren Worten und eindrucksvollem persönlichem Engagement den Willen zum Wiederaufbau. Auch Prof. Dr. Volker Nollau, Mitglied der Synode, sprach sich für den Wiederaufbau aus. Oberkirchenrat Dieter Zuber plädierte während der Diskussion für den Wiederaufbau. Die entscheidende, die Synodalen für den Wiederaufbau der Frauenkirche motivierende und ihren Blick und ihre Verantwortung schärfende Rede mit seinem Beispiel von der „geheilten Wunde" hielt Landesbischof Dr. Johannes Hempel. Dieser Ansprache war nach unserer Überzeugung das positive Votum der Synode zu verdanken. Dankbar und erleichtert begrüßte der Förderkreis das hoffnungstiftende Ergebnis.

Es begann nun die Diskussion zur Satzung. Die seit 1990 intensivierten Überlegungen und Abstimmungen mit der Landeskirche, der Finanzbehörde und dem Registergericht zur Gründung der Stiftung Frauenkirche Dresden e.V. waren zu dieser Zeit gleichwichtige, beherrschende Themen. Im Zuge dieser Satzungsdiskussionen zeigte sich auch überdeutlich, daß sich die gesellschaftlichen Rahmenbedingungen verändert hatten und dementsprechend die Satzung des Förderkreises nicht mehr den Anforderungen in inhaltlicher Hinsicht sowie denen der inzwischen etablierten neuen Finanzbehörden gerecht werden konnte.

Endlich war es soweit: Am 31. August 1991 fand die 1. Ordentliche Mitgliederversammlung im Gemeindehaus der Auferstehungskirche Dresden-Plauen statt. Entsprechend der wachsenden Bedeutung des Vereins beschlossen die Mitglieder die Änderung des Vereinsnamens in „Gesellschaft zur Förderung des Wiederaufbaus der Frauenkirche Dresden e.V." (Fördergesellschaft). Bei dieser Versammlung wurde die Tradition der Fach- und Festvorträge begründet. Zunächst referierten Prof. Dr. Heinrich Magirius zur Werkgeschichte und Bedeutung der Frauenkirche sowie das Ehrenmitglied Prof. Dr. Curt Siegel zum geplanten Wiederaufbau. Die Mitglieder wählten einen neuen Vorstand: Prof. Ludwig Güttler (Vorsitzender), Dr.-Ing. Walter Köckeritz und Prof. Dr. phil. habil. Jürgen Paul (stellvertretende Vorsitzende), Paul G. Schaubert, Direktor der Dresdner Bank, Dresden (Schatzmeister), Dr. rer. nat. Claus Fischer (Schriftführer). Als Mitglieder des erweiterten Vorstands wurden gewählt: Reg.-Baurat a. D. OKR i. R. Dombaumeister Dr.-Ing. Otto Baer, Hauptkonservator Prof. Dr. Heinrich Magirius, Zahnarzt Hans-Christian Hoch, Rechtsanwalt Dr. jur. Andreas Thomsen und OKR Dieter Zuber. Den Tag beschloß das erste Konzert zugunsten des Wiederaufbaus auf den Steinen der Ruine der Frauenkirche *(siehe auch S. 46)*.

Der neue Vorstand der Fördergesellschaft konzentrierte seine Bemühungen nun noch stärker auf die Gründung des Stiftungsvereins mit dem Ziel, diesen so schnell wie möglich mit der Arbeit beginnen zu lassen. Erforderlich war eine abschließende Abstimmung mit der Landeskirche, die schließlich mit gesiegeltem Schreiben die Bauherrschaft an den Stiftungsverein übertrug. Damit bekundete die Landeskirche ihren Willen zum Wiederaufbau und ihr Vertrauen in die Bürgerinitiative. Mit der Übertragung der

Bauherrschaft durch die Landeskirche an den Stiftungsverein war die wichtigste Voraussetzung für die Inangriffnahme des Wiederaufbaus geschaffen.

Am 23. November 1991 fand in der Dresdner Dreikönigskirche, Haus der Kirche, die Gründungssitzung des Stiftungsvereins statt. Er wurde gegründet durch Fördergesellschaft und Ev.-Luth. Landeskirchenamt Sachsens als körperschaftliche Mitglieder und weitere engagierte Mitglieder der Fördergesellschaft in Anwesenheit des sächsischen Landesbischofs Dr. Johannes Hempel und des sächsischen Chefkonservators Dr. Gerhard Glaser. Der Landesbischof legte seinem geistlichen Wort Matthäus 5, Vers 5 zugrunde: „Selig sind die Sanftmütigen, denn sie werden das Erdreich besitzen." Er machte den Gründern Mut mit dem Wunsche, „möge der Geist des Wiederaufbaus stets ein guter sein." Die Gründungsmitglieder wählten zu Vorstandsmitgliedern: Prof. Ludwig Güttler (Vorsitzender und Sprecher), Architekt Prof. Dr.-Ing. Curt Siegel (stellvertretender Vorsitzender für Bau und Architektur) und OKR Dieter Zuber (stellvertretender Vorsitzender als Vertreter der Landeskirche), Bankdirektor Paul G. Schaubert (Schatzmeister), weiterhin Zahnarzt Hans-Christian Hoch (für Öffentlichkeitsarbeit) und Notar Dr. Peter Horn de la Fontaine (für Recht).

Für den Wiederaufbau der Frauenkirche war die Unterstützung der Stadt Dresden selbst als Ausdruck von Bürgersinn und Bürgerengagement unabdingbar. In den Ausschüssen der Stadtverordnetenversammlung für Finanzen, Bau und Stadtentwicklung sowie Kultur wirkten Vorstand, Geschäftsführung und weitere Mitglieder der Fördergesellschaft engagiert in den Diskussionen mit. Dies spiegelt sich im Beschluß der Stadtverordneten vom 20. Februar 1992 wider, hatten doch zuvor Oberbürgermeister Dr. Herbert Wagner und Prof. Dr. Hans Nadler mit bewegenden Worten die Stadtverordneten um Zustimmung für diesen Beschluß gebeten.[20] Während der Debatte hatten die Stadtverordneten das Gemälde Fritz Beckerts „Über den Dächern Dresdens mit der Frauenkirche" (1944), auf einer Staffelei neben dem Präsidium stehend, ständig vor Augen. Die Stadtverordnetenversammlung beschloß mit 90 Ja-Stimmen bei 12 Nein-Stimmen und 12 Enthaltungen, sich finanziell mit 10 Prozent und auf 10 Jahre verteilt an den Nettobaukosten des Wiederaufbaus zu beteiligen, diesen ideell zu unterstützen und Mitglied sowohl im Stiftungsverein als auch in der Fördergesellschaft zu werden. Die Stadt sicherte sich ihren „Einfluß bei der Projektierung" zu, insbesondere „hinsichtlich
– der Zweckbestimmung des Bauwerkes auch als Kirche,
– der funktionsabhängigen Innenraumgestaltung,
– der Bewahrung des Charakters als Mahnmal und Gedenkstätte."[21]

Das Engagement der Landeshauptstadt Dresden war über die Geldzuwendungen hinaus vor allem zu diesem Zeitpunkt von denkbar großer Wirkung.

*Beginn der praktischen Arbeit*

Den zu erwartenden Aufgaben entsprechend mußten geeignete Strukturen sowohl bei der Fördergesellschaft als auch beim Stiftungsverein aufgebaut werden. Am 3. September 1991 bestellte der Vorstand der Fördergesellschaft in seiner Sitzung den Mitbegründer der Bürgerinitiative Dr.-Ing. Hans-Joachim Jäger zum Geschäftsführer. Seine Arbeit verrichtete er anfänglich in der eigenen Wohnung. Nachdem durch Unterstützung des Staatlichen Liegenschaftsamtes zeitweilig ungenutzte Räume im Georgenbau des Dresdner Schlosses befristet zur Verfügung gestellt und diese durch regionale Handwerker und Firmen saniert worden waren, konnte hier am 12. Juni 1992 die Geschäftsstelle der Fördergesellschaft feierlich eröffnet werden.

Noch am Tage der Gründungssitzung, am 23. November 1991, begann der Stiftungsverein unverzüglich mit der Arbeit, vordringlich mit der Suche nach einem Planungsbüro für die archäologische Enttrümmerung, die Tragwerksplanung und die architektonische Gesamtplanung.

Das Baureferat im Landeskirchenamt wurde vom Stiftungsverein in die Erfüllung der bevorstehenden Bauherrenaufgaben eingebunden. Den Geschäftsführer der Fördergesellschaft, Dr. Hans-Joachim Jäger, beauftragte der Vorstand des Stiftungsvereins mit der kommissarischen Geschäftsführung.

Durch sorgfältiges und längerfristiges Vorabstimmen mit dem Sächsischen Staatsministerium für Wissenschaft und Kunst gelang es bereits am 4. Dezember 1991, einen Bescheid über Zuwendungen in Höhe von 450 000 DM zur Förderung zweckgebundener Leistungen zu empfangen.

Der Stiftungsverein forderte noch im November 1991 in Zusammenarbeit mit dem Baureferat der Ev.-Luth. Landeskirche Sachsens in Betracht kommende Partner auf, Vorschläge für die Vorplanung der archäologischen Enttrümmerung einzureichen. Nach deren Auswertung und Abstimmung mit dem Landesdenkmalamt erfolgte noch im Dezember 1991 die Auftragsvergabe an das Planungs- und Ingenieurbüro Dr.-Ing. Wolfram Jäger, Radebeul, zur vorbereitenden Planung und späteren Baubetreuung der archäologischen Enttrümmerung.[22]

Für den satzungsgemäßen Fachbeirat mit seinen entsprechenden Arbeitsgruppen wurden beim Stiftungsverein Fachleute für die wichtigen Themen Architektur und Konstruktion, Denkmalpflege, Kunstgeschichte und Archäologie, Recht und Werbung, u. a. berufen. Ebenfalls noch im Januar 1992 wurde der Architekt Dieter Schölzel mit der unmittelbaren Vorbereitung der Wiederaufbauplanung (Grundlagenermittlung, Klärung der Aufgabenstellungen für den Wiederaufbau, Zusammenstellung der Leistungen für 1992/93 und Vorschlag für die Strukturierung der Planung) beauftragt.

Nach Verhandlungen mit ausgewählten Fachleuten und Büros konnte bereits Anfang 1992 die Ingenieurgemeinschaft Frauenkirche Dresden mit den Tragwerksplanern Dr.-Ing. Wolfram Jäger, Radebeul, und Prof. Dr.-Ing. Fritz Wenzel, Karlsruhe, im Auftrag des Stiftungsvereins ihre Arbeit beginnen.

Um als Arbeitsgrundlage für die Planung und Durchführung der archäologischen Enttrümmerung eine vorgezogene Baugenehmigung für den Wiederaufbau der Frauenkirche zu erhalten, mußte 1992 vom Stiftungsverein eine „Genehmigungsplanung" für den Wiederaufbau eingereicht werden. Diese umfangreiche und detaillierte Arbeit wurde von Dieter Schölzel – seit 1997 auch Mitglied des Vorstands der Fördergesellschaft – unter Einbeziehung von Aufmaßplänen des Architekten Arno Kiesling aus den Jahren 1951 bis 1959 geleistet. Bestandteil dieser Planung war auch eine Tragwerkskonzeption von Dr.-Ing. Wolfram Jägern und Prof. Dr. Fritz Wenzel mit dem wichtigen Nachweis, daß unter Anwendung heute bekannter Berechnungsmethoden das Tragkonzept von George Bähr mit dem Naturbaustoff Sandstein realisiert und das Kirchgebäude allen Anforderungen an eine öffentliche Nutzung gerecht werden könne.

Von März bis Juni 1992 fanden die Verhandlungen mit Architekturbüros zur Auswahl eines Architekturgesamtplaners durch eine vom Stiftungsverein gebildete Arbeitsgruppe unter Leitung von Architekt Prof. Curt Siegel statt. Nach einer Vielzahl von Verhandlungen beauftragte der Stiftungsverein am 8. September 1992 schließlich die IPRO Architekten- und Ingenieurgesellschaft mbH in Dresden als Gesamtplaner.

Auf Empfehlung Prof. Curt Siegels und im Ergebnis wiederholter Gespräche vor allem mit der Ev.-Luth. Landeskirchenamt Sachsens konnte am 1. Oktober 1992 der bis dahin stellvertretende Baureferent, Kirchenbaurat Dipl.-Ing. Eberhard Burger, von der Landeskirche freigestellt, für die Aufgabe des Baudirektors und Geschäftsführers der Stiftung

Frauenkirche Dresden e.V. beurlaubt und somit dort eingestellt werden. Die bis dahin geltende Beauftragung des Baureferats der Landeskirche zur Unterstützung des Stiftungsvereins in Bauherrenaufgaben wurde damit hinfällig.

Von vornherein bestand das Ziel, das Geschehen um die Frauenkirche und ihren Wiederaufbau dokumentarisch durch Film und Foto festzuhalten. Für diese Aufgaben wurden der Regiekameramann Ernst Hirsch, Dresden/München, und der Fotodesigner Jörg Schöner, Dresden, nach einem entsprechenden Auswahlverfahren beauftragt.[23] Die Fotodokumentation der zahlreichen Spendenaktionen blieb im wesentlichen eine ehrenamtliche Aufgabe von Mitgliedern der Fördergesellschaft.

Nachdem im Januar 1993 die archäologische Enttrümmerung begonnen hatte, folgte im Frühsommer dieses Jahres ein weiterer Höhepunkt: Am 27. Mai, dem 250. Jahrestag der Fertigstellung der barocken Frauenkirche, übergab der Oberbürgermeister der Landeshauptstadt Dresden, Dr. Herbert Wagner, dem Vorsitzenden des Stiftungsvereins Prof. Ludwig Güttler und Baudirektor Dipl.-Ing. Eberhard Burger die Baugenehmigung zum Wiederaufbau der Frauenkirche.

*Errichtung des Kuratoriums des Stiftungsvereins*

Es war stets die Zielstellung, weitere Förderer, Multiplikatoren und Repräsentanten des öffentlichen Lebens und der Wirtschaft für den Wiederaufbau zu gewinnen. Dies galt auch bei den Bemühungen zur Gewinnung geeigneter Persönlichkeiten für das Kuratorium des Stiftungsvereins. Durch intensive Bemühungen überwiegend durch Bernhard Walter, Mitglied des Vorstands der Dresdner Bank, Landesbischof Dr. D. Johannes Hempel und Prof. Ludwig Güttler konnte ein hochkarätiges Kuratorium gewonnen werden. Bundespräsident Dr. Richard von Weizsäcker übernahm die Schirmherrschaft über den Wiederaufbau der Dresdner Frauenkirche.

Am 17. November 1992 konnte sich das Kuratorium in einem feierlichen Festakt im Schloß Albrechtsberg in Dresden mit den „geborenen" Kuratoren Bundeskanzler Dr. Helmut Kohl, Ministerpräsident Prof. Dr. Kurt Biedenkopf, Oberbürgermeister Dr. Herbert Wagner, Landesbischof Dr. Johannes Hempel, Chefkonservator des Landesamtes für Denkmalpflege Sachsen Dr. Gerhard Glaser und mit Landeskirchenamtspräsident Hans-Dieter Hofmann als Vorsitzendem konstituieren. Der Platz für den

Superintendenten Dresden-Mitte, Christof Ziemer, blieb in dessen Amtszeit unbesetzt, da er den Wiederaufbau der Frauenkirche ablehnte. Das Kuratorium vervollständigten als „gekorene" Mitglieder Bernhard Walter, Mitglied des Vorstands der Dresdner Bank; Dr. Martin Walser, Schriftsteller; Dr. Hans-Jochen Vogel MdB, Bundesminister a. D.; Heinz-Werner Meyer (1932–1994), DGB-Vorsitzender und EKD-Synodaler, und Dr. Simon Barrington-Ward, Bischof von Coventry.

Das erfolgreiche Wirken der Fördergesellschaft und des Stiftungsvereins mit ständig steigenden Spenden- und anderen Einnahmen sowie die zu erbringenden Bauleistungen machten die baldige Überführung des Stiftungsvereins in eine Stiftung bürgerlichen Rechts mit potenten Stiftern notwendig. Angeregt von Ministerpräsident Prof. Kurt Biedenkopf erarbeiteten Vertreter des Freistaates Sachsen, der sächsischen Landeskirche und der Landeshauptstadt Dresden in enger Koordination eine Stiftungssatzung, auf deren Grundlage die Stifter – der Freistaat Sachsen, die Landeshauptstadt Dresden und die Evangelisch-Lutherische Landeskirche Sachsens – am 28. Juni 1994 eine Stiftung bürgerlichen Rechts, die „Stiftung Frauenkirche Dresden", errichten konnten, die von der Bürgerinitiative im „Ruf aus Dresden" als Ziel formuliert worden war. Das Stiftungsvermögen bestand zunächst aus dem von der Landeskirche übertragenen Erbbaurecht am Grundstück mit der enttrümmerten Ruine der Frauenkirche am Dresdner Neumarkt sowie einem Stiftungskapital von sechs Millionen DM.

Mit dem Übergang vom Stiftungsverein zur Stiftung bürgerlichen Rechts gelang es, neue Strukturen zu entwickeln. Wichtig war es nicht nur, den bisher glaubwürdig und verantwortungsbewußt handelnden Personenkreis zu erhalten, sondern mit seiner Hilfe auch den sich verändernden und anspruchsvoller werdenden Aufgaben in den neuen Strukturen gerecht zu werden.

Die durch ihr Amt im Kuratorium wirkenden Persönlichkeiten, wie Bundeskanzler, Ministerpräsident, Oberbürgermeister, Landeskirchenamtspräsident und Superintendent setzten ihre Tätigkeit fort. Der Vorsitzende des Stiftungsvereins, Prof. Ludwig Güttler, wurde ins Kuratorium gewählt, Oberkirchenrat Dieter Zuber in den Stiftungsrat berufen und mit der Leitung des Bauausschusses des Stiftungsrats betraut. Der bisherige Kurator Bernhard Walter übernahm Verantwortung im Stiftungsrat als Vorsitzender, und ein weiterer Kurator, Landeskonservator Dr. Gerhard Glaser, wurde ebenfalls in den Stiftungsrat berufen. Der neue Bischof der Ev.-Luth. Landeskirche Sachsens Volker Kreß übernahm den Vorsitz im Kuratorium. Der Sprecher des Vorstands der Dresdner Bank, Jürgen Sarrazin, wurde Kurator der Stiftung. Der Nestor der sächsischen Denkmalpflege, Prof. Dr. Hans Nadler, und Altbischof Dr. D. Johannes Hempel wurden zu Ehrenmitgliedern dieses Kuratoriums gewählt, später auch Architekt Prof. Dr. Curt Siegel und Pfarrer i. R. Dr. theol. Karl-Ludwig Hoch, alle auch Ehrenmitglieder der Fördergesellschaft.

Die Geschäftsführung der Stiftung mit Baudirektor Dipl.-Ing. Eberhard Burger erhielt Verstärkung durch Dr. Heinz Wissenbach als Finanzdirektor.[24]

### Verstärkung der Öffentlichkeitsarbeit ab 1991

Ab 1991 suchten der Förderkreis und später die Fördergesellschaft nach geeigneten Partnern, die durch Werbung das Einbringen der dringend benötigten Spenden in Millionenhöhe wirksam würden unterstützen können.

Bereits 1990 hatte der Vorsitzende der Geschäftsführung der IBM Deutschland GmbH, Hans-Olaf Henkel, die Bereitschaft des Unternehmens erklärt, dem Wiederaufbau planungsbegleitende Unterstützung zu gewähren. Dem folgten Angebote auf dem Gebiet modernster CAD-Technologie für die Architekturplanung, des Marketings und der Spendenwerbung. Mitarbeiter des Unternehmens aus Europa und den USA entwickelten ab 1991/92 virtuelle Abbilder der wiederaufzubauenden Frauenkirche, um diese Bilder für die weltweite Spendenwerbung einsetzen zu können. Die Fernsehsender ARTE und SAT 1 strahlten daraus produzierte Filmsequenzen aus und halfen damit, auch über die Grenzen Deutschlands hinaus Spenden zu erbitten.[25]

Bei diesen Aktivitäten reifte die Erkenntnis, daß eine weitere inhaltliche und spendenrechtliche Optimierung erforderlich sei. Hierbei leisteten die Dresdner Bank und IBM großartige Unterstützung. Auch gelang es, Zeitungsverlage für die kostenlose Spendenwerbung zu gewinnen.

1991 begannen die formaljuristischen Prozeduren für die Schaffung eines Frauenkirchen-Logos, das nicht nur zur identitätsstiftenden Wirkung aller Aktivitäten benötigt wurde, sondern auch als signifikantes Wort-Bild-Zeichen, welches den Geist des Wiederaufbaus und die Vision der wiedererstehenden Kirche widerspiegeln sollte. Auf der Basis der von den Architekten Dipl.-Ing. Dieter Schölzel und Dr. Walter Köckeritz geschaffenen Zeichnung auf der Titelseite des „Rufes aus Dresden – 13. Februar 1990" wurde das Wort-Bild-Zeichen von Graphikern weiterentwickelt, das sich seitdem als Frauenkirchen-Logo in der Öffentlichkeit fest etabliert hat.

Unvergeßlich bleiben aus dieser Zeit die ersten beiden großen Benefizkonzerte, die unter großer öffentlicher Resonanz stattfanden: Prof. Ludwig Güttler gastierte mit den Virtuosi Saxoniae im Kurtheater im März 1992 in Bad Nauheim – organisiert von den engagierten Freunden des Förderkreises Gedern/Hessen – mit dem beflügelnden Ergebnis von 60 000 DM sowie anläßlich der „CeBit 92" in der Marktkirche zu Hannover. Diese Konzerte zeigten, daß persönliches Engagement und Begeisterung für den Wiederaufbau der Frauenkirche immer wieder Freunde und Förderer zusammenführt sowohl beim Mitwirken, aber auch beim Teilhaben oder Genießen musikalischer Botschaft.

### *Spenden, Spenden und nochmals Spenden*

Es ist nicht möglich, hier auch nur annähernd einen Eindruck davon zu vermitteln, welche Aktivitäten notwendig waren, um die erforderlichen Spenden einzuwerben, und somit eine kontinuierliche Bautätigkeit zu sichern. Die Spenden wurden zum Elixier des Wiederaufbaus.

Besondere Aufmerksamkeit galt den Möglichkeiten, das gesamte Baugeschehen und unser Wiederaufbaubegehren öffentlich darzustellen und einschlägige Informationen möglichst weit zu verbreiten. Bereits während der Einweihung der Baustelleneinrichtung am 12. Februar 1993 erfolgte die Einrichtung zweier Ausstellungsräume mit einem im Maßstab 1:50 gefertigten Architekturmodell, hergestellt vom Dresdner Modellbildhauer Franz Bretschneider unter der sachkundigen Beratung von Dipl.-Ing. Dieter Schölzel und des Bauingenieurs Prof. Dr. Günter Zumpe. Mitglieder der Fördergesellschaft übernahmen die Führung der Besucher in dieser Ausstellung und beantworteten deren Fragen.[26]

Zu einem wesentlichen Teil wurde die Baustelleneinrichtung von der Firma Cadolto aus Cadolzburg gespendet. Dem waren Kontakte von Prof. Ludwig Güttler mit deren Eigentümern Lorenz und Gerhard Flohr bei seinen regelmäßigen Konzerten in Cadolzburg vorausgegangen.[27]

Ab August 1994 fanden an den Wochenenden dann auch Führungen auf der Baustelle statt. Die Bereitschaft der ehrenamtlichen Führer ermöglichte es ab 1996, diese Führungen nach einem exakten Terminplan täglich in der Unterkirche in Form eines Vortrages mit Unterstützung eines Kurzfilms von Regiekameramann Ernst Hirsch zu veranstalten.

Ein nachhaltiger Erfolg war das Projekt der „Frauenkirchen-Uhr", die, ausgehend von der Firma Erich Lacher Uhrenfabrik GmbH & Co. KG, Pforzheim, in Zusammenarbeit mit der Stadtsparkasse Dresden und der Fördergesellschaft im Oktober 1991 in einer ersten Edition auf den Markt gebracht wurde. Mit dem Erwerb einer Uhr spendete der Käufer 20 DM für den Wiederaufbau. Die ersten drei Uhren erhielten am 9. Oktober 1991 der sächsische Ministerpräsident Prof. Kurt Biedenkopf, der Dresdner Oberbürgermeister Dr. Herbert Wagner und Prof. Ludwig Güttler. Bis 2005 sind 17 reguläre Editionen und zahlreiche Sondereditionen in unterschiedlichem Design erschienen. Der Vertrieb von mehr als 450 000 Uhren hat bisher fast 6 Mio. Euro für den Wiederaufbau der Frauenkirche eingebracht.

Beim alljährlichen Gedenken der Zerstörung Dresdens wurde am 13. Februar 1994 erstmals einen Tag lang der Zutritt in das Innere der Ruine freigegeben. Trotz großer Kälte (ca. -15°C) kamen Zehntausende von Besuchern, viele mit Kerzen, die sie am freigelegten Altar abstellten. Mitglieder der Fördergesellschaft baten auf der Baustelle um Spenden.

Nach Übernahme der früheren Zwingerlotterie durch die Lotteriegeschäftsstelle Christian Miene, Dresden/Berlin, und ihre Umwandlung in eine Frauenkirchenlotterie wurde die Tradition der Lotterien von 1948/49 für den Wiederaufbau der Frauenkirche fortgeführt. Seit 1993 hat die Fördergesellschaft diese Frauenkirchenlotterien als eine weitere Möglichkeit regelmäßiger Einwerbung von Finanzmitteln für den Wiederaufbau veranstaltet.

Am 15. Mai 1993 erhielt die Fördergesellschaft die erste Millionenspende. Anläßlich der Verabschiedung ihres Vorstandssprechers Dr. Wolfgang Röller in den Aufsichtsrat spendete der Vorstand der Dresdner Bank eine Million DM für den Wiederaufbau der Frauenkirche. Der Spendenscheck wurde im Rahmen eines Konzertes von Prof. Ludwig Güttler und den Virtuosi Saxoniae in Frankfurt am Main übergeben. Dies war nur ein erster Höhepunkt im mäzenatischen Wirken der Dresdner Bank für die Frauenkirche, verstärkt noch durch das persönliche Engagement ihrer Mitarbeiter. Am 15. März 1995 stellte der Vorstandssprecher der Dresdner Bank, Bernhard Walter, gemeinsam mit der Geschäftsführung der Stiftung Frauenkirche Dresden und dem Vorsitzenden der Fördergesellschaft die Aktion „Stifterbriefe" der Öffentlichkeit vor. Für 500, 1500 und 2500 DM konnte man einen Bronzenen, Silbernen bzw. Goldenen Stifterbrief erwerben. Seit 2000 kann man auch Großbauteile oder Sitzplätze im Kircheninneren mit Platin-Stifterbriefen symbolisch adoptieren.[28]

Die aus den Stifterbriefen gewonnenen Spenden haben sich als die wesentlichste Geldquelle des Wiederaufbaus erwiesen. Der erfolgreiche Vertrieb der Stifterbriefe belegt eindrucksvoll das Bürgerengagement für ein solch großes kulturelles Vorhaben. Die Fördergesellschaft und auch der Stiftungsverein haben am Zustandekommen dieser Aktion mitwirken können. Die Fördergesellschaft unterstützt diese Aktion seitdem mit allen ihr zur Verfügung stehenden Mitteln und Kräften.

Die Vorstellung der 10-DM-Gedenkmünze zugunsten des Wiederaufbaus der Dresdner Frauenkirche durch Bundesfinanzminister Dr. Theo Waigel am 3. Mai 1995 im Dresdner Schloß ließ die Herzen der für den Wiederaufbau Verantwortlichen höher schlagen. Ausgehend von bereits 1991 durch Dr. Hans-Jochen Vogel an Prof. Ludwig Güttler gegebenen Hinweisen, in denen er seine Erfahrungen als früherer Münchner Oberbürgermeister mit der Sondermünze für die Olympischen Spiele 1972 darlegte, konnte durch weitere Gespräche eine fraktionsübergreifende Initiative (Dr. Hans-Joachim Vogel; Wolfgang Mischnick; Dipl.-Ing. Joachim Günther; Dipl.-Ing. Johannes Nitsch; Klaus Brähmig; Dipl.-Päd. Renate Jäger; Dr. Wolfgang Ullmann) im Bundestag geschaffen werden, die die Herausgabe einer Gedenkmünze zugunsten des Wiederaufbaus der Dresdner Frauenkirche einleitete. Prof. Ludwig Güttler und Dr. Hans-Joachim Jäger arbeiteten bei der Projektbeschreibung für die Künstler und in der Jury zur Auswahl aus den Modellen mit. Am Ende erfolgte die Bestätigung durch den Bundestag. Der Münzgewinn aus der in einer Auflage von 7,45 Mio. Exemplaren herausgegebenen Gedenkmünze betrug 45 Mio. DM. Das Bundesfinanzministerium stellte diese Summe ausschließlich für den Wiederaufbau der Kirche zur Verfügung.[29]

Die Herausgabe einer Sonderbriefmarke zum Wiederaufbau der Frauenkirche ist durch Mitglieder der Fördergesellschaft und Bundestagsabgeordnete beharrlich vorangetrieben und immer wieder angeregt worden. Nach langen Bemühungen erschien sie im Oktober 2005 rechtzeitig zur Weihe der Frauenkirche.

Zu den Möglichkeiten der Information über den Wiederaufbau der Frauenkirche zählen auch die zahlreichen Vorträge im In- und Ausland, die von Mitgliedern und Freunden der Fördergesellschaft gehalten werden. In Dresden veranstaltet sie seit 1998 in der Unterkirche unter der Bezeichnung „Donnerstagsforum" eine Vortragsreihe mit jeweils zehn Vorträgen. Hier werden mit Bezug auf die Frauenkirche und ihre Umgebung die Idee des Wiederaufbaus, seine Auswirkungen, Gesetzmäßigkeiten und Besonderheiten in der Gesellschaft verbreitet.

*Broschüre der Fördergesellschaft mit Spendenaufruf (Autor: Prof. Jürgen Paul), 3. Auflage, 1997*

Veranstaltungen, bei denen viele Menschen zusammenkamen, wurden zur Präsentation, Information und Spendenwerbung genutzt. In Zusammenarbeit mit der Stiftung Frauenkirche Dresden e.V., der Kulturstiftung des Freistaates Sachsen und dem Kulturamt der Landeshauptstadt Dresden führte die Fördergesellschaft 1994 ein Künstlersymposium mit Bildhauern auf der Baustelle durch. Diese setzten sich bildhauerisch mit der Ruine und dem beginnenden Wiederaufbau in der Öffentlichkeit auseinander.[30] 1995 waren es bei einem weiteren Künstlersymposium Musiker und Komponisten, die sich dem Thema des Wiederaufbaus widmeten und ihre Werke in öffentlichen Konzerten zugunsten des Wiederaufbaus vorstellten.

Informationsstände und Ausstellungen der Fördergesellschaft waren auf vielen Messen (z.B. auf den Denkmalmessen in Leipzig, der CeBit in Hannover, den Internationalen Tourismusbörsen in Stuttgart und Berlin, auch in Gemeinschaftsständen mit Partnern), der EXPO 2000 Hannover und zahlreichen Kongressen (Ärzte, Apotheker, Juristen u. a.) vertreten.

Nachstehend zeigen einige ausgewählte Beispiele, wie und – in einigen Fällen - durch wen die hohe Summe an Spendenmitteln aufgebracht wurde.

Konzerte von Prof. Ludwig Güttler in Norddeutschland führten zu Kontakten mit der dänischen Villum Kann Rasmussen-Stiftung in Søborg, in deren Ergebnis diese gemeinnützige Stiftung 1995 zwei Millionen DM für den Wiederaufbau der Frauenkirche spendete.

Im August 1996 gab es eine Aktion „Zusammen bauen" der LEGO GmbH Deutschland, der LEGO-Land AVS Dänemark, des Hotels Dresden Hilton und der Fördergesellschaft, bei der 22 000 Erwachsene und Kinder vor der Baustelle der Frauenkirche mit 500 000 Legosteinen das Modell der Kirche im Maßstab 1:33 bauten. Diese Aktion erbrachte 250 000 DM.

Anläßlich der General-Distriktversammlung der deutschen Lions Clubs im Mai 1998 in Dresden übergab der Governor-Ratsvorsitzende Prof. Dr. Dr. Heiner Timmermann an den Ehrenkurator der Stiftung Frauenkirche Dresden, Altbischof Dr. Johannes Hempel und den Vorsitzenden der Fördergesellschaft Prof. Ludwig Güttler einen symbolischen Scheck über die bis dahin durch vielfältige Aktivitäten gesammelten eine Million DM. Damit wurde der Wiederaufbau des Portals C und eines Teils der darüberliegenden Treppenhauswand finanziert, wozu 1994 vor allem Dresdner Lions Clubs und ihr Governor für die östlichen Bundesländer Dipl.-Ing. Klaus F. W. Tempel, Dresden, aufriefen. Französische Lions spendeten 25 000 DM. Bis 2005 konnte dieser damals übergebene Spendenbetrag durch viele weitere Aktivitäten von Lions Clubs in Deutschland und im Ausland auf über eine Million Euro angehoben werden.

Allein 1997/98 erbrachte eine 1995 ins Leben gerufene Aktion der Dresdner Taxigenossenschaft e. G., bei der für jeden vermittelten Fahrauftrag ein Pfennig zu Gunsten der Frauenkirche gespendet wurde, eine Spendensumme von 20 000 DM.

Anläßlich der 67. Internationalen Wollkonferenz im Juni 1998 in Dresden wurde im Residenzschloß der älteste bekannte Wollkontrakt der Welt, ein ägyptischer Papyrus aus dem Jahre 596 n. Chr., symbolisch versteigert. Dieser Papyrus ist eine Schenkung der Republik Österreich und der Österreichischen Nationalbibliothek Wien an die Deutsche Wollvereinigung mit dem Ziel einer symbolischen Versteigerung zugunsten des Wiederaufbaus der Dresdner Frauenkirche. Diese Geste der Völkerverständigung wurde mit dem „Versteigerungserlös" von 200 000 DM belohnt. Neben vielen deutschen Firmen spendeten auch Teilnehmer aus Australien, Belgien, Frankreich, Italien, Großbritannien, der Türkei und Südafrika.

Im Jahre 2000 spendete Prof. Dr. Günter Blobel, 1999 für seine Arbeiten auf dem Gebiet der Zellbiologie mit dem Nobelpreis für Medizin ausgezeichnet, 1,6 Millionen DM seines Preisgeldes für den Wiederaufbau der Frauenkirche.

Im Februar 2001 sammelten erstmalig alle 950 Gemeinden der Evangelisch-Lutherischen Landeskirche Sachsens für den Wiederaufbau der Frauenkirche. Diese Kollekte ergab eine Summe von 140 200 DM. Die Evangelische Kirche in Deutschland empfahl auch den anderen Landeskirchen, ähnliche Sammlungen durchzuführen. Dieser Initiative schlossen sich die Lippische und die Nordelbische Landeskirche sowie Gemeinden der Evangelischen Kirche Berlin-Brandenburg an.

Der Pädagogische Arbeitskreis Frauenkirche Dresden e.V. (Vorsitzender Dipl.-Ing.-Päd. Heiko Günther) initiierte gemeinsam mit Dresdner, Meißner und Pirnaer Schulen und jungen Künstlern des Kunstkreises Königsbrück Ende 2003 Schulprojekte, um einen Jahreskalender „Junge Kunst für die Frauenkirche 2005" zu schaffen. Mit Freude arbeiteten die beteiligten Schüler daran. Der Erlös betrug 10 000 Euro für die Frauenkirche.

*Nobelpreisträger Professor Günter Blobel bei der Spendenübergabe an Landesbischof Volker Kreß in der Frauenkirche, 22. Juni 2000*

Dem allgemeinen Trend des Spendenrückganges mußte durch Intensivierung der Spendenwerbung für den Wiederaufbau der Frauenkirche begegnet werden. Der Verringerung der durchschnittlichen Spendenhöhe eines jeden Spenders konnte durch die Steigerung der Anzahl der Spender begegnet werden, so durch die von der Fördergesellschaft im Jahre 2003 eingeführten Spendenwerbeaktionen, bei denen jeweils bis zu 40 000 Spender einschließlich aller Mitglieder angeschrieben wurden. Dies erbrachte in der Vorweihnachtszeit der Jahre 2003 und 2004 sowie im Juni 2004 die beachtliche Summe von insgesamt fast 760 000 Euro.

Seit 1989 haben die Mitglieder der Fördergesellschaft, Freunde und Spender vielfältige Anlässe wie Jubiläen, Geburtstage, Hochzeiten, Klassentreffen und Pensionierungen, auch Trauerfälle zum Spendensammeln genutzt. Einige Spender verfügten in ihrem letzten Willen, ihr Vermögen der Frauenkirche zuzuwenden.

Jede Spende hat neben ihrer Höhe eine ideelle Bedeutung. So steht die allmonatliche Fünf-Euro-Überweisung einer Rentnerin neben den Spenden, die Tausende Euro bis hin zu Millionenbeträgen betragen. Es gibt spektakuläre Aktionen mit öffentlicher Scheckübergabe im Beisein der Medien; die übergroße Zahl an Spendenvorgängen aber findet in der Stille statt.

Die Ideenvielfalt zur Spendenwerbung brachte im Laufe der Jahre eine große Fülle von Produkten hervor, die mit dem Begriff „Frauenkirche" verknüpft sind, von der Frauenkirchen-Uhr über CDs bis zu Frauenkirchen-Pokalen aus Bleikristall u. a. Zwecks Übernahme des Vertriebs und der Vermarktung dieser Produkte sowie weiterer Dienstleistungen gründeten Fördergesellschaft und Stiftung Frauenkirche als gleichberechtigte Gesellschafter gemeinsam am 30. April 1997 die „Wiederaufbau Frauenkirche Dresden GmbH" als gewerblich arbeitendes Unternehmen, welches Mittel für die Frauenkirche erwirtschaftet.

*Mitgliederversammlungen*

Bei den alljährlich in der Zeit um das Reformationsfest stattfindenden Mitgliederversammlungen der Fördergesellschaft ging es niemals nur um die erforderlichen vereinsrechtlichen Prozeduren. In ausgewählten Fachvorträgen mit Referenten aus dem In- und Ausland wurden fesselnde Themen behandelt. Stets ergaben sich daraus neue, Zuversicht verbreitende Gedanken, die den Blick weiteten und das Wiederaufbaugeschehen und sein Ziel in einen weitgefaßten, ja weltweiten Zusammenhang stellten.

Breiten Raum nahmen Appelle zum Einwerben von Spenden und Berichte über den scheinbar unbegrenzten Erfindungsreichtum der Mitglieder und Spender ein. Höhepunkte waren die Filmbeiträge von Regiekameramann Ernst Hirsch und die Informationsveranstaltungen zum Baugeschehen mit den Vorträgen von Baudirektor Eberhard Burger im Mittelpunkt.

Die Mehrzahl der festlichen Konzerte anläßlich der Mitgliederversammlungen konnte in der Annenkirche stattfinden. Es musizierten die Virtuosi Saxoniae, teilweise mit Solisten und Chor, das Blechbläser-Ensemble und die Sächsische Bläserakademie unter der Leitung von Ludwig Güttler sowie in der Besetzung Trompete und Orgel, Ludwig Güttler und Friedrich Kircheis. Besondere Spendenübergaben fanden dabei einen würdigen Rahmen.

*Die Förder- und Freundeskreise im In- und Ausland*

Freundes- und Förderkreise haben in ihren jeweiligen Regionen bzw. Ländern eine bedeutende Unterstützung des Wiederaufbaus bewirkt. Sie wurden zu Multiplikatoren des Baugeschehens, trugen dessen Geist in ihre Regionen, aktivierten die große Gemeinde der Spender und strahlten in kirchliche Kreise hinein.

Untersuchen wir die vorhandenen umfangreichen Kontakte der Fördergesellschaft zu ihren Freunden und Mitstreitern, ergibt sich ein übereinstimmendes Bild: Stets waren es einzelne Menschen, die die Idee des Wiederaufbaus der Frauenkirche begeistert weitertrugen, wodurch im Laufe der Jahre an vielen Orten weitere Menschen diese Idee aufnahmen, „Einzelkämpfer" blieben oder sich in unterschiedlichen Organisationsformen als Kreise oder Vereine zusammenfanden. Das Band von Freundschaften und Bekanntschaften, Begegnungen bei Konzerten, Kongressen und auch anläßlich diplomatischer Kontakte umschließt nicht zuletzt ehemalige Dresdner und Freunde der Stadt.

Die wiederaufgebaute Frauenkirche verdankt den Förderkreisen die Finanzierung von Bauteilen und Ausstattungen – von den Glocken über die Wendelrampe, einzelne Pfeiler, Betstuben, Fenster, Gestühl, Chorapsis, Schmuckwand am Altar bis hin zum krönenden Turmkreuz.

Über die zahlreichen Aktivitäten – Benefizkonzerte, Vorträge, Radfahrten, Empfänge, Spendensammlungen und vieles mehr – informieren die Rundbriefe der Fördergesellschaft und die Frauenkirchen-Jahrbücher vollständig.[31]

*Förderkreise und -vereine in Deutschland*

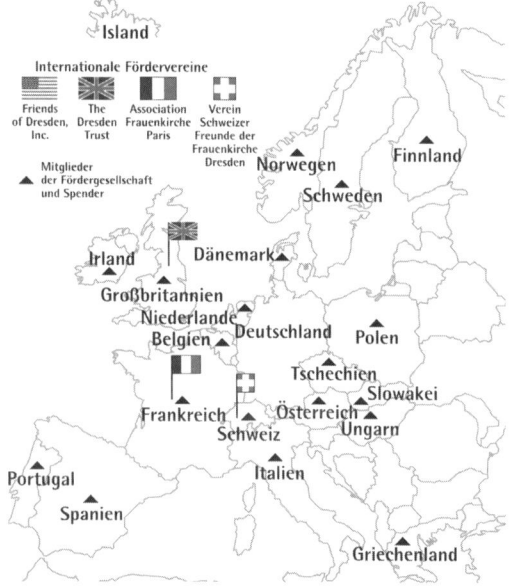

*Freunde und Förderer des Wiederaufbaus der Frauenkirche in Europa*

Förderkreise, die eng mit der Fördergesellschaft zusammenarbeiten und hauptsächlich durch Mitglieder der Fördergesellschaft ins Leben gerufen worden sind, waren tätig in nachfolgenden Orten (mit Gründungsjahr): Remagen (1988), Warendorf (1991), Gedern (1991), Buchen (1992), Bad Kreuznach (1993), Bad Salzuflen (1993), München (1994), Osnabrück (1994), Lippstadt (1995), Hamburg (1995), Celle (1995), Zahnärzte-Stifterclub Dresden (1995), Bad Elster (1996), Köln (1996), Oldenburg (1997), Studenteninitiative Dresden e.V. (1997), Darmstadt (2000), Altena (2001), Borken (2001) Ladbergen (2001), Schalksmühle (2001), Pädagogischer Arbeitskreis Dresden e.V. (2001), Stuttgart (2005), Bad Wildungen (2006).

Zu Schwerpunkten der internationalen Kontakte wurden die Fördervereine in Großbritannien (1993), Frankreich (1993), den USA (1995) und der Schweiz (2000). Neben der materiellen Unterstützung des Wiederaufbaus stand die Versöhnung zwischen den Völkern im Mittelpunkt ihrer Aktivitäten.

Der Dresden Trust, der fünfte der gegründeten Fördervereine, verankerte als Zweck in seiner Satzung die Förderung der Religion und den Wiederaufbau der Frauenkirche in Erinnerung an alle Zivilpersonen, die durch die Luftangriffe des Zweiten Weltkriegs, wo auch immer diese stattgefunden haben, ums Leben gekommen sind. Opfer und Täter sollen auf beiden Seiten als Brüder und Schwestern in Christus vereint sein. In der Folge hat sich der Trust mit besonderer Hingabe der Finanzierung und Herstellung des Kuppelkreuzes gewidmet, umfangreiche weitere Beiträge zu den Baukosten geleistet und Bücher veröffentlicht.

Im Jahre der 800. Wiederkehr der Ersterwähnung Dresdens (2006) wird in Mittelengland der vom Dresden Trust initiierte und finanzierte Britisch-Deutsche Versöhnungsgarten eingeweiht. Deutsche Freundschaftskreise und Einzelspender haben dafür Bäume gespendet. Eine Tafel wird ein Leitmotiv des Dresden Trust ausdrücken. „Mögen von nun an alle Schwierigkeiten zwischen beiden Ländern mit Geduld und Verständnis überwunden werden, mögen sie ihr Leid miteinander teilen und ihre Freude zusammen feiern. [...] In der Schönheit eines Gartens wie in der Gegenwart Gottes sind wir alle vereint!"[32]

Die Zusammenarbeit mit der Fördergesellschaft wurde und wird im Dresden Trust, unter der Schirmherrschaft S. Kgl. H. Edward Herzog von Kent KG, getragen vom Vorsitzenden Dr. Alan Keith Russell OBE, unterstützt von den Vorstandsmitgliedern John Beale, Botschafter a. D. Sir Nigel Broomfield KCMG, Botschafter a. D. Timothy Everard CMG, Dr. Judith

Purver, Tonie Smith JP, Architekt Peter Nardini D. Arch (Hous.), Canon Dr. Paul Oestreicher, Prof. Wolfgang van Emden (†).

In der Association Frauenkirche Paris, unter der Schirmherrschaft der ehemaligen Präsidentin des Europäischen Parlaments Simone Veil E. R., arbeiten im Vorstand Brigitte Schubert-Oustry, Gisela Paul, Malcolm Livesay und Kathrin Unkel.

Für die Initiatoren in den Vereinigten Staaten von Amerika sind neben Prof. Dr. Günter Blobel vor allem zu nennen: Henry H. Arnhold, Prof. Dr. Frederick Seitz, Dr. h.c. Frank Wobst, Winfried Spaeh, Dr. Anne Radice, Prof. Dr. Peter Stern, Prof. Iris Love, John P. Schmitz Esq., Kim M. Boylan Esq., Laura Maioglio, Betsy H. Bush und Karl-H. Kamella.

Bei den Freunden in der Schweiz sind neben Dr. phil. Peter Rinderknecht besonders zu nennen: Joachim Schröder, Ines Schröder-Helm, Dr. sc. nat. Klaus Müller, Siegfried Götz und Generalkonsul Hans Dürig.

*Die Rolle der Musik*

Wenn in einer Stadt wie Dresden für den Wiederaufbau einer der bedeutendsten Kirchen der Welt geworben wird, ist es entsprechend der Tradition selbstverständlich, daß dabei auch die Musik eine herausragende Rolle spielt, indem sie nicht nur ganz wesentlich zur Popularisierung der Unterstützung des Wiederaufbaus der Frauenkirche beiträgt, sondern auch erhebliche Spendenbeiträge einbringt.

Von den Interpreten sind vor allem Musiker zu nennen, die ihr meisterhaftes Können seit vielen Jahren unermüdlich und uneigennützig in den Dienst der guten Sache stellen – die Virtuosi Saxoniae, das Blechbläserensemble Ludwig Güttler, das Leipziger Bach-Collegium und die Sächsische Staatskapelle sowie das Duo Ludwig Güttler und Friedrich Kircheis (Trompete und Orgel).

Viele Freunde erinnern sich an den 1990 formulierten Wunsch, den sakralen Ort, der Ruine und Baustelle war, von Anfang an mit Leben zu erfüllen. Ausdruck dessen war das erste Konzert mit dem Blechbläserensemble Ludwig Güttler am 31. August 1991 auf den Steinen der Ruine lange vor Beginn der archäologischen Enttrümmerung.

Allen scheinbar wohlbegründeten Argumenten zum Trotz fand am 23. Dezember 1993 an der Frauenkirche die erste Weihnachtliche Vesper mit 50 000 Besuchern statt, die von Fördergesellschaft und Stiftungsverein organisiert worden war. Die Dussmann-Stiftung „Ascholdinger Nachmittag" gewährte dieser Feierstunde großzügige personelle und finanzielle Unterstützung. Bei der Vesper betrat Landesbischof Dr. Hempel das Kircheninnere und las vor dem bereits freigelegten Altar die Weihnachtsgeschichte aus dem Lukas-Evangelium. Solisten der Semperoper, der Kreuzchor und das Blechbläserensemble Ludwig Güttler stellten sich in den Dienst dieser weit ausstrahlenden Veranstaltung. Bläser der Sächsischen Posaunenmission waren aus ganz Sachsen angereist, gestalteten die Vesper an der Frauenkirche mit und tun das zusammen mit anderen Mitwirkenden seitdem jedes Jahr wieder. Ehrenamtliche Helfer und Mitglieder der Fördergesellschaft sammeln dabei Spenden und verteilen Informationsmaterial.

Mit dem Schließen der Gewölbe über dem Keller der Frauenkirche bot sich bereits 1996 die Möglichkeit, neben dem Wiederaufbaugeschehen das Wachsen des geistlichen und musikalischen Lebens motivierend erlebbar zu machen. Am 19. August 1996 musizierten dort das Blechbläserensemble Ludwig Güttler und der Organist Friedrich Kircheis, um den Bauarbeitern für das beim Wiederaufbau bis dahin Geleistete zu danken. Am 22. August 1996, einen Tag nach der Weihe dieses eindrucksvollen Raumes zur Unterkirche der Frauenkirche, begannen die Wiederaufbaukonzerte, die seitdem allwöchentlich stattfanden. Das damit verbundene Bemühen, diese Konzerte in die liturgische und vor allem kirchenmusikalische Tradition der Frauenkirche hineinzuführen, fühlte sich dem Musikverständnis Martin Luthers verpflichtet, Gott zu loben und die Menschen zu erbauen.

Die Tatsache, daß die Wiederaufbaukonzerte in der Unterkirche veranstaltet werden konnten, verdient – zusammen mit hervorzuhebendem musikalischem Engagement in den Gottesdiensten und Andachten – im Hinblick auf die Rückgewinnung des musikalisch-geistlichen Lebens besondere Aufmerksamkeit, ist es doch damit gelungen, 1989 konzipierte Gedanken zur künftigen Nutzung schrittweise Wirklichkeit werden zu lassen. Die Wiederaufbaukonzerte luden auf ihre spezifische Weise zum Spenden ein und waren nicht selten Anlaß und würdiger Rahmen für die Übergabe namhafter Spendenbeträge.

Von den immer zahlreicher werdenden Benefizkonzerten bis zur Jahrtausendwende inner- und außerhalb Deutschlands seien hier drei Veranstaltungen exemplarisch genannt.

Am 9. Januar 1999 gab es in Dresden ein glanzvolles Konzert der Sächsischen Staatskapelle unter ihrem Ehrendirigenten Sir Colin Davis in der Semperoper. Nach dem Konzert spendeten die Musiker aus ihren Einkünften 53 365 DM für die Frauenkirche.

*Plakat der 10. Weihnachtlichen Vesper vor der Frauenkirche, 23. Dezember 2002*

*Weihnachtliche Vesper vor der Frauenkirche, 23. Dezember 1998*

Bürgersinn und Bürgerengagement als Grundpfeiler des Wiederaufbaus 49

*Auszählung der anläßlich der weihnachtlichen Vesper gesammelten Spenden durch Mitglieder der Fördergesellschaft, 23. Dezember 2003*

Am 1. Juli 2000 begrüßten die Lufthansa Technik AG und der Lions Club Hamburg Hansa – bereits zum vierten Mal – über 2500 Gäste im Flugzeughangar 7 der Hamburger Lufthansa-Basis zum Benefizkonzert „Faszination Musik und Technik". Den Schwerpunkt des klassischen Programms bildete der Auftritt der Virtuosi Saxoniae, Leitung und Solist Ludwig Güttler. Nobelpreisträger Prof. Dr. Günter Blobel hatte es sich an diesem Tage nicht nehmen lassen, mit Unterstützung der Lufthansa mit einem speziellen Vortrag für Mediziner der Einladung nach Hamburg zu folgen und am Abend für den Wiederaufbau der Dresdner Frauenkirche zu werben. Der tatkräftigen Unterstützung durch Helfer, Förderer, sächsische Firmen, Mitarbeiter und Auszubildende der Lufthansa Technik AG sowie der Hamburger Lions Clubs war es zu danken, daß der Abend für alle Gäste zu einem nachhaltigen Erlebnis wurde und 40 000 DM an die Frauenkirche überwiesen werden konnten.

In der Pariser Residenz des britischen Botschafters Sir Michael Jay, dem Hôtel de Charost, fand am 16. November 2000 auf dessen Einladung und die des deutschen Botschafters Dr. Peter Hartmann ein von der Association Frauenkirche Paris veranstaltetes Benefizkonzert mit der Sopranistin Dame Felicity Lott und dem Pianisten Maciej Pikulski für 130 geladene

Gäste statt. Unter ihnen weilten als Ehrengäste der Herzog von Kent in seiner Eigenschaft als Schirmherr des Dresden Trust in Großbritannien und Sachsens stellvertretender Ministerpräsident Dr. Hans Geisler. Das Gedenkkonzert war bewußt auf dieses Datum gelegt worden, da genau 60 Jahre zuvor die englische Stadt Coventry durch einen deutschen Luftangriff zerstört worden war und sich daraus eine direkte Verbindung zur Dresdner Frauenkirche ergab. Mit dieser Veranstaltung wurde ein beeindruckendes Zeichen der Mahnung vor den Schrecken des Krieges und für Versöhnung gesetzt. Der Abend erbrachte für die Frauenkirche eine Spendensumme von 775 000 Francs.

Zum Jahrtausendwechsel im Dezember 2000 vermittelten unter der Bezeichnung „Ein Paukenschlag – Jahrtausendwechsel in der Frauenkirche" elf hochrangige Konzerte im baufertigen Hauptraum bereits eine Vorstellung von dem Gotteshaus nach der Weihe.[33] Ermöglicht wurde dies durch enge Abstimmung zwischen dem Vorsitzenden des Stiftungsrates Bernhard Walter, dem künstlerischen Leiter Prof. Ludwig Güttler, dem Zweiten Deutschen Fernsehen (ZDF) mit seinem damaligen Intendanten Prof. Dieter Stolte und den Partnern, vor allem der Sächsischen Staatskapelle und ihrem Orchestervorstand, ihrem Chefdirigenten Dr. Giuseppe Sinopoli (1946–2001) und ihrem Konzert-Dramaturgen Eberhard Steindorf. Mit vorbildlichem Einsatz bereiteten die Bauleute das Kirchenschiff, das Betstubengeschoß und die erste Empore so vor, daß diese Räume für die Öffentlichkeit – zeitlich begrenzt – zugänglich gemacht werden konnten. Die Konzerte, fast durchweg ausverkauft, hinterließen mit ihrer erlesenen Programmgestaltung, dargeboten von überragenden Interpreten, bei den begeisterten Besuchern tiefe Eindrücke, die in der Folgezeit zu einem besonders großen Spendenschub bei Fördergesellschaft und Stiftung führten.

Das Mitglied der Fördergesellschaft Rolf Herbst organisierte und gestaltete von 1992 bis 2005 in seiner Heimatstadt Buchen 27 Benefizkonzerte. Er hatte sich seine Ziele zunächst bescheiden gesetzt, am Ende aber weit übertroffen. Das löste nicht nur bei der Fördergesellschaft, sondern auch in seinem Umfeld, das er über viele Jahre musikalisch reich beschenkt hat, Freude und Dankbarkeit aus.

Während des Wiederaufbaus hat die Fördergesellschaft mehrfach öffentliche Würdigungen erfahren, von denen 15 Jahre zuvor niemand zu träumen gewagt hätte. Sichtbarer Ausdruck dessen war das vom Freistaat Sachsen ausgerichtete Benefizkonzert am 28. April 2005 mit den Virtuosi Saxoniae unter Leitung und künstlerischer Mitwirkung von Ludwig Gütt-

Bürgersinn und Bürgerengagement als Grundpfeiler des Wiederaufbaus  51

*Festliches Adventskonzert des ZDF in der Frauenkirche mit der Sächsischen Staatskapelle und dem Chor der Sächsischen Staatsoper Dresden, Leitung: Peter Schreier, 27. November 2004*

ler im Konzerthaus Berlin (Schinkelsches Schauspielhaus), wo der sächsische Ministerpräsident Prof. Dr. Georg Milbradt das Wirken der Bürgerinitiative und die Bedeutung der von ihr wahrgenommenen Verantwortung, von Bürgersinn und -engagement würdigte. Die Bedeutung der Veranstaltung wurde dadurch unterstrichen, daß Bundespräsident Prof.

Dr. Horst Köhler und vier seiner Vorgänger, Dr. Walter Scheel, Dr. Richard von Weizsäcker, Prof. Dr. Roman Herzog und Dr. Johannes Rau (1931–2006), die Schirmherrschaft gemeinsam ausübten. Das Konzert erbrachte für die Frauenkirche 91 000 Euro.

Die zahlreichen Konzerte in der Unterkirche und überall im Lande haben über die materielle und ideelle Unterstützung des Wiederaufbaus hinaus eine Identifikation mit diesem bei Musikern, Sängern, Dirigenten, Solisten, Chören und Orchestern begründet. Dies wirkt sich segensreich auf das kirchenmusikalische und allgemeine musikalische Leben in der Frauenkirche aus.

*Ehrenamtliches Engagement*

Die in den Vorständen der Fördergesellschaft und bis 1994 des Stiftungsvereins samt der Arbeitsgruppen und Beiräte durch Mitglieder und Freunde geleistete ehrenamtliche Tätigkeit mußte unterschiedlichen Anforderungen gerecht werden, sei es bei der Organisierung des Spendensammelns, der Arbeit in den Förderkreisen im In- und Ausland, als Autoren von Beiträgen für das Frauenkirchen-Jahrbuch und die alljährlichen Rundbriefe der Fördergesellschaft sowie in Fachzeitschriften und Werbeschriften, als Referenten der Festvorträge zu den Mitgliederversammlungen und der Vorträge im „Donnerstagsforum", bei der Beratung auf dem Gebiet einer sehr großen Anzahl unterschiedlicher Fachdisziplinen vom Steuerrecht über Kunstgeschichte bis zur Theologie einschließlich fachkundiger Auswahl entsprechender Mitarbeiter. Dabei stellten sie ihre teilweise einzigartigen Erfahrungen und ihre gesamte Kompetenz in den Dienst dieser Aufgabe.

Die Reihe ist fortzusetzen mit den Frauenkirchenführern auf der Baustelle und seit 1996 in der Unterkirche. Mit dieser engagierten Tätigkeit in hoher Qualität als Vorbild vor Augen, konnten zahlreiche weitere Mitglieder und Freunde gewonnen werden, die wiederum Gleichgesinnte um sich scharten, um Spenden zu sammeln, Benefizveranstaltungen vorzubereiten, die dafür erforderliche Unterstützung von Sponsoren, Förderern und Helfern zu erbitten und die Mitwirkenden einzubinden. Es ist wichtig, die Begeisterung für das solidarische Mittun immer weiterzutragen. Die Freude, das Glücksgefühl und die Bestätigung, die das auslöst, möchte sicher heute keiner, der auf diese Weise zum Wiederaufbau beitrug, missen.

Mit dem Jahrbuch „Die Dresdner Frauenkirche" entstand seit 1995 überwiegend in ehrenamtlicher Arbeit unter der bewährten Leitung von Prof. Heinrich Magirius und unter der Redaktion des Dresdner Historikers Dr. Manfred Kobuch eine Publikation zur Dresdner Frauenkirche, die sich durch die fachübergreifende Darstellung neuester Erkenntnisse auszeichnet. Die elf Bände sind eine umfassende Dokumentation zur Geschichte und Baugeschichte der Frauenkirche, zur Geschichte ihres Wiederaufbaus und der daran beteiligten Institutionen, zu denkmalpflegerischen und ingenieurtechnischen Fragen sowie zur Nutzung. Dabei beschränkten sich die über 100 Autoren des Jahrbuches nicht allein auf die Dresdner Frauenkirche. Stets wurden Fragen ihres unmittelbaren Umfelds bis hin zum internationalen Vergleich in den Blick genommen.

Pädagogen konnten Jugendliche und Auszubildende in spezifischen, phantasiereich entwickelten Projekten an ehrenamtliche Arbeit heranführen und für eigene Mithilfe begeistern. Zimmererlehrlinge und deren Ausbilder waren unter Mitwirkung des Berufsförderungswerkes Bau Sachsen e.V. und des überbetrieblichen Ausbildungszentrums Dresdens am Bau der Holzkonstruktion der Turmhaube beteiligt, nachdem das vom Pädagogischen Arbeitskreis der Fördergesellschaft initiierte Projekt „Planung und Herstellung eines Modells der Turmhaube der Frauenkirche im Maßstab 1:5" erfolgreich abgeschlossen werden konnte.

Bei der Arbeit und dem Vorantreiben des großen Vorhabens wogen mutmachende Auszeichnungen um so schwerer; zwei dieser Ehrungen seien noch hervorgehoben: Die Verleihung des Konrad-Adenauer-Preises für Kommunalpolitik in Gold am 12. Dezember 1992 im Dresdner Rathaus gab der Arbeit der Fördergesellschaft und des Stiftungsvereins weiteren Auftrieb. Der von der kommunalpolitischen Vereinigung der CDU/CSU gestiftete Preis für besondere Bürgerinitiativen wurde vom Preisgericht in der Laudatio mit der Bemerkung begründet: „Die Wiedererrichtung dieses Bauwerks kann zu einem Symbol der Meisterung des gemeinsamen Schicksals der Deutschen und der gemeinsamen Chancen der Deutschen werden."

Am 17. April 1997 wurde in Berlin der Vorstand der Fördergesellschaft mit der erstmaligen Verleihung des Nationalpreises der 1993 gegründeten Deutschen Nationalstiftung gewürdigt. In Anwesenheit zahlreicher Persönlichkeiten der Nationalstiftung und des öffentlichen Lebens, unter ihnen Altbundeskanzler Helmut Schmidt, Altbundespräsident Dr. Richard von Weizsäcker und Sachsens Ministerpräsident Prof. Dr. Kurt Biedenkopf, übergab Bundespräsident Prof. Dr. Roman Herzog den mit

75 000 DM dotierten Nationalpreis. In seiner Festrede charakterisierte der Bundespräsident die Fördergesellschaft: „Uneigennütziger, freiwilliger Einsatz, der unser kulturelles Erbe mehrt, unserem Land zusammenzuwachsen hilft und ihm neue Freunde in Europa und der Welt gewinnt – das sind die Leistungen, für die der Nationalpreis verliehen werden soll. Es sind genau diese Leistungen, die das Wesen der Gesellschaft zur Förderung des Wiederaufbaus der Frauenkirche Dresden ausmachen. Darum beweist die Deutsche Nationalstiftung bei der ersten Verleihung ihres Nationalpreises eine glückliche Hand."[34]

### *Schlußbemerkung*

Angesichts der in ihrer historischen Gesamterscheinung wiederhergestellten Frauenkirche erfüllt uns alle beim Herantreten mit Bewunderung und Dankbarkeit, unter welch großen Anstrengungen die Rückverwandlung der über Jahrzehnte mühsam bewahrten Trümmer der Ruine in das so großartige, ja einzigartige Bauwerk gelang und dieser so wichtige Ort sich Schritt für Schritt wieder mit Leben anfüllte. Wenn das scheinbar Unmögliche und Unvorstellbare mit seiner ihm eigenen Sprache zu uns allen spricht, dann verbinden sich die Zukunft der Frauenkirche und die Zukunft unserer Gesellschaft.

Höchst bedeutsam ist, daß das anfänglich geäußerte Mißtrauen und der massiv gehegte Zweifel an der Möglichkeit, diese Kirche überhaupt wieder aufzubauen und für sie wiederum eine geistliche und musische Nutzung zu gewinnen, sich während des Wiederaufbaus in eine Mut machende, Vertrauen schaffende Ausstrahlung gewandelt haben, die mit der Erkenntnis gepaart ist, das Aufbauwerk mit eigener Kraft und Lebenszeit unter der entscheidenden Voraussetzung bewirkt zu haben, daß das Gemeinsame über das Trennende gestellt wird und Solidarität und Gemeinschaft der Maßstab sind.

Die wieder aufgebaute Frauenkirche wurde am 30. Oktober 2005 geweiht. Damit sieht die bisherige Fördergesellschaft ihren Gründungsauftrag als erfüllt an. Am 9. Juli 2003 fand in Dresden die Gründungsversammlung der neuen „Gesellschaft zur Förderung der Frauenkirche Dresden e.V." statt. Diese Gesellschaft ist nun ab 2006 als Nachfolgerin der bisherigen Fördergesellschaft tätig.[35]

Nach den unermeßlichen Zerstörungen im 20. Jahrhundert hat der Wiederaufbau der Dresdner Frauenkirche vielen Menschen eine bis dahin einmalige Chance geboten, sich mit ihren Gaben und Mitteln für ein humanes, friedliches, konstruktives und starkes Miteinander im Dienst an einer einzigartigen Aufgabe einzusetzen. Unsere von sinnloser Vernichtung geprägte Geschichte spricht aus den noch über Generationen hinweg sichtbar bleibenden Spuren an der Frauenkirche. Und mit jeder noch so kleinen Spende sind die Sehnsüchte, die Hoffnungen, die Wünsche, die Bitten und die Überzeugungen der Menschen in dieses Werk hineingebaut worden. Dies stellt eine bleibende Verpflichtung für alle dar, die beim Wiederaufbau der Dresdner Frauenkirche Verantwortung getragen und für die wiederaufgebaute Frauenkirche wieder übernommen haben.

*Anmerkungen*

1 Entwurf eines Appells „Ruf aus Dresden – 29. November 1989" von Pfarrer Dr. Karl-Ludwig Hoch, in: Die Dresdner Frauenkirche. Jahrbuch 7 (2001), S. 208f.

2 HANS NADLER, Sorgen um die Ruine der Frauenkirche, in: Die Dresdner Frauenkirche. Jahrbuch 5 (1999), S. 163.

3 Vgl. HEINRICH MAGIRIUS, Geschichte der Denkmalpflege. Sachsen, Berlin 1989, Kapitel 16: Denkmalpflege in den 20er und 30er Jahren des 20. Jahrhunderts, S. 180–222 und GERHARD GLASER, Ermutigung und Aufgabenstellung zum Wiederaufbau der Frauenkirche in Dresden, in: Die Dresdner Frauenkirche. Jahrbuch 8 (2002), S. 211–214.

4 Paul Sinkwitz. Schriftkünstler, Maler und Grafiker, in: Werkkunst im XX. Jahrhundert, hrsg. von PETER SINKWITZ, Dresden 2002, S. 85, 110f.

5 Vgl. FRITZ LÖFFLER, Dresden. Vision einer Stadt, hrsg. von INGRID WENZKAT, Dresden 1995, S. 44. Fritz Löffler forderte ihm Nahestehende mehrfach auf, für die Wiedererrichtung der Dresdner Frauenkirche einzutreten, wie persönlichen Mitteilungen von Prof. Dr. Gerhard Glaser, Pfarrer Dr. theol. Karl-Ludwig Hoch, Dr. Elisabeth Hütter, Prof. Dr. Heinrich Magirius, Prof. Dr. Hans Nadler und Ingrid Wenzkat belegen. Vgl. auch GERHARD GLASER, Fritz Löffler, der Denkmalpfleger, in: Denkmalpflege in Sachsen (= Mitteilungen des Landesamtes für Denkmalpflege Sachsen 1998), S. 115–117.

6 Persönliche Mitteilungen von Prof. Dr. Hans Nadler an Dr. Hans-Joachim Jäger vom Dezember 1989.

7 Schreiben des Sekretariats des Bundes der Evangelischen Kirchen in der DDR vom 14.2.1980 an Prälat Binder, Bonn, betr. Frauenkirche, Annenkirche und Dreikönigskirche zu Dresden (Privatarchiv: Bundesminister a. D. Wolfgang Mischnick).

8 Vgl. LIESELOTTE BERGER, Jenseits der Zonengrenze bietet sich mehr Vertrautes als Fremdes. Bilanz eines Besuches in Dresden. Die Deutschen haben sich nicht auseinandergelebt, in: Berliner Morgenpost v. 28.3.1979, S. 3. Die Autorin und Berliner Abgeordnete der CDU stellt den Gedanken an den Schluß ihrer Betrachtung, daß es möglich sein müßte, „in einem Verein zum Wiederaufbau der Dresdner Frauenkirche die in aller Welt lebenden Dresdner sowie alle alten und neuen Freunde der Stadt zu versammeln, um einen Teil der Mittel für den Wiederaufbau zusammenzubringen."

9 RÜDIGER RECKNAGEL (Beigeordneter der Stadt Düsseldorf), Schloß und Frauenkirche zu Dresden. Vorschlag für den Wiederaufbau, 13. Februar 1989, masch.-schr. Manuskript (Privatarchiv Architekt Dipl.-Ing. Dieter Schölzel, Dresden).

10 Vgl. DIETER SCHÖLZEL, Eine Studie zum Umgang mit dem Trümmerberg der Dresdner Frauenkirche aus dem Jahr 1988, in: Die Dresdner Frauenkirche. Jahrbuch 7 (2001), S. 185–193.

11 Vgl. LUDWIG GÜTTLER und HANS-JOACHIM JÄGER, Die Bürgerinitiative für den Aufbau der Frauenkirche zu Dresden. Bericht über die ersten Zusammenkünfte bis zur Veröffentlichung des Appells „Ruf aus Dresden – 13. Februar 1990", in: Die Dresdner Frauenkirche. Jahrbuch 7 (2001), S. 209–211.

12 Das am 28. Februar 1990 durch die Volkskammer der DDR beschlossene „Vereinigungsgesetz" (Gründung von Vereinigungen, abgesetzt zum bürgerlichen Sprachgebrauch „Vereine") bot die Möglichkeit, sich als Rechtsperson „Vereinigung" zu konstituieren, siehe auch: Gesetzblatt der DDR, Berlin 1990, Teil I, Nr. 10, S. 75 ff.

13 Schreiben von Rechtsanwalt FRANZ WEINBERGER, München, an Prof. Ludwig Güttler zu „Stiftung Frauenkirche Dresden e.V.", München, 9. Mai 1990 (mit Erläuterungen zu rechtlichen, strukturellen und organisatorischen Anforderungen und Überlegungen).

14 HEINRICH MAGIRIUS, Argumentationspapier vom 1.5.1990, Förderkreis Wiederaufbau Frauenkirche Dresden e.V., masch.-schriftlich vervielfältigt (Archiv der Gesellschaft zur Förderung des Wiederaufbaus der Frauenkirche Dresden e.V.).

15 Vgl. Wissenschaftliche Arbeitstagung vom 21.2. bis 23.2.1991, in: Rundbrief Nr. 1 der Gesellschaft zur Förderung des Wiederaufbaus der Frauenkirche Dresden e.V., S. 1–2; vgl. auch LUDWIG GÜTTLER und HANS–JOACHIM JÄGER, Votum, in: Der Sonntag, 10.03.1991, S. 3

16 HEINRICH MAGIRIUS und ULRICH BÖHME, „Meinungsstreit: Wiederaufbau der Dresdner Frauenkirche oder Erhaltung der Ruine als Denkmal?", in: Deutsche Kunst und Denkmalpflege 49 (1991)1, S. 79–90.

17 HEINRICH MAGIRIUS, Frauenkirche in Dresden – Ruine oder Wiederaufbau? Vom Umgang mit kirchlichen Ruinen. Symposium und Ausstellung, in: Denkmalpflege in Hamburg, hrsg. von der Kulturbehörde Hamburg – Denkmalschutzamt H. 8, Hamburg 1992, S. 9–23.

18 Zum Beispiel: CURT SIEGEL„Und man braucht sie doch. Die Frauenkirche in Dresden. Soll sie eine Ruine bleiben? Sie soll rekonstruiert werden, in: Die Zeit, 7./8. Februar 1991, S. 59; DANKWART GURATZSCH, Gedenkstätte oder Gotteshaus: jetzt muß die Entscheidung über den Wiederaufbau der Dresdner Frauenkirche fallen, in: Die Welt, 9. März 1991, Nr. 58, S. 15; JÖRG TRAEGER, Entsetzliches läßt sich nicht konservieren, in: Süddeutsche Zeitung, 28./29. März 1991, Nr. 74, S. 16; JÜRGEN PAUL, Eine Wiedergutmachung an Dresden. Die wiederhergestellte Kuppel der Frauenkirche gäbe der Stadt ein Stück Geschichte zurück, in: Frankfurter Allgemeine Zeitung, 13. Dezember 1990, Nr. 290, S. 14; LUDWIG GÜTTLER, HANS–JOACHIM JÄGER, Der Wiederaufbau der Dresdner Frauenkirche – eine besondere Herausforderung, in: Baukunst – Kunstbau. Festschrift zum 65. Geburtstag von Prof. Jürgen Paul, hrsg. von GILBERT LUPFER, KONSTANZE RUDERT, PAUL SIEGEL, Dresden 2000, S. 17–20.

19 Vgl. Spenden und Zuwendungen, in: Rundbrief Nr. 1 der Fördergesellschaft, Dresden, Weihnachten 1991, S. 5.

20 Beschluß Nr. 838-38-92, Wiederaufbau der Frauenkirche, in: Rundbrief Nr. 2 der Fördergesellschaft, Dresden, Juni 1992, S. 9.

21 Ebenda.

22 WOLFRAM JÄGER, Bericht über die archäologische Enttrümmerung 1993/1994, in: Die Dresdner Frauenkirche. Jahrbuch 1 (1995), S. 11.

23 Die Beauftragung der Fotodokumentation ist von der Fördergesellschaft auf die Stiftung Frauenkirche Dresden im Sinne ihrer Gesamtverantwortung für den Wiederaufbau am 01.06.1998 übergegangen.

24  Vgl. Die Stiftung Frauenkirche Dresden, in: Die Dresdner Frauenkirche. Jahrbuch 1 (1995), S. 265.

25  BRIAN M. COLLINS, DAVE WILLIAMS, ROBERT HAAK, MARTIN TRUX, HERBERT HERZ u. a., From Ruins to Reality – The Dresdner Frauenkirche, in: IBM UK Scientific Center, IBM UK Laboratories Limited, Winchester, Februar 1993 [Sonderdruck].

26  Als Grundlage für den Bau des Modells dienten die Zeichnungen, die vom Architekten Arno Kiesling in den Jahren 1949 bis 1959 nach erhalten gebliebenen eigenen Skizzen und Aufzeichnungen angefertigt wurden. Mit dem Modell sollte erkundet werden, inwieweit die Kieslingschen Zeichnungen für eine Planung ausreichend seien.

27  Cadolzburg ist der Geburtsort des legendären Konzertmeisters der Dresdner Hofkapelle, Johann Georg Pisendel, Schüler von Antonio Vivaldi und Freund Johann Sebastian Bachs. Seinem Andenken dienten die Konzerte.

28  Aktuelle Informationen, Wiederaufbau der Frauenkirche zu Dresden [Informationsblatt], hrsg. v. d. Stiftung Frauenkirche Dresden [mit Unterstützung der] Dresdner Bank [AG], Februar 2002.

29  Dies war nur möglich, indem die Bundesregierung auf das ihr zustehende Münzregal des Staats zugunsten des Wiederaufbaus unter strengen Auflagen zu ihrer Verwendung verzichtete. Diese sog. Frauenkirchemünze hatte ihren Wert nicht nur in ihrer finanziellen Substanz, sondern in der Ausstrahlung dieser Zuwendung und ihres appellativen Charakters an eine interessierte und noch zu interessierende Öffentlichkeit, auch im politischen Bereich. Die mündelsichere Anlage in Verbindung mit dem stets weiter intensivierten Spendenaufkommen ermöglichte es zunächst, die aus diesem Betrag sich ergebenden Zinsen für den Wiederaufbau zu nutzen.

30  MANFRED KOBUCH, Eine Stele für die Dresdner Frauenkirche, in: Die Dresdner Frauenkirche. Jahrbuch 10 (2004), S. 199-201.

31  Vgl. die Jahresberichte der Fördergesellschaft, in: Rundbriefe Nr. 1–15 der Gesellschaft zur Förderung des Wiederaufbaus der Frauenkirche Dresden e.V. [ Fördergesellschaft], Dresden, 1991–2005; weiter in: Die Dresdner Frauenkirche. Jahrbücher 1–11 (1995–2005).

32  ALAN KEITH RUSSELL, Der britische Dresden Trust. Bericht für die multimediale Show zur Tätigkeit der Freundes- und Förderkreise Wiederaufbau Frauenkirche Dresden für die Ausstellung im Stadtmuseum, ungedr. Manuskript, Chichester, Mai 2005.

33  Das vollständige Programm der Konzerte ist enthalten im Beitrag von LUDWIG GÜTTLER, Ein Paukenschlag – Jahreswechsel in der Frauenkirche, in: Die Dresdner Frauenkirche. Jahrbuch 7 (2001), S. 77–96.

34  ROMAN HERZOG, Zur Verleihung des Nationalpreises der Deutschen Nationalstiftung an den Vorstand der Gesellschaft zur Förderung des Wiederaufbaus der Frauenkirche Dresden e.V. Rede des Bundespräsidenten in Berlin am 17. April 1997, in: Die Dresdner Frauenkirche. Jahrbuch 3 (1997), S. 9.

35  Vgl. die Satzung der „Gesellschaft zur Förderung der Frauenkirche Dresden e.V." i.d.F. vom 22. Juli 2004; siehe ferner: Leitlinien vom 26. Oktober 2004, in: Rundbrief Nr. 15 (2005), S. 6.

Dr. rer. nat. *Claus Fischer*, geb. 1930 in Dresden; 1949 Abitur; 1949–1952 Lehrausbildung und Arbeit in der Industrie; 1952 Chemiestudium in Greifswald und Dresden; 1959–1990 Laborleiter am Institut für angewandte Physik der Reinststoffe, später Zentralinstitut für Festkörperphysik und Werkstofforschung, Akademie der Wissenschaften der DDR, Dresden; 1966 Promotion an der Humboldt-Universität Berlin.
1990 Mitglied des Förderkreises (ab 1991 Fördergesellschaft), 1991–2000 Vorstandsmitglied der Fördergesellschaft, 1991 Gründungsmitglied der Stiftung Frauenkirche Dresden e.V., 2003 Gründungsmitglied der Gesellschaft zur Förderung der Frauenkirche Dresden e.V., 2003–2005 Mitglied der Schriftleitung des Jahrbuches „Die Dresdner Frauenkirche"

Dr.-Ing. *Hans-Joachim Jäger*, geboren 1946 in Meißen/Sachsen; 1964 Abitur; 1964–1970 Studium in Dresden und Berlin; 1970–1973 Mitglied des „Museumsbeirates der Albrechtsburg Meißen"; 1973–1990 Forschungsingenieur an der Bauakademie, Außenstelle Dresden, ab 1989 stellv. Abteilungsleiter Technik am Institut für Betonforschung Dresden; 1978 Promotion an der TU Dresden; 1988–1990 Stadtvorstand Dresden der Gesellschaft für Denkmalpflege; seit 1990 Vorstandsmitglied des Landesvereins Sächsischer Heimatschutz e.V.
1989/90 Gründungsmitglied der Bürgerinitiative Wiederaufbau Frauenkirche Dresden und Mitunterzeichner des „Rufs aus Dresden – 13. Februar 1990"; Gründungsmitglied des Förderkreises (ab 1991 Fördergesellschaft), seit Juli 1991 Geschäftsführer der Fördergesellschaft; Gründungsmitglied der Stiftung Frauenkirche Dresden e.V.; 1995–2005 Mitglied der Schriftleitung des Jahrbuches „Die Dresdner Frauenkirche"; seit 2003 Gründungsmitglied der Gesellschaft zur Förderung der Frauenkirche Dresden e.V.

*Dankwart Guratzsch*

# Das innere Leuchten

Wie könnte der Einsatz für die Frauenkirche nicht von persönlichsten Motiven geprägt sein! Für mich als geborenen Dresdner war er von Anfang an mit der geschichtlichen Katastrophe des Untergangs meiner Heimatstadt 1945 verbunden. Diesem Ereignis hatte ich – damals noch Schüler am Marburger Martin-Luther-Gymnasium – schon meine erste journalistische Arbeit, einen kleinen Zwanzig-Zeiler mit Foto in der Oberhessischen Presse Marburg, am 13. Februar 1958 gewidmet. Es blieb für viele Jahrzehnte ein Thema meiner journalistischen Tätigkeit.

Meine früheste Erinnerung an das Gebäude reicht in das Jahr 1944 zurück. Sie ist vom Licht der Kerzen überstrahlt. Es war die Christvesper in der Frauenkirche, die ich mit meinem Onkel besuchen durfte. Zu diesem Zeitpunkt ahnte niemand, daß der großartige Bau kaum zwei Monate später in Trümmer sinken sollte. Ich hatte mir diesen Besuch selbst gewünscht, denn mit Bewußtsein hatte ich die „dicke Frau", wie ich die Kirche mit meiner dreijährigen Schwester scherzhaft genannt hatte, noch nie von innen gesehen. Nun also war der Tag gekommen, aber leider brachen wir viel zu spät von zu Hause auf. Trotzdem gingen wir die Strecke von der Sidonienstraße zum Neumarkt zu Fuß, weil wir nicht auf die Straßenbahn warten wollten. Der Onkel mußte den fünfjährigen Knirps in eiligem Schritt hinter sich herziehen. Als wir den Neumarkt erreichten, waren die Glocken verklungen, der Platz leer, und die mächtige Kuppel ragte dunkel empor. Die Fläche, die wir überschreiten mußten, erschien mir in diesem Moment endlos weit. Ich hatte mich losgerissen. Wir hasteten hinüber. Als sich das schwere Portal öffnete, faßte der Onkel meine Hand. Der Gottesdienst hatte schon begonnen. Ich meine mich zu erinnern, wie mich die Lichterfülle und die vielen übereinandergestapelten Emporen in Staunen versetzten. An Farben und Klänge vermag ich mich nicht zu erinnern. Das Bild, das ich bewahre, ist der strahlende Kern in der nachtdunklen Hülle. In diesen letzten Wochen des Krieges, in denen die Stadt bei Nacht in geisterhafte Schwärze getaucht war und das Verhängnis sein Netz über den verängstigten Menschen zusammenzog, war dieser Eintritt in den lichtdurchfluteten Raum wie die Begegnung mit dem Überwirklichen, ein Blick in das Innerste des Himmels. Bis heute ist es mir eine wunderbare Vorstellung von dem, was der Dichter Novalis mit

*Der Dresdner Kreuzchor in der erneuerten Frauenkirche, Dezember 1942*

dem Wort gemeint hat: „Nach innen führt der geheimnisvolle Weg." – Es sollte mein einziger Besuch in der Kirche bleiben.

Vielleicht ist es dieses früheste Erlebnis gewesen, das die Zerstörung der Frauenkirche zu einem Ereignis für mich gemacht hat, das Fragen der Existenz berührte. Das Bild, das sich eingegraben hatte, verlor seinen Rückhalt in der Wirklichkeit. Es wurde zur Fiktion. Für das Kind war es eine Verlusterfahrung, die sich unauslöschlich mit dem Tod der Heimatstadt und geliebter Menschen verband. So kann ich den Wiederaufbau der Frauenkirche auch nur in Verbindung mit dem Schicksal und den Zukunftshoffnungen der ganzen Stadt sehen. Die Eckpunkte, die im „Ruf aus Dresden" genannt sind, sind meine eigenen. Die Rekonstruktion dieses für die Stadt so wichtigen Gebäudes ist eine denkmalpflegerische Tat,

Das innere Leuchten

durch die ein Bauwerk in die Wirklichkeit zurückgeholt wurde, das eine künstlerische Erfindung von einzigartigem Rang gewesen ist. Aber sie ist mehr als das. Es geht um mehr als um ein Bauwerk. Dem nur noch als Torso vorhandenen Stadtbild wurde ein zentraler Bestandteil zurückgegeben. Erstmals stellt sich wieder eine Ahnung von der einstigen Bedeutung des Gesamtkunstwerkes Dresden ein. In der Komplettierung der berühmten Schaufassade des einstigen Elbflorenz ersteht etwas von dem wieder auf, das einmal die besondere Seele dieser Stadt war.

Die niemals gänzlich verstummten Forderungen nach einem Wiederaufbau der Kirche in den Nachkriegsjahren, der Aufruf gleich nach der friedlichen Revolution, der unerhörte Mut, ein solches Vorhaben an der Schwelle zum 21. Jahrhundert tatsächlich in Angriff zu nehmen, die Vorstellung, es aus Spenden finanzieren zu können, die weltweite Begeisterung für dieses Projekt – das alles scheint zu belegen, daß hier noch mehr gemeint ist als beim Wiederaufbau etwa des Doms von Minden, der Frauenkirche in Nürnberg oder der Heiliggeistkirche in München. Naheliegender wäre es ja gewesen, auf den Wiederaufbau zu verzichten und stattdessen die eindrucksvolle Ruine zu konservieren – naheliegender allein schon wegen der unabsehbaren Probleme der Finanzierung und der Konstruktion. Die eigentümliche Bauform, die seit je umstrittene Statik der Dresdner Frauenkirche mußten das Vorhaben, dieses Gebäude ein zweites Mal zu errichten, geradezu als tollkühn erscheinen lassen. Als bloßes Bauvorhaben hätte dieses Projekt mit ziemlicher Sicherheit keine Chance gehabt.

Was mich an dem Gedanken, die Frauenkirche wieder aufzubauen, von Anfang an in Bann gezogen hat, das war und ist das schlechthin Unvordenkliche dieser Unternehmung. Noch nie hat sich die Denkmalpflege, haben sich Architekten, Statiker und Ingenieure an ein Projekt dieser Größenordnung gewagt: den kompletten Nachbau eines Baukunstwerkes der Barockzeit, für das es kein Pendant gibt. Ja noch viel mehr: den Nachbau aus teilweise denselben originalen Steinen, weitgehend mit Techniken des 18. Jahrhunderts, mit Schmuckelementen, die von Künstlern des Computerzeitalters in Stein nachgeschaffen werden sollten, mit einer Ausmalung und in Farben, für die es Anhaltspunkte, aber keine exakten Vorlagen gibt.

Ich erinnere mich, wie ein Architekt aus Karlsruhe – es war der Bauprofessor Heinz Mohl – in den 1970er Jahren vor Fachkollegen von seinen Nöten berichtet hat, einem Kaufhaus am Freiburger Münster ein traditionelles Satteldach aufzusetzen. „Das hatten wir nie gelernt, auf der Hochschule haben wir nur Flachdächer konstruiert, wie sollte ich wissen, wie man ein solches Dach berechnet, wie man es faltet, wie man es weiterentwickelt? Das rührte nicht nur an Fragen der Ehre eines ‚modernen' Architekten nach dem Motto: ‚so etwas macht man nicht', sondern schlicht an Fragen des Könnens."

In Dresden aber ging es um einen 250 Jahre alten Bau, der in Techniken, die über Generationen vergessen worden sind und vielfach neu erlernt werden mußten, ein zweites Mal in herkömmlicher Bauweise errichtet werden sollte. Das ist in einer Zeit, die sich der Abstraktion, dem Minimalismus, der Gestaltung von Membranen und dem Hantieren mit Nanopartikeln und Genen näher als der massiven Stofflichkeit, dem figürlichen Gestalten, der Gegenständlichkeit weiß, ein fast irreales Unterfangen. Daß sich solches denken und gar vollbringen lassen würde, mußte utopisch erscheinen. Daß es gelungen ist, entzaubert unser Verständnis von Fortschritt, Zeitgeist, ja von Futurismus. Die Fiktion wird Wirklichkeit. Sie beweist ihr mächtiges, ungemindertes, unsichtbares Dasein hinter den Dingen und läßt das vermeintlich Aktuelle, die Modernität und Authentizität, als Simulation, als bloße Vorspiegelung erscheinen.

Von dieser ständigen, heimlichen Präsenz des Unsichtbaren hat die „abwesende" Frauenkirche jahrzehntelang Zeugnis abgelegt. Der schöne Einfall Erich Kästners, dem Bild Dresdens einen Einfluß auf den Schönheitssinn der Dresdner zuzuschreiben, läßt für den Gedanken Raum, daß die Gestalt der glockenförmigen Kuppel daran besonderen Anteil hat. Nichts vermochte ihr Bild in all den Jahrzehnten des Trümmerzustands im Gedächtnis der Dresdner zum Verlöschen zu bringen. Der geheimen Anwesenheit dieser „unsichtbaren Kirche" korrespondierte das ebenso geheime Ringen um die Erhaltung ihrer Reste. Daß es Denkmalpflegern gelungen war, wichtige Originalteile schon früh zu bergen und zu sichern, daß Walter Ulbricht die Ruine praktisch bereits zur Disposition gestellt hatte, daß es trotzdem mutige Kulturhüter immer wieder vermocht haben, die Vollstreckung solcher Absichten hinauszuzögern oder zu hintertreiben, das alles entzog sich zu DDR-Zeiten den Blicken der Öffentlichkeit und deshalb auch den Berichterstattungsmöglichkeiten der Medien. Das über den Trümmern lastende Schweigen, die magische Umrißlinie des eingestürzten Kuppelbaus, die so mancher alte Dresdner beim Blick auf die Silhouette seiner Stadt immer wieder wie zur Beschwörung in den Himmel zog und die sich nur mit leeren Hoffnungen füllen ließ – sie mögen die unsichtbare Kirche mit der Aura eines Stadtheiligtums ausgestattet haben, dem wunderbare Wirkungen für die Stadt als Ganzes zugetraut wurden.

Über den Triumph der Symbolik über die Stofflichkeit hat Gottfried

Das innere Leuchten 63

*SED-Chef Walter Ulbricht greift im Stadtmodell nach der Frauenkirche, 31. Mai 1953*

Semper die Feststellung gewagt: „Vernichtung der Realität, des Stofflichen ist notwendig, wo die Form als bedeutungsvolles Symbol, als selbständige Schöpfung des Menschen hervortreten soll." Vielleicht liegt in dieser Einsicht der Schlüssel zu dem dialektischen Umschlag, der die zerstörte Kir-

*Triumph der Symbolik über die Stofflichkeit: Illumination der Frauenkirche zur 200. Wiederkehr ihrer Grundsteinlegung, 19. September 1926*

che zu einem magischen Symbol des Selbstbehauptungswillens der Stadt Dresden erhoben hat. Das Untergegangene, wenn es jemals einprägsame Form war, lebt fort in der Gestalt des Symbols, die sich als wirkungsmächtiger als die Wirklichkeit erweist.

Die Phantasmagorie der nur dem Schein nach zerstörten und gleichwohl unsichtbar gegenwärtigen Kirche erlangt in Dresden eine – fast möchte man sagen – mythische Dimension, wenn man sich vergegenwärtigt, daß über der Stelle, an der die Frauenkirche errichtet worden ist, seit den frühesten Zeiten so etwas wie ein Urmythos liegt – eine Überlieferung, die sich mit dem Ort und der ins Dunkel gehüllten Gründungsgeschichte der Stadt verbindet. Auf diesem einstigen Hügel im Elbbogen wurden die ältesten, 6000 Jahre alten Besiedlungsspuren ergraben. Hier stand mit der ersten Marienkirche ein christliches Heiligtum, ehe es die Stadt Dresden gab. Hier lokalisieren Forscher das sagenumwobene Nisan, den wahrscheinlich älteren Vorgängerort Dresdens, nach dem Kaiser Friedrich I. Barbarossa einen ganzen Gau benannte. Lange hatte dieser Standort der Kirche noch außerhalb der Stadtmauer gelegen – und eben diese so sonderbar lange behauptete Selbständigkeit des Königsortes gegenüber der Residenz der Meißner Markgrafen scheint bis heute in der Stadtansicht Dresdens fortzuleben – hier die mächtige Kuppel der Frauenkirche, dort die schlanken Türme der Landesherrschaft am Brückenkopf über der Elbe. Solange diesen Türmen der Gegenpart der Frauenkirche fehlte, solange war das Bild der Stadt, wie es als erster Canaletto gemalt hat, nicht im Gleichgewicht, solange aber ergänzte auch der suchende Blick die unsichtbare Kuppel, als sei sie nur abwesend, aber doch schemenhaft immer noch da – ein Bauwerk, in dem sich viel mehr als nur die Krönung eines Stadtbildes manifestierte, nämlich die Geburtsurkunde, der genetische Code dieser Stadt.

\*

Ich kann heute nicht mehr sagen, wann mir zum ersten Mal die Umdeutung des Schuttberges zum „Mahnmal" gegen den Krieg und gegen die „wahnwitzigen Kriegstreiber des Westens" und des „anglo-amerikanischen Imperialismus" begegnet ist. Doch ich erinnere mich noch an Reaktionen von alten Dresdnern, die diese Umwidmung der Ruine mit Argwohn betrachteten. Was für manchen kulturbewußten und heimattreuen SED-Mann vielleicht sogar ein äußerst geschickter Schachzug zur Rettung der Trümmer vor den Abraumbaggern war, wurde von vielen, die den Wiederaufbau der Kirche herbeisehnten, mit Besorgnis aufgenommen, schien doch mit der neuen Symbolik die Chance zur Wiedererstehung des Bauwerks in ungewisse Fernen zu entgleiten.

Doch gerade mit dieser doppelsinnigen Umdeutung begann etwas Neues, das später eine nicht zu bändigende Sprengkraft für den DDR-Staat entfalten sollte. Erstmals wendete sich ein Schlüsselbegriff der politischen Propaganda zum Codewort einer Kulturrevolution, die der DDR-Staat nicht überleben sollte. Ein „Mahnmal" des Friedens – das war eine Vorwegnahme jener Pflugscharen, die gegen Schwerter zu tauschen sein sollten und die sich „nie wieder" umschmieden lassen würden. Das „Mahnmal" klagte jeden Krieg, es klagte schlechthin jede Konfrontation an. Es ließ die waffenstarrenden Grenzbefestigungen des Separatstaates und seine martialischen Truppen wie eine irrwitzige Showveranstaltung, ein mörderisches Spiel mit Requisiten erscheinen, die schon einmal Tod und Unglück über die Stadt und das Land gebracht hatten.

Jahre vor dem Aufflammen der friedlichen Revolution in der DDR wurden die Kerzenprozessionen zum Trümmerberg der Frauenkirche in der Gedenknacht des Bombenangriffs zu einem Ritus, der das Gebälk der staatlichen Ordnung erschüttern zu können schien. Der letzte Dresdner SED-Oberbürgermeister Wolfgang Berghofer hat das Entstehen revolutionärer Stimmungen in der Spätzeit des Honeckerstaates aus diesen noch ohnmächtigen Kundgebungen unmittelbar abgeleitet. Und war es nicht wirklich so? Die sich eng zusammendrückenden, wogenden, tanzenden Gruppen von Mitgliedern der Jungen Gemeinden und der Friedensbewegung, von Menschen, die mit Kerzen gekommen waren, Kreise bildeten, sich an den Händen hielten oder einander unterhakten – war diese sich aus dem Nichts konstituierende Gemeinschaft nicht tatsächlich eine Vorhut jenes „neuen Volkes", das alsbald Zulauf selbst aus den „Kadern" der Massenorganisationen erhalten und den SED-Staat zum Einsturz bringen sollte?

Erinnerlich aus jenen Nächten ist mir das Bild des Kreises. Die Gruppen mit den Kerzen bildeten kleine tönende, leuchtende Kreise, ihrerseits belauert, beschattet und eingekreist von unheimlich stummen, in Dunkel getauchten Gestalten mit Kameras und Mikrophonen. Im Bild dieser vielen kleinen Kreise wiederholte sich das Bild, das für immer zerstört schien: der Grundriß der eingestürzten Kuppel. Und wie der Kreis seit Urzeiten für das Absolute und die Ewigkeit steht, wie er das Firmament und alles Spirituelle symbolisiert, so zeichnete er hier etwas vor, das unsichtbar das Kerzenmeer und die in den schwarzen Himmel ragenden geborstenen Stümpfe der einstigen Kirche überwölbte – die nur scheinbar abwesende

Das innere Leuchten 67

*Gedenken vor der Ruine der Frauenkirche, 13. Februar 1987*

mächtige glockenförmige Kuppel. Wenn die Menschenmenge, die es jedes Jahr zur selben Stunde an diesen Ort gezogen hat, ständig wuchs, wenn es etwas gab, das unter diesen einander fremden Menschen Gemeinschaft geschaffen hat und die kleinen Kreise in den großen schützenden Bannkreis einer Verheißung gezogen hat, dann schreibe ich diese Macht der geheimen Botschaft der Kuppel zu.

Es waren Menschen, die sich kaum kannten, von denen viele, vielleicht die meisten, den Kirchen entfremdet waren. Trotzdem ging von dem Gedenken im Schein der hilflos und ängstlich flackernden Kerzen, der gesummten und gesungenen Friedenslieder und Gebete, ein aufwühlendes, mitreißendes Signal aus. Es war so stark, daß es die staatlichen Späher buchstäblich zu übermannen und entwaffnen vermochte. Es war so gewaltig, daß es den westdeutschen Staatsgästen des 40. Jahrestages der Zerstörung, Alt-Bundeskanzler Helmut Schmidt und Niedersachsens Ministerpräsident Ernst Albrecht, im Widerschein der Kerzen die Tränen in die Augen trieb. Es war so erschütternd, daß es sich wie ein untergründiges Beben fortpflanzte und eine historische Grundwelle erzeugte, die die Ereignisse des Herbstes 1989 wie ein nachhallendes und sich aufschaukelndes Tiefenbeben anzustoßen vermochte.

Noch ehe die Wiedervereinigung erreicht war, noch ehe sich beherzte Persönlichkeiten zu jenem „Ruf aus Dresden" vereinigten, der zum Manifest für den Wiederaufbau der Frauenkirche geworden ist, stand der vollendete Bau in jenen nächtlichen Versammlungen bereits schemenhaft da – die hochaufstrebende, gewaltige Kuppel, zu der das Lichtermeer über der Ruine, die Gebete und Gesänge wie in einer riesigen Lohe verschmolzen – die unsichtbare Kirche, die die Menschen zu Füßen des Steinmassivs in sich hineinholte und mütterlich-schützend umschloß.

Allen, die den Wiederaufbau der Kirche verfolgt und begleitet haben, ist die Präsenz dieser unsichtbaren Kirche inzwischen aus eigenem Erleben vertraut. Denn das ist ja die erstaunliche Botschaft dieses Aufbauwerkes. Es sammelt eine unabsehbare Menschenmasse um sich, es zieht Menschen aus fernen Erdteilen in seinen Bann, es stiftet einen Zusammenhang, den vorher niemand zu sehen vermochte. Wenn ich mir selbst zu erklären versuche, was mich an diesem Projekt über jedes faßbare, naheliegende Motiv hinaus am meisten bewegt, so ist es dies: Daß in ihm das Wunder wahr wird, von dem Gedichte und Predigten berichten. Im Bau der Kirche manifestiert sich der Bau der Gemeinde. Die unsichtbare Gemeinde konstituiert sich. Die unsichtbare Kirche nimmt Gestalt an.

Wenn wir nüchtern auf das blicken, was uns der Kirchenbau der Nachkriegszeit an Zumutungen beschert hat, werden wir kaum in Versuchung geraten können, darin Manifestationen einer Bautätigkeit an den Gemeinden selbst zu erblicken. Hier sind vielfach Konstrukte entstanden, die einen abwehrenden, verschreckenden, verstörenden Charakter besitzen und fatalerweise auch demonstrieren sollten – und die genau diese Wirkung nach sich gezogen haben. Die Frauenkirche wird, ohne daß dies beabsichtigt gewesen wäre, zum leuchtenden Gegenmodell. Sie vermag in der umarmenden Geste des Rundraumes, in der Steigerung des Raumerlebnisses durch

Das innere Leuchten 69

*Ökumenische Adventsfeier vor der Frauenkirche, 27. November 1999*

die übereinandergestülpten Kuppeln, in der Fernwirkung des Stadtbildes und in der symbolischen Darstellung des Himmelszeltes weltumspannend Menschen in einem gemeinsamen Werk zusammenzuführen.

Dafür sind die Weihnachtsvespern unter freiem Himmel vor dem Bauwerk zu Manifestationen geworden, wie sie kaum eine zweite Kirche und Stadt in Deutschland bisher zu gestalten vermochte. Noch mehr sind es die Konzerte, die Aktionen, die „Events" der Spender und Stifter, die fast bis zum Tag der Weihe der Kirche Menschen unterschiedlichster Einstellung und Konfession selbst in weit entfernten Orten in einem gemeinsamen Werk vereint haben. In Dresden selbst ist jede Etappe des Wiederaufbaus – Übergabe des Turmkreuzes, Ankunft und Weihe der Glocken, erstes Läuten, Aufsetzen der Turmhaube – als ein Ereignis gefeiert worden, das jedesmal erneut Zehntausende zusammenführte.

Dabei handelte es sich gewiß nur zum Teil um „Kirchenchristen". Immer wieder ließ sich beobachten, daß viele, die den Predigten lauschten, beim Beten die Hände in den Taschen ließen und beim Singen keinen Ton über die Lippen brachten. Dennoch wäre es falsch, von einer religionsfernen Versammlung zu sprechen. Über diesen Massenfesten lag und liegt eine Andacht, wie sie sich in so manchem Gottesdienst nicht einzustellen vermag. In diesen erstaunlichen, so noch nie gesehenen Bildern und Ereignissen wurde etwas von dem vorweggenommen, was vielen Beobachtern der Trauer- und Beisetzungszeremonien für Johannes Paul II. und der Inthronisation Benedikts XVI. wie Schaugepränge oder Massenpsychose erschienen ist. Ich möchte mich zu einer anderen Einschätzung bekennen: Es ist die bisher kaum beachtete, kaum wahrgenommene *unsichtbare Kirche*, die anders als die verwaltete keineswegs schrumpft, sondern die sich in einem ungeahnten Wachstum befindet. Sie mag manchem „Reformchristen" beängstigend erscheinen, aber eines ist sie nicht: gleichgültig. Die Frauenkirche in Dresden ist ihr himmelaufragendes, heute um den ganzen Erdball bekanntes, Begeisterung und Staunen weckendes Symbol.

\*

Mit dem Mysterium der unsichtbaren Kirche hat sich in Dresden ein zweites verbunden, das sich als für deutsche Verhältnisse erstaunlich wirkungsmächtig erwiesen hat. Es ist der Mythos der abwesenden Einheit.

Die Deutschen, die durch ein Jahrtausend ihrer Geschichte ein heterogenes, aus selbständigen Stämmen mühsam zusammenwachsendes Volk gewesen sind, haben diesem Mythos zahlreiche monumentale Denkmäler geweiht, die sie selbst überwiegend als fatal empfinden und deren Wirkung sie sich um so öfter durch Mißachtung oder Ironie zu entwinden suchen. Dazu gehören die Walhalla in Regensburg, die Befreiungshalle in Kelheim, der reitende Kaiser am Deutschen Eck in Koblenz, Hermann der Cherusker auf den Höhen des Teutoburger Waldes, das Niederwalddenkmal in Rüdesheim, das Kyffhäuserdenkmal bei Nordhausen, das Völkerschlachtdenkmal in Leipzig.

Nur einmal ist ein Bauwerk entstanden, dessen Symbolik den Spötter entwaffnet, so wie sich diese auch wohl nur dem Eingeweihten mitteilt: das Kreuzbergdenkmal in Berlin. Karl Friedrich Schinkel, der in immer neuen, zum Teil grandiosen Entwürfen einen nationalen Dom im Stil der Neugotik als Denkmal für die Befreiungskriege konzipiert hatte, verbarg dieses Bauwerk der Einheit, als er tatsächlich den Auftrag, aber nicht das nötige Geld dazu erhielt, symbolisch in einem Hügel. Nur seine Turmspitze mit dem von ihm selbst entworfenen Eisernen Kreuz ließ er aus dieser Berliner Bodenerhebung, dem Kreuzberg, herausschauen. Die eigentliche Aussage dieses in die Unsichtbarkeit entrückten Monuments, nämlich daß den Deutschen im Widerstand gegen Napoleon die Einigung ihrer Stämme zwar erstmals geglückt, aber in der Restauration ebenso schnell wieder genommen war, ist in die Form einer geheimen Botschaft gekleidet. „Auch wenn ich mich euch noch nicht enthüllen darf," so scheint das Denkmal zu sagen, „insgeheim bin ich schon da, ihr müßt mich nur ausgraben."

Auf frappierend eingängige Weise ist die Frauenkirche in Dresden nach ihrer Zerstörung in die Nachfolge dieses Denkmals getreten. Im Trümmerberg schien sich für Jahrzehnte der Verlust der Einheit als Himmelssturz und Martyrium einer Nation und ihres einst christlich geprägten Reichsgedankens abzubilden. Der wie von Zyklopen zerschmetterte Kuppelbau, der so vielen Kriegen und Beschießungen getrotzt hatte, die beiden stehengebliebenen, hilflos zum Himmel gereckten Schalen, gestreckt und gekrümmt wie betende Hände, zwischen ihnen der Schutthaufen in seiner stummen Anklage – waren sie nicht weit über den Ort hinaus ein Schicksalszeichen? Und hielten sie nicht dennoch über den Gesteinsbrocken die Hoffnung fest, daß dieses Bild keine Dauer haben könne, daß sich dereinst zusammenfügen lassen werde, was zusammengehört?

Zwischen dem Kreuzbergdenkmal und dem Bild der zerstörten Frauenkirche bestand und besteht so etwas wie eine geheime Korrespondenz. Dabei übernimmt das mit künstlerischem Hintersinn gestaltete Denkmal die Rolle einer Deutungsinstanz. Hier wie dort ist es eine Kirche, in der sich die politische Hoffnung manifestiert. Hier wie dort ist dieser Gedanke nicht offenkundig, sondern nur als Mythos erfahrbar. Beide Monumente bedürfen der Mitwirkung des Betrachters, um zur Vollendung zu gelangen. Wann die Einheit tatsächlich verwirklicht sein wird, hängt von ihm, von seinem ganz persönlichen Tun ab.

Wer auf die Geschichte zurückblickt, wird mit Staunen feststellen, daß es noch einen dritten, viel direkteren Bezug gibt. Schon einmal ist es „eine zu vollendende Ruine" gewesen, die in Deutschland „Zeugnis für die neu gewonnene nationale Einheit und Freiheit" (Norbert Huse) ablegen sollte. Schon einmal ist es eine Kirche gewesen, deren Bau und Vollendung nach jahrhundertealten (weitgehend ungewissen) Plänen dieses Zeugnis erbringen sollte. Schon einmal wurde dieses ans Phantastische grenzende Projekt von Spenden getragen.

Dieses Bauwerk war der Kölner Dom. Und es ist der Schriftsteller Joseph Görres gewesen, der mit einem Aufsatz im November 1814 im „Rheinischen Merkur" in ganz Deutschland Begeisterung für die fast irrwitzig anmutende Bauaufgabe zu wecken vermochte. „In seiner trümmerhaften Unvollendung," so hatte er geschrieben, „in seiner Verlassenheit ist er ein Bild gewesen von Teutschland seit der Sprach- und Gedankenverwirrung: so werde er denn auch ein Symbol des neuen Reiches, das wir bauen wollen." Sulpiz Boisserée, der Freund Goethes und nachhaltigste Förderer des Jahrhundertprojekts, sah gerade in der Doppelbedeutung des seit Jahrhunderten unvollendet liegengebliebenen Planes „Sinnbild der gesamten Geschichte des deutschen Vaterlandes", nämlich ein „Denkmal des erhabensten Geistes, des beharrlichsten Willens und kunstreichsten Vermögens, und zugleich der alles zerstörenden Zwietracht." Über fast zweihundert Jahre hinweg stellt sich eine verblüffende Koinzidenz ein, die den Dom und die Frauenkirche, die beiden bedeutendsten Bauten der beiden christlichen Konfessionen in Deutschland, in eine Reihe rückt und ihrer Errichtung eine Sinngebung zumißt, die über den Raum der Kirchen hinausreicht.

Es ist nie ausgesprochen, niemals proklamiert worden. Aber es wird wenige gegeben haben, die es vor dem kolossalen Trümmergebirge der Frauenkirche nicht empfunden haben: So wie diese Kirche lag das Land in Trümmern, war Europa und war die Welt in zwei Hälften zerrissen, waren Hoffnung und Glaube erschüttert, die Vision einer aufgeklärten Moderne zerbrochen. Doch genauso mächtig wie die Erschütterung über diesen Sturz und Riß, der in einem fast religiösen Sinn zum Symbol für Hinfälligkeit und Zerrissenheit der menschlichen Existenz wurde, so mächtig und erschütternd war der Appell, den diese erbarmungswürdig zu Boden geworfene Gesteinsmasse an die ameisenhaft kleinen Betrachter zu ihren Füßen richtete: Dieses so schwer errungene Gut, das zerborsten ist, muß aus seinen Teilen neu zusammengesetzt werden.

Möglicherweise ist es diese für den auf Selbständigkeit fixierten autoritären Staat unheimliche Ausstrahlung der Ruine gewesen, die noch vor der

Wiedervereinigung in der DDR überraschend Pläne reifen ließ, das „Mahnmal" abzuräumen und der Stadt den Bau zurückzugeben. Es kam zu Architektenwettbewerben mit ausländischen Teilnehmern, bei denen die Rekonstruktion der Kuppel als Option ausdrücklich freigegeben war. Tatsächlich haben mehrere Architekten diese Option genutzt, die Arbeiten wurden publiziert, aber im Westen blieb das Echo gering.

Ich habe von persönlichen Erlebnissen zu berichten, die mich mit dem Projekt des Wiederaufbaus verbinden. Und deshalb gestehe ich, daß es mir so gegangen sein mag wie den meisten meiner Kollegen. Ich hielt die Pläne zu jenem Zeitpunkt für so unwahrscheinlich, daß ich es nicht wagte, in meiner Zeitung in großer Aufmachung darüber zu berichten. Der Wiederaufbaugedanke grenzte ans Phantastische – und jene, denen er hoch und heilig war, hüteten sich, ihn als Durchbruch zu feiern. Die Furcht war zu groß, den Umsteuerungsprozeß durch Akklamation aus dem „westlichen Ausland" womöglich ins Schlingern zu bringen.

Wie sehr sich das Bild des Trümmerbergs schon lange insgeheim mit dem der verlorenen Einheit verknüpft hatte, das sollte sich an einem einzigen Tag im Revolutionsherbst 1989 erweisen. Fünf Abende vor Heiligabend, an jenem 19. Dezember, an dem mit Helmut Kohl erstmals ein deutscher Bundeskanzler auf einer Kundgebung im Osten Deutschlands sprach, hat die Wirkungsmacht dieses Bildes Zehntausende in ihren Bann gezogen. Das Kerzenmeer, die über den Köpfen geschwenkten schwarz-rot-goldenen Fahnen, die sich plötzlich wie entfesselt losreißende Parole „Wir sind ein Volk!" – sie konnten an keinem anderen Ort als vor den in Nachtdunkel getauchten Stümpfen der mächtigsten Kirchenruine Deutschlands die Form fast einer Beschwörungszeremonie annehmen. Das Bild ist wieder und immer wieder um die Welt gegangen, mit ihm die im Jubel der Massen fast erstickten Worte des westdeutschen Bundeskanzlers: „Mein Ziel bleibt die Einheit unserer Nation." Die Frauenkirche ist der historische Ort, an dem sich die Botschaft eines Symbols zum politischen Ereignis verdichtet hat.

\*

In seinem Essay „Der Verlust der Mitte" hat der Kulturphilosoph Hans Sedlmayr die tiefen Störungen dokumentiert, die die Kulturrevolution der Moderne über die Gesellschaft, ihr Selbstverständnis, ihre Kulturleistungen gebracht hat. Sedlmayr setzt den Beginn der Störung mit den Jahren um 1760 an. Will man ihm folgen, so gehört die Dresdner Frauenkirche als eines der letzten Monumente von Weltbedeutung noch der „heilen Welt"

*„Das innere Leuchten"*: *Die äußerlich vollendete Frauenkirche im November 2004*

davor an. Möglicherweise liegt darin der unbeschreibliche Zauber, den sie auf Menschen unserer Zeit ausübt. Die Ganzheit steht in einer Wucht und Vollendung vor Augen, die jeden Einwand niederzuschlagen scheint.

George Bähr, der Baumeister, hat den Bau nach Ideen der zentralen Rolle der Predigt in der lutherischen Kirche als Zentralraum gestaltet und damit das Symbol der Mitte leuchtend wie ein Fanal über der Stadt und ihrer Landschaft aufgerichtet. Im philosophischen Sinn ist in diesem Bild alles proklamiert, was die Hinfälligkeit und Zerrissenheit, die Plattheit und Vordergründigkeit, die Destruktivität und Leere des Zeitgeistes einer Spaß- und Konsumgesellschaft unserer Tage als Symptome einer Krankheit entlarvt. Wer sich fragt, warum dieses eine Bauwerk so erstaunliche Kräfte zu sammeln vermag, so viele Menschen zusammenführt, so hohe Spendenfreude auslösen konnte, der wird nicht umhin können, in ihm tiefe, unausgesprochene Sehnsüchte des modernen Menschen versinnbildlicht zu sehen. Die Rückgewinnung eines Kunstwerkes, eines Stadtbildes, der Einheit der Nation, der Freundschaft einst verfeindeter Völker – dies alles sind nur Motive, Erscheinungsbilder dieser einen Sehnsucht: der Sehnsucht nach der Rückgewinnung einer *Mitte*.

Je zweckrationaler sich das Ausbildungswesen, das wirtschaftliche Leben, die Zusammenarbeit im Rahmen der Globalisierung gestalten, desto ungestümer verlangt diese Sehnsucht nach Berücksichtigung. Endlich etwas Wichtiges. Etwas das die ganze Welt bewegt. Etwas, das die fortwirkende Geltung höherer Güter und Werte zu verbürgen scheint. Keine Scheinwichtigkeit wie Ökonomie und Verbrechen, Talkshowgelaber und Politik, sondern Bleibendes, das seine Schöpfer überdauert, das den Bogen über Grenzen und Zeiten hinweg spannt, das uneigennützig und großartig ist.

Die Begeisterung der Millionen, die zu den Papstfeiern nach Rom geströmt sind, und jener Hunderttausende, die sich um das Projekt der Frauenkirche geschart haben, hat dieselbe Wurzel. So, wie der Papst Johannes Paul II. fast mehr mit seinem Körper als mit Worten gepredigt hat, so predigt dieser Bau mit seinem Körper aus Stein. Der Dresden so eng verbundene Architekt Gottfried Semper sah im Kuppelmotiv „das Sinnbild der Harmonie des Weltalls, der Vereinigung der Gegensätze des Fleisches und des Geistes in Christo, des Endzieles und Ideals, wonach wir unsere innere Welt zu bilden haben." – Auch, wenn er die Frauenkirche dabei nicht ausdrücklich nennt, so liegt es doch nahe, daß seine Deutung von diesem ihm aus seinen Dresdner Jahren wohlbekannten Bau inspiriert war.

Etwas von dieser Verheißung eines „Endzieles und Ideals, wonach wir unsere innere Welt zu bilden haben", ist im Bau der Frauenkirche erlebbar geworden. Die Bauleute und Künstler, die an dieses Werk Jahre ihres Lebens gewendet haben, wissen mit strahlenden Gesichtern davon zu berichten. Dasselbe gilt für die Wissenschaftler, die zu dem Bau beigetragen haben und in Begeisterung für ihn erglüht sind. Auch all jene, die – und sei es selbst an weit entfernten Orten – mit Spendensammlungen und Benefizveranstaltungen zu dieser Bauaufgabe beigetragen haben, sind davon erfaßt worden. Ganz erfüllt davon sind die Menschen meiner Heimatstadt Dresden, die es immer wieder zu Tausenden an den Ort zieht, an dem sich dieses Wunder der Wiedergeburt ereignet hat.

Wenn von der *unsichtbaren Kirche* die Rede war, so könnte das ihr tiefstes Geheimnis sein: Daß sie über Ort und Zeit hinaus Menschen zu binden und zu mobilisieren vermag und sie auf den „Anfang aller Anfänge, das Gute" (Peter Sloterdijk) verpflichtet. Dann wäre um so mehr verständlich, warum die Rekonstruktion der Frauenkirche für Dresden unverzichtbar war. Die Lehre dieses gewaltigen Aufbauwerkes könnte sein, daß es nicht die Bilder der Zerstörung und der Zerrissenheit, sondern jene der Vollendung und Heilung sind, die Gemeinde zu bauen und zu sammeln vermögen.

Man mag sich fragen, ob diese Bindungswirkung mit der Vollendung der Kirche nicht notwendigerweise schwinden muß? Ich meine, sie kann sich noch verstärken und weit über den Kreis der Kirchengläubigen hinaus ausstrahlen. Die Kraft, die das vermag, ist das innere Leuchten, von dem Abt Suger von St. Denis, der Vater des gotischen Kathedralbaus, vor fast 900 Jahren gesagt hat: „Der Saal schimmert, in seiner Mitte erleuchtet. Es leuchtet nämlich das leuchtend mit dem Leuchten Verbundene, und das von neuem Licht Überflutete leuchtet als edles Werk."

Dr. phil. *Dankwart Guratzsch*, geboren 1939 in Dresden als Sohn des Schriftstellers und Lehrers Curt Guratzsch; 1946–1950 Rudolf-Steiner-Schule, 1950–1957 Internatsschule des Dresdner Kreuzchors, 1958 Zweites Abitur Marburg; Studium der Geschichte und Germanistik in Marburg, München und Hamburg, 1971 Promotion; seit 1971 Redakteur und Korrespondent der Tageszeitung DIE WELT; Autor zahlreicher Veröffentlichungen. – Begleitete und unterstützte den Wiederaufbau der Frauenkirche seit 1990.

*Hans Nadler (†)*

# Der Erhalt der Ruine der Frauenkirche nach 1945*

Am 27. November 1942 schreibt Prof. Dr. Georg Rüth, der 1937 die konstruktive Sicherung der Frauenkirche übernommen hatte, an den Landesdenkmalpfleger Dr. Walter Bachmann, der schon seit 1924 die laufenden Arbeiten der Instandhaltung des Bauwerkes als Denkmalpfleger beraten hatte, die unter der Bauleitung des Architekten Arno Kiesling standen: „Heute Vormittag ist auf meinen im Auftrag der Bauherrschaft und im Rahmen der Bauleitung gestellten Antrag die Abnahme der Kirche durch die Baupolizeibehörde erfolgt und die baupolizeiliche Sperre aufgehoben worden."

Alle Beteiligten freuten sich über die Tatsache, daß die seit der Erbauung der Frauenkirche beobachteten Bewegungen im Bau stabilisiert wurden und daß nunmehr nach Durchführung der noch notwendigen restauratorischen Arbeiten und farbigen Ausgestaltung des Innenraumes unter Leitung von Professor Paul Rößler gemeinsam mit den Restauratoren Erich Hennig und Willy Trede 1942 wieder Gottesdienst abgehalten werden konnte.

Georg Rüth war sich der Gefahren, die ein Brand der Ausstattung für den Bestand des Bauwerkes bedeutete, bewußt und forderte konsequente Luftschutzmaßnahmen: Vermauerung aller Fenster sowie aller Turmgaupen. Walter Bachmann empfahl die Auslagerung des neugefertigten Kirchengestühls. Leider wurden diese Forderungen nur teilweise erfüllt. Die Fenster waren bis zum 13. Februar 1945 noch nicht restlos vermauert, und das Gestühl nährte in der Nacht zum 14. Februar 1945 den Feuersturm.

Kirchenoberinspektor Hermann Weinert, der als Kirchenbeamter in den Jahren der Restaurierung des Baues von 1938–1942 die zahlreichen Niederschriften der Bauberatungen verfaßte, erlebte am 13. Februar 1945 den Angriff als Luftschutzbeauftragter unmittelbar in der Kirche und hielt darüber folgendes fest:

---

* Überarbeitete Fassung des Beitrages von HANS NADLER in den Dresdner Heften 32 (1992), S. 25–34. Vgl. auch die erweiterte Fassung des Beitrages (HANS NADLER, Sorgen um die Ruine der Frauenkirche), in: Die Dresdner Frauenkirche. Jahrbuch 1999, S. 159–174.

### Bericht über die Totalvernichtung des Doms zu Dresden durch den Terrorangriff am Dienstag, den 13. Februar 1945

Bei einsetzendem Alarm gegen 21.45 h begab sich der unterzeichnete Kirchbeamte Weinert als Betriebsluftschutzleiter mit der militärischen Brandwache (1 Unteroffizier und 2 Mann) unverzüglich nach dem Dom, die große Wasserleitung unter Druck zu setzen. Er mußte zu seinem Schreck feststellen, daß kein Wasserzufluß vorhanden war, sondern die Leitung durch das Städtische Wasserwerk abgeschaltet war, wie sich auch der Führer der militärischen Brandwache überzeugen mußte. Nach kurzer Atempause wurde uns durch die Wucht der in nächster Umgebung niedergehenden Sprengbomben der Ernst der Lage klar. Durch starke Bombeneinschläge auf dem Neumarkt stürzte die Flammenvase des Glockenturmes über Türe C herab. Der Dachstuhl des gegenüberliegenden Hauses An der Frauenkirche 3 qualmte stark, und von der Schössergasse her loderten gewaltige Feuer. In unserem kirchlichen Wohnhause am Neumarkt 3 waren durch niedergehende Sprengbomben sämtliche Fenster zerschlagen.

Da am Neumarkt Blindgänger herumlagen und Verwundete unsere Hilfe begehrten, kamen wir bis zum zweiten Alarm nicht zur Ruhe, der uns schließlich gegen 300 Schutzsuchende aus den lichterloh brennenden Häusern der ganzen Umgebung zuführte. Von Stunde zu Stunde wuchs die vernichtende Gewalt der ringsum brennenden Gebäude, so daß gegen 2 h früh durch die noch unvermauerten und durch die Hitze gesprungenen Kirchenfenster zwischen Türe G und F sich die glühende Lava in das Dominnere ergoß und im Handumdrehen die Emporen und Betstübchen in Brand setzte und zuletzt auch das Schiffsgestühl ergriff. Um die furchtbare Hitze für den einzigen Kellerausgang an Tür G für die Schutzsuchenden in den Kellern abzuwehren, mußten mit Spitzhacken die brennenden Windfangtüren heruntergeschlagen werden, da bei den rasenden Zugerscheinungen sich das Feuer bis an den Kuppelhals ausbreitete.

Gegen 5 h früh gelang es dem Unterzeichneten unter Aufbietung letzter Energien die unter der starken Rauchentwicklung schwer leidenden Flüchtlinge in den Domkellern durch Bildung einer Reihenkette zwischen dem lichterloh brennenden Coselpalais und der Kunsthochschule auf die Brühlsche Terrasse zu retten. Gegen 8 h früh ging der Unterzeichnete noch einmal in die Domkeller zurück, um sich persönlich zu überzeugen, daß keine Menschenleben in der furchtbaren Nacht zu beklagen waren.

Als ich am Donnerstag, dem 15. Februar gegen 11 h beim Hineinkommen in die tote Stadt in dem milchigen Nebel die Domkuppel suchte, sah ich zu meinem Schreck ins Leere, denn bereits 1 Stunde vorher war meine Frau auf der Suche nach mir Zeugin dieser Tragödie gewesen, als nach anfänglichem leisen Knistern die Kuppel langsam in sich zusammensank und dann mit einem ungeheuren Knall die Außenwände der Kirche barsten und eine nachtschwarze Staubwolke die ganze Umgegend erfüllte. Steinmetzmeister Göbel, der jahrzehntelang mit am Erneuerungsbau tätig war, gab sein fachmännisches Urteil dahingehend ab: Der stundenlange Brand im Dominnern habe die Kuppel derartig ausgeglüht und zermürbt, da der Sandstein die Hitze nicht vertrage.

Dresden, den 12. März 1945
Hermann Weinert, Kirchenoberinspektor

Der Erhalt der Ruine der Frauenkirche nach 1945

*Innere Altstadt mit der Trümmerwüste um die Frauenkirche, November 1945*

In den Katakomben und Kellerräumen der Frauenkirche waren während des Krieges Kirchenarchive, bewegliches Kunstgut u. a. eingelagert, darunter von Architekt Kiesling, Baumeister Horst Pinkert und von Prof. Rüth wichtige Unterlagen, Zeichnungen, Berichte, Fotodokumentationen zu den Instandsetzungsarbeiten an der Frauenkirche in der Zeit von 1937–1942, um diese vor eventuellen Kriegsschäden zu bewahren. Über die Bergung dieser Materialien im März 1945 heißt es bei Weinert in einem weiteren Bericht vom gleichen Tage folgendermaßen:

> Durch 6 m tiefe äußerst schwierige Sprengungen der Grundmauern bei Türe C, wie auch durch Hereintreiben von langen Stollen bei Türe G in die durchgebrochenen Kellergewölbe [wurde festgestellt], daß die beiden militär. Filmkammern für Positive und Negative in der Hauptsache durch entstandene Brandwirkung vernichtet waren. Auch das an Tür E im Zwischengewölbe darüber lagernde Superintendentur-Archiv mit den Kirchenbuchduplikaten der Ephoralgemeinden und sonstigen Akten der Ephorie ist durch Brandwirkung aus den Filmkammern restlos verloren.
> Dagegen konnten die Bestände des Domarchives mit ca. 200 Kirchenbücher-Duplikaten und wertvollen Papier- und Formularbeständen, 1 Schreibmaschine und sonstiges Wertgut an Zeichnungen, Photos und Plänen der Architekten Rüth und Kiesling und des Baumeisters Pinkert vom Dom und anderen berühmten deutschen Kirchen sichergestellt werden. Auch die kleineren Bronzen und Plastiken der Sophienkirche konnten aus der Tiefe der Katakomben-Keller heraufbefördert werden. [...] Ferner war es der Schuttmassen wegen nicht mög-

> lich, [...] an die Verliese der Abendmahlsgeräte heranzukommen. Dagegen konnten die sonntäglichen Abendmahl- und Taufgeräte hinter dem Altarumgang sichergestellt werden.
> Sämtliches Bergungsgut wurde wegen Ermangelung anderweitiger geeigneter Kellerräume zunächst mit Genehmigung des Konrektors Prof. [Willy] Waldapfel und der Professoren [Ernst Richard] Dietze und [Rudolf] Born in den Kellerräumen der Sächsischen Kunsthochschule der Aufsicht des dortigen Hausmeisters Berthold auf Zeit untergestellt. Dagegen befinden sich die Plastiken der Sophienkirche und die Domzeichnungen von Prof. Rüth auch über westdeutsche Dome und Material von Baumeister Pinkert in höher gelegenen Partien der Domkeller, die von außen aber ungeschützt sind. Prof. Waldapfel wird sich mit maßgebenden staatlichen Stellen in Verbindung setzen wollen, damit diese hohen Werte in geeigneter Form sichergestellt und dem deutschen Volk erhalten bleiben. Wegen Abfahrtsschwierigkeiten sei dies Problem der Kirchenbehörde hiermit unterbreitet.           Dresden, den 12. März 1945
> Hermann Weinert, Kirchenoberinspektor

Am 4. August 1945 hatte die Kommission für Bergung und Wiederaufbau bei der Landesverwaltung Sachsen unter Vorsitz von Dr. Will Grohmann ihre Tätigkeit aufgenommen und veranlaßte als erste Maßnahme eine Begehung aller Ruinen der Innenstadt, um einmal den Zustand der zerstörten Baudenkmale festzustellen und zum anderen gefährdetes Kunstgut zu bergen und an geeigneten Orten sicherzustellen. Im Rahmen dieser Aktion übernahm Architekt Arno Kiesling am 4. August 1945 die Aufgabe, den Neumarktbereich und auch die Frauenkirchenruine zu überprüfen. Im Zuge dieser Erkundungen wurde im Herbst 1945 die Ruine der Frauenkirche begangen.

In den Trümmern sah man große Architekturteile noch im Steinverband. Die Turmbekrönung des Treppenhauses E lag wenig beschädigt auf der großen Steinhalde. Im ovalen Turmfenster glänzte noch das Licht auf unzerbrochenen Glasscheiben.

Durch die Bergungsarbeiten, die bereits im März 1945 durchgeführt wurden, waren die Katakomben, die Kellerräume der Frauenkirche, zugängig. Die Begehungen der Ruine im Herbst und Winter ließen erkennen, daß für die Festlegung von Empfehlungen für einen Wiederaufbau der Frauenkirche aus der Sicht der Denkmalpflege weitergehende Untersuchungen zur Beschaffenheit des Steinmaterials wie auch der statisch konstruktiven Probleme notwendig waren. Das Landesamt für Denkmalpflege beauftragte Prof. Dr. Walter Henn in Zusammenarbeit mit dem Architekten Arno Kiesling mit entsprechenden Untersuchungen.

Am 6. April 1946 veranlaßte Walter Henn, „um die Standsicherheit des noch bestehenden Teiles des Altarhauses der Frauenkirche richtig beurtei-

```
Lfd.   Gebäude-  Grösse         Beschä-    Bezeichnung der Steine
Nr.    teil.                    digungs-
                                grad.
-----------------------------------------------------------------
1.     G hs      55/53/50         .        Kapitäl Oberteil
2.     G hs      180/53/70        .           "    Unterteil
3.     G hs      125/45/145       .        Hauptsims Ecke
4.     G hs      130/45/145       .           "     Oberteil
5.     G hs       77/30/150      ..           "        "
6.     G hs      130/45/150      ..           "        "
7.     G hs       70/45/70        .           "     Unterteil
8.     G hs       70/45/70        .           "        "
9.     G hs       43/27/45       ..           "     Oberteil
10.    G          55/53/50                Wandstein
11.    G         110/53/60        .           "
12.    G          60/53/53                   "
13.    G          50/53/53                   "
14.    G          70/53/70        .           "
15.    G         110/53/53                   "
16.    G          78/53/70        .           "
17.    G          48/70/53        .        Fenstergewände
18.    G         105/53/63                Wandstein
19.    G          75/60/53        .
20.    G         100/53/50        .           "
```

*Inventarisation der für die archäologische Rekonstruktion der Frauenkirche vorgesehenen Originalsteine, Ausschnitt aus der Bergungsliste von Arno Kiesling, 1948*

len zu können, [...] das Anlegen einiger Gipsbrücken" und eine in zwei Monaten zu wiederholende fotografische Dokumentation der offensichtlichen Kantenpressungen im Sockelmauerwerk, um festzustellen, ob „die Bewegungen des Mauerwerkes" im Chorraum zur Ruhe gekommen sind und ob „die Fundamente infolge der neuen Belastungsverhältnisse einem neuen Gleichgewichtszustand zustreben."

Diese Untersuchungen und Überprüfungen führten zu dem Ergebnis, daß eine Teilberäumung der Trümmermassen notwendig sei, um zuverlässige Erkenntnisse über die Möglichkeiten des Wiederaufbaues der Frauenkirche zu gewinnen. Da das Landesamt für Denkmalpflege in dieser Zeit noch nicht über Beihilfemittel verfügte, übernahm das Ev.-Luth. Landeskirchenamt, veranlaßt durch den Baureferenten Dr. Walter Hultsch, die Kosten, die noch ergänzt wurden durch zahlreiche Spenden, welche für die Beräumung von etwa 600 Kubikmeter Trümmermassen und ihre wissenschaftliche Bearbeitung erforderlich waren.

Die vorgesehenen Arbeiten hatten noch gar nicht begonnen, als am 3. August 1948 das beauftragte Bauunternehmen „Vereinigte Ingenieurbaubetriebe" durch den Rat der Stadt unterrichtet wurde, daß die „als dringlich anerkannten Beräumungsarbeiten an der Frauenkirche" einzustellen sind. Die dafür vorgesehenen 15 Arbeitskräfte sollen dem Bauvorhaben „Umbau der Fabrice-Kasernen" zugeführt werden. Walter Henn stellt in seinem Einspruch gegen diese Entscheidung an den Rat der Stadt u.a. fest:

„Als Beauftragter des Ev.-Luth. Kirchgemeindeverbandes möchte ich daher bitten, daß die von Ihnen verfügte Stillegung der Arbeiten an der Frauenkirche wieder aufgehoben wird, weil sich dadurch in formaler Hinsicht ein höchst unklarer Rechtszustand ergeben hat, insofern die Trümmerberäumung überhaupt noch nicht in Angriff genommen, aber von Ihnen andererseits die Einstellung der Arbeiten verfügt worden ist."

Am 12. November 1948 befaßte sich der dem Landesamt für Denkmalpflege zugeordnete Sächsische Denkmalrat mit den vorgesehenen Arbeiten an der Ruine der Frauenkirche. Architekt Arno Kiesling war beauftragt, über „das Programm zur Teilberäumung von Trümmermassen an der Frauenkirche und die damit verbundene Inventarisation des noch vorhandenen Steinmaterials" zu berichten.

Am 26. November 1948 faßt Walter Henn in einem Schreiben an Arno Kiesling die Ergebnisse der in diesen Monaten geführten Verhandlungen für eine Teilberäumung der Trümmer an der Frauenkirche als Grundlage für die Empfehlungen der Denkmalpflege zum Wiederaufbau der Kirche folgendermaßen zusammen:

> Die am 20. November 1948 auf der Baustelle mit den Herren Oberingenieur Wobus von den Vereinigten Ingenieurbau-Betrieben, Herrn Dr. Nadler vom Landesamt für Denkmalpflege, Ihnen und mir getroffenen Abmachungen bitte ich Sie doch umgehend in einer schriftlichen Anweisung für die Baustelle und die spätere Bearbeitung festzuhalten. Im einzelnen handelt es sich um folgende Punkte:
> 1. Zweckmäßigere Lagerung und Aufteilung der Grundstücke, der glattbearbeiteten Außensteine und der Formsteine.
> 2. Sorgfältiger Transport der Steine, um weitere Beschädigungen zu vermeiden. Schutz der Steinkanten durch Brettstücke und Strohzöpfe. Verwendung von Hanfseilen.
> 3. Für das Aufmaß schlage ich vor, die Grundstücke so in einzelnen Haufen zu stapeln, daß das Aufmaß jeweils nach abgeschlossener Stapelung eines Haufens einfach nach Länge, Breite und Höhe des gesamten Haufens vorgenommen werden kann. Für die glatten Außensteine und Formsteine schlage ich vor, bei der Inventarisation gleichzeitig die Abmessung festzuhalten und das Aufmaß rechnerisch auf Grund der Einzelmaße vorzunehmen. Sofern von Ihnen die Einzelmaße festgehalten werden, kann die Ausrechnung von mir mit der Rechenmaschine durchgeführt werden.
> 4. In den Inventarisationslisten der Steine muß in einer besonderen Spalte der Zustand der betreffenden Steine kurz charakterisiert werden, z.B.: unbeschädigt; oder Hauptkante zur Hälfte leicht beschädigt; Formstein zur Wiederverwendung unbrauchbar, da alle Kanten beschädigt; als Vorlage für die Neuanfertigung noch brauchbar.

> 5. Die Lagerplätze müssen mit einem Rasternetz versehen werden, so daß in den Inventarisationslisten in einer weiteren Spalte angegeben werden kann, an welcher Stelle des Platzes der betreffende Stein jetzt lagert.
> Die zwei letzten Punkte halte ich im Hinblick auf die künftige Entwicklung der Baustelle für unbedingt erforderlich. Um einen Überblick über die Leistungen der Baustelle und über die für 1949 anzufordernden Geldmittel zu gewinnen, bitte ich Sie um Angabe, welche Massen jetzt wöchentlich mit der derzeitigen Belegschaft transportiert werden.[...]
> 
> gez. Henn

Nachdem am 8. Oktober 1948 die am 3. August seitens des Rates der Stadt verfügte Bausperre aufgehoben war, erfolgten ab 3. November 1948 die so lange und umsichtig vorbereiteten Untersuchungen an der Ruine, um die notwendigen Ergebnisse zur Formulierung denkmalpflegerischer Forderungen für den Wiederaufbau der Kirche zu gewinnen.

Unter sehr schwierigen äußeren Bedingungen wurden im Herbst und Winter 1948/49 etwa 600 Kubikmeter wiederverwendungswerte Trümmerteile geborgen, insgesamt waren das 856 Steine. Sie wurden vermessen, signiert, inventarisiert, auf handgeschobene Feldbahngestelle verladen, zur Salzgasse transportiert und dort wohlgeordnet eingestapelt.

Am 6. September 1950 waren mit dem „Aufbaugesetz" die neuen rechtlichen Grundlagen für den Aufbau der Städte in der DDR festgelegt worden. Die Kommune konnte nunmehr über die gesamte Trümmerfläche, das waren in Dresden reichlich 15 km² mit etwa 18 Millionen Kubikmeter Trümmermassen, verfügen. So begann nunmehr eine systematische Beräumung der Flächen – zunächst in der zerstörten Innenstadt. Mittels einer gleisgebundenen Trümmerbahn erfolgte der Abtransport der Trümmermassen zunächst zu den Blasewitzer Elbwiesen.

In dieser Situation waren die Voruntersuchungen an der Frauenkirche wichtig. Im Ergebnis der Arbeiten in den Jahren 1948/49 war festgestellt worden, daß der Wiederaufbau der Kirche in der alten Form und unter Verwendung eines Teiles der aus den Trümmern zu bergenden alten Steine in „archäologischer Rekonstruktion" des Baues geschehen sollte. Unter Berücksichtigung dieser vom Landesamt für Denkmalpflege gegebenen Zielstellung mußte eine sachgemäße Bewahrung der Originalsteine im Trümmerberg der Kirche nachdrücklich gefordert werden. Dem Anliegen der Denkmalpflege wurde seitens der Stadt entsprochen. Der Trümmerberg der Frauenkirche blieb unberührt und begann sich zu begrünen, nachdem 1952 die aus den Trümmern ragenden Teile des Altars eine Schutzummauerung erfahren hatten.

*Trümmerberäumung in der zerstörten Münzgasse mit Blick auf die Ruine der Frauenkirche, Januar 1952*

Am 9. Juni 1952 antwortet das Landesamt für Denkmalpflege auf die Anfrage des Stellvertretenden Ministerpräsidenten Otto Nuschke, Berlin, Hauptabteilung Verbindung zu den Kirchen, vom 26. Mai 1952 über den Stand der Arbeiten an der Frauenkirche und zu der „Empfehlung eines Vertreters der Landesregierung", die jetzt noch vorhandene Bahn zur Enttrümmerung des Platzes der ehemaligen Frauenkirche zu nutzen, mit folgendem Schreiben:

> Die Frauenkirche in Dresden gehört zweifellos zu den bedeutendsten europäischen Architektur-Denkmalen des 18. Jahrhunderts. Die Frauenkirche war nicht nur in der städtebaulichen Erscheinung, sondern auch in der grundrißlichen Disposition von gleich hoher künstlerischer und gestalterischer Vollendung. Bei einer Überprüfung der Trümmer durch eine Teilberäumung, die auf Veranlassung des Landesamtes schon vor Jahren durchgeführt wurde, konnte festgestellt werden, daß alle technischen Voraussetzungen gegeben sind, die Frauenkirche nach archäologischen Prinzipien wiederherzustellen und damit das äußere Erscheinungsbild in der alten Form wiederzugewinnen. Bei der völligen Zerstörung der Inneneinrichtung wird die Gestaltung des Innenraumes eine eigene künstlerische Aufgabe werden müssen.
> Bei der völligen Zerstörung von Dresden und den großen baulichen Aufgaben, die auch die Landeskirche hat, wird in den nächsten Jahren noch nicht mit einem Wiederaufbau der Kirche gerechnet werden können, doch hoffen wir, daß nach Abschluß der Zwingerarbeiten und nach Instandsetzung der Katholischen Hofkirche die dort ausgebildeten Fachhandwerker, insbesondere Steinmetzen, für den Wiederaufbau der Frauenkirche eingesetzt werden können.
> Die für den gesamten Aufbau benötigten Mittel belaufen sich auf etwa 14 Millionen DM, die sich über eine Reihe von Jahren verteilen würden.
> Unter diesen Gesichtspunkten wurde bei der jetzt laufenden Trümmerberäumung der Dresdner Innenstadt so verfahren, daß die Trümmermassen der Frauenkirche unberührt blieben. Eine Beräumung kann erst erfolgen, wenn der Wiederaufbau geordnet und vorbereitet werden kann.
> In den vorliegenden Fragen stimmen wir mit den verantwortlichen Sachbearbeitern der Stadt Dresden, Stadtplanung, und der Landesregierung, Hauptabteilung Aufbau, Abteilung Städteplanung, überein.
> gez. Dr. Hans Nadler

Sieben Jahre später mußte am 5. Mai 1959 unerwartet festgestellt werden, daß Teile der in den Jahren 1948/49 geborgenen Steine der Frauenkirche, die auf der Salzgasse wohlgeordnet und inventarisiert eingelagert waren, abgefahren worden waren, um sie anderweitig zu verwenden. Eine Verständigung mit den Denkmalpflegern oder den kirchlichen Behörden hatte vorher nicht stattgefunden.

Nach Einspruch des Instituts für Denkmalpflege beim Stadtarchitekten erfolgte am 6. Mai eine ausführliche Aussprache beim Rat der Stadt, in der dem Institut eröffnet wurde, daß ein Regierungsbeschluß vorliegt, nach dem bis zum 8. Mai die Salzgasse völlig zu beräumen sei, um „ausreichend Parkplätze für die Regierungsfahrzeuge zu gewinnen", die anläßlich der Eröffnung der Ausstellung des Grünen Gewölbes im benachbarten Albertinum nach Rückkehr dieser Sammlung aus der Sowjetunion benötigt würden. In den Verhandlungen mit der Stadt konnte nur erreicht werden, daß der Termin 8. Mai seitens der Stadt aufgegeben wurde und das noch vorhandene Material, vornehmlich Profilsteine, wieder an die Frauenkirche zurücktransportiert werden konnten.

Die Rückführung der Steine zur Frauenkirche übernahm wieder Arno Kiesling im Auftrag des Instituts für Denkmalpflege, der auch darüber wachte und dafür sorgte, daß nicht noch mehr Steine zerschlagen wurden und zum Schutt kamen. In seinem Bericht vom 7. Juni 1959 beschreibt Kiesling die Situation: „Leider ist von der städtischen Kolonne für Enttrümmerung und von dem städtischen VEB Sandstein-Industrie kein Verständnis für die Belange des Instituts entgegengebracht worden, sondern die Steine wurden entweder zerschlagen oder weggebracht, auch die, welche ich deutlich mit einem roten Kreuz für deren Erhaltung kenntlich gemacht habe, sobald ich nicht anwesend war. Ich war daher gezwungen, da die Kolonnen in verschiedenen Schichten arbeiteten (die einen von 6–14 Uhr, die anderen von 12–20 Uhr), die ganze Zeit an der Beräumungsstelle zu verbringen, um die Belange des Instituts nachdrücklich zu vertreten. Als dann über eine Woche später die Kolonne für die Belange des Instituts anlief, brauchte ich weniger Zeit, da diese auf meine Anweisung selbst aufpaßte, daß keine Steine, die ich für das Institut ausgesucht hatte, verschwinden."

Der mit der Rückführung der Steine beauftragte Baubetrieb Max Selbmann rechnete das „Umsetzen von 294 Kubikmeter Werksteinblöcke vom Albertinum zur Frauenkirche" mit dem Institut ab, so daß insgesamt etwa 300 Kubikmeter der 1949 inventarisierten und eingestapelten Werksteine – es handelt sich dabei im wesentlichen um Sandsteingrundstücke – verlorengingen.

Arno Kiesling, der als bauleitender Architekt seit 1934 aufs engste mit der Frauenkirche verbunden war, erhielt im Jahre 1949, nachdem in Auswertung der Untersuchungen an der Ruine der Frauenkirche ihre „archäologische Rekonstruktion" seitens des Landesamtes für Denkmalpflege vorgeschlagen war, nunmehr von diesem den Auftrag, die zeichnerische Darstellung der Frauenkirche anhand der von ihm in den Jahren 1937–1942 vorgenommenen Messungen anzufertigen. Während der Sanierung der Frauenkirche in den Jahren 1938–1943 hatte Kiesling eine sorgfältige Vermessung der jeweils eingerüsteten Teile des Bauwerkes vorgenommen. Diese Materialien waren in den Katakomben der Frauenkirche erhalten geblieben, so daß sie gute Unterlagen für die Anfertigung maßstabgebundener Zeichnungen als Grundlage für die vorgesehene „archäologische Rekonstruktion" boten.

Etwa zehn Jahre arbeitete Kiesling an den Zeichnungen. Ich sehe ihn noch in seinem Atelier am Zeichentisch. Er litt an einer Schüttellähmung. Sobald aber der Stift das Zeichenblatt berührte, war die Hand ruhig und er zog Strich für Strich, erzählte dabei gern von seiner Liebe zur Malerei und seiner Ausbildungszeit an der Kunstakademie. Jährlich entstanden so etwa 3–5 große Zeichenblätter der Frauenkirche im Maßstab 1:200, 1:50 und das Detail, das er virtuos darzustellen verstand, im Maßstab 1:1. Nachdem das Zeichenwerk 1959 abgeschlossen war, kam Arno Kiesling nur noch gelegentlich ins Institut zum Gespräch. Er verstarb im Jahre 1963. Das Andenken an diesen den Denkmalen des Landes so verbundenen und in der Arbeit zur Bewahrung dieser Werte so bewährten Architekten ist heute im Landesamt und im Lande noch sehr lebendig.

In den 60er Jahren mehren sich die Hinweise auf eine Gefährdung des öffentlichen Verkehrsraumes um die Frauenkirche durch herabfallende Steinbrocken. Auch die Standsicherheit der Ruinenteile wurde 1958 erneut angezweifelt, um daraus folgernd eine Beräumung der Trümmer und ausreichende Stabilisierung des Treppenhauses E sowie der Chorteile zu verlangen. Eine Überprüfung der Ruine durch die Stadtbauleitung Dresdens am 25. Juli 1962 stellt folgendes fest: „ ... a) Die Standsicherheit der beiden Ruinenteile wird nicht angezweifelt. b) Die erkannten Gefahrenquellen an diesen Ruinenteilen bedeuten für den öffentlichen Verkehrsraum eine unmittelbare Gefahr."

Bereits am 27. Juli 1962 wird durch die Bauabteilung für kulturhistorische Bauten Zwinger eine Kostenschätzung zur Erfüllung der seitens der Bauaufsicht erteilten Auflagen in Höhe von 982 200 Mark vorgelegt. Da weder Mittel noch Arbeitskräfte für solche Maßnahmen bereitstanden, wurde 1963 ein Vorschlag der Denkmalpflege aufgenommen, eine Umpflanzung des Trümmerberges mit Rosenhecken vorzunehmen, um einmal unbefugtes Begehen der Steinhalde zu erschweren, zum anderen Unfälle durch herabfallende Steine zu verhindern. Zu diesem Zwecke sollten Pflasterstreifen im notwendigen Abstand zur Ruine aufgenommen und Mutterboden für die Anpflanzung von Gehölzen eingebracht werden, um so auch die wilde Entnahme von Steinblöcken durch Unbefugte zu verhindern und den öffentlichen Verkehr im notwendigen Sicherheitsabstand zur Ruine zu halten.

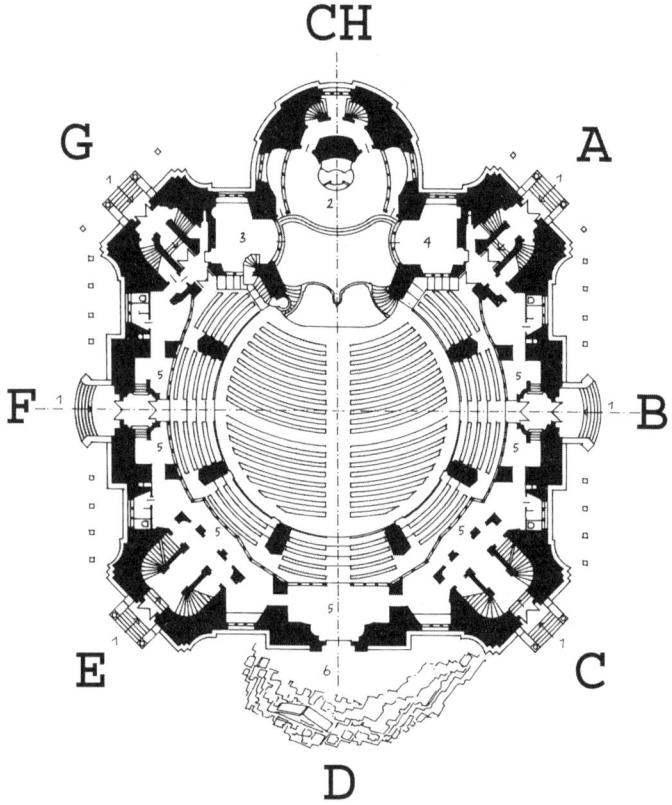

*Planungsgrundriß der Frauenkirche von Dipl.-Ing. Dieter Schölzel und Dr. Walter Köckeritz, 1990*

Mit der Ordnung des Umfeldes der Kirche und dem Einbringen einer dichten Rosenhecke entstand eine beeindruckende Wirkung der Trümmerstätte *(Abb. S. 306)*. Frei im Raum der von Ruinen beräumten Innenstadt standen die Reste der Frauenkirche weithin sichtbar als Klage gegen Krieg und Gewalt, ein Bild, das jeden Besucher tief bewegte. Der Augenblick nach dem Einsturz der Kirche schien im Bild gebannt.

Ein Beschluß des Rates der Stadt Dresden vom 5. Mai 1966 legte fest, daß „in Vorbereitung der Arbeiterfestspiele in Dresden die Ruine der Frauenkirche als Mahnmal zu gestalten ist." Eine in diesem Sinne vorgesehene aufwendige gärtnerische Gestaltung der Gesamtflächen um die Frauenkirche kam jedoch nicht zustande, aber die Ruine wurde von Bergsteigern begangen, um akute Gefahrenstellen sowie Wildwuchs auf dem

Trümmerberg zu beseitigen. Außerdem wurden erneut die aufgebrochenen Gänge zu den Katakomben, auch vom Coselpalais aus, vermauert und 1967 eine Gedenktafel am Treppenturm E mit den Daten der Erbauung der Kirche durch George Bahr 1726-43 und der Zerstörung des Bauwerkes am 13. Februar 1945 angebracht.

Damit war der Trümmerberg der Frauenkirche als Bestandteil der Stadtplanung anerkannt. In den folgenden städtebaulichen Untersuchungen zur Gestaltung des Neumarktbereiches im Rahmen mehrerer Architektenwettbewerbe, die zum Teil mit internationaler Beteiligung durchgeführt wurden, waren Lösungen verlangt, die davon ausgingen, daß die „Frauenkirche später wiederaufgebaut werden kann". Das bedeutete aber auch die Bewahrung der Altstadtstruktur um den Neumarkt, also die Wiederaufnahme der alten Straßenzüge und Baufluchten sowie die Errichtung einiger historischer Gebäude, von denen noch Bauteile, die nach 1945 aus den Trümmern gerettet wurden, vorhanden sind, um für das Umfeld der Frauenkirche den überlieferten städtebaulichen Maßstab zu binden.

Die Denkmalpfleger in Dresden haben über Jahrzehnte die Trümmer der Frauenkirche als ein unteilbares Monument angesehen und auf den Tag gehofft, an dem einmal damit begonnen werden konnte, die gestürzten Trümmer wieder Stein auf Stein zum Ganzen zu fügen. Dieser Wunsch ging mit der Wiedervereinigung unseres geteilten Vaterlandes in Erfüllung und wurde am 13. Februar 1990 mit dem „Ruf aus Dresden" weltweit mitgeteilt und gehört.

Prof. Dr.-Ing. *Hans Nadler*, geboren 1910 in Dresden; 1931–1936 Studium der Architektur an der Technischen Hochschule Dresden, 1940 Promotion; 1945 Mitarbeiter des Sächsischen Landesamtes für Denkmalpflege, ab 1949 Sächsischer Landeskonservator, 1952–1982 Chefkonservator im Institut für Denkmalpflege; Arbeitsstelle Dresden, Professor für Denkmalpflege an der Technischen Universität Dresden. Unterzeichner des „Rufes aus Dresden – 13. Februar 1990"; seit 1991 Ehrenmitglied der Gesellschaft zur Förderung des Wiederaufbaus der Frauenkirche Dresden e.V., seit 1995 Ehrenkurator der Stiftung Frauenkirche Dresden. Prof. Nadler verstarb am 8. Oktober 2005.

*Andrzej Tomaszewski*

# Materielle und immaterielle Werte von Kulturgütern in der westlichen Tradition und Wissenschaft

*Diese Betrachtung widme ich meinen Freunden, die die Dresdner Frauenkirche aus den Ruinen erhoben und damit die immateriellen Werte eines Erinnerungsortes in einer materiellen architektonischen Form eingeschlossen haben. Diese Erwägungen sind die Fortsetzung meines Festvortrags anläßlich der 10. Ordentlichen Mitgliederversammlung der Gesellschaft zur Förderung des Wiederaufbaus der Frauenkirche Dresden am 28. Oktober 2000 im UFA-Palast Dresden.[1]*

An der Wende zum 21. Jahrhundert wurden weltweit die von den Denkmalpflegern geführten Diskussionen von zwei theoretischen Problemen dominiert: dem Begriff der „Authentizität" des Denkmals und dessen „immateriellen Werten". Von den Ergebnissen dieser Debatten wird die Gestalt der Denkmalpflege im begonnenen Jahrhundert weitgehend abhängen. Auf dem Gebiet der westlichen Kultur ergeben sich – im Unterschied zu den anderen großen Kulturgebieten der Welt – erhebliche Probleme mit diesen beiden Begriffen. Das führt uns zu einem verengten Verständnis der Kulturgüter. Im Bewußtsein der Denkmalpfleger rangieren nämlich die materiellen Werte an erster Stelle und ihnen wird die „Authentizität" des Denkmals zugeschrieben. Warum das so ist, läßt sich weder aus der judaistischen Tradition erklären, die vor allem die immateriellen Werte im Blick hat, noch aus der antiken griechisch-römischen Philosophie – steht doch im Denken Platons die Idee über der Materie.

Die Quellen der westlichen „materialistischen" Betrachtungsweise des Denkmalwertes sind in der Tradition des Christentums als „historischer" Religion, verankert. Die Christen glauben an Gott, der Mensch wurde, der in einer bestimmten Zeit und an bestimmten Orten auf der Erde tätig war und seine Spuren hinterlassen hat. Auf diesen Glauben gründete sich die Tradition des Reliquienkults heiliger Märtyrer, der eine der Grundlagen der Doktrin der römisch-katholischen Kirche bildet. Dieser Kult war und ist mit der Authentizität der materiellen Substanz von Reliquien verbunden. Der anfangs nur auf die sterblichen Überreste der Heiligen beschränkte Reliquienkult erweiterte sich allmählich auf eine immer größere Anzahl von mit ihnen verbundenen Gegenständen aber auch Orten, auf die ihre Präsenz ausstrahlt. Die Kreuzfahrer und die ihnen folgenden Pilger nahmen authentische Reliquien mit nach Hause: Bruchstücke der Mauern von Jerusalem und Säckchen mit Erde aus dem Heiligen Land *(Terra Sancta)*, wo Jesus weilte. Auf diese Weise bekamen architektonische Elemente einen Reliquienwert. Als die Vorstellungskraft der italienischen Renaissance die Vision des antiken Altertums herauf beschwor, wurden sogar die Mauern des heidnischen Rom zu Reliquien, erlebten sie doch einen Caesar, Cicero und Ovid. Der Reliquienkult wurde erweitert und säkularisiert. Er wurde auf dem Gebiet der westlichen Kultur zu einem selbständigen Kult der authentischen Substanz von Architektur- und Kunstwerken. Und so kommt es, daß heute Splitter der Berliner Mauer Touristen als „Reliquien" angeboten werden.[2]

Die byzantinische Kirche hat eine andere Doktrin als die römische geschaffen. Neben dem Reliquienkult wurde die Theologie der Ikone in den Vordergrund gestellt. Die Vorstellung Gottes in der Form eines streng nach dem Kanon byzantinischer Kunst gemalten Gottesbildes wurde als eine getreue Kopie mit all den Attributen des Originals angesehen. Nicht die Materie allein, sondern die materialisierte Form war für die Authentizität der Ikone entscheidend. Die Paradoxie des Reliquienkults bestand darin, daß die materielle Substanz kein Ziel an sich war. Die Reliquien wurden ausschließlich ihrer immateriellen Werte wegen geschützt, weil sie Gottes Gnade ausstrahlten, die Wunder wirkte. Die erste europäische Theorie der Denkmalpflege, die im 19. Jahrhundert entstand und praktiziert wurde, stand der Philosophie Platons nahe. Das Prinzip der „stilistischen Restaurierung" stützte sich auf die Vorzugsstellung des Ideals gegenüber der Materie. Man entfernte originale Teile des Denkmals, um ihm die hypothetisch ideale Ursprungsform zu verleihen.

Um die Wende zum 20. Jahrhundert wurden derlei puristische Restaurierungen abgelehnt und die materielle Substanz des Denkmals in den Mittelpunkt der konservatorischen Tätigkeit gestellt. Die Tradition des Reliquienkults bestimmte nun über ein ganzes Jahrhundert die Mentalität der Konservatoren. Der künstlerische, architektonische und historische Wert der materiellen Substanz ist zum grundlegenden Kriterium bei der Einschätzung und Bewertung der Denkmäler durch die Denkmalpfleger des westlichen Kulturkreises geworden. Das zeugt von einer Diskrepanz und vom fehlenden Informationsaustausch zwischen der Denkmalpflege und den Gesellschaftswissenschaften (Geschichte, Kunstgeschichte, Soziologie), die Forschungsmethoden für immaterielle Inhalte von Denkmälern und deren Widerspiegelung im Sozialgedächtnis entwickelt haben.

*Innenkuppel der Frauenkirche, Deckengemälde von Christoph Wetzel:
Evangelist Lukas mit Heiliger Schrift und Stier; Medaillon: Berufung des Petrus*

Erst die Impulse von außen – aus anderen Kulturräumen, aus dem Fernen Osten und Afrika – vermochten die westliche Denkweise zu verändern. Eine Konfrontation mit dem Fernen Osten, wo der Begriff ‚Authentizität' in den Kategorien von Form, Funktion und Tradition, aber nicht so sehr der Substanz, definiert wird, was auch im Glauben an die Reinkarnation begründet ist – diese Konfrontation führte zum ersten Mal zu einer umfassenden Diskussion unter den Denkmalpflegern. Daran anknüpfende internationale Konferenzen – die wichtigste fand im Herbst 1994 in der alten japanischen Hauptstadt Nara statt – brachten wesentliche Fortschritte. Im Schlußdokument der Konferenz von Nara wird, zwar noch vom europäischen Konservatismus gezeichnet, die Komplexität des Begriffes ‚Authentizität' akzeptiert. Sie setzt sich aus Substanz, Form, Technik, Funktion und Tradition zusammen, also sowohl aus materiellen wie immateriellen Werten.[3]

Den zweiten Impuls lieferte das südlich der Sahara liegende Afrika. Dieser weite Teil des Kontinents hat sein ganz eigenes Verständnis von Kulturerbe. Hier ist weder eine der großen Weltreligionen noch monumentale Architektur entstanden. Vielmehr wurde eine Kultkunst hervorgebracht, die in ihren materiellen Werken starke Expression und Symbolik enthält, deren Ideeninhalt aber in der mündlichen Kultur überliefert wurde. In diesen Gebieten werden Raum und Ort in symbolischen Kategorien, unabhängig von der materiellen Gestalt, behandelt. Heilige Stätten, die der Geist bewohnt, bleiben solche trotz physischer Veränderungen und behalten ihren genius loci. Der Begriff der immateriellen Kulturgüter ist auf dem afrikanischen Kontinent ein ganz grundsätzlicher und selbstverständlicher. Der Antrag der Delegation von Zimbabwe auf der 1999 in Mexiko stattfindenden XII. Generalversammlung des Internationalen Rates für Denkmalpflege (ICOMOS), die nächste Generalversammlung „den immateriellen Werten der Kulturgüter" zu widmen, brachte die europäischen Denkmalpfleger etwas in Verlegenheit, denn es schien, wir in Europa seien zu einer solchen Diskussion noch nicht bereit.[4] Allerdings hat die Frage der immateriellen Werte von Denkmälern der Architektur und Kunst eine über hundert Jahre alte Tradition in der europäischen Fachliteratur, was die zeitgenössischen Denkmalpfleger im Westen vergessen oder übersehen haben. Wir gleichen dem bourgeois gentilhomme von Molière, der sein Leben lang in Prosa sprach, ohne es wahrzunehmen.

Vor einhundert Jahren schrieb Alois Riegl, Professor an der Wiener Universität und Generalkonservator der kaiserlich-königlichen Monarchie, seine denkwürdige philosophische Abhandlung „Der moderne Denkmalkultus. Sein Wesen und seine Entstehung". Bei der Untersuchung der Denkmalwerte (ohne sie expressis verbis als immateriell zu bezeichnen), sonderte er den Erinnerungswert aus und stellte ihn in den Vordergrund. Riegl meinte mit Recht, daß der Erinnerungswert bereits im

italienischen Quattrocento wahrgenommen wurde, als man „profane" Reliquien zu verehren begann, obwohl, wie er schreibt, „es bedurfte noch mehrerer Jahrhunderte bis er allmählich die moderne Gestalt gewann.⁵
Bauen wir die Darlegung Riegls weiter aus, können wir feststellen, daß der Erinnerungswert eines Bauwerkes sich in zwei Phasen herauskristallisiert: erstens während seiner Entstehung und Materialisierung und zweitens während seines Bestehens. In Bezug auf die erste Phase müssen wir auf die Ideentheorie Platons zurückgreifen mit ihrem absoluten Vorrang der Idealvorstellung eines Kunstwerkes in der schöpferischen Phantasie des Künstlers vor dessen Verkörperung in der Materie. Diese Verkörperung ist weniger vollkommen als das Idealbild, entsprang sie doch dem Kampf gegen den Widerstand des Werkstoffes. Das Ideal unterliegt demnach Einschränkungen bei der Verwirklichung, bei der Überwindung der Materie, bei der Übertragung des Unsichtbaren ins Sichtbare. Um diese deuten zu können, muß man den Weg des Künstlers zurückverfolgen: das Materielle ins Immaterielle, das Sichtbare ins Unsichtbare übertragen.

Knapp ein halbes Jahrhundert nach dem Erscheinen der Arbeit Riegls formulierte ein anderer großer Kunstforscher, nämlich Erwin Panofsky, die Grundlagen der Theorie dieser Übertragung.⁶ Die ikonologische Methode Panofskys ist keine Analyse des materiellen Werkes, sondern lediglich dessen Interpretation, die sich auf die Lektüre des Werkes als grundlegende historische Quelle und auf ein profundes Wissen stützt über die „Geschichte der kulturellen Anzeichen oder ‚Symbole' (Einsicht in die Denkweise, wie unter sich verändernden historischen Bedingungen die wesentlichen Tendenzen des menschlichen Geistes mittels spezifischer Themen und Konzepte zum Ausdruck kommen)". Dieses Wissen muß man immer zuerst auf ein konkretes Werk und seinen (oftmals unbekannten) Autor anwenden, um „die innere Bedeutung oder den Inhalt des Werkes" zu interpretieren, aus welchen sich „die Welt ‚symbolischer' Werte" zusammensetzt. Die Deutung hat immer einen hypothetischen Charakter. Die Sprache der Formen, mit der das Bauwerk den Kunstforscher anspricht, ist schwierig und nicht immer eindeutig. Trotz aller Begrenzungen in der Erkenntnis und der Gefahr einer Überinterpretation schuf die Weiterentwicklung der Forschungsmethoden (insbesondere der Ikonologie und Semiotik) die Möglichkeit, durch die äußere, materielle Hülle eines Bau- oder Kunstwerkes hindurch zu dringen, seinen Inhalt wie auch die geschichtlichen Umstände seines Entstehens zu deuten, die seine künstlerische Form und seinen ideellen Gehalt mitbestimmt haben. Ein Bauwerk „verewigt" diese Erscheinung und ist eine Wissensquelle zur Kulturgeschichte seiner Entstehungszeit.

Hinsichtlich der zweiten Phase der Herauskristallisierung der „Erinnerungswerte eines Bauwerkes", nämlich der Zeit seines Bestehens und Funktionierens, in der es zum „Baudenkmal" wird, sollten wir zwei Aspekte erörtern. Der erste betrifft die Verlängerung der Entstehungszeit, der zweite die Geschichte seines Funktionierens/Bestehens. Nur wenige Bauwerke haben im ursprünglichen Zustand Jahrhunderte überdauert. Gewöhnlich wurden sie infolge sich verändernder individueller oder gesellschaftlicher Lebensformen wie auch ästhetischer Ansichten umgebaut und im sogenannten „Geist der Zeit" modernisiert, wodurch sie zu architektonischen „Palimpsesten" wurden. Ihr Entstehungsprozeß wurde dadurch verlängert, denn jedes Mal wurden auch ihre immateriellen Werte „modernisiert". Die ikonologische Interpretation fördert den Erinnerungswert jeder Veränderung der Form oder Funktion zutage.

Viel wichtiger ist jedoch der Erinnerungswert hinsichtlich der „Lebensdauer" eines Bauwerkes/Architekturdenkmals. Die Architektur mit ihren einzelnen Objekten und Ensembles (bis hin zu Stadträumen, Gärten und Parkanlagen) schuf den räumlichen Rahmen für Ereignisse familiären, sozialen, kulturellen und politischen Charakters auf lokaler, nationaler oder übernationaler Ebene. Je bedeutungsvoller das jeweilige Ereignis war, desto breitere Aufnahme fand es bei der Bevölkerung, wurde in die Annalen aufgenommen, und um so tiefer blieb es im Kollektivgedächtnis haften. Der letztere Prozeß konnte direkt nach dem jeweiligen Geschehnis beginnen oder aber ex post – unter dem Einfluß konkreter gesellschaftlicher Bedürfnisse, gewöhnlich nationalen Charakters – stattfinden. Damit bekommt ein Baudenkmal, das den räumlichen Rahmen eines Ereignisses bildete, dessen „stummer Zeuge" es war, eine neue Dimension – der „Erinnerungswert" wird zum „Erinnerungsort". Riegl hatte vor einhundert Jahren diese Dimensionen nur halbwegs erkannt, stellte jedoch visionär fest, daß der „historische Wert" des Denkmals (ein Bestandteil des Erinnerungswertes) „die Tendenz zeigt, einen entwicklungsgeschichtlichen Moment aus der Vergangenheit herauszugreifen und so deutlich vor unseren Augen hinzustellen, als ob er der Gegenwart angehören würde."[7] Wobei er hinzufügt: „Der individuelle Moment, den der historische Wert versinnlicht, erscheint denn wichtiger, als die Entwicklung selbst."[8]

Die in der Zwischenkriegszeit von französischen Historikern und Soziologen der École des Annales[9] geführten Untersuchungen zum Sozialgedächtnis und seiner Beziehung zur Geschichte haben diese intuitive Beobachtung Riegls bestätigt. Sie gaben in den achtziger Jahren des vergangenen Jahrhunderts den Anstoß zu zahlreichen Studien über „Erinnerungsorte" – „places de la mémoire", die insbesondere der französische Historiker und Publizist Pierre Nora[10] betrieb. Ihm folgten Historiker aus anderen europäischen Ländern und es entstanden umfangreiche Publikationen über „nationale Gedächtnisorte".[11] Zuletzt entstand ein monumentales, dreibändiges, kollektives Werk „Deutsche Erinnerungsorte".[12] Seine Herausgeber, Etienne François und Hagen Schulze, schlagen die folgende Definition vor: „Da das Wort ‚Erinnerungsort' zu Mißverständnissen führen kann, sei hier nur daran erinnert, daß es sich nicht um einen Begriff im philosophisch-analytischen Sinne handelt, sondern um eine Metapher. […] Dergleichen Erinnerungsorte können ebenso materieller wie immaterieller Natur sein, zu ihnen gehören etwa reale wie mythische Gestalten und Ereignisse, Gebäude und Denkmäler, Institutionen und Begriffe, Bücher und Kunstwerke – im heutigen Sprachgebrauch ließe sich von ‚Ikonen' sprechen. Erinnerungsorte sind sie nicht dank ihrer materiellen Gegenständlichkeit, sondern wegen ihrer symbolischen Funktion. […] Wir verstehen also ‚Ort' als Metapher, als Topos im buchstäblichen Wortsinn. […] Als Ort in einem Raum (sei er real, sozial, politisch, kulturell oder imaginär)."[13] In bezug auf „physische Erinnerungsorte" spielt ihre heutige räumliche Gestalt keine Rolle. Deshalb kann ein „Erinnerungsort" für einen Franzosen (und nicht nur für ihn) die seit über zwei Jahrhunderten nicht mehr vorhandene Bastille oder für einen Deutschen (nicht allein für ihn) die vor siebzehn Jahren gestürzte Berliner Mauer sein.

Die Verehrung von Stätten, die wichtige Geschehnisse verewigen, ist nichts Neues in der Geschichte. Diesmal handelt es sich jedoch um die Entstehung einer besonderen Kategorie. Charakteristisch ist dabei, daß man in der historischen Fachliteratur die Bestimmungen der „Erinnerungsorte" als immaterielle Kulturgüter vermißt, die einmal auf den Platz im Raum Bezug haben, ein andermal vom physikalischen Raum völlig losgelöst sind. Es werden auch fast keine Forderungen geäußert, diese Kulturgüter wegen ihres eigenen Wertes zu schützen. Und es wird auch keine Frage gestellt nach dem Verhältnis der symbolischen Werte des „Ortes" zum aktuellen Aussehen dieses Raumes. Schließlich wird auch nicht danach gefragt, ob und wie man symbolische „Orte" eben durch den Schutz ihres physischen Aussehens schützen sollte. Denn die ganze Ideologie der „Erinnerungsorte" ist zu einer Domäne der Historiker und Soziologen geworden und wird als ein Problem des denkmalpflegerischen Schutzes immaterieller Kulturgüter, zugleich aber als ein Problem des Schutzes physischen Raumes überall dort, wo er eine symbolische Gedächtnisstätte darstellt, von den Denkmalpflegern bislang praktisch nicht wahrgenommen.

Der denkmalpflegerische Schutz des physikalischen Raums der „Erinnerungsorte" – also der immateriellen Kulturgüter – hat zwei praktische Aspekte. Der erste ist die pietätvolle Pflege und die vorbeugende Konservierung jener Orte, die ihr Aussehen aus der Zeit der Begebenheit bewahrt haben, an die sie erinnern sollen. Ziel dieses Schutzes ist es, jene „Orte" unverändert, im „authentischen" Zustand zu bewahren, ohne daß ihr Wert durch moderne, aggressive Realisierungen verlorengeht. Der zweite praktische Aspekt könnte in besonderen Fällen die Wiederherstellung des Aussehens eines solchen Ortes sein, falls er durch eine Naturkatastrophe zerstört worden ist.

Damit berühren wir das Problem des denkmalpflegerischen Wiederaufbaus zerstörter Baudenkmäler und Denkmalsensembles – der „Erinnerungsorte". Nur dort, wo einem beschädigten Denkmal immaterieller „Erinnerungswert" anhaftet, entstehen denkmalpflegerische Repliken, in deren Mauern – Reliquien gleich – erhaltene Teile der „authentischen" materiellen Substanz ausgestellt werden. Das verstand bereits vor einhundert Jahren Alois Riegl, als er schrieb, „daß der Kultus des historischen Wertes, wenngleich er bloß dem Originalzustande eines Denkmals vollen urkundlichen Wert einräumt, doch auch der Kopie einen beschränkten Wert zugesteht, falls das Original (die ‚Urkunde') selbst unrettbar verloren ist. Ein unlösbarer Konflikt mit dem Alterswert wird in solchen Fällen nur dann gegeben sein, wenn die Kopie nicht gewissermaßen als Hülfsapparat für die wissenschaftliche Forschung, sondern als vollwertiger Ersatz für das Original mit Anspruch auf historisch-ästhetische Würdigung auftritt (Markusturm)."[14]

Aus der Perspektive des vergangenen Jahrhunderts gesehen, scheint es, daß der hervorragende Autor, der damals unter dem starkem Eindruck des Einsturzes des Markusturms in Venedig stand, einen zweifachen Irrtum beging. Ein wiederaufgebautes Baudenkmal ist nämlich kein „Hülfsapparat" für die wissenschaftliche Forschung, es ist allenfalls eine ikonographische Quelle.[15] Doch im Laufe der Zeit erlebt es eine historisch-ästhetische Anerkennung als kulturgeschichtliche Quelle der Epoche seines Wiederaufbaus und als ihr materielles Zeugnis. Ja mehr noch, auf eine magische Weise kommt es zum Phänomen der „Reinkarnation". Das Objekt übernimmt im gesellschaftlichen Empfinden die immateriellen „Erinnerungswerte" des Denkmals, obwohl es offensichtlich ist, daß es sich nur um eine Kopie handelt.

Heute, einhundert Jahre nach Alois Riegl, kann man dieses Problem so sehen: Die Denkmalpflege sensu proprio beginnt und endet dort, wo hi-

*Frauenkirche, Außenansicht von Süden, Mai 2005*

storische Substanz vorhanden ist. In diesem Sinne gehört der Wiederaufbau eines zerstörten Baudenkmals ausschließlich der zeitgenössischen Kultur. Die Entscheidung liegt im Bereich der Kulturpolitik, die Realisierung im Bereich der modernen Kunst und Technik. Aber zu unserer Kultur gehört die Denkmalpflege sensu lato, die in besonderen Fällen die physische Wiederherstellung des Aussehens der künstlerischen oder ideellen (immateriellen) Schicht des Werkes umfaßt/umfassen darf, und zwar dann, wenn die materielle Schicht infolge einer Katastrophe zerstört wurde und unmittelbar verloren ist.

*

Die obigen Erwägungen kann man in einer Schlußfolgerung zusammenfassen: Wir verfügen über ein umfangreiches intellektuelles Werk europäischer und amerikanischer Wissenschaftler im Bereich der immateriellen Werte von Kulturgütern, wobei der westliche Kulturkreis bei den theoretischen Untersuchungen dieses Problems an die Spitze rückt. Dieses Ideengut wurde allerdings von der Denkmalpflege bisher weder erkundet noch in der täglichen Praxis umgesetzt. Es besteht eine Kluft zwischen den europäischen humanistischen Wissenschaften und der Denkmalpflege – letztere ist eher auf die Bewahrung der materiellen Substanz bedacht, die bisweilen geradezu zum Fetisch wird. Andere Kulturregionen, die ganz selbstverständlich aus der eigenen Tradition und Geschichte schöpfen, ohne ihrem Tun einen theoretischen Überbau geben zu müssen, verfahren in der Frage der immateriellen Kulturgüter auf naheliegende und pragmatische Weise. Diesbezüglich hat der Westen noch eine Menge vom Osten und Süden zu lernen. Er sollte diesen Regionen aber seinerseits das ganze Ideengut seiner Geisteswissenschaftler, das den immateriellen Kulturgütern gewidmet ist und seine Tradition im Altertum hat, zur Verfügung stellen.

Die immateriellen und materiellen Kulturwerte sollten ebenbürtige Elemente bei der Bewertung der Kulturgüter unter dem Gesichtspunkt „des vollen Reichtums ihrer Authentizität" (vgl. Charta von Venedig) sein. Würde man der Tatsache nicht Rechnung tragen, daß diese Aspekte gleich wichtig sind, hieße das, die westliche Denkmalpflege zur Einseitigkeit zu verurteilen und die Materie vor den Geist zu stellen. Es wird offensichtlich, wie weit wir im Westen hinter der Einsicht und den Erfahrungen anderer Kulturregionen der Welt zurückstehen. Man sollte hoffen, daß künftig dank dieses internationalen Meinungs- und Erfahrungsaustausches die materiellen und auch die immateriellen Werte von Kulturgütern – letztere auch im Sinne von „Erinnerungswerten" verstanden – den gleichen Schutz erfahren werden. Das sollte die Leitlinie für die Denkmalpflege in diesem Jahrhundert sein.

## Anmerkungen

1 ANDRZEJ TOMASZEWSKI, Geistige und materielle Werte des Kulturdenkmals, in: Die Dresdner Frauenkirche, Jahrbuch 8 (2002), S. 49–65.

2 ANDRZEJ TOMASZEWSKI, L'autenticità. Il problema ed i criteri/Authenticity: the question and the principles, in: Il restauro fra identità e autenticità. Atti della tavola rotonda „I principi fondativi del restauro architettonico", Venezia, 31 gennaio – 1 febbraio 1999 a cura di GIUSEPPE CRISTINELLI e VITTORIO FORAMITTI, Venezia 2000, S. 53–56; 257–260.

3 Nara Conference on Autenticity. Conference de Nara sur l'authenticité, Japan 1. – 6. November 1994, edited by KNUT EINAR LARSEN, UNESCO ICCROM ICOMOS 1995, Trondheim 1995.

4 Die XIII. Generalversammlung von ICOMOS fand vom 14.–18. Oktober 2003 in Victoria Falls, Zimbabwe statt: „Place – Memory – Meaning: Preserving Intangible Values in Monuments and Sites". Die Konferenzunterlagen wurden bisher nicht veröffentlicht. Dieser Text ist eine erweiterte Fassung des Referats des Autors „Tangible and intangible values of cultural property in western tradition and science".

5 ALOIS RIEGL, Der moderne Denkmalkultus – sein Wesen und seine Entstehung, Wien-Leipzig 1903, S. 13.

6 Ausgelegt wurden sie auf eine genial einfache und lapidare Weise ad usum delphini, vgl. ERWIN PANOFSKY, Iconography and Iconology. An Introduction to the study of Renaissance Art, in: Meaning in the Visual Arts. Papers in and on Art History. Garden City, New York 1955. Die zitierten Sätze im Original: „History of cultural symptoms or ‚symbols' in general (insight into the manner in which, under varying historical conditions, essential tendencies of the human mind were expressed by specific themes and concepts) […] intrinsing meaning or content, constituting the world of ‚symbolical' values", S. 40–41.

7 RIEGL (wie Anm. 5), S. 38.

8 Ebenda, S. 34.

9 Eine pionierhafte Rolle spielte das Buch von MAURICE HALBWAKS, Les cadres sociaux la mémoire, Paris 1925.

10 PIERRE NORA (Hg.), Les lieux de mémoire, 7 Bde, Paris 1986–1992.

11 MARIO INSENGHI (Hg.), I luoghi della memoria, 3 Bde., Roma-Bari 1987–1998; PIM DE BOER und VILLEM FRIJHOFF (Hgg.), Lieux de mémoire et identités nationales, Amsterdam 1993 ; N.C.F. VAN SAS (Hg.), Waar de blanke top der duinen. En andere vaderlandse herinnerungen, Amsterdam 1995 ; OLE FELDBAEK (Hg.), Dansk identiteshistorie, Kopenhagen 1991–1992 ; MORITZ CSÁKY (Hg.), Orte des Gedächtnisses, Wien 2000.

12 ETIENNE FRANÇOIS und HAGEN SCHULZE (Hgg.), Deutsche Erinnerungsorte, 3 Bde, München 2001.

13 Ebenda, 1. Band, S. 17–18.

14 RIEGL (wie Anm. 5), S. 37–38.

15 Die Meinung Riegls stimmt mit dem damaligen Entwicklungsstand der Erforschung von Baudenkmälern überein, die sich auf die „philologische Analyse" beschränkte. Die Entwicklung der technischen und physikochemischen Forschungsmethoden, die auf der Ingerenz in die physische Struktur des Denkmals beruhen (Bauforschung, Bauarchäologie) und auf dieser Basis seine Geschichte ablesen lassen, erfolgte erst nach dem Tode des Autors.

Prof. Dr.-Ing. habil. *Andrzej Tomaszewski*, geboren 1934; Professor der Architekturgeschichte und Denkmalpflege am Fachbereich Architektur der TU Warschau. 1988–1992 Generaldirektor des Internationalen Forschungszentrums für die Konservierung und die Restaurierung von Kulturgütern ICCROM in Rom; 1995–2000 Generalkonservator der Republik Polen; Präsident des Polnischen Nationalkomitees des Weltdenkmalrates ICOMOS; Präsident des Internationalen ICOMOS-Komitees zur Theorie der Denkmalpflege; Vorsitzender des Arbeitskreises deutscher und polnischer Kunsthistoriker; Leiter archäologischer Ausgrabungen und denkmalpflegerischer Projekte in Polen, Italien, Frankreich, Belgien, Deutschland und Ungarn; Autor zahlreicher Veröffentlichungen zur mittelalterlichen Architektur und Kunst, zur Kulturgeschichte und der Theorie und Geschichte der Denkmalpflege.

*Heinrich Magirius*

## Relikt, Reliquie und Gestalt

*Der Wiederaufbau der Dresdner Frauenkirche als denkmalpflegerische Herausforderung*

Entscheidungen der Denkmalpflege werden zumeist in einem Abwägungsprozeß getroffen, in dem die Zielstellung der zukünftigen Nutzung eine wesentliche Rolle spielt. Im Mittelpunkt der fachlichen Beratung durch den Denkmalpfleger steht dagegen der Aspekt der Erhaltung von möglichst vielen Geschichtsspuren im Denkmal. Diese „Relikte" sollen nach Möglichkeit geschont werden. Relikte sind aber auch Erinnerungswerte und können zu Reliquien mutieren. Ihren Wert erhielten sie ursprünglich aus dem Geist der Religion, erst später durch überpersönliche Verknüpfungen mit historischen Bedeutungen und Entwicklungen. Dieser Sprung von Relikten zu Reliquien ist mithin kein intellektuelles, sondern ein allgemein menschliches Phänomen der Erinnerungskultur.[1] Aus der Masse der historischen Relikte wählen Menschen schon eh und je historische Orte und Gegenstände ihrer Begegnung mit dem Göttlichen und Heiligen aus. Diese Stätten und Gegenstände des Gottesdienstes sind die ursprünglichen, eigentlichen Denkmale. Sie regten schon immer die Könnerschaft zur künstlerischen Ausgestaltung an. Die Unmittelbarkeit ihrer Ausstrahlung verlieren Reliquien erst, wenn das oder der Heilige nicht mehr unmittelbar mit den Rudimenten verbunden erlebt wird.

Seit dem Zeitalter der Renaissance werden aber auch Reste der Klassischen Antike verehrt, also Reste von Gestaltungen der Vergangenheit. Goethe hat diesen Sprung von religiösen zu kulturellen Reliquien in den Venezianischen Epigrammen geschildert:

> Emsig wallet der Pilger, und wird er den Heiligen finden,
> hören und sehen den Mann, welcher die Wunder getan?
> Nein, es führte die Zeit ihn hinweg: du findest nur Reste,
> seinen Schädel, ein paar seiner Gebeine verwahrt.
> Pilgrime sind wir alle, die wir Italien suchen.
> Nur ein zerstreutes Gebein ehren wir gläubig und froh.

Im Zeitalter der Romantik erweitert sich das Interesse auch auf die Überbleibsel der vaterländischen Geschichte, auf die „vaterländischen Alterthümer". Gleichzeitig ist aber nun auch die Phantasie angeregt, Ausschau nach dem verlorenen Ganzen der Überbleibsel zu halten, wobei sich ideelle Schau und kunsthistorische Forschung ergänzen.² Ähnlich wie schon in der Renaissance die Antike belebt wurde, werden nun auch die Stile des Mittelalters zum Gestaltungsmaßstab. In einem Gartenreich der Empfindsamkeit läßt schon Goethe in den „Wahlverwandtschaften" Ottilie über „Erinnerungskultur" nachsinnen und einen Architekten auftreten, der sowohl das Äußere als auch das Innere einer Kirche „im altertümlichen Sinne herzustellen und mit dem davor liegenden Auferstehungsfelde zur Übereinstimmung zu bringen gedachte".³ Er wies den Herrschaften Relikte aus den Gräbern „nordischer Völker" vor. „Sie waren meistenteils deutschen Ursprungs: Brakteaten, Dickmünzen, Siegel und was sonst sich noch anschließen mag. Alle diese Dinge richteten die Einbildungskraft gegen die ältere Zeit hin, und da er zuletzt mit den Anfängen des Drucks, Holzschnitten und den ältesten Kupfern seine Unterhaltung zierte und die Kirche täglich auch, jenem Sinne gemäß, an Farbe und sonstiger Auszierung gleichsam der Vergangenheit entgegen wuchs, so mußte man sich beinahe selbst fragen, ob man denn wirklich in der neueren Zeit lebe, ob es nicht ein Traum sei, daß man nunmehr in ganz andern Sitten, Gewohnheiten, Lebensweisen und Überzeugungen verweile." Tatsächlich erhielt der Architekt freie Hand, die Kirche im historischen Sinne und sogar mit farbigen Scheiben auszugestalten. Was hier allerdings vorrangig die Seelenlage der beschriebenen Personen spiegelt, wird im Zeitalter der Romantik das Bekenntnis zur großen historischen Vergangenheit, die in Idealbildern vor Augen gestellt wird. Diese „stilechten" Bauwerke des Historismus entfernen sich im Verlaufe des 19. Jahrhunderts von ihren Vorbildern durch stilistische Idealisierungen. Auch bei der Restaurierung von Bauwerken übergeht man Relikte zugunsten von Idealbildern.

Die sich im Gefolge des Historismus entwickelnde Denkmalpflege geht dagegen von Anfang an in der Erfassung der Monumente von der Vielgestaltigkeit des historisch Überlieferten aus und gerät im letzten Viertel des 19. Jahrhunderts in Konflikt mit den nun mehr und mehr als unhistorisch und unwahrhaftig empfundenen Idealen.[4] Am Ende des 19. Jahrhunderts verlieren aber auch die Relikte das Geheimnisvolle von Reliquien, ihre Bindekraft für eine mehr und mehr säkularisierte und demokratisierte Öffentlichkeit. In den Auseinandersetzungen um eine zeitgemäße Denkmalpflege um 1900 spielt mehr oder weniger unterschwellig die Suche nach neuen Argumenten zur Rechtfertigung von Denkmalen überhaupt eine Rolle. Die neuen Ansatzpunkt sind sehr vielgestaltig: Auf der einen Seite stehen die Mystifizierung der Schöpferkraft des künstlerischen Genius und die Mythisierung von Volkstum. Auf der anderen Seite werden die Relikte schlicht als Historisches beachtet und mit einer Aura der Unantastbarkeit versehen.[5] Diese Grenzwerterfahrung, seine Neuentdeckung des „Alterswerts", hat Alois Riegl den „modernen Denkmalkultus" genannt.[6] Man kann sich noch hundert Jahre danach nur schwer der Faszination von Riegls Schriften entziehen. Nicht dem Denkmal selbst wird noch Aussage zugetraut, sondern vor allem seiner Historizität. Das Denkmal weist weder auf seine historische Gestalt zurück noch voraus. Es ist auch keine Reliquie mehr. Die Mystifizierung seiner Vergänglichkeitsstruktur soll in einer säkularen Welt den in Frage gestellten Denkmalbegriff retten, ja soll selbst der „moderne Denkmalkultus" sein.

Als moralischer Imperativ hat Riegls „Entdeckung" in der praktischen Denkmalpflege manch Förderliches bewirkt. Vor allem aber eignet sie sich zur Beurteilung und Aburteilung von Verhaltensweisen der Denkmalpflege, die selten in der Lage ist, den damit in Zusammenhang stehenden Musealisierungsprozeß des Denkmals durchzusetzen. Indem sich der Denkmalwert auf das historische Relikt konzentriert, ist der beschriebene Abwägungsprozeß in der Denkmalpflege eigentlich obsolet geworden. Wenn fortan der Denkmalpfleger die von Riegl beiseite geschobenen Werte mit ins Auge faßte, muß er bis heutigen Tags gegenüber den Theoretikern mit einigermaßen schlechtem Gewissen handeln.[7] Das um so mehr, als im Verlaufe des 20. Jahrhunderts andere Antriebskräfte für Denkmalpflege wie Volkstum und Nation sich als Irreführungen herausgestellt haben. Am Anfang des 20. Jahrhunderts schienen noch die „einfachen" Denkmäler auch vorbildhaft für eine Kunst der Reformbewegung, ja im Sinne von Cornelius Gurlitt gar Leitsterne für eine prognostizierte „Moderne" zu sein.[8] Als sich die Moderne aber dann wirklich durchsetzte, offenbarte sich die unüberbrückbare Kluft zwischen Alt und Neu. Alle vorhergehenden Lösungsmöglichkeiten erschienen nun plötzlich als ein vergebliches Unterfangen voller falscher Kompromisse.

Der Blick auf die Geschichte der Denkmalpflege im 20. Jahrhundert ist durch das Beharren auf den Standpunkten der Zeit um 1900 verstellt. Für die Theoretiker sind sie für ewig festgelegt.[9] Mit der Elle des Alterswertes und der Historizität im Denkmal seien alle Leistungen der Denkmalpflege unabdingbar zu messen und zu bewerten. Dabei wird oft vergessen, daß es dank der Geisteswissenschaften im Verlaufe des 20. Jahrhunderts eine Vielzahl von Neuentdeckungen von Bau- und Kunstwerken gegeben hat. Diese Rezeption von Kunstwerken vergangener Zeiten als vollwertiger Teilbereich der Gegenwartskultur ist vor allem aus dem Musikleben nicht wegzudenken. Einen nicht geringen Beitrag haben dazu die immer perfekteren Reproduktionstechniken geleistet. Trotz ihrer Allgegenwart ist die Fruchtbarkeit persönlicher Auseinandersetzung mit der historischen Musik durch Ausübende und Hörer keineswegs erstorben. Der Streit um die „richtige" Wiedergabe spielt sich in höchst diffizilem Bereich ab. Dabei gibt es auch immer wieder künstlerische Temperamente, die diese historisierenden Vollkommenheiten der Musikwiedergabe beiseite schieben. Gegenüber dieser Lebendigkeit der Adaption historischer Musik im heutigen Musikleben wirkt die heutige Auseinandersetzung mit dem gebauten und gebildeten Erbe monoton. Nach wie vor werden Monumente der Vergangenheit von Architekten und Künstlern als lediglich widerständig empfunden und bekämpft. Daran hat das Interesse der Postmoderne, die historischen Elemente als Steinbruch für Effekte zu benutzen, nicht viel geändert. Offensichtlich ist es gerade die Vollkommenheit des Gestalteten im Denkmal, die Künstlern der Gegenwart wenig Spielraum zu eigener Kreativität läßt. Die Liebe und Verehrung, die ein breites Publikum den historischen Monumenten entgegenbringt, verfolgen sie oft mit unverhohlener Abneigung und mit Neid. Schon in ihrer Ausbildung gilt fast ausschließlich der gestalterische Einfall, möglichst abgehoben von allem Bisherigen. Dagegen gehören die Werke der Kunst der Vergangenheit in eine Welt musealer Hierarchien, als Gestalten, durch die Kunstgeschichte zwar verständlich gemacht, aber nur als Güter der Bildung und Anschauung präsent, als Reliquien aus einer anderen, zum Untergang bestimmten Welt.

Denkmale nehmen allerdings fast stets einen handfesteren Bezug zur Gegenwart auf: Oft bedeuten sie für den Eigentümer nur eine Belastung, sind ärgerliche Relikte, die unzweckmäßig quer zu den Ansprüchen des Lebens stehen. Besitzen sie ein ansprechendes Äußeres, ist man am ehesten bereit, den Anschein von Pflege zu wahren, indem man wenigstens dieses erhält und zur Anschauung bringt. Dagegen hat der Denkmalpfleger die Aufgabe, möglichst viel auch von der materiellen Substanz eines Denkmals zu bewahren. Das ist allemal ein schwieriger Prozeß. Zunächst ist es selten möglich, alle historischen Spuren im Denkmal zu erkennen und zu unterscheiden, noch seltener, sie ausnahmslos zu erhalten. Nicht weniger Aufwand kostet es, den unterschiedlichen Bedeutungen eines Denkmals im Verlaufe seiner Geschichte nachzuspüren und in den angestrebten Maßnahmen Gerechtigkeit widerfahren zu lassen, denn falsche Entscheidungen im Hinblick auf die geistige Ausstrahlung des Monuments rächen sich früher oder später. Der Denkmalpfleger muß ein Gespür dafür entwickeln, welche Bedeutungen dem Monument eigen sind und noch heute die Menschen „ansprechen".[10] Schließlich muß eine angestrebte Lösung gestalthaft sein, muß als ein möglichst in sich geschlossenes Bild überzeugen. Zwar ist dem Denkmalpfleger ausdrücklich verwehrt, „gestalten" zu wollen, aber er muß ein Bild von seinem Objekt soweit verinnerlicht haben, daß es sich gleichsam wie von selbst aufdrängt. Dabei können die Interdependenzen zwischen Relikten, dem Denkmal als „Reliquie" und „Gestalt" von sehr unterschiedlichem Gewicht sein. Manchmal werden historische Relikte im Denkmal von solcher Bedeutung sein, daß Bedeutung und Gestalt zurücktreten, manchmal bestimmt die Bedeutung die Lösung, manchmal das zu erstellende „Bild". Nicht zuletzt sind es die Empfindungen, die Wünsche und Erwartungen des „Publikums", die in diesem Abwägungsprozeß mitsprechen.

Im Prozeß des Wiederaufbaus der Frauenkirche in Dresden in den Jahren 1993–2005 traten derartige Abwägungen der Denkmalpflege in exemplarischer Weise in Erscheinung. Der archäologischen Enttrümmerung von 1993/94 waren fast fünfzig Jahre vorausgegangen, in denen die Denkmalpflege einzig und allein darauf bedacht sein konnte, die Relikte des nach dem Bombenangriff vom 13. Februar zusammengestürzten sandsteinernen Kuppelbaus am Ort zusammenzuhalten. Es gab zwar am Ende der vierziger Jahre schon einmal die Absicht einer archäologisch begleiteten Enttrümmerung, um damit den Wiederaufbau einzuleiten. Im Zuge der Konsolidierung der Planwirtschaft der DDR fanden diese ersten Bemühungen aber schon 1949 ein schnelles Ende.[11] Es gelang nur mit Mühe und nicht ganz ohne Verluste, den Trümmerhaufen zu erhalten und den künstlerisch wertvollen Altaraufbau provisorisch zu überdachen. Auf die gestalthafte Wiedererrichtung des einzigartigen Kuppelbaus hin wurden unmittelbar nach dem Zweiten Weltkrieg Pläne der Kirche von Arno Kiesling gezeichnet, der an der Konsolidierung des Baus bis in den Krieg hinein mitgewirkt hatte.[12]

Dokumentation des Gewesenen schließt auch seine Zukunft ein, steht ihm jedenfalls nicht im Wege. Wo politischer Haß am Werke ist – wie bei der Sprengung der Leipziger Universitätskirche 1968 – wird selbst die vorbereitete Dokumentation unterbunden.[13] Während die Reste der Frauenkirche lange Zeit eine Ruine unter vielen anderen gewesen waren, versuchte seit 1967 die Staatspartei eine politische Instrumentalisierung der Ruine als antiimperialistisches Kriegsmahnmal – eine Antwort auf das dauernde kleinmütige Schweigen der Landeskirche.[14] Seit 1982 wurde die Ruine der Frauenkirche zu einem symbolischen Ort für die unabhängige Friedensbewegung von Jugendlichen, die sich hier am Tage der Zerstö-

*Altar nach der archäologischen Enttrümmerung, Dezember 1993*

*Altar nach seiner Wiederherstellung, August 2005 (vgl. auch Abb. S. 316)*

rung Dresdens am 13. Februar ungenehmigt mit Kerzen versammelten. Der Versuch, die Ruine der Frauenkirche auch zu staatspolitischen Versammlungen zu mißbrauchen, blieb nicht ohne Erfolg, drang aber nicht durch.[15] In den achtziger Jahren des 20. Jahrhunderts hatte die Ruine den Charakter einer Reliquie mit einer ideellen Ausrichtung auf Frieden und gegen erneute Kriegsgefahr erhalten. Nach mehreren städtebaulichen Wettbewerben in den achtziger Jahren, die großenteils den Wiederaufbau der Frauenkirche vorsahen und nach dem Bau des Hotels Hilton in unmittelbarer Nähe zur Ruine, sah sich die Landeskirche zu Sicherungsarbeiten an ihr veranlaßt und gab 1988 eine Planungsstudie zur Nutzung der Ruine als Freiluftkirche in Auftrag.[16] Das hätte die Vernichtung des fast ein halbes Jahrhundert geschützten Trümmerbergs bedeutet – wesentlicher Teile der Relikte der alten Frauenkirche.

Einen völlig neuen Ton schlug der am Vorabend des 13. Februar 1990 ausgesandte „Ruf aus Dresden" an. Er war von einer Bürgerinitiative, die sich im Zuge der friedlichen Revolution von 1989 gebildet hatte, verfaßt worden und proklamierte den Wiederaufbau der Ruine unter den Aspekten von Frieden, Glauben und Weltkultur.[17] Der seit Jahrzehnten im Institut für Denkmalpflege vor allem von Hans Nadler und Fritz Löffler proklamierte „archäologische Wiederaufbau" ist zu diesem Zeitpunkt nicht eigens genannt, aber von den beteiligten Denkmalpflegern stillschweigend vorausgesetzt worden. In einer vom Förderkreis zum Wiederaufbau e.V. und dem Landesamt für Denkmalpflege veranstalteten Tagung vom 21. bis 23. Februar 1991 wurden die damit im Zusammenhang stehenden technischen Fragen bereits eingehend diskutiert.[18] Denn festzuhalten ist, daß die ideelle Konzeption des Wiederaufbaus der Dresdner Frauenkirche unter Verwendung aller verwendbaren Reste und nach den Plänen und baulichen Prinzipien des Erbauers der Frauenkirche, George Bähr, im Institut für Denkmalpflege erarbeitet wurde und in den Folgejahren anleitend und mit Vehemenz vertreten und großenteils durchgesetzt worden ist. So ging dieses Prinzip in die „Leitlinien" der 1994 gegründeten Stiftung über, bestimmte aber schon das Vorgehen bei der 1993 durchgeführten archäologischen Enttrümmerung und beim 1994 begonnenen Wiederaufbau.[19]

War für alle Initiatoren der Bürgerinitiative von vornherein das Ziel der Wiedergewinnung der äußeren Gestalt der Frauenkirche und die von ihr ausgehende „Botschaft" klar, so hätte im Abwägungsprozeß zu diesen Elementen von „Gestalt" und „Reliquie" der äußerst wichtige Aspekt der Wiederverwendung der „Relikte" und deren Ausbaulichkeit im neuen

Ganzen gefehlt, wenn er nicht von den Denkmalpflegern immer wieder und mit Unerbittlichkeit über alle Jahre des Wiederaufbaus hin gefordert worden wäre. Nur durch die Mitwirkung der Denkmalpfleger und der Beachtung ihrer Prinzipien beim Wiederaufbau konnte die handwerkliche und künstlerische Treue erreicht werden, die nun viele anfängliche Zweifler überzeugt. Diese rekrutierten sich nicht nur aus kirchlichen Kreisen, die den Wert der bisherigen Trümmerreliquie durch den Wiederaufbau angetastet sahen. Auch die Mehrzahl der deutschen Denkmalpfleger sahen zunächst das „Geschichtsdenkmal" Dresdner Frauenkirche durch den Wiederaufbau angetastet.[20] Wenn aber nunmehr wieder Fragen städtebaulicher Gestaltung und Probleme der Rekonstruktion weniger voreingenommen fachlich diskutiert werden, hat der Wiederaufbau der Frauenkirche dazu beigetragen, von der Denkmalpflege selbst errichtete Barrieren abzubauen.[21] Die Erklärung des Dresdner Elbtals zum „Welterbe" der Unesco im Jahre 2004 kann in diesem Sinne als ein besonders positives Zeichen gewertet werden, weil damit auch der Wiederaufbau der Frauenkirche als denkmalpflegerische Leistung gewürdigt worden ist.

Abschließend sei eine persönliche Reminiszenz gestattet: Dem Wiederaufbau der Frauenkirche liegt keine Zwangsläufigkeit zugrunde, auch nicht im denkmalpflegerischen Sinne. Die Hürde der in der Denkmalpflege geltenden „Normen" war hier nur durch einen sehr persönlichen Einsatz zu überwinden. Schließlich konnten aber doch immer wieder Brücken zwischen zunächst völlig konträr erscheinenden Auffassungen geschlagen werden, nicht allein durch unablässiges Infragestellen des Gegenübers, sondern vielmehr in der Gewißheit, daß das Trennende nichts Endgültiges sein muß.

## Anmerkungen

1 Vgl. MAURICE HALBWACHS, Das kollektive Gedächtnis, Stuttgart 1967; JAN ASSMANN, Das kulturelle Gedächtnis. Schrift, Erinnerung und politische Identität in frühen Hochkulturen, München 1992. Dem Aspekt der Erinnerungskultur ist im Hinblick auf die Dresdner Stadtgeschichte das Dresdner Heft 85 (2006) gewidmet. Hier finden sich zahlreiche Hinweise auf neue Literatur zu diesem Phänomen.

2 Vgl. Denkmalpflege. Deutsche Texte aus drei Jahrhunderten, hrsg. von NORBERT HUSE, München 1984.

3 JOHANN WOLFGANG GOETHE, Die Wahlverwandtschaften, 2. Teil, 2. und 3. Kapitel.

4 Zu Beispielen für diesen Wandel vgl.: Der Wandel von der Denkmalvollendung zum Denkmalkultus im Späthistorismus 1890–1910, in: HEINRICH MAGIRIUS, Geschichte der Denkmalpflege. Sachsen, Berlin 1989, S. 109–120.

5 Eine Übersicht über die unterschiedlichen Verhaltensweisen der Denkmalpflege im 20. Jahrhundert bietet der Katalog der Ausstellung: „ZeitSchichten". Erkennen und Erhalten – Denkmalpflege in Deutschland, Katalog der Ausstellung im Residenzschloß Dresden, München-Berlin 2005.

6 Kunstwerk oder Denkmal? Alois Riegls Schriften zur Denkmalpflege, hrsg. von ERNST BACHER, Wien-Köln-Weimar 1995.

7 In diesem Sinne wertet Friedrich Hellbrügge die Leistungen der Denkmalpflege im 20. Jahrhundert, vgl. FRIEDRICH HELLBRÜGGE, „Konservieren, nicht restaurieren." Bedeutungswandel und Anwendungspraxis eines Prinzips der Denkmalpflege im 20. Jahrhundert in Deutschland, Diss. Bonn, 1991.

8 JÜRGEN PAUL, Cornelius Gurlitt. Ein Leben für Architektur, Kunstgeschichte, Denkmalpflege und Städtebau, Dresden 2003.

9 Einer der eloquentesten Vertreter dieser Auffassung ist Georg Mörsch, vgl. GEORG MÖRSCH, „Zur Differenzierbarkeit des Denkmalbegriffs", in: Huse, Denkmalpflege (wie Anm. 2), S. 241–243; DERS., Aufgeklärter Widerstand. Das Denkmal als Frage und Aufgabe, Basel-Boston-Berlin 1989.

10 Dieses in der „Außenwirkung" der Denkmalpflege oft vermißte Thema hat DIETER HOFFMANN-AXTHELM in einem von der Bundesfraktion der „Grünen" im Jahre 2000 veröffentlichten Gutachten zur Sprache gebracht, vgl. PETER FINDEISEN, Jahrestagung der Vereinigung der Landesdenkmalpfleger im Jahr 2000 „Bilanz und Perspektiven". Tagungsbericht, in: Die Denkmalpflege 58 (2000), S. 101–113.

11 HANS NADLER, Sorgen um die Ruine der Frauenkirche, in: Die Dresdner Frauenkirche. Jahrbuch 5 (1999), S. 159–174; GERHARD GLASER, Zerstörung, Bemühungen um den Wiederaufbau, Bewahrung der Trümmer, in: Die Frauenkirche zu Dresden. Werden, Wirkung, Wiederaufbau, hrsg. von der Stiftung Frauenkirche, Dresden 2005, S. 115–135.

12 HANS NADLER, Der Architekt Arno Kiesling (1889–1963) und die Frauenkirche, in: Die Dresdner Frauenkirche. Jahrbuch 1 (1995), S. 237–247.

13 Universitätskirche Leipzig. Ein Streitfall?, hrsg. vom Paulinerverein, dem MDR und dem Verein Kunst und Touristik Leipzig. Leipzig 1992; ELISABETH HÜTTER, Die Pauliner-Universitätskirche zu Leipzig. Geschichte und Bedeutung, Weimar 1993.

14 Vgl. die von der Stadt Dresden an der Ruine angebrachte Gedenktafeln von 1967 bis 1982; vgl. weiterhin: Die Frauenkirche zu Dresden. Werden, Wirkung, Wiederaufbau. Ausstellungskatalog der Ausstellung im Stadtmuseum Dresden, Dresden 2005, Kat.-Nr. 3.42 und 3.43.

15 Vgl. ebenda, Kat.-Nr. 3.87; 3.88–3.92.

16 DIETER SCHÖLZEL, Eine Studie zum Umgang mit dem Trümmerberg der Dresdner Frauenkirche aus dem Jahr 1988, in: Die Dresdner Frauenkirche. Jahrbuch 7 (2001), S. 185–193.

17 LUDWIG GÜTTLER und HANS-JOACHIM JÄGER, Die Bürgerinitiative für den Aufbau der Frauenkirche zu Dresden, in: Die Dresdner Frauenkirche. Jahrbuch 7 (2001), S. 195–213;, KARL-LUDWIG HOCH und CHRISTIAN HOCH, Der „Ruf aus Dresden", in: Die Frauenkirche zu Dresden, Werden, Wirkung, Wiederaufbau, Dresden 2005, S. 137–143; LUDWIG GÜTTLER, CLAUS FISCHER, HANS-JOACHIM JÄGER, Bürgersinn und Bürgerengagement als Grundpfeiler des Wiederaufbaus der Frauenkirche, in: Die Frauenkirche zu Dresden, Werden, Wirkung, Wiederaufbau. Dresden 2005, S. 145–169.

18 Vgl. GERHARD GLASER, Ermutigung und Aufgabenstellung zum Wiederaufbau der Frauenkirche in Dresden, in: Die Dresdner Frauenkirche. Jahrbuch 8 (2002), S. 211–214, sowie den Aufsatz von GÜTTLER/FISCHER/JÄGER (wie Anm. 17), S. 149.

19 HEINRICH MAGIRIUS, Das Ziel und seine Verwirklichung – ein Vergleich von Bau und Wiederaufbau der Dresdner Frauenkirche, in: Die Dresdner Frauenkirche. Jahrbuch 4 (1998), S. 215–222.

20 Vgl. GÜTTLER/FISCHER/JÄGER (wie Anm. 17), S. 149; HEINRICH MAGIRIUS und ULRICH BÖHME, Meinungsstreit: Wiederaufbau der Dresdner Frauenkirche oder Erhaltung der Ruine als Denkmal?, in: Deutsche Kunst und Denkmalpflege 49 (1991), S. 79–90;, HEINRICH MAGIRIUS, Frauenkirche zu Dresden – Ruine oder Wiederaufbau? Vom Umgang mit kirchlichen Ruinen. Symposium und Ausstellung, in: Denkmalpflege in Hamburg, hrsg. von der Kulturbehörde Hamburg, Denkmalschutzamt 8 (1992), S. 9–23.

21 Vgl. dazu die ausführliche Rezension der Publikationsreihe: „Die Dresdner Frauenkirche. Jahrbuch zu ihrer Geschichte und zu ihrem archäologischen Wiederaufbau" von ERNST BADSTÜBNER, in: Journal für Kunstgeschichte 9 (2005), Heft 4, S. 371–378.

Prof. Dr. phil. habil. Dr. h.c. *Heinrich Magirius,* geboren 1934 in Dresden; 1952–1957 Studium der Klassischen und Christlichen Archäologie und Kunstgeschichte in Greifswald und Leipzig, 1958 Promotion; seit 1958 Mitarbeiter am Institut für Denkmalpflege in Dresden; seit 1980 Lehrtätigkeit an der Hochschule der Bildenden Künste in Dresden; 1982-1994 Hauptkonservator, 1994–2000 Landeskonservator; Ordentliches Mitglied der Sächsischen Akademie der Wissenschaften zu Leipzig und der Sächsischen Akademie der Künste in Dresden; Autor zahlreicher Veröffentlichungen zu Baudenkmalen und Geschichte der Denkmalpflege.
Mitglied der Bürgerinitiative zum Wiederaufbau der Frauenkirche Dresden, Unterzeichner des „Rufs aus Dresden – 13. Februar 1990"; Vorstandsmitglied der Gesellschaft zur Förderung des Wiederaufbaus der Frauenkirche Dresden e.V. bis 2005; 1991–1994 Vorstandsmitglied für Denkmalpflege der Stiftung Frauenkirche Dresden e.V., ab 2006 Vorstandsmitglied der Gesellschaft zur Förderung der Frauenkirche Dresden e.V.; Sprecher der Schriftleitung des Frauenkirchenjahrbuches, Mitglied des Erweiterten Bauausschusses und Berater der Geschäftsführung der Stiftung Frauenkirche Dresden.

*Jochen Bohl*

**Freiheit, die wir meinen**

In den letzten Jahren ist aus gegensätzlichen Perspektiven und von durchaus verschiedenen Beobachtern immer wieder darauf hingewiesen worden, daß sich unsere Gegenwart von allen Epochen der Vergangenheit durch die enorme Beschleunigung in den Veränderungsprozessen auszeichnet. Wohl nie zuvor in der Geschichte hat es so dynamische Entwicklungen in allen Bereichen des gesellschaftlichen Lebens gegeben – Wissenschaft, Wirtschaft und Sozialkultur sind gleichermaßen in ständigem, raschem Wandel begriffen. Die Entgrenzung des Wirtschaftens nach der Zeitenwende von 1989/90, der Eintritt ehemals abgelegener Weltgegenden in die Moderne und die durch die elektronische Vernetzung gestützte Computerisierung lassen manchen Betrachter von einem Gefühl des Schwindels sprechen, das sich angesichts des Tempos der Veränderungen in der Gegenwart einstellt. Aber auch unter diesen Umständen ist es bedeutsam, und vielleicht sogar besonders notwendig, sich über die Gestaltung des Lebens zu verständigen, Defiziten nachzuspüren wie auch den sich eröffnenden Möglichkeiten verantwortlicher Steuerung. Denn die Zukunft wird unter allen Bedingungen und zu jeder Zeit beeinflußt von zahllosen Entscheidungen, die an verschiedenen Orten und unter der Prämisse ihrer Offenheit von Menschen mit einer je eigenen Verantwortung getroffen werden.

Was verlangt die Situation der Zeit von uns Heutigen, die wir an einer guten Entwicklung der Menschheit interessiert sind? Fragen dieser Art sind zu allen Zeiten gestellt worden und die Philosophen haben sich ebenso wie die Theologen um Antworten bemüht.

## I.

Im Jahre 1931 veröffentlichte der Philosoph Karl Jaspers seine Schrift „Die geistige Situation der Zeit", die zu einem Schlüsseltext des 20. Jahrhunderts wurde. Jaspers Analyse setzt sich darin mit divergierenden Wahrnehmungen auseinander: Einerseits gehe die Hoffnung des Menschen, „statt in der Transzendenz ihre Ruhe zu finden, auf die Welt, die er verändern kann im Glauben an die Möglichkeit einer irdischen Vollendung".[1]

Andererseits aber sei „ein Gefühl der Ohnmacht da: der Mensch weiß sich gefesselt an den Gang der Dinge, die er zu lenken für möglich hielt."[2] In dieser Ambivalenz wird die Erschütterung der besonderen Situation nach dem Ersten Weltkrieg – der Urkatastrophe des 20. Jahrhunderts – spürbar. Der Fortschrittsoptimismus, der das Zeitalter der Aufklärung geprägt und zu den bürgerlichen Freiheitsrechten, zu der erstaunlichen Ausweitung der naturwissenschaftlichen Erkenntnis ebenso wie zu dem grundstürzenden Prozeß der Industrialisierung im 19. Jahrhundert geführt habe, sei nach wie vor eine Grundströmung der Zeit. Allerdings sitze der Schrecken tief, den die Kriegsjahre zwischen 1914 und 1918 ausgelöst haben; und insbesondere die Vernichtungskraft der erstmals, und mit Verbissenheit eingesetzten modernen Waffentechnologien führe zu der Erkenntnis, daß der Entwicklung der Moderne etwas höchst Bedrohliches innewohne. Ob es sein könne, daß die Befreiung von den Zwängen der vergangenen Gesellschaftsformen in neue Abhängigkeiten führt?

In bewußter Aufnahme des von Jaspers gewählten Titels gab Jürgen Habermas 1979 den Sammelband „Stichworte zur geistigen Situation der Zeit" heraus. Die Formulierung läßt bereits die Überzeugung erkennen, daß es angesichts der Komplexität der eingetretenen und des Tempos der sich vollziehenden Veränderungen unmöglich geworden ist, zum Ende des 20. Jahrhunderts noch ein geschlossenes Bild zu zeichnen, wie Jaspers es versucht hatte. Habermas konstatiert „ein zeitsymptomatisches Unbehagen",[3] das sich gegenüber den dreißiger Jahren verstärkt hatte und spricht von „Erschrecken vor einer neuen Kategorie buchstäblich unsichtbarer, schwer kontrollierbarer Langzeitrisiken."[4] Das Unbehagen richtet sich auch auf „die wachsende Zahl der Fälle, die psychiatrischer Behandlung bedürfen, epidemisch um sich greifende Verhaltensstörungen, Alkoholismus, [...] steigende Raten von Selbstmord und Jugendkriminalität sind Anzeichen für mißlungene Integrations-, für fehlgeschlagene Sozialisationsprozesse."[5]

Insgesamt konstatiert er eine abnehmende Fähigkeit der Gesellschaft, nachwachsende Generationen an die in ihr institutionalisierten Wertorientierungen anzuschließen. Darin liege ein sichtbar werdendes Unbehagen an den Aporien der Moderne – an dem „Abbau nicht regenerierbarer Bestände kulturell überlieferter Reserven".[6] In dieser Formulierung klingt die aktuelle öffentliche Debatte um die Vermittlung von Normen und Werten an. Die geistige Situation der Zeit zum Ende des 20. Jahrhunderts sei durch Ungleichzeitigkeiten geprägt; das letzte Wort des von Habermas verfaßten Vorworts lautet: „Suchbewegungen"[7].

Zu Beginn des 21. Jahrhunderts vermittelt eine Bestandsaufnahme der Situation des Denkens und Wollens ein deutlich verändertes Bild. Das ist insbesondere nach dem in die Tiefendimensionen reichenden Einschnitt von 1989 auch nicht anders zu erwarten. Für jeden aufmerksamen Zeitgenossen ist es ja unübersehbar, daß eine Zeitanalyse aus den siebziger Jahren des letzten Jahrhunderts vor dem Hintergrund der seither eingetretenen Veränderungen und des sich ständig beschleunigenden Wandels allenfalls von historischer Bedeutung ist. Spätestens seit der Reaktorkatastrophe von Tschernobyl 1986 ist es Teil des allgemeinen Bewußtseins, daß mit der modernen Technik weitreichende Gefährdungen verbunden sind. Auch sind heutige Lebenswirklichkeiten nunmehr in unübersehbarer Weise von den Krisenerscheinungen geprägt, die Jaspers und Habermas vor mehr als 70 bzw. 25 Jahren lediglich andeuteten. Sie beeinträchtigen das Leben vieler Millionen Menschen und stellen die modernen Gesellschaften vor die Frage nach dem Zusammenhalt und nach ihrem inneren Selbstverständnis. Gerade das Verblassen von jahrhundertealten kulturellen Prägungen und in deren Folge die abnehmende Bindekraft von Werten und Normen, die das Leben der Gesellschaft ebenso wie der in ihr lebenden Gemeinschaften tragen können, hat inzwischen zu einer Schwächung des sozialen Zusammenhalts geführt. Heftig wird diskutiert, ob es sich lediglich um die Folgen des immerwährenden Veränderungsprozesses der Einstellungen und Werthaltungen handelt; oder ob es um einen Verschleiß der geistigen Grundlagen des Zusammenlebens geht, ohne daß zu erkennen wäre, wie sie ersetzt werden könnten.

Ralf Dahrendorf hat vor diesem Hintergrund darauf aufmerksam gemacht, daß es allen modernen Gesellschaften nur unzureichend gelingt, wirtschaftliche Prosperität, freiheitliche Bürgerrechte und sozialen Zusammenhalt gleichermaßen zu gewährleisten. Das Erreichen des einen Ziels scheint die gleichzeitige Realisierung der beiden anderen in gravierender Weise zu erschweren bzw. zu verhindern. Wo eine dynamische wirtschaftliche Entwicklung beobachtet werden kann, treten tiefe Risse im sozialen Leben auf; und die Gewährleistung der bürgerlichen Freiheitsrechte ist insbesondere in den Gesellschaften in Frage gestellt oder gar ausgeschlossen, die durch starke Bindungskräfte des Sozialen gekennzeichnet sind.[8]

## II.

Ein Blick auf das Leben, das wir in diesen Jahren in Deutschland führen, illustriert das Dilemma. Jeder Beobachter wird wohl unvermeidlich zu der Einsicht kommen, daß niemals zuvor Menschen in solcher Freiheit lebten wie wir. Die bürgerlichen Freiheitsrechte sind gesichert und alle Länder der Welt stehen den Reise- oder Abenteuerlustigen offen. Ungehindert können wir von anderen lernen, wie sie das Leben gestalten und mit den Herausforderungen der Gegenwart umgehen. Alles Wissen der Welt ist im Internet auf einen Klick hin verfügbar; und jedem ist es freigestellt, damit nach seinem Gutdünken umzugehen. Besonders im privaten Bereich sind unübersehbar viele Lebensentwürfe möglich geworden, nachdem Sitten, Gebräuche und Regeln, die in vergangenen Zeiten galten und der Entfaltung der Individuen enge Grenzen setzten, verblaßt sind. Auch viele der Grenzen und Beschränkungen, die durch die Arbeitswelt oder mangelhafte Gesundheitsfürsorge verursacht waren, lasten nicht mehr auf der Suche nach dem persönlichen Glück. Die Bindekräfte der Kirchen und des Glaubens, den sie verkünden, haben an Kraft verloren. Tag für Tag können die Menschen unter nahezu unbegrenzt vielen Möglichkeiten auswählen, wie ihr Leben gestaltet sein soll. Die Individualisierung der Lebensstile ist, ebenso wie das erreichte Wohlstandsniveau auch breiter Bevölkerungsschichten in jeder nur denkbaren Hinsicht staunenswert – wann je wäre das Leben leichter, angenehmer oder gar länger gewesen? So viel Freiheit war wohl nie.

Aber leider bedeutet das nicht, daß es in dieser Zeit der großen Freiheiten keine Probleme geben würde. Damit sind zunächst die Folgen der jahrzehntelangen Arbeitslosigkeit angesprochen, die dazu geführt hat, daß große Teile der Bevölkerung von der Entwicklung in einer wohlhabenden Gesellschaft ausgeschlossen sind. Armut ist darüber seit dreißig Jahren ein Massenphänomen geworden. Sie setzt auch in einem nach wie vor reichen Land enge Grenzen, so daß von Freiheit der Lebensführung für einen wachsenden Teil der Bevölkerung kaum die Rede sein kann. Der Abstand zwischen Reichen und Armen hat sich vergrößert und tiefe Spaltungen durchziehen das Land. Ein viel zu hoher Anteil der Immigranten konnte bisher nicht hinreichend integriert werden. Gleichzeitig müssen auch wachsende Teile der deutschen Wohnbevölkerung als desintegriert gelten. Auch im Freistaat Sachsen, in dem nach wie vor nur verschwindend wenige Ausländer leben, erreichen etwa 10 Prozent der Jugendlichen eines Jahrgangs keinen Hauptschulabschluß. Ihre Chancen, in einer modernen Wissensgesellschaft eine gute Zukunft zu finden, sind dementsprechend gering. Viele Junge tun sich schwer damit, ihre Freiheit zu leben, unter all den verwirrenden Angeboten auszuwählen und den Weg in die Erwachsenenwelt zu finden. Die Familien sind nach langen Jahrzehnten mit hohen Scheidungsquoten und abnehmenden Eheschließungen unübersichtlich strukturiert. Kinder, ohne die es keine gute Zukunft geben kann, werden nicht geboren, weil den Paaren die Umstände für eine Familiengründung oder auch ihre sehr persönliche Liebesbeziehung nicht genügend stabil zu sein scheinen. Das Verhältnis zwischen den Abtreibungen und den Geburten wird von Jahr zu Jahr ungünstiger. Es ist völlig offen, wie die in dem Alterungsprozeß der Gesellschaft liegende Herausforderung bewältigt werden kann. Nachbarschaften, Vereine oder Arbeitskollektive vermögen es kaum, Halt und Unterstützung in den kleinen oder großen Krisen des Lebens zu geben. Die Schwächung der Gemeinschaften ist eine Folge der Individualisierung, die erst mit langer Verzögerung Aufmerksamkeit gefunden hat. Vor allem aber fehlt es vielen Menschen an einer inneren Grundausstattung von Überzeugungen, die das Leben tragen und die Gelassenheit und Zuversicht schenken, die man braucht, um es zu meistern. Psychische Auffälligkeiten oder Erkrankungen nehmen zu.

*III.*

„Freiheit ist das Einzige, was zählt" hieß es Ende der achtziger Jahre in einem oft gehörten Popsong, und damit war das Lebensgefühl vieler Menschen jener Zeit getroffen. Inzwischen erkennen wir, daß Freiheit wohl doch nicht das Einzige ist, was zählt – denn für ein gelingendes Leben ist niemand sich selbst genug. Erst Gemeinschaften und die Werte, die in ihnen gelten, eröffnen gute Wege für die Individuen. Auch in diesen modernen Zeiten kommt allein keiner zurecht, nicht einmal die Starken. Gerechtigkeit, Nächstenliebe und verläßliches Handeln sind notwendig, wenn das Leben gelingen soll. Die gewonnene Freiheit braucht Bindungen und will in Verantwortung gelebt sein, damit sie nicht in Halt- und Orientierungslosigkeit führt. Wer die eigene Freiheit ohne Rücksicht auf die Mitmenschen nur als Freibrief für seine eigenen Wünsche oder Interessen mißbraucht, wird sie zerstören. Viele Probleme unserer Zeit haben ihre Ursache darin, daß es der Gesellschaft nicht gelingt, die Balance von Freiheit und Verantwortung zu halten. Nachdem die Menschen sich von den Zwängen der Vergangenheit befreit haben, besitzen sie alle nur denkbaren Freiheiten – aber sie tun sich schwer damit, Bindungen einzugehen und sie verläßlich zu leben und aus freiem Entschluß Verantwortung für andere zu übernehmen. Inzwischen ist auch hinreichend deutlich, daß es keine Lösung ist, die Sphäre des Rechts mit einer identitätsstiftenden Funktion ausstatten zu wollen. Denn sie ist dadurch gekennzeichnet, daß eine nur formale Beachtung der geltenden Gesetze zunächst ausreicht. Von den Bürgerinnen und Bürgern kann und muß Gesetzestreue erwartet werden – bleibt es aber nur dabei, so wird dies auf Dauer dazu führen, daß sich die Bindekräfte des Rechts erschöpfen. Vielmehr ist das Recht darauf angewiesen, daß die Bürgerinnen und Bürger es bejahen, und die ihm zugrunde liegenden Wertentscheidungen als Ausdruck ihrer Überzeugung aktiv vertreten. Auch für die Rechtsordnung gilt, daß sie auf Voraussetzungen beruht, die sie aus sich selbst heraus nicht gewährleisten kann.

Die zentrale Herausforderung der Gesellschaft kann in diesen Tagen sehr präzise beschrieben werden: wie in Freiheit Bindungen begründet und verläßlich gelebt werden können – denn die Freiheit kann nur dauerhaft bestehen, wenn sie verantwortlich gelebt wird.

Die Krisensituationen unserer Zeit führen dazu, daß die geistige Situation begonnen hat, sich zu wenden. Seit einiger Zeit wird, zunächst im angelsächsischen Bereich, über die Rückkehr der Religion diskutiert. Das kann nicht überraschen, denn schon der Wortsinn des Begriffes Religion macht deutlich, daß es in ihr um Bindung geht. Gelegentlich kann man von dem „postsäkularen" Zeitalter, das begonnen habe, reden hören. Der eingangs zitierte Philosoph Jürgen Habermas hat vor fünf Jahren anläßlich der Verleihung des Friedenspreises des Deutschen Buchhandels die Bedeutung der Religion für die modernen Gesellschaften gewürdigt. Er verlangt ausdrücklich von den, wie er sich ausdrückt, „religiös Unmusikalischen", sich „ein Gespür für die Artikulationskraft religiöser Sprachen" zu bewahren und den Beitrag der Gläubigen nicht nur zu achten, sondern auch zu stützen, damit die Gesellschaft „nicht von wichtigen Ressourcen der Sinnstiftung" abgeschnitten wird.[9] Das sind neue Töne nach einer geistesgeschichtlichen Periode von mehr als zweihundert Jahren, in der eher ein Generalverdacht gegenüber dem Gottesgedanken bestand – daß er nämlich einer guten Entwicklung der Menschheit im Wege stehe und es demzufolge darauf ankomme, sich von Gott zu befreien und in autonomer Selbstbestimmtheit zu leben. Nun aber gibt es seit geraumer Zeit und überall in der Welt eine massive, neue Hinwendung zu den religiösen Wurzeln und Traditionen. Kürzlich erst hat das Allensbacher Institut für Demoskopie, das seit vielen Jahrzehnten die Einstellung der Bevölkerung zu religiösen und Glaubensfragen erforscht, darauf hingewiesen, daß sich auch in Deutschland ein bemerkenswerter Wandel vollzogen hat: „Das Interesse an religiösen Themen lag in dem gesamten Jahr 2005 und liegt auch heute höher als in den neunziger Jahren und noch am Beginn dieses Jahrzehnts. Die Überzeugung, daß der christliche Glauben ungebrochen aktuell ist, stieg Anfang 2005 auf 52 Prozent und hält sich seither auf diesem Niveau. Dies ist angesichts eines jahrzehntelangen Verfalls religiöser Bindungen mehr als bemerkenswert".[10]

Längst haben sich auch in Westeuropa – der Region, in der sich der historische Kern des atheistischen Weltverständnisses befindet – Zweifel und auch Sorge ausgebreitet, ob die Welt tatsächlich ausschließlich ökonomisch funktionieren kann?

Die christliche Theologie weiß, daß dies nicht möglich ist – auf Dauer ist für jede Gesellschaft ein Leben im Nihilismus unmöglich. Das Zusammenleben der vielen einzelnen und voneinander unterschiedenen Menschen ist darauf angewiesen, daß es ein gemeinsam verbindendes Band der Werte und Überzeugungen gibt, die das Leben tragen, ihm Halt verleihen und Bindungen stiften. Jede, auch die freiheitliche Gesellschaft der Moderne basiert in ihrem moralischen Kern auf den Glaubenssätzen der Religion, die unbedingte und überindividuelle Geltung beanspruchen und stiften. Ihre Bedeutung für ein gutes Leben in einer freien Gesellschaft gerät zu Recht erneut in den Blick.

Martin Luther hat zu Beginn der Reformationszeit, in seiner Schrift „Von der Freiheit eines Christenmenschen" in unübertroffener Weise das Verhältnis von Freiheit und Bindung beschrieben. Für ihn ist Freiheit ein Geschenk, von Christus erworben und gegeben; also nichts, was ein Mensch sich selbst erarbeiten oder zuerkennen könnte. Vielmehr ist sie göttliche Gabe und als solche eine Bestimmung dessen, wozu der Mensch gerufen ist. Sie wird entfaltet in zwei Leitsätzen, die in ihrer Bezogenheit zueinander gleichermaßen gelten: Ein Christenmensch, sagt der Reformator, ist ein freier Herr über alle Dinge und niemand untertan; und ebenso gilt, daß der Christenmensch ein dienstbarer Knecht aller Dinge und jedermann untertan ist. So gegensätzlich, paradox redet Luther von dem Menschen wegen des Unterschiedes in seiner geistlichen Bestimmung und in seiner leiblichen Natur, der die Unterscheidung von Gesetz und Evangelium entspricht, zwischen dem Anspruch des göttlichen Gebots und dem Zuspruch seiner Verheißung. Im Hören auf Gottes Wort, also in dem geistlichen Geschehen, findet der Mensch seine Bestimmung zur Freiheit. Sie erwächst aus dem Vertrauen zu und dem Glauben an Gott, der seine

Geschöpfe zur Freiheit beruft. Sie wäre unzureichend begründet, wenn man sie sich gewissermaßen selbst zusprechen müßte. Die Freiheit ist ein Gottesgeschenk und wer es im Glauben annimmt, ist befreit von den Zwängen, die Menschen einander auferlegen und braucht sich im Alltag des Lebens nicht zu fürchten; oder anders gesagt: Ein freier Mensch wird man durch Gottes Gnade. Der gläubige Mensch ist niemandem, auch nicht den Mächtigen dieser Welt, untertan. Jeder hat so viel Freiheit, wie er sie seinem Gott glaubt, der die Menschen in einen weiten Raum stellt, den sie mit allen ihren Gaben und Fähigkeiten gestalten sollen und dürfen.

In dieser Perspektive wird es zu einer Freude, sich an die Gemeinschaft der Mitmenschen im Geist der Nächstenliebe zu binden; und den eigenen Beitrag zu leisten, daß ein Leben in Würde und Gerechtigkeit für alle möglich wird. Aus der geschenkten Freiheit kommt die Bereitschaft, Verantwortung für die Mitmenschen zu übernehmen und ihnen mit dem eigenen Leben zu dienen und also dem Anspruch Gottes gerecht zu werden. Der Glaubende überläßt die Welt um ihn herum nicht ihrem Lauf, sondern erlebt sie als den Bewährungsraum der Verantwortung, in die Gott ihn stellt. Die geschenkte und geglaubte Freiheit führt in eine Bindung an den Nächsten, die sich im Alltag der Welt bewährt. Luther faßt abschließend zusammen: „Ein Christenmensch lebt nicht in sich selbst, sondern in Christus und seinem Nächsten, in Christus durch den Glauben, im Nächsten durch die Liebe. Durch den Glauben fähret er über sich in Gott, aus Gott fähret er wieder unter sich durch die Liebe und bleibt doch immer in Gott und göttlicher Liebe".[11] In dieser Zuordnung von Freiheit und Bindung liegt eine wunderbare Bestimmung dessen, was ein Mensch ist: Wir sind zur Freiheit berufen – und darum an unseren Nächsten gewiesen.

Freiheit ist also kein Selbstzweck, sondern die Grundlage für ein gutes Leben in Gemeinschaft. In dieser Bestimmung gibt das reformatorische Freiheitsverständnis für die großen Möglichkeiten und Gefährdungen der Zeit Orientierung.

## *IV.*

Die Dresdener Frauenkirche ist ein viel beschriebenes und bewundertes Kunstwerk – seit dem ersten Bau im 18. Jahrhundert fesseln ihr ästhetischer Anspruch, die bautechnische Ausführung und der vollkommene

*Martin-Luther-Denkmal vor dem Trümmerberg, Februar 1955*

Ausdruck, den die lutherische Theologie in der Konzeption der Predigtkirche gefunden hat.

In den vergangenen Jahrzehnten ist die Frauenkirche nun zum Symbol eines erstaunlichen Prozesses geworden, durch den sie in aller Welt für ein

*Martin-Luther-Denkmal vor der Frauenkirche, Juli 2006*

bewegendes Geschehen von Versöhnung und als Mahnung zum Frieden steht. Nach wie vor gibt es eine ungebrochene Bereitschaft von Menschen, sich der darin liegenden Hoffnung anzuschließen. Die Faszination dieses Gotteshauses erschließt sich nicht nur in der baulichen Gestalt; vielmehr liegt sie in einem geistigen Geschehen begründet, an dem zahllose und ungenannte Menschen beteiligt waren.

Es begann mit der Zerstörung der Stadt Dresden, einer der schönsten der Welt, am 13. Februar 1945, und dem Kampf gegen die sozialistische Regierung um den Erhalt der Ruine. Die bis in die Gegenwart wirksame Entwicklung einer eigenen Kultur des Trauerns gehört dazu, in der die Ruine der Frauenkirche eine besondere Bedeutung hatte. Das Aufbegehren der Jugend 1982 eben an der Ruine war ein Symbol der Friedenshoffnung in Zeiten der Konfrontation, der Hochrüstung und der Erstarrung.

1989 schlossen sich Bürgerinnen und Bürger dem „Ruf aus Dresden" zum Wiederaufbau an; zu einem Zeitpunkt, an dem es einen enorm großen Bedarf an menschlichen und finanziellen Ressourcen für eine Vielzahl von Aufgaben gab, die zunächst einmal als dringender erscheinen mußten. Die „Rufer" wurden überwältigt von der weltweiten Antwort und der jede Erwartung übersteigenden Spendenbereitschaft, in der sich die Faszination des Versöhnungsgedankens konkretisierte. Die Reaktionen auf das Motto „Brücken bauen – Versöhnung leben" verstärkte sich stetig im Prozeß des Wiederaufbaus und darin die Hoffnung auf eine gemeinsame Zukunft ehemals Verfeindeter in Frieden. Zunehmend rückte die geistliche, spirituelle Dimension des Wiederaufbaus in den Blick. Die Frauenkirche ist ein Gotteshaus und es ist wohl kaum vorstellbar, daß ein profanes Gebäude eine solche Bewegung hätte auslösen können. Nach der Weihe am 30. Oktober 2005 freuten sich Hunderttausende an festlichen Gottesdiensten und Konzerten. Nicht zuletzt ist in all dem eine ökonomische Dynamik entstanden, die für das Leben der Stadt neue und erfreuliche Perspektiven eröffnet – mit dem Neumarkt gewinnt die Stadt ihr Zentrum zurück.

In der Geschichte des Wiederaufbaus der Frauenkirche liegt eine für die Krisen der Gegenwart entscheidende, überragend bedeutsame Aussage: Das menschliche Leben beginnt mit den Überzeugungen, die es tragen; das Geistige geht dem Materiellen voraus. Es reicht nicht aus, besinnungslos im Hier-und-jetzt zu leben, denn die Gestalt des Lebens folgt dem Verständnis vom Mensch-sein. Menschen können gegen alle Widerstände und Wahrscheinlichkeiten Großes und Bewegendes erreichen – wenn sie denn eine gemeinsame Idee verfolgen. Man könnte auch in Umkehrung eines – vergangenen – philosophischen Diktums sagen: Das Bewußtsein bestimmt das Sein. Wir leben, wie wir glauben.

Ein gutes Leben in diesen modernen Zeiten ist möglich, wenn die geistigen Grundlagen des Zusammenlebens in einem unablässigen Prozeß stetig vitalisiert, weitergegeben und angeeignet werden, so daß die Menschen in Freiheit Verantwortung füreinander übernehmen. Dafür braucht es Religion – Bindung in Freiheit, durch Glauben. Wer in der wiedererstandenen Frauenkirche den Blick zur Kuppel hebt, wird gewiesen auf die allegorischen Darstellungen der Evangelisten und von Glaube, Liebe, Hoffnung und Barmherzigkeit.

*Anmerkungen*

1 KARL JASPERS, Die geistige Situation der Zeit, Leipzig ⁴1932, S. 6.
2 Ebd., S. 6.
3 JÜRGEN HABERMAS (Hg.), Stichworte zur Geistigen Situation der Zeit, Frankfurt/M. 1979, S. 28.
4 Ebd., S. 27.
5 Ebd., S. 25.
6 Ebd., S. 27.
7 Ebd.
8 RALF DAHRENDORF, Die Quadratur des Kreises: Wirtschaftlicher Wohlstand, sozialer Zusammenhalt und politische Freiheit; in: Der Wiederbeginn der Geschichte, München 2004, S. 103 ff.
9 JÜRGEN HABERMAS, Glaube, Wissen – Öffnung, in: Süddeutsche Zeitung v. 15. Oktober 2001.
10 RENATE KÖCHER, Die neue Anziehungskraft der Religion, in: Frankfurter Allgemeine Zeitung v. 12. April 2006.
11 MARTIN LUTHER, Von der Freiheit eines Christenmenschen, in D. Martin Luthers Werke. Kritische Gesamtausgabe (WA), 7. Band, Weimar 1897, S. 38.

*Jochen Bohl*, geboren 1950 in Lüdenscheid/ Westfalen; 1968–1974 Studium der Evangelischen Theologie in Wuppertal, Marburg und Bochum; 1978–1986 Pfarrer in der Evangelischen Kirchengemeinde Aplerbeck im Kirchenkreis Dortmund-Süd; 1986–1995 Leiter des Evangelischen Jugendwerkes an der Saar; 1995 Direktor des Diakonischen Amtes des Diakonischen Werkes der Ev.-Luth. Landeskirche Sachsens; seit Juni 2004 Landesbischof. – Seit 2004 Vorsitzender des Kuratoriums der Stiftung Frauenkirche Dresden.

*Joachim Reinelt*
# Eine Chance für die Botschaft des Evangeliums

Neben den dominierenden Bereichen des Staates und des Marktes gewinnt in unseren Tagen die Zivilgesellschaft wieder mehr an Bedeutung. Sowohl die politischen Ideologien totalitärer Prägung als auch individualistische Ideen verhindern die freie Entfaltung der Zivilgesellschaft, weil sie alles unter die Macht des Staates stellen. Die Initiative zur Wiedererrichtung der Dresdener Frauenkirche ist ein Beweis für die Kraft der Zivilgesellschaft, die der Staat und der Markt zu unterstützen haben. Auch das ist nachweislich geschehen.

Wenn Menschen von einer großen und guten Idee ergriffen sind, können sie weltweit zusammenwirken und scheinbar Unvorstellbares zuwege bringen. Offensichtlich sind bei diesem Aufbauprozeß sonst übliche Grenzen überschritten worden: Konfessionelle, nationale, religiöse, ja sogar Armutsgrenzen. Die Spenden erbrachten Reiche und Arme, Evangelische, Katholische, Anglikaner, Orthodoxe und Menschen ohne christliche Konfession. Deutsche und Engländer, Amerikaner und Franzosen, Holländer und Österreicher und viele mehr sammelten, damit die Sachsen bauen konnten. Das ist überzeugende Solidarität mit einer Stadt, die unter den Folgen des grausamen Weltkrieges besonders gelitten hat. Weltweite Hilfe, um Brücken der Freundschaft zu bauen, den Haß zu überwinden.

Als mich vor dem Wiederaufbau der damalige Landesbischof Johannes Hempel fragte, welche Meinung ich in der Debatte über das Für und Wider des Aufbaus vertrete, war meine spontane Antwort: Das ist eine große Chance für die Botschaft des Evangeliums, die in der DDR so lange verächtlich gemacht worden ist. Die Menschen brauchen jetzt wieder deutlich sprechende Hoffnungszeichen. Kirche bricht nicht ab. Kirche baut auf. Das ermutigt.

Nun steht das Gotteshaus bereits ein Jahr. Der weltberühmte Canaletto-Blick ist wieder komplett. Oper, Schloß, Kathedrale, Georgentor, Ständehaus, Frauenkirche sind eine Stein gewordene Symphonie einmaliger Schönheit. Die Elbe scheint die Harmonie der vielfältigen Baukunst zu unterstreichen. Jung und Alt sind begeistert. Man sieht es an den Gesichtern.

Als Bischof berührt mich selbstverständlich vor allem, daß die Gottesdienste besucht werden. Wenn eine Stadt, ein Land, eine Welt wieder intensiver betet, dann stimmt die Richtung in die Zukunft. Beten wird

# Eine Chance für die Botschaft des Evangeliums

*Blick auf die innere Altstadt mit Frauenkirche und Katholischer Hofkirche, Juli 2006*

nicht bezahlt. Beten aber entlastet, läßt Sinn finden, macht glücklich. Gemeinschaft in Gott läßt singen und glauben. Der Mensch unserer Tage braucht nicht nur Arbeit, er braucht auch das Fest. Das Fest aber braucht den Raum, in dem die Seele sich befreit fühlt vom Grau des Alltags. Die große Musik, die den belastenden Kleinkram vergessen läßt, die uns auf das Wesentliche hören läßt und es leicht macht, Gott das Danke zu sagen, diese Musik möge die Menschen in der Frauenkirche mitreißen.

Die marxistische These vom Aussterben der Religion ist nicht in Erfüllung gegangen. Nach neuester Statistik sind gerade mal 2,4 Prozent der Weltbevölkerung überzeugte Atheisten. Vielleicht sind es in unserem Raum besonders viele. Peter L. Berger sagt: „Es ist vorstellbar, daß ein sich vertiefender politischer und kultureller Pessimismus einer traditionellen Religiosität neue Chancen gibt." Offenbar existiert in vielen ein noch unausgeloteter Abgrund im Sinnverlangen. Das ist nicht ausrottbar. Jürgen Habermas hat im Oktober 2001 bei der Verleihung des Friedenspreises des Deutschen Buchhandels mit der Vorstellung gebrochen, die Säkularisierung sei ein geradezu automatischer Bestandteil von Modernisierung: „Die verlorene Hoffnung auf Resurrektion hinterläßt eine spürbare Leere [...]. Religiöse Überlieferungen leisten bis heute die Artikulation eines Bewußtseins von dem, was sonst fehlt. Sie halten eine Sensibilität für Versagtes wach." Wenn damit die Lebensnotwendigkeit des Suchens und Fragens der Menschen von heute ausgedrückt wird, dann ist ein Gotteshaus ein Rettungsanker für viele. Da wird sonst Versagtes zugänglich gemacht. Da eröffnet sich nicht nur der Text und die Lehre. Da macht sich Gott selber zugänglich. Mögen möglichst viele Zugang zu ihm finden. Er heilt und erhebt. Wir brauchen den Aufwind seines Geistes.

Die beiden Kirchen am Elbufer der Dresdner Innenstadt verweisen uns jedoch auch auf ein gravierendes Problem: Zwei Kirchen verschiedener Konfession. Das widerspricht dem ausdrücklichen Willen Christi. Er sagt in Johannes 17,20: „Vater ich bitte nicht nur für diese hier, sondern auch für alle, die durch ihr Wort an mich glauben. Alle sollen eins sein: Wie du, Vater, in mir bist und ich in dir bin, sollen auch sie in uns sein, damit die Welt glaubt, daß du mich gesandt hast." Die Einheit der Christen könnte ein besonderes Programm der beiden Kirchen, die so nahe beieinander stehen, in Zukunft werden. Beide waren zerstört, beide sind wieder aufgebaut. Wäre es nicht sehr symbolträchtig, wenn in besonderer Weise am Aufbau der Einheit der Christen gearbeitet werden würde. Beide Kirchen haben das Kreuz auf ihren Türmen. Beide haben die Bibel als besonderen Schatz ihres Glaubens. Beide taufen auf den dreifaltigen Gott. Beide haben den Wunsch, daß Jesu Erwartung, alle sollen eins sein, in Erfüllung geht. Sehr vieles verbindet uns. Könnte dem Augsburger Schritt zur Einheit nicht ein weiterer in Dresden folgen? Nach der wunderbaren Vollendung der Architektur können wir Gott um das weitere Reifen der Einheit bitten. Wann können wir von einer Kirche in die andere ziehen und in jeder der beiden uns ganz Zuhause wissen?

*Joachim Reinelt*, geboren 1936 in Neurode (Grafschaft Glatz); Grundschul- und Oberschulausbildung mit Abitur (1954) in Radeberg; 1955–1959 Studium der Theologie in Erfurt und Neuzelle; 1961 Priesterweihe im Petridom zu Bautzen; 1961–1986 Tätigkeiten als Kaplan bzw. Pfarrer in Freiberg, Ebersbach (Pfarradjutor), Hofkirche Dresden, Freiberg, Altenburg; 1986–1988 Ordinariatsrat und Diözesancaritasdirektor in Dresden; seit 1988 Bischof von Dresden-Meißen, Vorsitzender der Caritaskommission der Deutschen Bischofskonferenz.

*Hans Joachim Neidhardt*

# Die neue Dresdner Frauenkirche
*Anfänge, Risiken und Wirkungen*

Es ist, als habe sich diese Stadt erst jetzt, nach einem sechzig Jahre währenden Verlusttrauma, endlich wiedererkannt. Das seit 1945 verlorene, lange Zeit bruchstückhafte Bild, bestimmt von Baulücken und Gebäudefragmenten zwischen einzelnen Neubauquartieren, fügt sich wieder zusammen. Vor allem aber schließt sich die größte Baulücke im historischen Zentrum: Das Areal des Neumarktes mit der Frauenkirche. Dreißig Jahre lang habe ich sie fast täglich vor Augen gehabt oder durchquert, diese weite, leere Fläche, begrenzt im Süden von den häßlichen Rückfronten der Bauten an der Wilsdruffer Straße, an deren nördlichem Ende die zwei Ruinenzähne der ehemaligen Frauenkirche in den Himmel ragten und klagten.

An ihrem nordwestlichem Rande waren der Theaterplatz mit Zwinger, Opernhaus, Gemäldegalerie und Hofkirche bereits wiederhergestellt. Doch ein halbes Jahrhundert lang fehlte dieses zentrale historische Quartier zwischen Schloß und Kurländer Palais, um den Begriff, der seit Jahrhunderten mit dem Namen Dresden verbunden ist, wieder gültig zu füllen. Es ist eine andere Stadt, die mich jetzt mit immer neuen, wahrhaft „erhebenden" Blickbildern überrascht und fasziniert. Denn *sie* ist immer gegenwärtig und fast von überall her zu sehen: Die hochgetürmte Kuppel von hellem Sandstein. Schaut man von der Brühlschen Terrasse hinüber stadtwärts, so reißt sie am Ende der Münzgasse den Blick in die Höhe, vom Jüdenhof her überragt sie das Ensemble der hohen Bürgerhäuser mit der gerundeten Fassade des ehemaligen Hotels „Stadt Berlin". Und steht man am anderen, dem Neustädter Ufer, so ist man reich belohnt mit dem Erlebnis der legendären Elbfront, dem wiedergewonnenen „Canalettoblick", der von ihr nun wieder wie eh und je gekrönt wird. Lange hat sie gefehlt im Ensemble der geschichtsträchtigen Dresdner Kirchen. Jetzt spielt sie wieder mit im Konzert der Türme von Kreuzkirche, Hofkirche und Schloß.

*Robert Wehle, Der Neumarkt vom Jüdenhof, Ölgemälde, 1849*

*Aufbruch aus der Lethargie*

Der Gedanke des Wiederaufbaus der Frauenkirche war seit deren Untergang im Feuersturm des 13. Februar 1945 mit wechselnder Wirkungskraft lebendig. In den Anfangszeiten der DDR hatten die politischen Funktionäre Dresdens die historische und gesellschaftliche Relevanz des dominanten Bauwerks sehr bald erkannt und sahen zunächst in der Neubelegung des historischen Ortes mit einem alles überragenden Monumentalbau die geschichtliche Gelegenheit, der Stadt – etwa wie in Warschau – eine andere, eine sozialistische Identität zu geben. In Schlössern und Kirchen sahen sie vor allem „steinerne Zeugen einer jahrhundertelangen Unterdrückung", denen man nicht nachtrauern mußte. Später tolerierten sie die Ruine als „Mahnmal gegen den imperialistischen Krieg". Als in der Zeit des wirtschaftlichen Niedergangs jenes Staates mit den Mitteln auch die Hoffnung auf einen Wiederaufbau des Neumarktes schwanden, fanden sich die Dresdner in ihrer Mehrheit mit dem status quo der Ruine ab und begannen sie zu lieben. Der Dresdner Kunsthistoriker Fritz Löffler aber verkündete damals mit ungebrochenem Optimismus, daß die Wiedererrichtung der Frauenkirche, der „tragenden Mitte", eine Aufgabe der Zukunft und eine „Weltangelegenheit" sein müsse. Daß diese Zukunftsstunde schon so bald schlagen würde, konnte der 1988 Verstorbene nicht ahnen.

Schauen wir uns ein Bild an, das Löfflers Vision gleichsam umsetzt. Es handelt sich um eine Fotocollage mit dem Titel „Warten auf Grün". Der Dresdner Künstler Jürgen Schieferdecker schuf sie 1985 im Rahmen einer ganzen Folge von Blättern, die sich mit der eindrucksvollen Ruine beschäftigen *(vgl. Abb. S. 307).* Da erscheint auf schwarzem Grund die durch Negativzeichnung verfremdete Trümmerstätte. Darüber erhebt sich in einer von jener dunklen Partie abgesetzten hellen Zone die intakte Kuppel. Beide Sphären sind durch ein Stück Regenbogen voneinander getrennt, und ein roter Pfeil verweist auf die unversehrte Frauenkirche innerhalb des alten Stadtbildes, welches in der „Predella" zu sehen ist.

Das Blatt erweckt vielfältige Assoziationen. In einer Zeit anhaltender Atomkriegsgefahr entstanden, ist es Memorial und Warnung zugleich. Aber es ist auch ein starkes und deutliches Hoffnungszeichen, ein Bekenntnis zur Veränderung und zum Wiederaufbau der Frauenkirche. „Warten auf Grün", das Signal des Aufbruchs, impliziert auch den Gedanken, daß „Rot" es nicht geschafft hat, und daß das Stopzeichen nicht für alle Zeiten gelten kann.

Waren solche Hoffnungen der achtziger Jahre in der sich ausbreitenden Hoffnungslosigkeit und gesellschaftlichen Lethargie nicht irreal? Woher aber kamen die Impulse, woher die Kräfte, denen die gravierendste Veränderung des Stadtbildes seit den 1970er Jahren letztlich zu verdanken ist? Wie kam es zur Bürgerinitiative von 1989, die sich bald in der Fördergesellschaft die effektive Handlungsbasis schuf?

Das Herrschaftssystem der DDR hatte ein freies Wirken ihrer Bürger in Vereinen, Förderkreisen und Interessenverbänden außerhalb der kontrollierten staatlichen Strukturen nicht erlaubt. Schon die Nazis hatten das blühende Vereinswesen in Deutschland zerschlagen. 1948 änderten die Unterdrückungsmechanismen nur ihre politischen Beweggründe und die Namen. Zwar sollte eine „Demokratie von unten" unter der Parole „Arbeite mit! Plane mit! Regiere mit!" die Kräfte der „werktätigen Massen" mobilisieren. Die aber verweigerten sich weithin dem Verfügungsanspruch des zentralistisch regierten Staates, bastelten in ihrer Freizeit lieber an ihrer Wohnung, ihrem Trabant oder ihrer Datsche und kümmerten sich wenig um all die öffentlichen Dinge, über die jener mit autoritärer Befehlsgewalt allein das Sagen hatte. Kulturarbeit durfte sich anfangs nur im Rahmen der von der „Partei der Arbeiterklasse" formulierten Herrschaftsideologie bewegen, die der Pflege der proletarisch-revolutionären Traditionen vor allen anderen kulturellen Aufgaben den Vorrang gab. Später allerdings zeigte das Regime im Zeichen der sogenannten Erbepflege zunehmend Toleranz gegenüber den Kulturleistungen aus „feudal-klerikalen" und „bürgerlichen" Epochen, deren „humanistischen Gehalt" man erkannte. Doch Spielraum für selbstbestimmtes Handeln von Einzelnen oder von Gruppen gab es nur im „Untergrund" Mit diesem aber wuchs in den Achtzigern auch der Protest. Er machte sich in Dresden an der prominenten Ruine fest.

In zunehmendem Maße traten jetzt Mahner und Fürsprecher des Wiederaufbaus der Kirche in Dresden und auch in der Bundesrepublik auf. Politiker wie Herbert Wehner, Hans-Jochen Vogel und Wolfgang Mischnick erhoben ihre Stimme. In Dresden waren es neben Ludwig Güttler vor allem Denkmalpfleger wie Hans Nadler, Fritz Löffler und Heinrich Magirius, aber auch Architekten und Bauingenieure wie Otto Baer, Horst Fischer, Wolfram und Hans-Joachim Jäger, Walter Köckeritz, Kurt Leucht, Wolfgang Preiß, Dieter Schölzel und Roland Zepnik, die auf Tagungen, in Seminaren, mit Vorträgen und Aufsätzen für eine Wiederkehr der Frauenkirche im Stadtbild warben.

Nach jahrzehntelanger Stagnation änderte sich im Herbst 1989 mit der friedlichen Revolution der Ostdeutschen die Situation in der DDR. Ein politischer Erdrutsch bahnte sich an, die Macht des diktatorischen Systems bröckelte. Jetzt brachen verschüttete Hoffnungen auf, Bürger stellten Forderungen, fühlten, daß sie nun endlich etwas bewegen konnten, und Entwicklungen rückten in den Bereich des Möglichen, an die Wochen vorher noch niemand geglaubt hatte. Am Reformationstag schrieb Günter Voigt, Zahnarzt und Nachkomme einer alteingesessenen Dresdner Familie, jenen offenen Brief an den sächsischen Landesbischof, der die Geister in Bewegung setzte. Darin war die Rede vom spirituellen Zusammenhang von Reformation und friedlicher Revolution und daß die Kirche, unter deren Dach die große Friedens- und Demokratiebewegung sich hatte formieren können, nun auch den Mut haben möge, die Frauenkirche als ein Symbol für Frieden, Toleranz und Meinungsfreiheit wiederaufzubauen. Voigt hatte dieses Schreiben an vierzig Persönlichkeiten in Dresden und in der Bundesrepublik verschickt. Er war es, der die Gunst der Stunde erkannt hatte und den Funken zur richtigen Zeit zündete.

Am 24. November kamen acht der Briefempfänger mit Dr. Voigt im Hause eines Dresdner Kunsthändlers zusammen und berieten über erste notwendige Schritte, um das Anliegen öffentlich zu machen. Auch sollte eine bekannte und integre Persönlichkeit gewonnen werden, die sich damit identifizieren könnte. Bei dem damals schon berühmten Solotrompeter Ludwig Güttler rannten wir offene Türen ein. Schon bei der nächsten Besprechung war er dabei und nahm wie selbstverständlich die Zügel in die Hand. Es erwies sich bald, daß er für unsere Bürgerinitiative ein Glücksfall war.

Anfang 1990 waren wir 14, bald aber schon 22 Diskutanten im Hause des Pfarrers Karl-Ludwig Hoch in Dresden-Plauen, der noch im November 1989 eine erste Fassung des späteren „Rufes aus Dresden" entworfen hatte. Architekten und Statiker, Denkmalpfleger und Kunstwissenschaftler stießen zu uns. Ganz wichtig war ein Rechtsanwalt, der uns bei der Vereinsgründung und anderen juristischen Fragen beriet. Als wir dringend Geld zum Anlauf brauchten, stellte Ludwig Güttler 60 000 DDR-Mark vom kurz zuvor erhaltenen DDR-Nationalpreis zur Verfügung. Es waren die ersten Schritte auf einem langen, oft steinigen Weg voller Fußangeln.

Als dieser Initiativkreis im Februar 1990 mit dem „Ruf aus Dresden" an die Öffentlichkeit trat, setzten seine Mitglieder auf das Kommen einer demokratischen Gesellschaft. Denn nur die Demokratie, die wir so lange entbehrt hatten, würde jene Handlungsspielräume öffnen können, die zur Verwirklichung des großen Planes notwendig waren. Und die Initiatoren hatten ab Herbst 1990 erst einmal die mit der „Wende" geltenden neuen Gesetze und Spielregeln zu lernen sowie deren Nutzung und Anwendung. Was de jure ein Verein, was eine Stiftung war, wie mit Spendengeldern und Mitgliedsbeiträgen umzugehen sei, und wie man zu Geld kommen konnte, zu viel Geld – das wussten sie nicht. Da halfen Freunde aus der Bundesrepublik mit Rat und Tat. Die Idealisten der ersten Stunde hatten nichts als ihre Vision und ihre Hoffnung. Und einen starken, unerschütterlichen Willen zum Erfolg. An das Risiko des Scheiterns dachte niemand.

*Gegenwind*

In den ersten Monaten nach dem „Ruf aus Dresden" erhob sich der Chor der Gegner des Wiederaufbaus zu einem gewaltigen und freilich dissonanten Crescendo. Zehn Prozent der Öffentlichkeit waren dafür, neunzig Prozent gegen einen Wiederaufbau der Frauenkirche. Aus allen Richtungen pfiff uns der Gegenwind um die Ohren. Damit hatten wir nicht gerechnet. Den entschiedensten Widerspruch erfuhren wir aus Kreisen der Sächsischen Landeskirche. Ihre Vertreter wollten keine neue Frauenkirche, weil sie unserem heutigen Glaubensverständnis widerspräche, weil das

Geld (welches ja überhaupt noch nicht da war,) besser für den Hunger in der Welt verwendet werden solle, weil das Bauwerk als Gemeindekirche nicht gebraucht werde und weil die Ruine als Denkmal an Krieg und Zerstörung erhalten werden müsse. Superintendent Dietrich Mendt schrieb, ihm gefalle die Ruine und er hänge an ihr, weil er sie „für ein Mahnmal halte, das wir brauchen [...], Gestalt gewordene Erinnerung an die Opfer." Auch Persönlichkeiten der friedlichen Revolution des Herbstes 1989 wie Superintendent Christof Ziemer und Kaplan Frank Richter vertraten diese Meinung, und der Baudezernent der Landeskirche Ulrich Böhme richtete eine grantige „Denkschrift" gegen den Wiederaufbau. Er verband sie mit dem Gegenvorschlag für eine begehbare Ruinen-Gedenkstätte.

Das waren respektable und durchaus nachvollziehbare Gründe, die es mit unseren besseren Argumenten zu entkräften galt. Güttler hatte es von Anfang an gesagt: „Wenn wir die Kirche nicht mit im Boot haben, werden wir scheitern." Diese Weichenstellung war sicher die wichtigste. So war das erste „Wunder" auf unserem langen Wege die Zustimmung der Landessynode der Evangelisch-Lutherischen Landeskirche Sachsens zum Wiederaufbau am 18. März 1991. Sie wäre nicht möglich gewesen ohne das theologisch begründete Votum des damaligen Landesbischofs Johannes Hempel, daß es nicht vorrangige Aufgabe der Kirche und der Christen sei, Wunden offen zu halten, sondern Wunden zu heilen.

Aber auch Architektur- und Kunsthistoriker polemisierten gegen unser Projekt. Manfred Sack von der Wochenzeitung „Die Zeit" wollte verhindern, daß die Ruine durch „ein Trugbild" ersetzt werde, Dieter Bartetzko plädierte in der Frankfurter Allgemeinen Zeitung für „eine Glas-Stahl-Hülle, die den einstigen Umriß wiederholend, die Trümmer bergen könnte." Der Architekt Helmut Trauzettel entwarf über den Mauerstümpfen ein Kongreßzentrum mit „gigantischer Kuppelhalle und Aussichtsplattform", und der „Exilsachse" Friedbert Ficker wollte anstelle der Kirche „ein zeitgemäßes Bauwerk, das den vielfachen Nöten und Sorgen unserer zerrissenen Jahre entspricht." In der „Weltbühne" trat ein Autor für eine sanierte Ruine ein. Diese solle mit einer „Acrylglaskuppel überbaut und von Laserlicht belebt", als „Frauen-Gedächtnis-Kirche" folgerichtig den Frauen gewidmet werden, die im Februar 1945 starben.

Die schärfsten Angriffe aber kamen aus den Amtsstuben der westdeutschen Denkmalpflege. Als ob es nicht inzwischen zwei verheerende Weltkriege gegeben hätte, die fast die Hälfte aller bedeutenden architektonischen Kunstwerke und unzählige Innenstädte Deutschlands und seiner östlichen Nachbarn total ausgelöscht hatten, wiederholten sie in einer Art sklerotischer Monomanie anachronistische Lehrsätze aus der Zeit um 1900. Sie hatten offenbar nicht wirklich begriffen, daß es nach 1945 in Städten wie Warschau und Dresden keine Denkmale mehr zu pflegen gab, weil keine mehr da waren. Hier konnte es nur noch um Wiedergewinnung von zeitweise Verlorenem aus den verbliebenen Trümmern gehen. Und uns ging es um originalgetreue Rekonstruktion des wichtigsten, das Stadtbild krönenden Architekturdenkmals – eines identitätsstiftenden Symbols von Weltbedeutung, das Dresden und seine Bürger nicht auf Dauer entbehren konnten und wollten. Es war die Forderung der Lebenden, war der Blick auf elementare Bedürfnisse der Menschen, ihrer Enkel und Urenkel, die nicht wollten, daß Trümmer und Schutt die letzte Antwort auf die Geschichte bleiben sollten. Das alles war wichtiger als das Festklammern an Ruinen und Doktrinen. Denn das Leben hat immer recht.

*Der Bau der zweiten Frauenkirche – ein Gemeinschaftswerk*

Doch je mehr Menschen in unsere Initiative involviert waren, je größer das zustimmende Echo aus der Dresdner Öffentlichkeit und bald aus ganz Deutschland zurückkam, umso mehr wuchs die Gewißheit: Nicht nur diese Stadt, dieses *Land* braucht die Frauenkirche. Und als sich spontan helfende Freundeskreise in allen Teilen der Bundesrepublik, ja in Großbritannien, den USA, Frankreich und der Schweiz bildeten, als die Mitgliederzahlen der Fördergesellschaft und die Summe der Spendengelder wuchsen und wuchsen, da wußten wir, daß wir die Riesenaufgabe zur richtigen Zeit angepackt hatten.

Sehr bald wurde deutlich: Nicht nur das Erreichen des Ziels, sondern auch schon der Weg dorthin war wichtig, denn jede Gesellschaft braucht den altruistischen Impetus, den Blick der Bürger über den eigenen Gartenzaun hinaus auf Gemeinschaftsaufgaben, um nicht in Millionen engstirniger Egoisten zu zerfallen. Von Ludwig Güttler stammt das Wort: „Beim Wiederaufbau der Frauenkirche gibt es kein Ich, sondern nur ein Wir." In der Tat ist dieses „Wunder von Dresden" zugleich das Ergebnis einer kollektiven Leistung ohnegleichen in der jüngsten deutschen Geschichte. Nur durch das Zusammenwirken vieler, sehr vieler Köpfe, Herzen und Hände konnte das Werk gelingen, das bald schon über eine lokale Dresdner Angelegenheit hinauswuchs. Es war fast, als ob die bis dahin getrennten Deutschen in Ost und West auf dieses Signal zur Mitarbeit an *einem* Werk, das Alle im Tun auf ein großes Ziel hin vereinte, gewartet hätten.

Das hatten wir damals nach der Friedlichen Revolution schnell begriffen: es waren jetzt *unsere*, der Bürger Handlungen oder auch Unterlassungen, welche die Zukunft beeinflussen und gestalten, die das Gesicht unserer städtischen Kommune verändern würden. Wir in Dresden haben damals als Antwort auf den Tod nicht das Trauern vor Ruinen, sondern das Bauen an einer in die Zukunft gerichteten Vision gewählt. Mit dem „Ruf aus Dresden" war ganz offenbar ein tiefes gesellschaftliches Bedürfnis angesprochen.

Und dann waren wir Zeugen dieses einzigartigen Baugeschehens, sahen, wie die Kirche täglich wuchs. Vergleichbar der kollektiven Kraftleistung bei der Errichtung der großen mittelalterlichen Kathedralen, vereinten sich Hunderte von Werkleuten in einer modernen „Bauhütte". Von den Statikern, Ingenieuren und Architekten bis zu den Steinmetzen, Maurern, Zimmerleuten und Stukkateuren, von den Malern, Bildhauern und Glockengießern bis zu den Orgelbauern arbeiteten alle auf das gleiche große Ziel hin, waren alle vom gleichen guten Geist und Enthusiasmus beseelt – und waren ein wenig traurig, als alles fertig war.

Während der festlichen Tage der Kirchweihe waren die kritischen Stimmen längst verstummt. Fast einhellig waren öffentliches Lob und Zustimmung zum vollendeten Werk. „Ein geglückter Modellversuch bürgerlichen Eigensinns", hieß es jetzt in der Wochenzeitung „Die Zeit". So wurde die neue Frauenkirche, entstanden aus dem revolutionären Impetus des ostdeutschen Herbstes 1989, zu einem weit ausstrahlenden Symbol der Hoffnung und des Vertrauens in die Zukunft in einer Zeit und Umwelt, die weithin von Skepsis und Zukunftsangst bestimmt ist.

Die Männer des Anfangs, die damals so Denkwürdiges und Folgenreiches taten, waren in aller Bescheidenheit zielstrebige, hartnäckige – und gut sächsisch – Friedenshelden. Zwei Namen von vielen müssen hier genannt werden: Hans Nadler, dem die Erhaltung der Ruine zu verdanken ist, und Ludwig Güttler, der eigentliche Kopf und Motor der Bürgerbewegung. Als es später um die Realisierung der Idee, ums Konkrete ging, kam Eberhard Burger, der fähige Baudirektor dazu. Ohne diese Trias der starken Sachsen stünde die Frauenkirche heute nicht. Sie stünde freilich auch nicht ohne das Geld, das unter beispielgebendem Vorantritt der Dresdner Bank zum größten Teil aus freiwilligen Spenden in ganz Deutschland und darüber hinaus aufgebracht wurde!

Doch schon in unserem „Ruf aus Dresden" hatten wir unsere Vorstellung von der neuen Frauenkirche als „christlichem Weltfriedenszentrum im neuen Europa" verkündet. Damit war deutlich ausgesprochen, daß dieses Aufbauwerk, so sehr es auch eine Herzenssache aller Deutschen war, zugleich Träger einer weltweiten Friedensbotschaft sein sollte. Die neue Frauenkirche will sein wie eine ausgestreckte Hand gegenüber allen Völkern, Konfessionen und Religionen, ein Symbol für Versöhnung und Toleranz gegen nationalistische Blickverengung. Das ist die Botschaft, die heute die Welt braucht.

„Wer die Zuversicht verloren hat, der gewinnt sie wieder beim Anblick der wiedererstandenen Frauenkirche!", sagte Horst Köhler, der Bundespräsident, bei der Einweihung. In der Tat ist dieses spektakuläre Gemeinschaftswerk so etwas wie ein Leuchtzeichen gegen die allgemeine Depression, mit dem die „Frustrierten im Osten" den „Klugen im Westen" eine Lektion in Optimismus erteilen. Ein Architekturkritiker aus Berlin sagte kürzlich angesichts des Wiederaufbaus der Frauenkirche mitsamt dem historischen Neumarkt: „Die Dresdner sind ja nicht zurechnungsfähig." Gegen diesen Kommentar ist überhaupt nichts einzuwenden.

*Ein kostbarer Stein braucht eine passende Fassung*

Als gegen Ende der 1990er Jahre die Frauenkirche emporwuchs, war die nun allgemein positive Resonanz in den Medien groß. Doch niemand sprach vom Neumarkt. Man konnte denken, die architektonische Krone Dresdens werde als Solitär in den leeren Raum gebaut. Dabei war uns von Anfang an klar gewesen, daß die „archäologische" Wiedererrichtung der Frauenkirche für die Gestaltung ihres Umfeldes nur eine Konsequenz haben konnte: Einen nach Struktur und Erscheinungsbild weitgehend rekonstruierten Neumarkt, der doch zusammen mit seiner Kuppeldominante einstmals als einer der schönsten Plätze Europas galt. Dieses markante Ensemble war und wird wieder sein das städtebauliche Gegengewicht zum höfischen Zentrum um das Residenzschloß mit Hofkirche und den Repräsentationsbauten am Theaterplatz. Der wiedererstandene barocke Sakralbau ist nur sinnvoll wahrzunehmen in seiner alten Umgebung bürgerlicher Wohnbaukunst. Dort, wo sich seit dem späten 16. Jahrhundert das agile Dresdner Bürgertum in herausragenden Renaissance- und Barockhäusern manifestierte und gegenüber Schloß und Zwinger behauptete, muß wieder ein Ort sein für bürgerliches Leben und Treiben.

Die Wiederherstellung des Ensembles ist die größte, aber auch verantwortungsvollste städtplanerische Bauaufgabe der Nachkriegszeit. Denn

*Blick vom Jüdenhof zur Frauenkirche mit dem ehemaligen Hotel „Stadt Berlin",
Juli 2006*

dieser Stadt fehlt seit ihrer Zerstörung und dem verfehlten Neuaufbau des Altmarktes ihr eigentliches Zentrum. Daß das ausgedehnte Areal während der DDR-Zeit unbebaut blieb, erweist sich jetzt als einmalige Chance, durch rekonstruktives Bauen über den historischen Grundmauern einen wesentlichen Teil, ja das eigentliche Herzstück der wunderbaren Dresdner Altstadt zurückzugewinnen. Dabei handelt es sich nicht in erster Linie um eine „nostalgische Gegenreaktion auf eine als fremd empfundene Moderne", wie von meist jüngeren Architekten und Kritikern in Verkennung der Dresdner Situation häufig gesagt wird. Vielmehr geht es um etwas ganz anderes, etwas Grundsätzliches, gesellschaftlich höchst Wesentliches und eigentlich Unverzichtbares. Es geht um die Bewahrung eines zentralen Ortes von Geschichtlichkeit in einer Stadt, in der Stätten von Geschichte weitgehend ausradiert worden sind. Was jetzt gewagt werden muß, das ist der zugegebenermaßen kühne Versuch, ein schon verloren Geglaubtes, geschichtlich Geformtes und in dieser Gestalt Geliebtes zurückzugewinnen. Es gilt, was Hermann Hesse anläßlich der von ihm begrüßten Rekonstruktion des Frankfurter Goethehauses schon 1947 gesagt hatte: Mit der Zerstörung unserer historischen Stadtkerne ist „nicht nur ein großes, edles Gut vernichtet, eine Menge hoher Werte an Tradition, an Schönheit, an Objekten der Liebe und Pietät zerstört, es ist auch die bildende und durch Bilder erziehende Umwelt der künftigen Geschlechter, und damit die Seelenwelt dieser Nachkommen, eines unersetzlichen Erziehungs- und Stärkungsmittels, einer Substanz beraubt, ohne welche der Mensch zwar zur Not leben, aber nur ein hundertfach beschnittenes, verkümmertes Leben führen kann."

Hesse hat hier ein gesellschaftliches Grundbedürfnis von höchster Relevanz und Priorität ausgesprochen. In diesem Sinne fand sich 1998 ähnlich wie neun Jahre zuvor für das Frauenkirchenprojekt eine kleine Gruppe verantwortungsvoller und weitblickender Menschen zusammen, denen nicht nur die Frauenkirche, sondern auch deren Umfeld am Herzen lagen. Sie gründeten 1999 die „Gesellschaft Historischer Neumarkt Dresden" und traten gegen große Widerstände dafür ein, daß dieser einst so wunderbaren Stadt mit der weitgehenden Wiederherstellung ihres zerstörten Zentrums, des historischen Neumarktes, und der zu ihm führenden Gassen eine Vorstellung oder wenigstens eine Ahnung zurückgeben werde von der früheren Struktur und Schönheit dieses Platzraumes, damit bei künftigen Geschlechtern das Bewußtsein des Verlorenen nicht gänzlich erlischt. Die Verwirklichung dieser Vision erwies und erweist sich freilich als eine in vieler Hinsicht schwierigere Aufgabe als der Wiederaufbau der Frauenkirche und ist notwendigerweise mit vielen Kompromissen belastet. Hatten wir es dort mit *einem* Bauherrn – der Kirche – zu tun, so gilt es nun, viele einzelne Investoren zu überzeugen, mit Architekten zu verhandeln und an ihre Einsicht und ihr Verantwortungsgefühl beim Bauen an diesem sensiblen Ort zu appellieren.

*Das Herz Dresdens beginnt wieder zu schlagen*

Inzwischen wird deutlich und erlebbar, welch zentrale Bedeutung die Frauenkirche im Organismus und gesellschaftlichen Leben dieser Stadt einnimmt. Es zeigt sich, daß die Dresdner noch viel stärker als mit der Ruine ihre historisch zu definierende Identität und nun auch ihren urbanen Stolz mit dem Bauwerk verknüpfen.

Mit dem Tag der Weihe am 30. Oktober 2005 zog geistliches und musikalisches Leben in die Frauenkirche ein. Sie ist wieder Gottes Haus. Der von Johann Christian Feige geschaffene Altar mit seiner ergreifenden

Szene des betenden Christus am Ölberg, die glücklicherweise ohne neue farbige Fassung blieb, wurde wieder zum optischen und meditativen Zentrum des traditionsreichen Sakralbaues, der weniger mit seiner unprotestantischen Prachtentfaltung, als vielmehr durch das Erlebnis von Raum und Licht emotionale Ergriffenheit erzeugt *(Abb. S. 316)*.

Zutiefst bedauerlich indessen bleibt es, daß jenes große Gebälkstück von geradezu antik anmutender Monumentalität und Würde, das 1945 herabgestürzt war und jahrzehntelang vor der Westseite der Ruine lag, in einem Akt unsensibler Kurzsichtigkeit entfernt und in den Neubau eingefügt wurde. Mit seiner geschichtsträchtigen Aura wäre es das in seiner Aussagekraft nicht zu übertreffende, in Dresden bis heute fehlende Gedächtnismal für die Toten des 13. Februar und alle Opfer der Kriege gewesen.

Da durch den Großeinsatz der Medien die Kunde vom Wiederaufbau bis an die Enden der Welt gedrungen war, kommt nun auch alle Welt, um das Wunderwerk zu sehen. Um die zehntausend Besucher sind es jeden Tag, von denen jeder dritte einer Andacht oder einem Gottesdienst beiwohnt. Der Ansturm wächst noch immer und wird vermutlich kein Ende finden. Es gibt indessen auch Leute, die sagen, dies sei schlimm, denn nun sei der Neubau eben doch „nur eine Touristenkirche" geworden. Ich finde das nicht beunruhigend, halte es vielmehr für ein positives gesellschaftliches Phänomen, wenn so viele Menschen täglich unter dem Zeichen des Kreuzes an einen Ort der Versöhnung kommen und – was manch einem von ihnen sonst nie widerfahren wäre – Gottes Wort vernehmen.

Der wunderbare Innenraum erzeugt gerade durch seine architektonische Rundgestalt mit den hochgestaffelten Emporen ein nun wieder ganz protestantisches Gemeinschaftsgefühl. Im Stadtorganismus markiert der Zentralbau mit der Symbolkraft seiner Kuppel Dresdens urbane Mitte, Gefühle von Zusammengehörigkeit weckend und zugleich von diesem Gemeinschaftsgefühl getragen.

Während sich die Dresdner zusammen mit der halben Welt freuen, treten erwartungsgemäß naserümpfend und realitätsfern neue Kritikaster auf den Plan. Sie erzählen uns mit intellektuellem Leidensgestus, daß auf dem Neumarkt Neubauten entstehen, die auch und zunächst einmal wie Neubauten aussehen. Sie können uns freilich keine Alternativen aufweisen, weil es keine gibt. Natürlich wurde die neue Frauenkirche, werden die neuen Bürgerhäuser nicht von Handwerkern nach Zunftregeln des 18. Jahrhunderts errichtet, werden die Rocaillen an den Häuserfronten nicht alle einzeln aus Sandstein gehauen – so sehr wir uns das aus Grün-

*Blick von der Frauenkirche nach Süden auf den Neumarkt mit rekonstruiertem Hotel de Saxe und Salomonisapotheke im Vordergrund, Juli 2006*

den kopistischer Identität auch gewünscht hätten. Auch können archäologische Nachbauten keine Kopien 1:1 sein. Der Aufbau der Quartiere geschieht mittels moderner Technologie und nach Gesichtspunkten der Rentabilität und funktionalen Nutzung für die Gegenwart. Mit diesem Kompromiß müssen wir leben, was den ständigen Kampf um historische Treue beim Nachbau der nicht unbeträchtlichen Zahl gut dokumentierter Bürgerhäuser und Palais sowie um hohe Qualität der Bauausführung selbstverständlich einschließt. Das ist eine Gratwanderung.

Mit der großräumigen rekonstruierenden Rehabilitierung verschwundener alter Bausubstanz kommt Dresden eine avantgardistische Rolle zu. Immer mehr Städte – zuletzt Frankfurt am Main – folgen dem Dresdner Beispiel. Dankwart Guratzsch spricht von einer „Jungen Bewegung [...], die den Druck der Globalisierung mit bewußten Rückgriffen auf regionale Eigenart, auf eigene Kunst und Geschichte auszubalancieren versucht." (vgl. GURATZSCH, in: Neumarktkurier 5/2006, Heft 1, S. 2). Die Wendung zum Überkommenen bei der Gestaltung partieller Bereiche unserer Altstädte ist in diesem Sinne innovativ, weil sie den Faktor des Zu-

*Blick vom Hotel de Saxe auf die Frauenkirche und Haus Goldener Ring, Juli 2006*

Hause-Seins, von geschichtsbezogener Identität und Vertrautheit, von menschlichem Maß und kleinteiliger Struktur im Sinne gesellschaftlicher Verantwortung für den Bürger zum Kriterium für gut gestaltete Stadtumwelt erhebt. Insofern hat die Rekonstruktion der Frauenkirche eine gesellschaftspolitische Signalwirkung, die weit über Dresden hinausgeht.

Ich bin froh, daß meine Enkel ihre Heimatstadt wieder mit Frauenkirche und rekonstruiertem Neumarkt erleben können und daß sie, die keine Schuld haben, nicht dazu verurteilt sind, lebenslang vor einer Ruine zu trauern, die rundum überragt von Beton- und Glaswürfeln, kaum noch als „Sühnemonument" wahrzunehmen wäre. Schon jetzt, da alles noch im Bau ist, wird deutlich: Der künftige Neumarkt mit der Frauenkirche und den in ihren alten Proportionen wiedererstandenen Häuserquartieren wird als neues Stadtzentrum das bürgerfreundliche Flair und Gesicht haben, wie es sich in Jahrhunderten seiner Geschichte gebildet hatte. Und er wird voller Leben sein!

Die Kirche werde nicht gebraucht, sagten vor fünfzehn Jahren manche Leute, die es eigentlich hätten besser wissen müssen. Karlheinz Blaschke leitet die Notwendigkeit ihres Wiedererstehens aus der Tatsache ab, daß an diesem „heiligen Erdenfleck" schon vor über tausend Jahren Dresdens älteste Kirche „unserer lieben Frauen" und damit gleichsam „die Seele der

Stadt im Verborgenen" gestanden habe. Sollte es einen „Mythos Dresden" geben, dann wäre er an diesem Ort, in dieser Kirche konzentriert.

Heute zeigt sich, wie notwendig, ja unentbehrlich sie für das Gemeinwesen und für dieses Land ist – notwendig über ihre Historie und ihre städtebauliche Funktion hinaus in einem viel umfassenderen Sinn, als manche es damals ahnten. Denn die architektonische Form eines Sakralbaues, so redend sie ist, kann dennoch nicht das Wesentliche sein. Wichtiger noch als seine steinerne Gestalt ist der Geist, der in ihm wohnt und in die Gesellschaft hineinwirkt. Das aber ist und soll auf immer sein der Geist des Friedens, der Versöhnung und der Toleranz im Zeichen Christi, dessen Kreuz die einstigen britischen Kriegsgegner auf die Spitze der Kuppel gesetzt haben. Die Frauenkirche ist notwendig als ein weltweit wahrgenommenes Zeichen des besseren, des friedlichen Deutschland ohne nationalistische Blickverengung, ein Deutschland, das in Europa angekommen ist.

Prof. Dr. phil. *Hans Joachim Neidhardt*, geboren 1925 in Leipzig; 1942–1959 Studium der Architektur, Graphik, Kunstgeschichte und Archäologie in Leipzig (mit längerer kriegsbedingter Unterbrechung); 1959–1990 Kustos für Malerei des 19. Jahrhunderts an der Dresdner Gemäldegalerie Neue Meister; 1995 Ehrenprofessur des Freistaates Sachsen; zahlreiche Veröffentlichungen und Ausstellungen zur Kunst der deutschen Romantik.

Gründungsmitglied der Bürgerinitiative Wiederaufbau Frauenkirche Dresden; Unterzeichner des „Rufs aus Dresden – 13. Februar 1990"; seit 1990 Mitwirkung in Bürgergremien zur kulturellen und städtebaulichen Entwicklung Dresdens (Frauenkirche, Historischer Neumarkt, Städtische Galerie); Mitglied in Arbeitsgruppen des Fachbeirates der Gesellschaft zur Förderung des Wiederaufbaus der Frauenkirche Dresden e. V.

*Eberhard Burger*

# Der Wiederaufbau der Frauenkirche zu Dresden – ein persönliches Bekenntnis

Der Wiederaufbau der Frauenkirche ist für mich ein Erlebnis und Ereignis, das man eigentlich in der vorgegebenen Kürze nicht beschreiben kann. Ich will es trotzdem versuchen und tue es gern, weil mich Ludwig Güttler darum gebeten hat. Wir kennen uns seit über vierzig Jahren. Er musizierte als Student mit meiner Schwester Agnes. Der Wiederaufbau der Frauenkirche hat uns wieder zusammengebracht – aus unterschiedlicher Richtung kommend mit einander ergänzenden Verantwortungsbereichen und Aufgaben. Der Wiederaufbau ist mit der Weihe am 30. Oktober 2005 Geschichte – aber die Akten sind noch nicht geschlossen. Keine andere Bauaufgabe ist mit der Nutzung so verbunden wie ein Kirchbau. Und es gilt: Man kann die Gegenwart nur meistern, wenn man die Vergangenheit kennt und einbezieht. Das trifft insbesondere für den Wiederaufbau der Frauenkirche zu, der Hunderttausende Menschen in eine Gemeinschaft geführt hat, die sich ohne die Geschichte, Zerstörung und den Trümmerberg im Herzen dieser so einmaligen wunderbaren Stadt Dresden nie zusammengefunden hätten. Und immer gehören Menschen dazu – die Dresdner, die Ehemaligen, die Durchgereisten, die Menschen, die aus der Umgebung Dresdens den Feuerhimmel am 13. Februar 1945 gesehen haben, die Gäste aus nah und fern und nach der politischen Wende 1989 die Neu-Dresdner, die ihr Herz auch sehr schnell an „ihre" Stadt verloren haben und die Politiker, die erkannt haben, daß sich genau zur richtigen Zeit, am richtigen Ort, das Ereignis vollzog, an dem die ganze Welt Anteil genommen hat.

Dabei fing es für uns Kirchbauer gar nicht so gut an. Wie in allen Bereichen wurde in unserer Landeskirche über das Für und Wider zum Wiederaufbau diskutiert und auch gestritten. Teilweise heftig und auch nicht immer christlich. Da gab es grundsätzliche Fragen, politisch und wirtschaftlich geprägte Diskussionen, geschichtliche und gesellschaftspolitische Betrachtungsweisen. Andererseits gab es aber auch Ende der achtziger Jahre in der damaligen Bundesrepublik eine parteiübergreifende Initiative, den Wiederaufbau der Frauenkirche Dresden im Sonder- und Neubauprogramm als Nachfolgeprojekt des Berliner Domes zu realisieren. Davon hatten wir Kirchbauleute zwar erfahren, aber keinerlei Einfluß auf ein positives Verhandlungsergebnis nehmen können, da diese Gespräche auf höchster politischer Ebene geführt wurden. Das alles in seiner Vielfalt und Breite darzustellen wird späteren Zeiten vorbehalten sein. Entscheidend war die Diskussion in der Synodalsitzung vom 18. bis 20. März 1991, die natürlich ihre Vorgeschichte hatte und vorbereitet war. Mit 43 Ja-Stimmen gegen 26 Nein-Stimmen bei 5 Enthaltungen stimmte die Landeskirche überraschenderweise mit deutlicher Mehrheit dem Wiederaufbau zu.

Uns Kirchbauleuten war damals klar, daß der Trümmerberg aus nostalgischen Gründen keine Berechtigung mehr hatte und aus städtebaulichen Gründen eine Veränderung erfahren mußte. Seine Geschichte und Bedeutung zu DDR-Zeiten wird uns immer im Gedächtnis bleiben. Den konsequenten und intelligenten Verhandlungen unseres unvergessenen Präsidenten des Landeskirchenamtes, Dr. Kurt Domsch, war es zu verdanken, daß wir als kirchliche Mitarbeiter selbst die Garantie übernahmen und darüber wachten, daß es am 13. Februar eines jeden Jahres vor der Ruine der Frauenkirche zu keinen staatsfeindlichen Aktionen kam. Die Staatsmacht war allgegenwärtig und das Wissen, Verantwortungsträger einer nicht organisierten Veranstaltung mit nicht vorhersehbarem Ablauf zu sein, war immer mit Herzklopfen verbunden. Ich schildere dies, um deutlich zu machen, daß auch mir der Trümmerberg ans Herz gewachsen war, an den ich mich als Kind bewußt seit Anfang der fünfziger Jahre erinnern kann. Ihn auf- bzw. preiszugeben war nur dann gerechtfertigt, wenn eine neue viel größere und wirksamere Qualität erreicht werden konnte. Die Idee der Beräumung und Nutzung der verbliebenen und unter den Trümmern befindlichen Ruinenteile als Gedenkstätte war mir nicht weitreichend und tragfähig genug. Dafür gab es schon mannigfaltige Beispiele in anderen Städten und die Kirchruine Trinitatis in Dresden-Johannstadt – meine damalige Heimatgemeinde – war für einen solchen Zweck ohne große Aufwendungen geeignet. Deshalb überzeugte mich der 1988 im Auftrage des Landeskirchenamtes von den Architekten Dieter Schölzel und Walter Köckeritz erarbeitete Entwurf für den Kirchraum unter offenem Himmel als Gedenkstätte für die Opfer des 13. Februar 1945 nicht. Die Verfasser des Entwurfes aber selbst auch nicht, denn sie formulierten damals an Landesbischof Dr. Johannes Hempel: „Es scheint an der Zeit zu sein, daß Ideen zu einem Wiederaufbau der Frauenkirche aktiviert werden." Unser Landesbischof hat diesen Standpunkt aufgenommen, hat ihn lange in sich bewegt und letztendlich die Synode mit dem Begriff von der „geheilten Wunde" vom Wiederaufbau überzeugt. Trotzdem gab es auch in den Reihen der Kirchbauer vor und nach dem Beschluß der Synode

Gegenstimmen. So hatte der Baudezernent unserer Landeskirche, OKR Dr. Ulrich Böhme im Februar 1991 die Baudezernenten aller Evangelischen Landeskirchen in Deutschland dazu bewegt, gegen den Wiederaufbau zu votieren.

Auch die staatlichen Denkmalpfleger hatten sich – bis auf wenige Ausnahmen – gegen den Wiederaufbau ausgesprochen, wenn auch aus anderen Gründen. Auf der jährlich stattfindenden Denkmalpflegertagung 1988 in Fulda hatte man uns in der DDR zum Zerfall unserer Denkmalsubstanz beglückwünscht! Also: Wie verhält man sich als Kirchenbaurat in einer solchen Situation? Einerseits Beamter in einer Behörde, die sich erst (ich denke heute manchmal: schon) im Februar 1991 positionierte und andererseits als Dresdner und seit 1980 im Kirchbau tätiger Baumensch mit der festen Überzeugung, daß aus geschichtlicher, städtebaulicher, kirchlicher und politischer Sicht der Wiederaufbau die einzige richtige Aufgaben- und Zielstellung ist. Hierbei waren wir Kirchenbauräte im Landeskirchenamt und den Kirchenamtsratsstellen uns einig. Also: eine Verschwörung gegen den „Chef"? Wegweiser und Vorbild war für uns in diesem Zusammenhang der Vorgänger von OKR Dr. Böhme, OKR i.R. Dr. Otto Baer, der schon zu DDR-Zeiten vorgeschlagen hatte, den Wiederaufbau der Frauenkirche als Bauhütte zur Ausbildung des Nachwuchses im Bauhandwerk zu nutzen, um das Nützliche mit dem Notwendigen zu vereinen.

Baer war ein Mann der Praxis, der in wenigen Worten entscheidende und wegweisende Richtungen vorgeben konnte. Er war der einzige „Kirchbauer" im Häuflein der 22 Unterzeichner des „Rufes aus Dresden" am 13. Februar 1990. Wir fühlten uns aber durch ihn gut vertreten und haben seinen Rat, daß der Wiederaufbau „exakt nach originalem Vorbild erfolgen soll", unterstützt, befürwortet und letztendlich gegen alle anderen Vorschläge mit durchsetzen können. Deshalb haben wir uns auch nicht an jeder Diskussion und Aktion beteiligt. Das Ziel vor Augen mußte gehandelt werden, denn Bauherr für die Konstruktionssicherung war bis zur Gründung der Stiftung Frauenkirche Dresden e.V. am 23. November 1991 die Evangelisch-Lutherische Landeskirche Sachsens. Von großem Vorteil war hierfür, daß wir als Kirchbauer nicht gebunden waren, und „im Untergrund" – wie wir es zu DDR-Zeiten gewöhnt waren und praktiziert hatten – arbeiten und vorbereiten konnten. Wir haben das nicht losgelöst vom Geschehen und der Entwicklung getan. Der Baupfleger für den Kirchenamtsratsbereich Dresden, Architekt Dipl.-Ing. Christian Möller – war immer der „Postbote" und guter Berater. Seine Teilnahme an den vielfältigen Diskussionsveranstaltungen wurde von der Landeskirche tole-

*Enttrümmerung, Baustelle Westseite, Winter 1993*

riert, von den Gegnern akzeptiert und von den Befürwortern gern gesehen. So konnte ich, unter der wohlwollenden Befürwortung von Präsident Dr. Domsch auch Verbindlichkeiten für das Landeskirchenamt eingehen, die notwendig, aber vor dem Beschluß der Synode eigentlich ungedeckt waren.

Die pauschale Schelte, die Kirche sei gegen den Wiederaufbau gewesen, hat mir insofern weh getan, denn auch ich war ja ein Mosaiksteinchen „Kirche". Nach meiner Beurlaubung für die Aufgabe des Baudirektors für den Wiederaufbau im Jahre 1992 habe ich in vielen Diskussionen die Kirche verteidigen müssen und ihre Gegenargumente auch vom Inhalt her erklärt – auch wenn es nicht die meinen waren. Das war auch die Zeit von Unverständnissen und des Erstaunens, z.B. daß so einer wie ich aus dem Osten stammt. „Waren Sie denn wenigstens mal ein paar Jahre im Westen?" Das war auch die Zeit, in der aggressiv Diskussionen geführt und Beschuldigungen offen und knallhart ausgesprochen wurden. Manchmal hatte ich das Gefühl, etwas Schlechtes zu tun. Vor allem die zu Herzen ge-

*Baustelle der Frauenkirche mit Wetterschutzdach und Steinlager, Mai 2000*

henden Geschichten und Erlebnisse von der Zerstörung Dresdens, von der Entstehung und der Bewahrung des Trümmerberges und seiner Bedeutung für persönliche Schicksale zu DDR-Zeiten haben mir zugesetzt. Da half es nur, Kraft bei Mitstreitern zu suchen, die Argumente der Gegner des Wiederaufbaus immer wieder zu durchdenken, alle Fragen die zu beantworten waren, sich selbst zu stellen um sich des Zieles zu vergewissern und den richtigen Weg zu finden. Diese Diskussionen und Auseinandersetzungen haben Freundschaften zerbrechen und Bekanntschaften in Fremdheit oder Gleichgültigkeit umschlagen lassen. Da half nur das Gebet um Kraft, Ruhe, Besonnenheit und die richtigen Argumente. Es war für mich aber immer Rechtfertigung, kaum Diskussion.

Es half auch die Zeitnot auf Grund der Unmenge an zu erledigenden Vorgängen, zu klärenden Sachverhalten und zu entscheidenden Aufgaben.

*Errichtung des Lehrgerüstes der Hauptkuppel, Dezember 2002*

Dazu kam das Studium der Geschichte des Bauwerkes in der Barockzeit, der Bauschäden, Reparaturen und der Nutzung bis zur Zerstörung. Dabei durfte ich die Entwicklung nach der Wende in Dresden nicht aus dem Blick verlieren: Wo sind Bauleute und Planer jetzt tätig, die man aus DDR-Zeiten kannte, mit denen man in Feierabendtätigkeit oder über das Außenhandelsunternehmen „Limex" Kirchbauten realisiert und gute Erfahrungen gemacht hatte. Wenn es schon nicht erkennbar war, daß die Dresdner Bürger entsprechend einer Umfrage der „Morgenpost" in der Mehrheit ihre Frauenkirche wiederaufbauen wollten, so sollten es wenigstens Bauleute aus Sachsen oder dem angrenzenden Thüringen sein, die den Wiederaufbau realisierten. Es war von Anfang an das Ziel, eine Gemeinschaft von Bauleuten zu schmieden, die fachlich und menschlich dieser großen Aufgabe gewachsen war, die vor uns stand. Das war die ent-

*Versetzen eines Hauptgesimssteins,
Februar 2000*

scheidende Basis für den Wiederaufbau. Alle schauten auf das, was auf der Baustelle passierte, die Befürworter genauso wie die Kritiker und Gegner.

Ludwig Güttler und seine Musiker und Mitstreiter begeisterten und überzeugten viele Menschen in ganz Deutschland. Die Zahl der Förderer wuchs ständig, und wir Bauleute hatten die Verpflichtung – und auch den Ehrgeiz – das Kirchgebäude wachsen zu lassen. Doch dazu fehlte anfangs das Geld. Hier kam Hilfe in Person von Bernhard Walter, der als Mitglied des Vorstandes der Dresdner Bank den Wiederaufbau von Anfang an unterstützte und sich diesem seit 1994 als Vorsitzender des Stiftungsrates mit Leib und Seele verschrieb. Wir haben manches Telefongespräch geführt, in dem ich mir seine Zustimmung erbat, diesen und jenen Auftrag erteilen zu dürfen, für den dann – wenn eigene Mittel nicht ausreichten – die Dresdner Bank die Zwischenfinanzierung übernahm. Weil das kein Dau-

Der Wiederaufbau der Frauenkirche zu Dresden 149

*Versetzen der Flammenvase auf den nordöstlichen Terppenturm, August 2003*

erzustand sein sollte, hat Bernhard Walter – mit Unterstützung des damaligen Sprechers des Vorstandes, Jürgen Sarrazin – in der Dresdner Bank eine Organisation aufgebaut, die die Stifterbriefaktion zu dem Erfolg geführt hat, den wir mit der Weihe verkünden konnten: ca. 68 Mio. Euro an Spenden durch den Erwerb von Stifterbriefen. So waren wir Bauleute seit 1996 in der Lage, unseren geplanten jeweiligen Baufortschritt immer mit eigenen Mitteln finanzieren zu können.

Die Zeit des Bangens und der Unsicherheit war vorbei. Die grundsätzliche Diskussion um den Wiederaufbau verstummte. Die sichtbar wachsenden Mauern, die Informationen über das Baugeschehen hinter den Wetterschutzplanen, die Weihe der Unterkirche im August 1996 und die unermüdliche Werbung durch Fördergesellschaft, Dresdner Bank, ZDF und vielen anderen hatte zu diesem Umschwung beigetragen. Ich konnte

*Baustelle der Frauenkirche, September 2003*

wieder aufrechten Ganges durch meine Heimatstadt gehen. Die Politiker in Stadt, Land und Bund bekannten sich offen und immer häufiger zum Wiederaufbau und informierten sich auf der Baustelle über den Stand der Arbeiten, oft auch in Begleitung hoher Staatsgäste. Die finanziellen Zusagen zur Unterstützung des Wiederaufbaues wurden umgesetzt. Die Diskussionen um ein „für und wider" gab es nur noch zu einzelnen Sachthemen, waren aber nicht weniger heftig!

*Blick in Richtung Westen während des Gerüstabbaus in Höhe des Laternensockels, Juli 2004*

Es zeigte sich, daß unter den Dresdnern das Interesse am Wiederaufbau wuchs, die Identifizierung mit diesem begann. Viele ehemalige Gegner sagten mir: „Na, wenn es nun schon so weit ist, dann mache ich auch mit." Ein Prozeß des Umdenkens fand statt: von der mahnenden Erinnerung zur Seele und zum Herzen der Stadt. Wir wollten mit dem wiederaufgebauten Kirchgebäude beides dauerhaft zum Ausdruck bringen. Auch das wurde erkannt und angenommen. So nahmen neben der jährlichen Weihnachtlichen Vesper Großveranstaltungen an der Frauenkirche ein Ausmaß an, das man bisher nur König Fußball zugetraut hatte. Als beeindruckende Beispiele seien die Turmkreuzübergabe am 13. Februar 2000, die Einholung und Weihe der sieben neuen Glocken, das erste Läuten am Vorabend des Pfingstfestes 2003 und das Aufsetzen von Turmhabe und Kreuz im Juni 2004 genannt. Die Dresdner waren sichtlich stolz auf ihre wiedererstehende Frauenkirche. Lehrer und Lehrerinnen kamen mit ihren Schulklassen, Gäste aus dem In- und Ausland wurden zur Baustelle und in die Unterkirche geführt. Die Spenden vor Ort nahmen zu. Die Presse informierte regelmäßig. Viele Dresdner sagten mir: „Ich komme aller 14 Tage vorbei um zu sehen, wie weit ihr seid." Das war eine große Freude. Wir Bauleute wurden uns bewußt, was für ein außergewöhnliches und einmaliges Geschenk es war, an dieser Aufgabe mittun zu dürfen: Das selbst zu

*Aufsetzen der Turmhaube, Juli 2004*

bauen, was unsere Fachkollegen nur pflegen und erhalten, und zwar so, wie es uns vor über 250 Jahren unsere Altvorderen vorgemacht haben.

Aus anfänglicher Unsicherheit und Sorge wurden Freude und Dankbarkeit. Dank an und für alle Bauleute in unserer Gemeinschaft, Dank an alle Förderer und Dank an Gott, der mit seinem Segen in diesen fünfzehn Jahren des Wiederaufbaues immer bei uns war. Über eine Million Menschen haben in den ersten sieben Monaten nach der Weihe das Gotteshaus betreten. Weit mehr wollten es tun. Das Interesse ist überwältigend und der schönste Lohn für alle, denen der Wiederaufbau zu danken ist. Unsere Losung beim Wiederaufbau „Brücken bauen – Versöhnung leben" haben wir Kirchenleute jetzt ergänzt um die Worte „Glauben stärken". Dazu trägt der so ausdrucksvoll gestaltete Kirchraum bei, den George Bähr mit seinen Bauleuten Anfang des 18. Jahrhunderts geschaffen hat. Deshalb gebührt ihm am Schluß des Beitrages hohe Ehre und großer Dank.

Der Wiederaufbau der Frauenkirche zu Dresden

*Frauenkirche mit beginnender Bebauung am Neumarkt, September 2005*

Dr.-Ing. E.h. *Eberhard Burger,* geboren 1943 in Berlin; 1962–1968 Studium Bauingenieurwesen/Konstruktiver Ingenieurbau an der TU Dresden; 1968–1980 verschiedene Leitungsfunktion bei BMK Kohle und Energie; 1980–1992 Kirchenbaurat im Ev.-Luth. Landeskirchenamt Sachsens und Stellvertreter des Baureferenten; seit 1991 Mitglied der Gesellschaft zur Förderung des Wiederaufbaus der Frauenkirche Dresden e.V.; 1992 Baudirektor der Stiftung Frauenkirche Dresden e.V. für den Wiederaufbau der Frauenkirche; seit 1995 Geschäftsführer und Baudirektor der Stiftung Frauenkirche Dresden, seit 2001 Sprecher der Geschäftsführung; seit 1986 Domherr im Domkapitel des Domes zu Wurzen; 1998 bis 2005 Vorsitzender der „Europäischen Vereinigung der Dombaumeister, Münsterbau- und Hüttenmeister".

*Günter Voigt*

# Die friedliche Revolution von 1989 als Chance für den Wiederaufbau der Frauenkirche

Der Mythos Frauenkirche beschäftigte mich von klein auf, hing doch eine aquarellierte Tuschezeichnung der Kirche über meinem Kinderbett. Die Gespräche der in Dresden ausgebombten Eltern und Verwandten kreisten immer wieder auch um die „Steinerne Glocke", die Erinnerungen an die Stadt, Musikbegegnungen und vieles mehr. Der „Löffler", d. h. Fritz Löfflers Buch „Das alte Dresden", war in meinem Elternhaus selbstverständlich vorhanden und wurde rege gelesen. Ich bin der Urenkel eines Dresdner Hoffotografen, der die Frauenkirche oft als Motiv in erlesenen Lichtdruckmappen verewigt hat, der Enkel eines Sängers im einstigen Frauenkirchenchor und der Sohn von Eltern, die die „Steinerne Glocke" in ihrem alltäglichen Selbstverständnis angenommen hatten. So konnte ich nicht anders, als in Gedanken dem zerstörten Stadt- und Glaubenssymbol verbunden zu sein. Elbflorenz ohne die Frauenkirche war für mich wie Florenz ohne die Kuppel des Domes Santa Maria del Fiore.

Dazu kam, daß der ehemalige Küster der Frauenkirche, Heinz Bürger, in unserer Kirchgemeinde als höherer Verwaltungsangestellter seinen Dienst tat. Er hatte eine Diaserie über die Frauenkirche, die bei zahlreichen Gelegenheiten, wie z. B. Konfirmanden-Rüstzeiten, gezeigt wurde. Als er gestorben war, übernahm dann unser Pfarrer Dr. Karl-Ludwig Hoch diese Diapositive für seine Vorträge. Ich fuhr hin und wieder mit zu solchen auswärtigen Vorträgen. So auch Ende Oktober 1989. Bei einer Fahrt zum „Haus der Heimat" in Freital-Burgk sagte ich ihm, daß aus meiner Sicht jetzt die Zeit gekommen wäre, um nicht nur über den Mythos Frauenkirche zu sprechen, sondern für ihren Wiederaufbau einzutreten. Da ich selbst nicht über die nötigen Kontakte zu übergeordneten kirchlichen Einrichtungen, etwa dem Weltkirchenrat, verfügte, bat ich ihn um die entsprechenden Adressen. Zur Antwort bekam ich, daß der Wiederaufbau der Dresdner Frauenkirche zwar eine faszinierende Idee sei, es bei der Idee aber bleiben werde, weil es dafür keine reale Chance gebe. Pfarrer Dr. Hoch gehörte übrigens wenig später zum Kreis der Bürgerinitiative, die sich für den Wiederaufbau der Dresdner Frauenkirche einsetzte.

Es kamen also die Umwälzungen im Herbst 1989. Ich war voller Hochachtung vor der tragenden Rolle der evangelischen Kirche – meiner Kir-

## Die friedliche Revolution von 1989

*Demonstration auf dem Theaterplatz, 19. November 1989*

che. Jeder konnte sehen, daß Dresden im Zentrum durch Zerbombung und mehrere Jahrzehnte sozialistischer Baupolitik weitestgehend gesichtslos geworden war. Meinen Glauben und meine Hoffnung an eine großartige Zukunft wollte ich gern mit einem Symbol für die friedliche Revolution und einem Andenken an die Rolle der Kirche verbunden sehen. Was lag näher, als am Reformationstag 1989 einen offenen Brief zu formulieren, damit der Wiederaufbau der Frauenkirche neu bedacht werden sollte?

Diesen Brief richtete ich an unseren Landesbischof Dr. Johannes Hempel. Darüber hinaus verteilte ich ihn an kirchliche Einrichtungen, z. B. an den thüringischen Landesbischof Dr. Werner Leich, der damals den Vorsitz im Bund Evangelischer Kirchen in der DDR innehatte, an Musiker, Architekten, Kunsthistoriker, Denkmalpfleger, an Politiker im Westen Deutschlands sowie an Verwandte und Bekannte. Durch Vermittlung von Dr. Hans-Joachim Neidhardt gelangte der Brief auch an einen ihm bekannten und mit Dresden sehr verbundenen Münchner Kunsthändler, der ihn sofort an die westlichen Medien weiterleitete. Wir konnten im Herbst 1989 innerhalb der DDR die Reaktionen leider noch nicht direkt verfolgen. Erst Tage später wurde mir lediglich eine kurz gefaßte, überhebliche Ablehnung in der Wochenzeitung „Die Zeit" (24. November 1989) bekannt: „Diese Zeit der Veränderungen rumort natürlich in vielen Köpfen" stellte der Autor der Meldung fest, und fragte: „Wäre es nicht ungleich ehrlicher – und auch schöner – diese Ruine, die die eindrucksvollste Kriegsruine Deutschlands ist, so zu pflegen, wie sie ist: [...] ein Haufen mächtige Werksteine und nebenan die Statue Luthers, als sei sie da hineinkomponiert?" Das erschütterte mich weniger. Viel gravierender für mich war die Ablehnung durch den sächsischen Landesbischof. Das hat mich in einen tiefen inneren Konflikt gebracht – eine Kirche, die den Willen zur Kirche ablehnt – für mich kaum faßbar. Das wiederholt und in eben dieser drastischen Form aus Kirchenkreisen geäußerte Argument „Wir haben nicht genug Hintern, um die Bänke zu füllen" paßt nicht in mein vom Elternhaus geprägtes christliches Weltbild. Und wie uns heute die Realität zeigt, war es schlichtweg falsch.

Ungeteilte, ja begeisterte schriftliche Zustimmung kam seinerzeit nur vom thüringischen Landesbsichof Dr. Werner Leich. Von hiesiger sächsischer Kirchenseite und von den Medien im Westen – die im Osten registrierten die Angelegenheit im November 1989 noch nicht – schlug uns eisige Ablehnung entgegen. Das ständige „Erhaltet Euch Eure Ruinen!" war für mich als Arzt völlig unverständlich. Wenn ein Chirug nach einem Unfall ein Gesicht rekonstruieren muß, wäre ja auch die Einstellung, die Nase als verletzten Torso zu erhalten, damit eine Erinnerung und Mahnung an den Unfall bleibt, fachlich und ethisch höchst bedenklich.

Die Zustimmung aber, die ich aus dem sonstigen Verteilerkreis erhielt, bestärkte mich von der Richtigkeit der Idee. Ich habe die Realisierungsmöglichkeit des Wiederaufbaus der Frauenkirche niemals ernsthaft in Frage gestellt, weil ich glaube, daß das, was Menschen wirklich ernsthaft wollen, nahezu immer erreichbar ist. Später sagte ich einmal im Kreis der Bürgerinitiative, daß, wenn wir den Wiederaufbau nicht erreichen, wir dann nur nicht fest genug an seine Machbarkeit geglaubt haben und wir ihn dann auch nicht brauchen. Für mich stand an allererster Stelle, den Gedanken vom Wiederaufbau in die Welt hinauszutragen und dafür Menschen zu begeistern. Es hat deswegen zahlreiche Gespräche in meiner Praxis und in meinem Freundeskreis gegeben.

Wichtig für mich waren neben Landesbischof Dr. Leich die positiven Reaktionen von Prof. Ludwig Güttler, Dr. Heinrich Magirius, Prof. Dr. Hans Nadler, Dr. Hans-Joachim Neidhardt und von den anderen aus dem Kreis der ersten Stunde, die den Wiederaufbau auf den Weg brachten und später in der Bürgerinitiative dafür mit großem Engagement Verantwortung übernahmen. Andere wiederum haben mir 16 Jahre später im Umfeld der Weihe gestanden, daß sie nie an den Wiederaufbau geglaubt hätten, es sich einfach auch gar nicht vorstellen konnten und wollten. Sie seien erst davon überzeugt gewesen, als die Kirche in ganzer Kubatur den Raum einnahm und sind dann auf die Seite der Befürworter und der Helfer umgeschwenkt.

Die wichtigste Rolle beim Wiederaufbau kommt der Bürgerinitiative und der späteren Gesellschaft zur Förderung dese Wiederaufbaus der Frauenkirche Dresden e.V. um Ludwig Güttler zu. Sie war das beste Instrument gemeinsamen Wollens, gepaart mit Herz, Fachkompetenz und Außenwirkung. Und sie war auch ein wichtiges Organ der gegenseitigen, inneren Bekräftigung des Anliegens.

Besonders intensiv haben sich in meiner Erinnerung einige Termine des schweren Anfangs eingeprägt: der 19. Dezember 1989, als Bundeskanzler Helmut Kohl vor der Frauenkirche sprach und eine ganz euphorische Stimmung zu erleben war und der 12. Februar 1990, als wir 45 Jahre nach der Zerstörung Dresdens und der Frauenkirche nach intensiver gemeinsamer Arbeit den Appell „Ruf aus Dresden – 13. Februar 1990" veröffentlichen.

Mein Brief zum Reformationstag 1989 war der Anlaß für die Zusammenkunft der „Männer der ersten Stunde", mehr nicht. Es ist für mich unglaublich ergreifend, daß auch die Weihe wieder mit dem Reformationsfest zusammenhing.

Dr. med. *Günter Voigt,* geboren 1955 in Dresden; 1974 Abitur; Studium der Zahnmedizin in Halle und Dresden, 1980 Promotion; 1983 Niederlassung in der väterlichen Zahnarztpraxis; 1990 Begründer und stellvertretender Vorsitzender des Vereins der niedergelassenen Zahnärzte in Sachsen, Vorbereiter und Mitbegründer der Kassenzahnärztlichen Vereinigung und der Landeszahnärztekammer in Sachsen. 1989 Gründungsmitglied der Bürgerinitiative Wiederaufbau Frauenkirche Dresden und Unterzeichner des „Rufes aus Dresden – 13. Februar 1990".

*Friedrich Dieckmann*

## Etwas Abenteuerliches war an dem Bau
*Viermal: die Frauenkirche*

*November 1984*

Was habe ich von dem alten Dresden, der inneren Stadt, noch erlebt? Vor allem die Frauenkirche, den protestantischen Dom, der von seiner Vorgängerkirche den altkatholischen Namen übernommen hatte – ein Kuriosum, das mir erst kürzlich, bei der Frage eines Stadtfremden, aufgegangen ist, so sehr waren Bau und Name miteinander verschmolzen. Von Canaletto angefangen, hat kaum je ein Maler, ein Zeichner das Verhältnis von Kuppel und Laterne richtig getroffen, die Größe dieses Turmaufsatzes, der der Glockenform der Kuppel in harmonischem Schwung erwuchs; nicht vorher und nicht nachher hatte es das in der Geschichte der Architektur gegeben. August der Starke hatte dem Rat der Stadt ein Vorbild bezeichnet, Longhenas Kirche für die Heilige Maria zur Gesundheit in Venedig; das war damals etwas ganz Modernes, die Kuppelkirche am Ausgang des Canal Grande war erst vier Jahrzehnte alt. Nie hat es eine souveränere Anverwandlung gegeben; was die Dresdner, George Bähr vor allem, aber nicht er allein, aus der Vorgabe machten, war von so gewaltiger Eigenart wie Bachs Suiten im Verhältnis zu den Concerti des Antonio Vivaldi. Es war gewaltig *in* seiner Eigenart, dabei ohne alles Gewaltsame, sondern von einer Milde in der Kraftentfaltung, einer organischen Bewegtheit in der Gestalt dieser aufsteigenden Steinmasse, daß es schien, als habe die Humanität selbst sich hier einen Körper schaffen wollen. Bach hatte mit diesem steingewordenen contrefait seiner Musik zu tun gehabt, der Orgelbauer, nach dem meine erste Dresdner Schule benannt war, war ihm befreundet gewesen; der Leipziger Kantor hatte das Pfeifenwerk, das den Raum regierte, geprüft und den Franzosen, Marchand hieß er, eine Leuchte der Zunft, spielend in die Flucht geschlagen. Darauf hielten sich die Dresdner immer noch etwas zugute; die deutsche Kunst hatte es damals schwer gehabt gegen die Welschen.

Etwas Abenteuerliches war an dem Bau, die im Innern sichtbare große Eisenklammern machte es deutlich; auch fehlte es nicht an Geschichten, die darauf deuteten; wie der Baumeister seinen Kalk habe mit Ochsenblut mischen müssen, um die Steine zur Kuppel zu verbinden und seinen aus-

*Bernardo Bellotto, gen. Canaletto, Der Neumarkt zu Dresden von der Moritzstraße aus, 1750*

schweifenden Einfall, eine selbsttragende Kuppel aus Sandsteinquadern, zu ermöglichen. Hätte Bähr im Mittelalter gelebt, so hätte man ihm einen Pakt mit dämonischen Mächten angedichtet, aber dies war ein Zeugnis der erleuchteten Zeit – ein Strahlenstern krönte seine Spitze! Er ist mit dem Kreuz verbunden, das der Superintendent Löscher 1738 gegen den geplanten Obelisken durchsetzte, der ein Helios- und Augustuszeichen hätte sein sollen. Der Strahlenkranz, der von dessen Spitze ausgegangen wäre, ging nun von der Kreuzesmitte aus. Luthertum und Barock, ein feste Burg, zur Glocke geschmeidigt – kein Zweifel, der Weltgeist hatte damals in Sachsen Quartier genommen. Der kranke Preuße schoß die von den Österreichern eingenommene Stadt dann kaputt, aber die Frauenkirche hielt ihm stand, auch das war eine Anekdote der Dresdner; erst der wahnsinnige Österreicher brachte sie, mit auswärtiger Hilfe, zur Strecke.

*März 1985*

Die Eröffnungswoche der neuen Semperoper ist zu Ende gegangen; anderntags gehe ich wieder über die Brühlsche Terrasse. Vor Sempers Denkmal – einem schönen Denkmal, das Dresdens Bürgerschaft dem Opern- und Barrikadenbauer 1892 setzte – liegt immer noch kein Kranz; soll das Werk den Meister loben! Ich wende mich zur Stadt hinab und erblicke die Reste der Frauenkirche; auf einmal sehe ich sie anders als all die Jahre, die

Jahrzehnte hindurch – ein Denkmal der Zerstörung, gewiß, indessen: es ist doch etwas stehengeblieben; der Blick ergänzt die Fragmente nach der Seite, in die Höhe und sieht plötzlich das Ganze. Das ist die Wirkung der Semperoper; da sie möglich wurde, wird anderes möglich sein. Die Zerstörung Dresdens, zwei Tage nach der Konferenz in Jalta, auf der die Stadt dem Bereich sowjetischer Truppen zugesprochen wurde, war ein Auswuchs faschistischer Infektion; Englands Bomber gaben zurück, was man vormals aus Deutschland empfangen hatte: Kulturzerstörung, den Angriff auf die Substanz einer Nation. Nicht bloß auf die Menschen, die die Stadt bewohnten, auch auf die, die sie bewohnen würden, zielte der Terror. Hier wie anderswo – in Berlin, in Magdeburg, in Chemnitz – sollte die kulturelle Identität eines Volkes ins Bodenlose gebombt werden. Das war ein faschistisches Konzept, zurückgeworfen auf das Land, das, mit eigener Beihilfe, das erste Opfer des Faschismus geworden war. Jeder Wiederaufbau des damals Niedergemachten aber ist Antifaschismus der Tat. So bekommt Restauration einen vorwärtsweisenden Sinn – Wiederherstellung, das ist Sicherung unserer Zukunft. Dresden hat kostbare Ruinen. Sie wiederaufbauen heißt den Kampf der Kultur führen, der der Kampf ums Überleben ist. Die zerstörte Frauenkirche ist das Mahnmal der Barbarei. Die wiederaufgerichtete würde ein Denkmal des Lebenswillens sein, wie es die neue Oper Gottfried Sempers ist.

## Februar 1992

Als das Dresdner Kupferstich-Kabinett im November 1988 mit einer Ausstellung im Albertinum des Malers und Lichtbildners Edmund Kesting gedachte, da erschien auf dem Plakat Kestings Frauenkirchen-Bild der dreißiger Jahre, eine Nachtansicht in Blau- und Grautönen, mit schimmernden Lichtern auf der Kuppel und der flächenhaft vereinfachten Häuserzeile darunter. Der Hinweis auf einen Meister, dessen Werk und Wirken eine Brücke bildete zwischen zwei Städten, Dresden und Berlin, und zwischen zwei Künsten, der neuen Kunst der Fotografie und der alten von Malerei und Graphik, verband sich mit der Bildberufung jenes einzigartigen Kirchenbaus, von dem zwischen zwei hochragenden Wandstücken im Februar 1945 nur ein großer Schutthaufen übriggeblieben war.

Edmund Kesting, dessen malerisch-graphisches Œuvre von der Naziherrschaft wie von dem SED-Regime ausgegrenzt wurde und der seiner Heimat dennoch die Treue hielt, ist der letzte Maler, der letzte Lichtbild-

*Frauenkirche von der Brühlschen Terrasse, Photographie von Edmund Kesting, 1936*

ner des alten Dresdens. In einem Bildband, der 1955 in dem Westberliner Rembrandt-Verlag erschien, nimmt die Frauenkirche, dieser Hauptbau des augusteischen Dresdens, epochale Transposition der Kuppelkirche süd- und westeuropäischen Typs ins Protestantisch-Nordeuropäische, den ihr gebührenden Platz ein. Es hat der Fotografie bedurft, um dieses Bauwerk recht zu fassen. Bellotto, der sich des Hilfsmittels der Camera obscura bediente, hat das Verhältnis der hohen Laterne zu der glockenförmig aufschwingenden Kuppel nie wirklich getroffen; auch spätere Maler verfehlten es immer wieder. Erst die Fotografen wurden den originalen Proportionen gerecht, von Hermann Krone an, auf dessen Aufnahmen die Stahlstiche des 19. Jahrhunderts beruhten, bis hin zu Kesting, dessen Nachtbild der Frauenkirche den Anhalt der vorausgegangenen Fotografie hatte. Die entsprechende Aufnahme ist in dem Band von 1955 enthalten;

sie zeigt den Nachtblick von der Brühlschen Terrasse auf die mächtige Kuppel, neben der in einer Häuserlücke der Münzgasse von ferne der Rathausturm sichtbar wird.

Kesting hat auch das Innere der Kirche in mehreren Aufnahmen festgehalten, den kreisrunden, kuppelüberwölbten Saal, dessen vielstöckige Emporen sich zwischen acht riesige Pfeiler schmiegten. Die trugen, wie schon Chiaveri kritisch befand, die volle Last der von George Bähr, dem Dresdner Ratsbaumeister, kühn in die Höhe gestreckten Steinkuppel. Sie war so schwer, daß man schon 1766, nach dem Bombardement der Kirche durch die Truppen Friedrichs II., zerdrückte und gerissene Steine fand, erst recht im 20. Jahrhundert, als die Erneuerung des statisch riskanten Baus unter der Leitung von Georg Rüth, Arno Kiesling und Paul Rößler „das krönende Lebenswerk einer ganzen Generation von Dresdner Restauratoren" wurde, wie es das vorzügliche Denkmalpflege-Buch von Heinrich Magirius (Geschichte der Denkmalpflege: Sachsen, 1989) bekundet. Das andere zentrale Arbeitsvorhaben der sächsischen Denkmalpflege nach dem Ersten Weltkrieg war der Zwinger; in hingebungsvoller Arbeit wurden diese beiden Hauptwerke des deutschen Barock sichergestellt und instandgesetzt. An der Frauenkirche kamen die Arbeiten 1943 zum Abschluß; der Statiker Rüth hatte den drei Eisenankern, mit denen Bähr einst die Kuppel stabilisiert hatte, drei Stahlbetonanker hinzugefügt; schon 1903 hatte man kleinere Eisenverankerungen eingesetzt.

Beide Restaurierungen, die des Zwingers und die der Frauenkirche, wurden in der Bombennacht des 13. zum 14. Februar 1945, einem Aschermittwoch in des Wortes schrecklichster Bedeutung, mit der ganzen inneren Stadt zunichte. Die Kuppel zerbarst an den Eisenträgern, an denen die Emporen befestigt waren; als nach dem Brand der hölzernen Innenarchitektur das erhitzte Gemäuer abkühlte, wurde durch das sich schneller zusammenziehende Metall der Stein zersprengt. Alte Dresdner wissen zu erzählen, daß im Keller der Kirche das Filmarchiv des Reichspropagandaministeriums eingelagert gewesen und in Brand geraten sei. Aber wie waren die Filme dorthin gekommen? Dresdens Deutsche Christen hatten sich des Bährschen Doms bemächtigt; hatten sie ihn in eine Goebbels-Deponie verwandelt? Ursache des Brandes waren zwei unvermauert gebliebene Kirchenfenster, durch die Brandbomben ins Innere fielen; sie setzten Gestühl und Emporen in Flammen.

Das hingebungsvolle Werk der Restauratoren schien vernichtet und war doch nicht umsonst getan. Ohne die genaue Baukenntnis von Hubert Ermischs Restauratoren-Team wäre der Wiederaufbau des Zwingers nach dem Krieg nicht möglich gewesen – es war, als habe man für den Katastrophenfall geübt. Dieselben Voraussetzungen waren für den Wiederaufbau der Frauenkirche gegeben. Von den Restaurierungsarbeiten der Jahre 1940–1943 hatten sich genaue Aufmaße erhalten, die Arno Kiesling nach der Zerstörung präzisierte. Sie ermöglichten den Dresdner Denkmalpflegern unter Hans Nadler schon 1948, einen großen Teil der Steine des Trümmerhaufens zwischen den beiden stehengebliebenen Wandstücken zu bestimmen und für den Wiederaufbau sicherzustellen. Nach der Auflösung des Landes Sachsen im Jahre 1952 fehlte es dann der Kirche und den Denkmalpflegern an Mitteln und der Stadt und dem Staat am Willen für den Wiederaufbau; es gelang aber, die Ruine der Frauenkirche vor der Beseitigung zu schützen. 1959 wurde der Anschlag des Oberbürgermeisters Weidauer auf die registrierten Steinbrocken – eine heimliche Aktion wie die einige Jahre zuvor von demselben Stadthaupt veranlaßte Sprengung der Ruinen der Rampischen Gasse – an der Wachsamkeit Hans Nadlers und seiner Mitarbeiter zuschanden. Unter der Losung eines Mahnmals gegen den imperialistischen Krieg fanden sich die Behörden mit der Existenz der Ruine ab. Aber nicht um ihrer selbst willen war diese da, sondern als Mahnung und Grundlage eines Wiederaufbaus, für dessen originalgetreue Ausführung im Sinn einer „archäologischen Rekonstruktion" Vorsorge getroffen war.

Daß es den evangelischen Christen Dresdens in den achtziger Jahren gelang, die Ruine zum Demonstrationsort eines Friedenskampfes zu machen, dem es, mit Richard Schröders Worten, gelang, „das Interpretationsmonopol der SED für das Wort Frieden zu brechen", indem er für innere und äußere Demilitarisierung des sozialistischen Staates einstand, hat der Erhaltung der Ruine einen zusätzlichen Sinn und eine ausstrahlende Symbolkraft gegeben. Im Jahre 1990 schien es vorübergehend so, als wolle die Bedeutung, die der imposante Trümmerhaufen von daher gewonnen hatte, dessen eigentlichen Sinn übertönen: Mahnung und Mittel zum Wiederaufbau zu sein. Unter der Federführung eines landeskirchlichen Baudezernenten, dem es in hingebungsvoller Arbeit gelungen war, den Wiederaufbau der von Bähr und Pöppelmann errichteten Dreikönigskirche mit der Zerstörung des großen barocken Kirchensaals im Dienste sozialer und bürokratischer Raumnutzungen zu verbinden, votierte die lutherische Landeskirche zeitweilig gegen das Wiedererstehen der Frauenkirche. Ein klerikaler Rigorismus, der die Abkehr von Gestalt und Idee der Staatskirche rückwirkend auf deren baukünstlerische Manifestationen übertrug, trat – ohne sich dessen bewußt zu sein – die Nachfolge kommunistisch-kulturrevolutionärer Überhebung an und setzte Stadt und Land und darüber hinaus eine europäische Kulturöffentlichkeit in Erstaunen.

Die Irritation ist inzwischen behoben. Die aus einer Mischung puritanischer und romantischer Quellen gespeiste Vorstellung, man könne die von parkenden Autos umstellte Trümmerstätte als Denkmal konservieren, als eine künstliche Ruine, wie sie das 18. Jahrhundert in Parkanlagen zu stellen liebte und wie sie hier einen städtischen Hauptplatz besetzt gehalten hätte, hat sich nicht behauptet. In fast allen gewichtigen deutschen Zeitungen erhob sich die Stimme der kulturellen Verantwortung und der städtebaulichen Vernunft. Curt Siegel in der „Zeit", Monika Zimmermann und der Tübinger Kunsthistoriker Jürgen Paul in der F.A.Z., Dankwart Guratzsch und Jörg Traeger in der „Welt" bzw. der Süddeutschen Zeitung und Ralf Hübner in der Neuen Zeit haben an die Verantwortung erinnert, die der Besitzer der Ruine, die lutherische Landeskirche, nicht nur gegenüber den Einwohnern der Stadt, sondern gegenüber der deutschen und europäischen Kultur für die Wiedererrichtung eines Bauwerks trägt, ohne dessen Kuppel jene Elbperspektive, die Bellotto nicht müde wurde, malerisch zu feiern, ein Torso bliebe. Sie ist, wie Jürgen Paul 1990 schrieb, „eines der großartigsten städtebaulichen Kunstwerke der Welt und fast das einzige, was Dresden von seiner historischen Schönheit geblieben ist". Mit dem Turm der Hofkirche, der das Inferno überstand, und dem Schloßturm, der seit kurzem in neuer Schönheit wieder zur Stelle ist, bildet die Frauenkirche einen Dreiklang, dessen Wiedergewinnung andere Verluste nicht aufwiegt, aber mildert.

Aber auch das innere Gefüge der noch keineswegs wiederaufgebauten Stadt bedarf des Bährschen Baus, der in vieler Hinsicht ein Kollektivwerk war, unter der Leitung des trefflichen Grafen Wackerbarth angereichert mit den Gedanken der Dresdner Kollegenschaft, die der Ratsbaumeister in seine Entwürfe einbezog. In den sechziger Jahren schoben sich die gestaltlosen Rückfronten einiger hoher Wohnhäuser, aber auch die Seitenfront des sozialistischen Kulturpalastes gegen den Neumarkt vor. In den siebziger Jahren unternahmen die Dresdner Sicherheitsorgane einen architektonischen Angriff auf den Platz, indem sie einen modernistisch gestuften Betonbau von Osten gegen die Bährschen Bruchstücke vorrücken ließen. Ein riesiger Hotelneubau der achtziger Jahre verhielt sich nach Maß und Form sensibler gegenüber dem genius loci; mit seiner Fertigstellung wurde die Wiedererrichtung der Frauenkirche dringlicher denn je. Das um so mehr, als sich die akute politische Bedeutung, die sich dem Ruinen-

Mal verband, mit der geschichtlichen Umwälzung erfüllt, also auch erschöpft hatte. In der demokratisch verfaßten Gesellschaft bedarf es zur Artikulation politischen Willens nicht des symbolisch gesteigerten Ortes; sie eröffnet funktionelle Räume dafür.

Aber ist eine Zeit, in der der wiedererstandene sächsische Staat unter schweren sozialen und ökonomischen Bedrängnissen gerade erst wieder zu sich selbst findet, die rechte Zeit für kulturelle Großprojekte? Kann man es sich, wo es überall an Mitteln fehlt, leisten, mehr als zweihundert Millionen Mark für einen Kirchenbau auszugeben, für den die Kirche selbst keine gottesdienstliche Notwendigkeit erkennt, vielleicht auch, weil sie den großen Gemeindemagneten in ihm fürchtet? Gerade Zeiten staatlich-gesellschaftlicher Neugründung haben sich des geschichtlichen und kulturellen Anhalts zu versichern. Und in Zeiten materieller und sozialer Not ist das geistige Brot der Kultur dringlicher denn je. Das in Schutt und Asche liegende Dresden der unmittelbaren Nachkriegszeit leistete sich mit dem Rückhalt des aus den Fängen einer Reichsstatthalterei befreiten Landes den kostspieligen Wiederaufbau des Zwingers. Wäre man damals – in einer Notzeit, vor der die jetzige verblaßt – vor diesem Werk zurückgeschreckt, so wäre Pöppelmanns Bau heute bestenfalls ein Mahnmal, wahrscheinlicher ein Hotel mit barocken Einsprengseln. Es gab nach dem Krieg auch Stimmen gegen den Wiederaufbau des Zwingers, der in vielem ein Neubau war. Will Grohmann, der von der SED aus Dresden vertriebene Kulturdezernent der unmittelbaren Nachkriegszeit, schrieb 1955 in seinem Vorwort zu Edmund Kestings Bildband: „Der Zwinger wird an Hand der Reste, der Pläne und Fotos rekonstruiert, aber vielleicht wäre es besser gewesen, ihn als Ruine zu erhalten, mit Pöppelmann wird er nur noch die Idee der Anlage gemeinsam haben." „Dresden ist nicht mehr", befand der Autor – die Dresdner haben ihn, überhaupt und bezüglich des Zwingers, ad absurdum geführt.

Was Nutzung und Gestalt des Innern einer wiederaufgebauten Frauenkirche anbelangt, so hat Grohmann selbst die Richtung gewiesen, wenn er in dem gleichen Text die über den Gottesdienst weit hinausgehende Wirkung des farbig-festlichen Innenraums beschreibt: „Die Kirche hatte 3600 Sitzplätze, aber sie faßte 5000 Besucher. Wenn sie abends bei Motetten oder Gottesdiensten erleuchtet war, war der Eindruck überwältigend. Über dem Schiff die Betstübchen, dann die Emporen und überall, in die Ecken und Zwischenräume gezwängt, Balkone und Balkönchen und Nischen, bis hinauf zu den Bogenlaibungen. Über den Pfeilern ein Umgang, auf dem gelegentlich ein Chor aufgestellt war wie in der geöffneten Kuppel auch. Man hatte gar nicht das Gefühl, in einer Kirche zu sein, so farbig und räumlich bewegt war der gefüllte Raum bei Licht, selbst der Altar mit dem Lesepult, dem Altartisch, dem Sängerchor und der Silbermann-Orgel hatte etwas Heiteres, Unprotestantisches, obwohl Bähr und der Rat an eine durch und durch protestantische Gemeindekirche gedacht hatten."

Dieses Innere gab sich als das architektonische Korrelat einer Musik zu erkennen, die der Komponist selbst, Johann Sebastian Bach, in ihr erklingen ließ: am 1. Dezember 1736 konzertierte der frischernannte Hofkompositeur mit überwältigendem Erfolg auf der Silbermannorgel der zwei Jahre zuvor geweihten, aber noch keineswegs fertiggestellten Kirche. Der Weltgeist hatte damals in Sachsen sein Kunstquartier genommen, aber schon kam das Ende in Sicht; unter Augusts des Starken schlecht beratenem Sohn verspielte die Eigensucht der Höflinge die Haltbarkeit des Ganzen. Daß die innere Architektur der Kirche zu der äußeren Erscheinung in einem stimmigen, steigernd-entsprechenden Verhältnis stand, unterschied sie von allen Vorgängerbauten der europäischen Architektur. Sie alle, die venezianische Maria della Salute und die römische Peterskirche und die Wiener Karlskirche, sind zuletzt städtische Dekorationsstücke, auf Außenwirkung angelegt. Bährs Bauwerk war das aufragende Gefäß festlich-frommer Inwendigkeit. Diese innere wird, auch wenn es lange dauern mag, so wiederherzustellen sein wie die äußere Gestalt.

Der Wiederaufbau, der nach dem Krieg nicht gelang, steht spätestens seit dem Neubau der Semperoper an. So war es folgerichtig, daß sich bald nach der Herbstrevolution von 1989 mit klarem Sinn für die Gunst und die Anforderung der Stunde unter Führung von Ludwig Güttler eine Stiftungsinitiative auftat, die sich die Wiedererrichtung der Frauenkirche vorsetzte. Sie ist als gemeinnützige Gesellschaft organisiert und wird als Trägerin eines Bauvorhabens fungieren, das vorab aus Spendenmitteln aller Art zu finanzieren sein wird, jenseits kirchlicher oder städtischer Etats. So unterschiedliche Leute wie Helmut Kohl und Martin Walser haben bereits erkleckliche Summen in diesen Topf getan. Unterdes hat die sächsische Landeskirche ein Einsehen gehabt und mit einer synodalen Mehrheit von 43 zu 26 Stimmen dem Wiederaufbau ihren Segen gegeben. Die „Beräumung" der Trümmerstätte hat begonnen, dann werden Gerüste erstehen, um die erhaltenen Steine und Fassadenteile zu sichern. Zugleich muß der Boden saniert werden. Ist das geschehen, kann das große Werk endlich beginnen – Fritz Löffler hat es mit Recht eine Weltangelegenheit genannt.

*Steinlager auf der Baustelle der Frauenkirche, April 1993*

## Januar 2004

Die Fragen ähneln sich allerorten. Ich denke daran, wie sich Dresdens Großer Garten in den Nachkriegsjahrzehnten darstellte, mit einem Palais inmitten, das – ein Hauptbau der Epoche – dem im 19. Jahrhundert umgeformten Park das unverzichtbare Zentrum gab. Es war nach dem Krieg eine Brandruine, aber sie wurde nicht abgerissen, was damit zusammenhängen mochte, daß die Denkmalpflege in diesen dem Sozialismus zugeeigneten Gebieten einen starken Rückhalt in der Bevölkerung hatte. Manchmal behielt sie die Oberhand gegenüber den Vorurteilen, die im Westen wie im Osten den Bauten des bürgerlichen wie des feudalabsolutistischen Zeitalters entgegenschlugen, diesem Furor der Vernichtung, der die zerstörten Städte vielfach ein zweites Mal preisgab. Zwanzig Jahre lang blieb das total ausgebrannte Gebäude von 1683 inmitten eines Parks, den nun eine Pioniereisenbahn durchquerte, als Ruine stehen; dann ging es langsam, Schritt um Schritt, an einen Wiederaufbau, der in den sechziger Jahren allmählich einsetzte und in den neunziger Jahren neuen Auftrieb erhielt. Es war mir, der ich als Kind das unzerstörte Palais gekannt hatte, im vorigen Jahr bewegend, in seinem Innern zu sitzen – in einem Saal, der nicht verputzt und nicht verziert, aber schon benutzbar war. Das Provisorische der Gestalt verstärkte das Moment der Wiederaneignung auf besondere Weise. Auch dies war ein mit langem Atem und unermüdeter Geduld errungener Sieg über den Vernichtungswillen, mit dem die Bomberschwärme vieler Luftflotten Europa von seinen kulturellen Wurzeln wegzusprengen und ins Bodenlose zu stürzen versucht hatten.

Es braucht den langen Atem geduldiger Arbeit, um solche Hauptstücke des architektonisch-städtebaulichen Erbes wiederzugewinnen und mit ihrer Hilfe die Eigenart eines Ortes, einer Stadt – ich spreche ungern von Identität, es ist eine zu starre und nicht eigentlich angemessene Kategorie – zu erneuern und zu befestigen. Dasselbe ist in Dresden mit der noch viel dramatischer zerstörten Frauenkirche George Bährs geschehen, und eine Freude war es mir, zu bemerken, wie ein kritisch-sensibler Bobachter wie Dieter Bartetzko seine abwehrende Position gegenüber solchen Wiederaufbauten angesichts des überwältigenden Eindrucks des Neubaus revidierte. Nicht nur bei ihm siegte der sinnliche Eindruck über die reservatio mentalis – jenes verinnerlichte Dekret aus dem Reich der abstrakten Vernunft, das verfügte, dergleichen sei „nicht erlaubt".

An der Stelle der berühmten Kirche hatte sich jahrzehntelang ein rosenüberwachsener Trümmerhaufen zwischen zwei Wandfragmenten gezeigt, und die Entscheidung für die Wieder-, die Neuerrichtung der alten Kirche war durchaus umstritten. Es gab Widerstand in der Evangelischen Kirche, der die Ruine gehörte und die Angst davor hatte, es mit einem Großraum aus den Zeiten der Staatskirche aufnehmen zu sollen; es gab ihn erst recht bei aus dem Westen herzueilenden Denkmalpflegern, die sich auf eine dogmatisch-puristische Position festgelegt hatten. Was den Neubau durchsetzte, dieses Wunderwerk einer gleichsam archäologischen Wiedererrichtung, war die Initiative einzelner, hinter der sich das Kulturbewußtsein einer ganzen Stadtbevölkerung versammelte. In das Tragwerk der neuen Kuppel wurde eine Ringankerkonstruktion eingelassen, die eine statische Idee aufgriff, deren Realisierung George Bähr mit den Mitteln seiner Zeit nicht geglückt war: die gleichmäßige Ableitung der Kuppellast auf die Außenmauern. Es war fesselnd zu sehen, wie ein vor dreihundert Jahren steckengebliebenes Konzept sich mit dem Erfindungsgeist und den Mitteln der Späteren als realisierbar erwies, es war wie eine Stafette durch die Epochen, die Generationen.

Nach vielen Seiten, gerade auch der handwerklichen, ist eine solche Wiederherstellung eine schöpferische Herausforderung. Neue Erfindungen werden gemacht, um alten Ideen gerecht zu werden; verschollene

*Südöstlicher Treppenturm mit Baugerüsten, November 2002*

Kunstfertigkeiten werden wiederbelebt und stehen dann neu zur Verfügung. Die Tragweite des Entschlusses zu ermessen, der hier Wirklichkeit wurde, hilft der Begriff des Kulturerbes. Kulturerbe: das Wort kam im westdeutschen Sprachgebrauch nicht vor, auch in großen Lexika fand man es nicht; erst auf dem Weg über die UNESCO, als Übersetzung von *World Cultural Heritage,* ist der Begriff in den neunziger Jahren dort durchgedrungen. Im östlichen Deutschland war er früh zuhanden, er gab einen Streitgegenstand ab, insofern Doktrinäre und Ideologen dazu neigten, ihn klassizistisch zu verengen; dagegen galt es (und das wurde mit der Zeit leichter), auf der Weite und Vielfalt des anzutretenden Erbes zu bestehen. In mehr als einer Hinsicht ist der Begriff produktiv; er macht deutlich, daß frühere Zeiten uns etwas hinterlassen haben, das zu erhalten und für sich fruchtbar zu machen den Späteren nicht nur aufgegeben ist, sondern sich vor allem lohnt. Vergangene Zeitalter sprechen zu uns mit Werken, die unsere Existenz über den Abstand der Zeiten hinweg erhellen und bereichern. Das gilt auch und gerade für die Baukunst.

*Die leicht überarbeiteten Texte entstammen folgenden Publikationen:*

FRIEDRICH DIECKMANN, Mein Dresden. Dank- und Denkzettel, in: Neue Deutsche Literatur 2 (1985), S. 55ff. – Nachdruck in: ders., Die Freiheit ein Augenblick. Texte aus vier Jahrzehnten, Berlin 2002, S. 282f.
FRIEDRICH DIECKMANN, Semper und wir, in: Sinn und Form 5 (1985), S. 932f. – Nachdruck in: DERS., Dresdner Ansichten, Frankfurt am Main und Leipzig 1995, S. 194f.
FRIEDRICH DIECKMANN, Die Wiedergewinnung der Frauenkirche, in: Neue Zeit, Berlin, 13. Februar 1992. – Nachdruck in: DERS., Dresdner Ansichten, Frankfurt am Main und Leipzig 1995, S. 33–41.
FRIEDRICH DIECKMANN, Erneuerung und Erbe. Über Sinn und Chance von Iterationen (Vortrag im Verein zur Förderung der Baukunst am 22. Januar 2004 in Hannover), in: Sinn und Form 2 (2005), S. 277f.

Dr. h.c. *Friedrich Dieckmann,* geboren 1937 in Landsberg/Warthe; Schriftsteller, Essayist und Publizist; 1972–1976 Dramaturg am Berliner Ensemble; 1995 Mitglied der Deutschen Akademie für Sprache und Dichtung; 1996 Gründungsmitglied der Sächsischen Akademie der Künste, bis 2003 deren Vizepräsident; Mitglied der Akademie der Künste Berlin-Brandenburg und des Sächsischen Kultursenats; Autor zahlreicher Veröffentlichungen. – Seit 2003 Mitglied der Fördergesellschaft.

*Martin Walser*
## Gerettete Geschichte

Am 10. Oktober 1989 habe ich im Kulturbundhaus in Dresden einen Vortrag von Schloßbaumeister Erich Jeschke über die „Rekonstruktion" des Dresdner Schlosses gehört. Fünfhundert Millionen, sagte er, werde das kosten. Zwanzig Millionen seien pro Jahr bewilligt. Trotzdem wollen sie im Jahre 2006 fertig sein. Herr Jeschke stand kurz vor seiner Pensionierung. Aus seinem Mund habe ich zum ersten Mal das Wort „Sponsoren" gehört. Die Hypobank, München, habe sich gebefreudig gezeigt, aber die Staatliche Verwaltung sei noch nicht fähig, solche Gaben zu akzeptieren. Die Semperoper war gerade fertig geworden. Das soll, hörte man, für die DDR fast zuviel gewesen sein. Und jetzt die Frauenkirche. Lange genug sind wir an diesen zwei Steinstümpfen und dem dazwischen allmählich grünenden Steinhaufen vorbeigegangen, Steine, die ihrer Wuchtigkeit nach aus einem Titanenkampf stammen mußten.

Daß es je Diskussionen gegeben haben soll, ob man die Frauenkirche überhaupt wieder aufbauen solle, ist inzwischen nicht mehr zu begreifen. Abgesehen von der Präsenzpflicht der Frauenkirchenkuppel im Dresdner Stadtbild, durfte diese Kirche ihrer Schönheit wegen nicht in Trümmern bleiben. In Dresden wurde mehr Schönheit vernichtet als in jeder anderen Stadt. Das liegt auch daran, daß in Dresden mehr Schönheit geschaffen worden war als in jeder anderen zerstörten Stadt – Elbflorenz eben – und auch noch daran, daß die Nachkriegsgesellschaft (nicht nur in der DDR) im Beseitigen beschädigter Bauwerke und geschichtsträchtiger Ruinen recht flott verfuhr.

Es gab Widerstand. In Dresden waren es zum Beispiel Fritz Löffler, Hans Nadler und Heinrich Magirius, die für eine andere Zeit retten wollten und manches auch gerettet haben, wofür die Gegenwart damals keinen Sinn hatte. Das Schloß wieder aufzubauen, war wichtig, weil sich in ihm, wie vielleicht in keinem zweiten Bauwerk, die ganze sächsische Geschichte versammelt. Und eine schöne Portion Mentalität auch. Ohne die Semperoper wäre die Musikstadt Dresden nicht Dresden.

Die Rekonstruktion der Frauenkirche war, weil sie ein Kunstwerk war, ein Problem höherer Ordnung. Ist ein rekonstruiertes, ein nachgebautes Kunstwerk noch ein Kunstwerk? Daß auch die allerbeste Kopie der Raffael-Madonna keine Raffael-Madonna ist, versteht sich von selbst. Aber ein Bauwerk ist ein Kunstwerk durch seine Maße. Und wenn die Maße bei der Rekonstruktion genau erreicht werden können, dann ist das, was wir nachher sehen, das, was unsere Vorfahren gesehen haben, als das Original noch stand. Authentisch nennt man etwas, was es selbst ist – unverfälscht. Und wenn etwas durch Maße vollkommen bestimmt ist, dann ist das, was wir nach diesen Maßen bauen, das, was einmal war. Deshalb ist für mich die Frauenkirche authentisch.

Die Einbettung der Kirche in ihre engere Umgebung hingegen ist unwiederbringlich zerstört. Diese Einbettung zu rekonstruieren wäre Disneyland. Wie die überragende und körpermächtige Kirche eingebettet war in die alten Giebel und Gassen, das läßt sich auf alten Bildern erleben. Diese rührende Selbstverständlichkeit eines Weltwunders, diese städtebauliche Quasi-Natürlichkeit ist dahin. Und doch ragt das Kunstwerk Frauenkirche jetzt nicht als Schönheitssolitär in den Himmel über Dresden. Es ist ein Glück, daß das Schloß, die Hofkirche und die Semperoper ein kostbares Milieu produzieren, in dem die Frauenkirche als primus inter pares ihre historische Rolle spielen kann.

Ob man dieses oder jenes Schloß wieder aufbauen soll, ist eine Frage des Geschichtsgefühls. Man drückt mit einem solchen Bauwerk aus, daß man die darin zum Ausdruck kommende Geschichte nicht verlieren will. Das ist konservatorisch gedacht und aller Ehren wert. Die Frauenkirche aber ist ein Kunstwerk, ein außerordentliches.

*Trümmerberg mit Spitze des Nordost-Treppenturms, 1947*

Gerettete Geschichte 173

*Nordost-Treppenturm mit eingebautem Trümmerteil, September 1993*

Dieser letzte Krieg hat unsere Städte verwüstet, arm gemacht, und es hilft nichts, für diese oder jene Vernichtungsaktion Ursachen oder gar Schuldige zu suchen. Aber wenn es, wie in Dresden jetzt, gelingt, ein Kunstwerk zu rekonstruieren, dann ist es gelungen, die Schönheitsvernichtung des letzten Krieges zu einem genau feststellbaren Teil zu revidieren. Und die Fähigkeit, so schöne Kirchen zu bauen wie die Frauenkirche,

*Kuppel mit Laterne und Kreuz, Juli 2004*

war ja dann bald genug erschöpft. Schon fünfzig Jahre nach dem Bau der Frauenkirche hat man angefangen, historisch gewordene Stile zu pflegen, zu imitieren, zu vollenden.

Die Dresdner Frauenkirche ist noch ein Original. Und im Original kommt die Gesinnung der Schöpfer immer genau zum Ausdruck. Bei denen, die historisch beziehungsweise historistisch bauen und pflegen, ist die Schönheit importiert, abgeleitet, sozusagen aus sentimentalischer Gesinnung. Das Schloß ist ein prächtiges Bilderbuch der Baugeschichte, die Semperoper samt Hofkirche ein glanzvolles italienisches Gastspiel an der Elbe. Die Frauenkirche ist ganz und gar aus Dresden. Sie präsentiert ihre Schönheit, sie weiß sozusagen wie schön sie ist, und wirkt kein bißchen eitel. Sie ist eben eine mütterliche Kirche. Sie will nicht den Himmel, sondern die Gemeinde aufnehmen. Und das kann sie wieder. Welche Art Gemeinde es auch immer sei. Diese Kirche ist geweiht durch Schönheit. Raffaels Madonna drüben in der Galerie müßte sich entführt vorkommen ohne die Nachbarschaft dieser mütterlichen Kirchenschönheit.

Im Dezember 1995 traf bei mir von Professor Günter Zumpe die Schrift ein „Die tragende steinerne Glocke der Frauenkirche zu Dresden". Da war der Professor samt Studierenden schon mehrere Jahre an der Arbeit. Und ich begriff zum ersten Mal, wie kühn George Bähr gerechnet und gebaut hat. Daß die Kuppel eine Glocke ist, also nach unten hin zuerst noch schlanker wird, bevor sie endgültig ausschwingt und auf dem Unterbau landet. „Ingenieurbaukunst" nennt es Professor Zumpe. – Und das in Stein. Was auch immer neuere Forschungen über George Bährs riskante Kuppel errechnet haben, Tatsache ist, daß diese Kuppel erst vierundzwanzig Stunden nach dem Angriff zusammengebrochen ist. Das darf man ruhig mit Bedeutung versehen. Nachher wurde es nicht nur ein Wiederaufbau, sondern eine Vervollkommnung der Ingenieurbaukunst. Ein einzigartiges Bauwerk war die Kirche schon immer und das ist sie jetzt wieder. Aber jetzt ist sie auch noch eine Art Zeugnis gegen den Krieg. Gegen jeden Krieg. Gegen jede Art Krieg.

Daß Dresden dieses Ensemble Semperoper, Zwinger, Hofkirche, Schloß und Frauenkirche gerettet hat, heißt: Der Krieg hat nicht das letzte Wort. Nicht in Dresden, der so grauenhaft mitgenommenen Stadt. Nehmen wir an, künftige Besucher der Frauenkirche kriegen mit, was alles mit ihr passiert ist, dann ist für Geschichte gesorgt. Für erlebbare Geschichte. Daß die Dresdner diese Bauwerke tatsächlich ins Leben gerettet haben, beweist auf das schönste, daß die heutigen Dresdner ihrer Vorfahren würdig sind.

Dr. phil. Dr. h.c. *Martin Walser*, geboren 1927 in Wasserburg/Bodensee; 1943–1945 Militärdienst; 1946 Abitur; 1946–1951 Studium der Literatur, Geschichte und Philosophie in Regensburg und Tübingen und Promotion; 1949–1957 Reporter, Regisseur und Hörspielautor beim Süddeutschen Rundfunk; 1953 Mitglied der „Gruppe 47"; seit 1955 Schriftsteller und Publizist. 1990 spendete Martin Walser das Preisgeld des ihm verliehenen Richarda-Huch-Preises dem Förderkreis zum Wiederaufbau der Frauenkirche, der nachmaligen Gesellschaft zur Förderung des Wiederaufbaus der Frauenkirche Dresden e.V.; 1992–1994 Kurator des Stiftungsvereins, seit 1995 Kurator der Stiftung Frauenkirche Dresden.

*Peter Hahne*

## Wenn Steine schreien

Unvergessen jener Sommertag im Jahr 1995. Termin beim Sächsischen Justizminister Steffen Heitmann, der in jenen Monaten auch das Innenressort führte. Für ihn als Mitglied des Stiftungsrates der Stiftung Frauenkirche Dresden war kurzfristig eine Begehung der Baustelle angesetzt worden, und als bekennender Frauenkirchen-Fan bat ich, dabeisein zu dürfen. Schon auf den ersten Blick war mir klar: Das ist keine normale Baustelle, hier arbeiten Architekten und Handwerker mit einer eigenartigen Mischung aus Enthusiasmus und Ehrfurcht. Kirchenbaumeister Eberhard Burger erlebte ich als einen Motivator, der die gesamte Mannschaft vom Steinmetz bis zum Handlanger zu begeistern wußte. – Eine Pionierarbeit der besonderen Art, galt es doch, Neues in Vorhandenes zu integrieren und mit alter Handwerkstechnik ein Original zu rekonstruieren, das nach umkämpfter Wiederaufbau-Entscheidung weltweite Unterstützung erfuhr.

Mitten in der Besprechung ein lauter Schrei, und alle rannten ins Zentrum der Ruine. Ein Arbeitsunfall? Doch die Männer lagen sich in den Armen und zeigten fassungslos auf den Boden. Soeben hatten sie unter den Trümmern den „Vermessungspunkt" gefunden, von dem aus George Bähr mittels eines hölzernen Pflockes den gesamten Bau „abgeschnürt" hatte. Es war offensichtlich: Obwohl aus Holz bestehend, war die zentrale Mitte der Kirche – der Fixpunkt auch für die kommenden Baumaßnahmen – in jenen Katastrophentagen des Februars 1945 trotz Feuers und Hitze erhalten geblieben. Eines der vielen Wunder, die sich um dieses wunderbare Bauwerk ranken. Den jubelnden Handwerkern standen Tränen in den Augen. Für Architekten und Statiker war es nun wesentlich leichter, zu verstehen, wie der alte Bähr seinerzeit seine Pläne übertragen hatte. Dank der Mitte.

Auch diese Geschichte gehört zu den vielen Gleichnissen, die diese Kirche und ihr Bau bieten: So stammt das neue Turmkreuz von einem Londoner Kunstschmied, dessen Vater als britischer Bomberpilot in jener Schreckensnacht im Februar 1945 dabei war. – Diese Kirche steht für Versöhnung. Diese Kirche steht für Neuanfang; im Angesicht des Todes begann für die Bauleute das neue Leben der alten Frauenkirche. Oder das geschwärzte Altarstück mit dem knienden Jesus im Garten Gethsemane, unter den Trümmern gefunden und zurück am alten Platz. – Diese Kirche steht für den le-

# Wenn Steine schreien 177

*George Bährs Vermessungspunkt in Kirchenmitte mit Umfassungssteinen aus dem gotischen Vorgängerbau, Fundsituation Juni 1995*

bendigen Gott, der das Leid der Menschen teilt. Oder das alte Kuppelkreuz, längst verloren geglaubt, steht jetzt deformiert im Innenraum (neben Eingang B). – Wer Europa eine Seele geben will, kommt am Kreuz nicht vorbei. Die Mitte ist es, die alles entscheidet. Das Zentrum ist der Herzschlag. Um die Mitte dreht sich alles, nur von hier aus läßt sich Maß nehmen. Welch ein Symbol in Zeiten der Maßlosigkeit, die unsere Gesellschaft in eine tiefe Sinn- und Identitätskrise gestürzt hat. „Die Mitte verlieren, heißt die Menschlichkeit verlieren," mahnte schon der fromme Mathematiker-Philosoph Blaise Pascal (1623–1662). „Wenn es Gott nicht mehr gibt, ist alles erlaubt" (Dostojewski). Dafür steht die Frauenkirche, das macht sie so aktuell: Wir können nur weiterkommen, wenn wir zu Gott umkehren. Diese in Stein erbaute Botschaft an der Elbe warnt und mahnt, verkündigt, versöhnt und verheißt. Ich denke da immer wieder an das Wort Jesu, gesprochen im Anblick des Jerusalemer Tempels, der über seine Jünger sagte: „Wenn diese schweigen werden, so werden diese Steine schreien" (Lukas 19, 40). Zu hunderttausenden Bürgern und Besuchern haben die Dresdner Steine bereits „geschrieen". So leitete Baumeister Burger viele Andachten mit Steinmetzen, die zum Teil keine Christen mehr waren, ein. „Es war sehr bewegend zu sehen, wie diesen Männern die Tränen in die Augen traten, als sie zum ersten Mal seit Jahrzehnten wieder Choräle sangen, die sie in ihrer Kindheit gelernt hatten," zitiert die Nachrichtenagentur IDEA Oberlandeskirchenrat Dr. Christoph Münchow. Hier merken die Menschen, daß es mehr gibt als Konsum und Kommerz, Kosten und Karriere.

Daß ich zu den ersten gehörte, die in der fertiggestellten und neu geweihten Unterkirche sprechen durften, ist mir ein besonderes Geschenk und ein herausragendes Erlebnis meines Lebens. Zur Reformationsfeier des „Comenius-Clubs" der CDU-Fraktion des Sächsischen Landtags kamen nicht nur die Spitzen des Landes, sondern lange vor Beginn drängten sich vor allem junge Leute am Eingang. Interessierte Jugendliche, die vielleicht das erste Mal in ihrem Leben vor einem Altar standen und Worte der Bibel hörten. „Suchet der Stadt Bestes" hieß das Thema. Es kann als Motto für den „protestantischen Petersdom" dienen, denn es ist das Beste für unsere Gesellschaft, um eine tragende Mitte und ein (ver-)bindendes Maß zu wissen. Ohne Konzentration auf ein Zentrum kann ein Volk auf Dauer nicht bestehen. Gegen die Diktatur des Relativismus erhebt sich eine Botschaft, die im Dienste der Wahrheit eine Freiheitsbotschaft ist. Wenn der Mensch nicht mehr weiß, daß er höchstens der Zweite ist, dann ist bald der Teufel los. Deshalb zählt der Wiederaufbau der Frauenkirche „zu dem Besten, was freie Bürger leisten können", wie es Bundespräsident Horst Köhler am 30. Oktober 2005 ausdrückte. Die Geschichte Dresdens und der Frauenkirche sind Mahnmal und Denkmal im wahrsten Wortsinn. Daran dankbar zu denken, daß man den, der zur Rechten Gottes sitzt, nicht einfach links liegen lassen kann, ist die christliche Mahnung, die durch das „Wunder von Dresden" sichtbaren Ausdruck findet. Kein Wirtschaftsstempel ragt als Wahrzeichen der Stadt in die Wolken. Es geht um mehr als um schöne Steine und atemberaubende Architektur. Es geht um Leben. Es geht um Steine, die predigen, und wenn es not tut, sogar schreien.

*Peter Hahne*, geboren 1952; ZDF-Moderator, Bestseller-Autor, Kolumnist der „Bild am Sonntag"; Mitglied im Rat der Evangelischen Kirche Deutschlands und im Hauptvorstand der Deutschen Evangelischen Allianz. 1995 stiftete Peter Hahne seinen mit 10 000 DM dotierten „Preis für Evangelische Publizistik" dem Wiederaufbau der Frauenkirche.

*Roman Herzog*

# Erinnerungen um die Frauenkirche

Im Februar 1945 war ich noch nicht ganz elf Jahre alt und ich glaube nicht, daß ich bis dahin schon einmal etwas von der Dresdner Frauenkirche gehört hatte. Aber dann kam die Vernichtung Dresdens durch alliierte Bomberflotten. Es kam die unglaubliche Spätkriegspropaganda, die das seinerzeitige Regime aus dieser Tragödie zu machen suchte. Und es kam das Entsetzen, das sich in der Umgebung meiner Eltern darüber ausbreitete. Damals habe ich von meiner Mutter erstmals den Namen „Frauenkirche" gehört. Die Bilder der zerstörten Hochkirche des deutschen Protestantismus, die damals durch die Zeitungen gingen, habe ich immer noch im Gedächtnis und ebenso die erschütternde Klage Gerhart Hauptmanns über den Untergang Dresdens, die der braune Rundfunk dann so erbarmungslos zu einer Hetztirade ummünzte.

Vielleicht versteht der eine oder andere, warum ich es von Anfang an begrüßte, als nach dem Fall der Mauer und der Wiedervereinigung Deutschlands sehr schnell darüber diskutiert wurde, ob es sinnvoll und vor allem möglich sei, die Kirche, die unter den verschiedensten Gesichtspunkten zum Symbol geworden war, im alten Stil wieder aufzubauen. Die Problematik solcher Reprisen war mir so gut bekannt wie die Tatsache, daß man auch noch an andere Zerstörungen des Zweiten Weltkriegs hätte denken können. Für mich aber war die Frauenkirche eines der frühesten Symbole meines politischen Wachwerdens. Ohne sie je gesehen zu haben, war sie mir – manches Mal näher manches Mal ferner – eine Unvollendete, nicht nur für Deutschland, sondern auch für mich selbst.

Nach dem Fall der Mauer war ich dann verschiedentlich in Dresden und natürlich stand ich auch vor den unerlösten Ruinen, – schon in dem Bewußtsein, daß alles zum Wiederaufbau der Kirche getan werden würde, aber doch auch mit dem nagenden Zweifel, ob sich dieser Wiederaufbau so würde vollziehen lassen, daß wenigstens diese Narbe aus dem fürchterlichen Krieg auf Dauer würde geschlossen werden können. Aber das alles waren Gedanken und Spekulationen, wie sie ein erwachsener, der Realität hingegebener Mensch eben anstellt. Wirklich tief drangen sie in mich nicht ein. Dazu war ich zu sehr mit meinen eigenen Problemen und – vor allem – mit den riesigen politischen Problemen jener Zeit beschäftigt.

Dann wurde ich 1994 Bundespräsident und mein Verstand sagte mir, daß mein erstes Amtsjahr mit einer Reihe von fünfzigsten Gedenktagen ausge-

*Gedenken an die Zerstörung Dresdens, 13. Februar 1995*

füllt sein würde: Befreiung von Auschwitz, Befreiung von Bergen-Belsen und letztlich das Gedenken an das Ende eines Krieges, der von einer deutschen Regierung vom Zaun gebrochen worden und zu einer der größten Katastrophen des ganzen deutschen Volkes geworden war. Auch der deutschen Toten mußte gedacht werden, und wo wäre das besser möglich gewesen als in Dresden und vor den Ruinen der Frauenkirche, die nunmehr schon begonnen hatten, gleichsam zu einem Symbol der Zukunft zu werden?

Wie es in Deutschland offenbar nicht anders möglich ist, löste meine Ankündigung, am 13. Februar 1995 nach Dresden zu gehen und dort mit den Kindern der Opfer um ihre Toten zu trauern, beträchtliche öffentliche Diskussionen aus. Ich will die Warnungen und guten Ratschläge, die damals durch Post und Medien ins Haus gebracht wurden, hier nicht aufzählen und ich will auch keine Unterscheidung zwischen den berufs- und gewohnheitsmäßigen Warnern, den wohlwollenden und sogar besorgten Mitdenkern und schließlich den lediglich albernen Wichtigmachern versuchen. Jedenfalls blieb ich bei meinem Entschluß, und als mir der Generalinspekteur der Bundeswehr, General Klaus Naumann, von seiner Absicht berichtete, die drei westalliierten Generalstabschefs für den 13. Februar nach Dresden einzuladen, habe ich dem nicht widersprochen.

Am Nachmittag des Gedenktages habe ich dann an der würdigen Gedenkveranstaltung teilgenommen und dort eine sorgfältig durchdachte Rede gehalten, wie es sich für ein Staatsoberhaupt in so schwieriger Lage gehört. Die Rede ist gedruckt, braucht hier also nicht referiert zu werden – und sie war mir auch gar nicht so wichtig wie das, was sich dann, einige Stunden später, anschloß: Nach einem Konzert in der Kreuzkirche sollte sich die gesamte Kavalkade der sogenannten Prominenz von dort zu den Ruinen der Frauenkirche begeben, die damals schon „aufgeräumt" worden war. Damit war mehrerlei beabsichtigt: Vordergründig ging es natürlich darum, den ausländischen Gästen die Baustelle zu zeigen. Aber es sollte wohl auch eine Demonstration gegen Krieg und Zerstörung überhaupt sein, wie ich es in meiner Rede betont hatte – und, das war jedenfalls mein Wunsch, es sollte auch der feste Aufbauwille der Ostdeutschen, ja aller Deutschen überhaupt, zum Ausdruck gebracht werden. Über allem aber stand, wie bei den Lichterprozessionen der vergangenen Jahrzehnte, die Trauer um die Toten.

Diesen Gang von der Kreuzkirche zur Frauenkirche werde ich mein Leben lang nicht vergessen. Die Prominenz bewegte sich langsam durch die Masse der Menschen, die mit brennenden Lichtern stumm und in sich gekehrt den gesamten Weg säumten. Sie gaben keinen Laut von sich und jeder konnte sich sein eigenes Bild davon machen, ob sie sich wirklich, wie ich es empfand, der Trauer und dem Gedenken hingaben, ob sie sich nur durch den großen Auftrieb an fremder Prominenz gestört fühlten oder ob sie sich gar von den Vertretern der Verantwortlichen für den Luftangriff distanzieren wollten. Jedenfalls: Zu Mißfallenskundgebungen ist es an keiner Stelle gekommen. Ernst und Würde waren ganz eindeutig die Gefühle, die diesen Abend beherrschten – und die ausländischen Gäste sind später nicht müde geworden, die Dresdner für diese Haltung zu bewundern. Ich habe es schon einmal an anderer Stelle geschrieben und wiederhole es hier bewußt: Ich habe meine Schwierigkeiten damit, nicht auf meine eigenen Leistungen, sondern auf die Leistungen anderer Menschen stolz zu sein; das erscheint mir immer wie eine Art von Parasitentum. Aber an diesem Abend, am Abend des 13. Februar 1995, war ich auf die Bürger von Dresden stolz.

Bei der Gedenkfeier in Dresden stellte mir der Herzog von Kent, der das britische Königshaus vertrat, auch Alan Russell, den Gründer und Vorsitzenden des „Dresden Trust" vor – einer englischen Vereinigung, die sich die Finanzierung des riesigen Turmkreuzes der Frauenkirche zum Ziel gesetzt hatte, als Zeichen der Versöhnung zwischen den Opfern des Bombenkriegs zwischen Deutschland und Großbritannien, der ja auf beiden Seiten viel menschliches Unglück hervorgerufen und zwischen beiden Völkern auch tiefe Wunden geschlagen hatte. Ich wußte auch, daß es in den USA eine ähnliche Initiative gab, die sich „Friends of Dresden" nannte. Ich erfuhr schließlich von namhaften Beträgen, die die Queen zu den Finanzmitteln des „Dresden Trust" beisteuerte. Wie weit alle diese Bemühungen

*Besichtigung des neu angefertigten Turmkreuzes der Dresdner
Frauenkirche im Innenhof von Schloß Windsor (v.l.: Bundespräsident
Prof. Roman Herzog, Königin Elisabeth II., Christiane Herzog,
Prinz Philip, Herzog von Edinburgh), 1. Dezember 1998*

wirklich gediehen, war mir während der folgenden Jahre aber nicht bekannt, jedenfalls nicht genau.

Es war für mich daher eine Überraschung, als ich bei den Vorbereitungen meines Staatsbesuches im Vereinigten Königreich, der im Dezember 1998 stattfinden sollte, erfuhr, daß das Turmkreuz bereits fertiggestellt war. Das britische Königspaar hatte beschlossen, es während des Staatsbesuches im Hof von Schloß Windsor aufstellen zu lassen und es meiner – inzwischen verstorbenen – ersten Frau und mir in aller Form vorzustellen. So ist es dann auch geschehen, und es war, das will ich in aller Offenheit bekunden, ein tief bewegender Augenblick, als wir zusammen mit Königin Elisabeth II. und Prinz Philip vor dem gigantischen Kunstwerk standen, der Toten von Dresden gedachten und zugleich Dank für die allmählich gewachsene Freundschaft zwischen unseren Völkern empfanden. Ich erinnerte mich voller Bewegung an die Schlußworte meiner Dresdener Rede vom 13. Februar 1995: „Dieses Turmkreuz, das hoch über der Stadt stehen wird, wird uns auf ewig daran erinnern, daß wir, ein halbes Jahrhundert nach der Zerstörung, zueinander gefunden haben. Das Zueinanderfinden, Einander-Vertrauen, die böse Vergangenheit gemeinsam Überwinden – das ist der richtige Weg. Wir Deutschen werden alles dazu tun, ihn auch in Zukunft zu gehen. Geduldig und beharrlich."

Wieder sind einige Jahre vergangen. Am 30. Oktober 2005 ist die neue Frauenkirche dann eingeweiht worden. Wieder konnte ich dabei sein, diesmal nun mit meiner zweiten Frau. Sie kannte die Geschichte des Turmkreuzes natürlich – ich hatte sie ihr wahrscheinlich öfter erzählt, als es nötig gewesen wäre. An der Spitze des Turmes prangte das goldene Kreuz der Feinde von ehedem. Ich hatte Mühe, es gelegentlich aus meinem Blickfeld zu lassen. Schließlich gibt es nicht nur dieses Turmkreuz. Es gibt eine neue Frauenkirche. Und es gibt ein neues Dresden.

Prof. Dr. jur. habil. *Roman Herzog,* geboren 1934 in Landshut; Studium der Rechtswissenschaften in München, 1958 Promotion; 1966–1969 Professor an der Freien Universität Berlin für Staatsrecht und Politik; 1969–1973 Professor für Staatslehre und Politik an der Hochschule für Verwaltungswissenschaften in Speyer; 1971–1980 Vorsitzender der Kammer für öffentliche Verantwortung der Evangelischen Kirche Deutschlands; seit 1972 Ordentliches Mitglied der Synode der Evangelischen Kirche Deutschlands; 1978–1983 Bundesvorsitzender des Evangelischen Arbeitskreises der CDU/CSU; 1980–1983 Innenminister von Baden-Württemberg; 1983–1987 Vizepräsident und 1987–1994 Präsident des Bundesverfassungsgerichts; 1994–1999 Präsident der Bundesrepublik Deutschland. 1995–1999 Schirmherr, seit 2000 Ehrenkurator der Stiftung Frauenkirche Dresden.

*Richard von Weizsäcker*

## Nicht ICH, sondern WIR!

„Herr, ich habe lieb die Stätte Deines Hauses und den Ort, da Deine Ehre wohnt." – Mit diesen Psalmworten erging an uns die Einladung zum Weihgottesdienst der Frauenkirche. Freude und Dankbarkeit vereinte uns alle an diesem Tag – in der Kirche, der Stadt, dem Land und über die Grenzen hinaus.

In diesem Wiederaufbau hat die Idee des friedlichen Zusammenlebens in einer einzigartigen Weise architektonische Form angenommen. Die Bürgerschaft ist es, die es zustandegebracht hat. Der große Gedanke hat die vielen einzelnen miteinander verbunden, so daß, wie einer es beschreibt, heute „keiner *Ich* sagt, sondern alle *Wir*".

Die Frauenkirche war grausam zerstört. Und doch hat sie nie aufgehört, zu bestehen. Sie lebte fort in unserem Innern – in ihrer alten Kraft der lutherischen Predigerkirche.

So ist in einer säkularisierten Welt das Wunder geschehen. Die klassischen Konturen Dresdens, wie von Canaletto überliefert, sind mit der überragenden Kuppel der Frauenkirche wiederhergestellt. Außen und innen heilt sie das geistige und geistliche Herz der Stadt. Mit der wiedererstandenen Frauenkirche ist ein Friedenswerk gelungen, das Versöhnung und Hoffnung ohne Grenzen schafft.

Dr. jur. *Richard von Weizsäcker*, geboren 1920 in Stuttgart; 1937/38 Abitur und Studium an den Universitäten Oxford und Grenoble; 1938–1945 Militärdienst; 1945–1949 Studium der Rechtswissenschaften und Geschichte in Göttingen; 1950–1966 Tätigkeiten in der Industrie; 1964–1970 und 1979–1981 Präsident des Deutschen Evangelischen Kirchentages, 1967–1984 Mitglied der Synode und des Rates der Evangelischen Kirche in Deutschland; 1969–1981 Mitglied des Deutschen Bundestages; 1981–1984 Regierender Bürgermeister von Berlin; 1984–1994 Präsident der Bundesrepublik Deutschland. 1992 bis 1994 Schirmherr des Wiederaufbaus der Frauenkirche Dresden, seit 1995 Ehrenkurator der Stiftung Frauenkirche Dresden.

*Glockenweihe auf dem Dresdner Schloßplatz, 4. Mai 2003*

*Helmut Kohl*

## Symbol der Versöhnung

Der Wiederaufbau der Frauenkirche in Dresden ist eines der großen Zeugnisse des Lebenswillens in unserem deutschen Vaterland nach der Wiedervereinigung in Frieden und Freiheit. Ihr Wiederaufbau ist ein Vorgang von historischer Dimension für Dresden, Sachsen, Deutschland und Europa. Für mich wie für viele Menschen in unserem Land war es ein bewegendes Ereignis, als im Oktober 2005 vor den Augen der Weltöffentlichkeit das Gotteshaus feierlich geweiht wurde. Mir kommt es wie ein Wunder vor, daß die weltberühmte Kirche vor unseren Augen aus ihren Trümmern neu erstanden ist.

Die Dresdner Frauenkirche war 1945 ein Opfer des Krieges geworden. Sie war als Ruine immer ein Mahnmal für Menschenverachtung, totalitäre Herrschaft und das Elend des Krieges. Mit dem Wiederaufbau des Gotteshauses ist ein weiteres, unübersehbares Zeichen für das in die Zukunft gerichtete Denken und Handeln in der Stadt gesetzt worden. Er ist ein Beispiel für die vielfältige Aufbauarbeit, die seit 1990 in den neuen Bundesländern geleistet wurde.

In nur wenig mehr als zehn Jahren Bauzeit haben Bau- und Handwerksleute beim Wiederaufbau der Frauenkirche eine Meisterleistung vollbracht, die großen Respekt verdient. Das Projekt ist zudem nur möglich geworden durch die große Schar von Freunden, Förderern und Spendern im In- und Ausland. Sie haben den Bau von Anfang an ideell und finanziell begleitet und somit – auch gegen mancherlei Widerstände – möglich gemacht. Ich selbst habe die Idee des Wiederaufbaus des Gotteshauses von Anfang an unterstützt. Mein 60. Geburtstag, den ich im April 1990 feierte, war ein guter Anlaß, den vielen Gratulanten nahezulegen, statt der üblichen Geschenke eine Spende für den Wiederaufbau der Frauenkirche zu überweisen. Viele Bürger unseres Landes schlossen sich diesem Aufruf an. So kam dankenswerterweise fast eine Million DM an Startkapital zusammen.

Als sich 1989 die Bürgerinitiative gründete, aus der dann bald die Gesellschaft zur Förderung des Wiederaufbaus der Frauenkirche Dresden e.V. hervorging, kam vielen die geplante Wiedererrichtung noch wie ein Traum vor. Manche zweifelten, daß er überhaupt zu verwirklichen sei. Aber die von der Idee Überzeugten haben über die Zweifler gesiegt. Heute können wir sagen: Eine Vision ist Wirklichkeit geworden. Wie in der Politik hat sich auch hier gezeigt: Die Visionäre sind die eigentlichen Realisten.

*

Dresden und der Platz, an dem heute die wiedererbaute Frauenkirche steht, hat auch in meinem Leben eine zentrale Bedeutung. Es war eine der unvergeßlichen Stunden meines politischen Lebens, als ich am 19. Dezember 1989 die Gelegenheit erhielt, auf dem Platz vor der Ruine der Frauenkirche zu über einhunderttausend Menschen zu sprechen.

Der eigentliche Grund meines Besuches waren politische Gespräche mit Ministerpräsident Hans Modrow. Er hatte für diese Begegnung Dresden vorgeschlagen. Schon während der Fahrt vom Flughafen in die Stadt, aber auch im Zentrum selbst und um das Hotel Bellevue herum begrüßten uns Zehntausende von Menschen mit großem Jubel. Sie waren nicht nur aus Dresden, sondern aus allen Teilen der DDR gekommen. Immer wieder wurde „Helmut, Helmut" und „Wir sind ein Volk" skandiert. Aber zu hören war auch, ich solle zu den Menschen sprechen. Das hatte ich eigentlich nicht geplant. Doch angesichts dessen, was ich in der Stadt erlebte, wurde mir schnell klar: Ich mußte zu den Menschen sprechen. Als Ort wurde der Platz vor der Ruine der Frauenkirche vorgeschlagen.

Nach den politischen Gesprächen mit Hans Modrow zog ich mich auf mein Hotelzimmer zurück, um mich auf die Ansprache vorzubereiten. Ich notierte mir ein paar Stichworte und überlegte mir das, was ich sagen wollte, sehr genau. Denn mir war klar, daß es in dieser Situation, da die Stimmung aufgeheizt war und meine Ansprache besonders von unseren Nachbarn und Verbündeten aufmerksam verfolgt werden würde, auf jedes Wort ankam. Auf dem Weg zur Bühne hatten meine Sicherheitsbeamten Mühe, mir einen Weg zu bahnen. Vor der Kirchenruine hatten sich hunderttausend Menschen eingefunden, von denen viele die schwarz-rot-goldene Fahne schwenkten. Es war eine beeindruckende, emotionsgeladene, aber nicht fanatische Stimmung.

In meiner Rede drückte ich den Zuhörern meine Anerkennung und Bewunderung für den friedlichen Verlauf der Revolution in der DDR aus. Ich versprach ihnen, daß wir unsere Landleute in der DDR nicht im Stich lassen würden, verschwieg aber auch nicht, daß nach meiner Einschätzung der gemeinsame Weg in die Zukunft schwierig sein würde. Ich kündigte eine enge Zusammenarbeit auf dem Gebiet der Sozialpolitik, des Verkehrs, der Kultur und vor allem der Wirtschaft an, so daß sich die Lebens-

*Kundgebung mit Bundeskanzler Helmut Kohl vor der Ruine der Frauenkirche, 19. Dezember 1989*

verhältnisse in der DDR möglichst rasch verbessern würden. Und ich stellte unter großer Begeisterung in Aussicht, daß, wenn die geschichtliche Stunde dies zulasse, wir das Ziel der Einheit unserer Nation erreichen könnten, wenn wir gemeinsam dafür arbeiteten.

Die Kundgebung vor der Frauenkirche bleibt mein Schlüsselerlebnis im Prozeß der deutschen Wiedervereinigung. Die Bilder, die davon um die ganze Welt gingen, drückten den Wunsch der Menschen nach Einheit und Freiheit aus. Es war ein Signal an die freie Welt und ein Aufruf an alle, die sich nach Freiheit sehnten. Die Bilder bezeugen, daß die Dresdner und mit ihnen die Menschen in allen Teilen der DDR die Einheit unseres Vaterlandes wollten. Das war für mich eine entscheidende Aufforderung, den Weg zur Einheit in Freiheit weiter voran zu gehen.

Zwischen den damaligen Ereignissen und heute liegen – in geschichtlichen Dimensionen gedacht – nur wenige Jahre. Um so mehr können wir darüber staunen, was in dieser kurzen Zeitspanne in den neuen Bundesländern Enormes geleistet worden ist. Die vielen positiven Veränderungen sind besonders in Dresden und jetzt in der wiedererrichteten Frauenkirche deutlich ablesbar.

Unsere Nachbarn haben unseren Aufbruch mit Vertrauen und Sympathie begleitet, weil er auf der durch harte geschichtliche Lehren gewonne-

# Symbol der Versöhnung

nen Einsicht beruhte, daß nur ein friedliches Europa eine gute Zukunft ermöglicht und daß die Wiedervereinigung Deutschlands und die Wiedervereinigung Europas zwei Seiten derselben Medaille sind. Daß es die Trümmer der Frauenkirche waren, aus deren Schatten die friedliche Revolution hervortrat und die Konfrontation zwischen Ost und West in Europa beendete, hat in der Welt Vertrauen geschaffen. Die neu erstandene Frauenkirche ist heute ein Symbol der gelungenen Versöhnung Europas. Möge sie als ein Ort der Stille und des Vertrauens in Gottes gute Wege ihren Dienst tun.

Dr. phil. *Helmut Kohl*, geb. 1930 in Ludwigshafen/Rhein; Studium der Rechts-, Sozial- und Staatswissenschaften sowie der Geschichte in Frankfurt/M. und Heidelberg; seit 1947 Mitglied der CDU, 1973–1998 Bundesvorsitzender der CDU; 1976–2002 Mitglied des Deutschen Bundestages, 1976–1982 Vorsitzender der CDU/CSU-Bundestagsfraktion; 1982–1998 Bundeskanzler der Bundesrepublik Deutschland. 1992 bis 1994 Kurator der Stiftung Frauenkirche Dresden e.V., 1994–1998 Kurator, seit 1999 Ehrenkurator der Stiftung Frauenkirche Dresden.

*Kurt Biedenkopf*

# Was uns die Frauenkirche zu sagen hat

Bald ein Jahr ist vergangen, seit die neu erstandene Frauenkirche geweiht wurde. Aber noch immer empfinde ich eine staunende Dankbarkeit, wenn ich auf der Carolabrücke die Elbe überquere und die steinerne Glocke aus der Altstadt herüber grüßt. Als meine Frau und ich vor sechzehn Jahren nach Dresden kamen, war der „Ruf aus Dresden" an die Welt bereits ergangen. Laßt die Frauenkirche wieder erstehen, lautete seine Botschaft. Einige Wenige, unter ihnen Ludwig Güttler, hatten mit ihrem Aufruf der jahrzehntelangen unerfüllten Sehnsucht der Dresdner Ausdruck verliehen, die Kirche möge wieder erstehen und ihre steinerne Glocke möge sich wieder über die Stadt erheben.

Wohl war manches nach der Zerstörung Dresdens und während der vierzig Jahre deutscher Teilung bereits gelungen. Der Dresdner Zwinger und später auch die Semperoper waren wiedererstanden. Das Dresdner Schloß konnte vor endgültiger Zerstörung bewahrt und in Teilen saniert werden. Am Wiederaufbau der Frauenkirche – des Wahrzeichens der Stadt und Mittelpunktes ihres berühmten Ensembles barocker Baukunst – waren die Machthalter der damaligen Zeit jedoch nicht interessiert. Wohl wurden mehrere Versuche vereitelt, die Ruine der Kirche abzutragen. Schließlich gelang es, sie zum Mahnmal zu erklären. Findige Bürger schützten die Trümmer durch einen Kranz aus Rosensträuchern. Aber an einen Wiederaufbau war nicht zu denken.

Alles dieses lernten wir, als uns die Wiedervereinigung im Herbst 1990 nach Dresden führte. Beide hatten wir während des Krieges im sächsischen Teil Deutschlands gelebt: meine Frau in Leipzig und ich in Schkopau bei Halle. Dort erfuhr ich im Luftschutzkeller meines Elternhauses über den Drahtfunk von den Bombergeschwadern, die nach Osten flogen, unsere Industrieregion und Leipzig hinter sich ließen und Dresden Tod und Zerstörung brachten. Aber die zerstörte Stadt hatten wir weder nach Kriegsende noch während der Jahrzehnte danach erlebt. Nur aus Bildern und Schilderungen Überlebender wußten wir um die Schrecken des Infernos, das Dresden kurz vor Ende des Krieges heimgesucht und das Herz der Stadt zerstört hatte.

Doch nicht nur die wiedererstandene Frauenkirche empfinden wir als Wunder und Geschenk an die Stadt und das Land. Wie ein Wunder erscheint uns auch die Kraft, die allein schon von der Idee ausging, das Wahrzeichen der Stadt und ihrer großen geistlichen und kulturellen Tradition wiedererstehen zu lassen. Eine Kraft, welche die Menschen in Deutschland und seinen Nachbarländern ebenso in ihren Bann schlug, wie in Großbritannien und den Vereinigten Staaten von Amerika. Eine Kraft, die sie bewegte, früheren Haß und Feindschaft zu überwinden und teilzuhaben an einem Vorhaben, in dem sich wie in kaum einem anderen unserer Zeit die Sehnsucht der Menschen nach Frieden in Europa und der Welt manifestierte; teilzuhaben an einer Wirklichkeit gewordenen Idee, die so sehr der neuen Wirklichkeit des in Frieden und Freiheit geeinten Europa entsprach, daß sie nicht nur den Willen der Menschen, sondern auch ihre Herzen erreichte.

Wie die Kathedrale von Coventry gehört die Frauenkirche zu den Kirchen, welche die Gewalt des Krieges zerstörte – die eine zu Beginn, die andere zum Ende des Krieges. Zusammen mit den später zerstörten Städten Hiroshima und Nagasaki wurden Hunderte west- und osteuropäischer Städte Opfer einer endgültig entfesselten, alles erfassenden Gewalt. In den beiden europäischen Bürgerkriegen der ersten Hälfte des 20. Jahrhunderts und ihrer weltweiten Ausdehnung hat diese Gewalt alle Begrenzungen gesprengt, die den Menschen bis dahin selbst in mörderischen Auseinandersetzungen gezogen waren, wenn nicht durch ihre Einsichten, so doch durch ihre technischen Möglichkeiten.

Die Technik dessen, was wir verharmlosend und letztlich zynisch Massenvernichtungswaffen nennen, hat die bisherigen Grenzen rechtlicher und moralischer Begrenzungen gesprengt. Sie hat uns die Möglichkeit eröffnet, Hunderttausende, wenn nicht Millionen von Menschen im Schutze der Anonymität eines Raketenbunkers oder der Distanz eines Gefechtsstandes zu töten. Die Existenz dieser Möglichkeit ist irreversibler Teil unserer Wirklichkeit geworden. Mit ihr ist uns eine in der Menschheitsgeschichte bisher unbekannte Dimension der Verantwortung zugewachsen. Ihr gerecht zu werden, erfordert von uns neue Einsichten in die Gesetze menschlichen Zusammenlebens und die Kraft, ihnen gerecht zu werden.

Dazu gehören Vertrauen und die Bereitschaft, einander zu verstehen und auf neue Weise wahrzunehmen. Die damit verbundene Herausforderung ist ebenso ohne geschichtliches Vorbild, wie die Ursache, die sie uns aufgibt. Aber auch hier gilt der Satz, daß es nicht ausreicht, im Globalen zu denken, wenn wir nicht bereit sind, im Lokalen zu handeln. Der Wiederaufbau der Frauenkirche ist für mich die Bestätigung unserer Fähigkeit, in unserer Wirklichkeit und in ihrem Rahmen zu leisten, was von allen gefordert wird, wenn wir die Begrenzungen unseres Handelns erneuern wollen, die unser Überleben sichern können. Denn aus dem Wiederaufbau der Frauenkirche wurde ein Gemeinschaftswerk, das frühere Feinde und Gegner zueinander führte und sie seit dieser Zeit im Vertrauen auf Vergebung und Versöhnung verbindet. Das einmalige Projekt eröffnete Wege zur Verständigung und schuf neue Gemeinsamkeiten. Und es faszinierte Hunderttausende durch seine Kühnheit und die im Glauben wurzelnde Hoffnung auf seinen Erfolg. Mit der Weihe der Kirche wurde diese Hoffnung zur Gewißheit.

Diese Gewißheit lebt auch in der vollendeten Kirche fort. Ihre heutige, aus der Vergangenheit vertraute und zugleich neue Gestalt, verbindet die dunklen Steine der mahnenden Ruine mit der strahlenden Helligkeit des frisch gebrochenen sächsischen Sandsteins. In ihrer Verbindung erscheint sie mir wie eine Stein gewordene Friedens- und Freiheitshoffnung. Daß es unser Auftrag ist, diese Hoffnung stets aufs Neue zur Gewißheit werden zu lassen: Das ist die wohl wichtigste Botschaft, die aus den Zerstörungen des Krieges neu erstanden ist und welche uns die Kirche mit auf den Weg geben will. Sie will uns sagen, daß uns Frieden und Freiheit nicht geschenkt werden. Um dieser immer währenden Aufgabe gerecht zu werden, müssen wir uns immer von neuem bemühen – im Kleinen wie im Großen. Und wir müssen notfalls bereit sein, dafür zu kämpfen. Nur wenn wir uns dieser Aufgabe stets bewußt bleiben, kann uns und unseren Nachkommen auch das Glück zuteil werden, in unserem Lande und in Europa auf Dauer in Freiheit und Frieden zu leben.

Die Menschen sind bereit, diese Botschaft zu hören. Seit ihrer Weihe haben Hunderttausende die Frauenkirche besucht. Sie haben oft Stunden ausgeharrt, um in ihr Inneres zu gelangen. Als ob sie erst der Begegnung mit dem Kirchenraum, des Erlebnisses seiner Helligkeit und Schönheit bedürften, um das Wunder seiner Erneuerung ganz zu verstehen und der Hoffnung teilhaftig zu werden, die von ihm ausgeht.

In all dem wird sich auf Dauer die Bedeutung der Frauenkirche jedoch nicht erschöpfen. Das Wunder ihrer Erneuerung wird verblassen, sosehr es die Besucher der Stadt auch in Zukunft faszinieren mag. Wie alles Außergewöhnliche, selbst Einmalige, wird es mit der Zeit aufgenommen werden in die Normalität der Stadt und aufgehoben sein in ihrer Gesamtheit – wie die Hofkirche, die Kreuzkirche und die noch vor der Frauenkirche am alten Ort, aber in neuer Gestalt wieder erstandene Synagoge.

So wie wir uns vor wenigen Jahren die Stadt nicht mit der Frauenkirche vorstellen konnten, werden wir sie uns bald nicht mehr ohne sie vorstellen

*Teil der Nordwest-Fassade der Frauenkirche, Juni 2004*

können. Und mit der Normalität ihres Hierseins meldet sich die Frage nach ihrer dauerhaften Bestimmung. Welches ihre dauerhafte Bestimmung sein könnte und was sie uns in Dresden und Sachsen bedeuten kann – was sie mir bedeutet, solange ich aus dem Fenster meines Büros auf sie blicken werde: dazu soll in diesem Beitrag einiges gesagt werden: Wie wir sie sehen, was wir von ihr erwarten. Und was wir von uns, den Dresdnern und Sachsen, denen sie wieder geschenkt wurde, erwarten sollten.

Für mich ist die Frauenkirche vor allem ein Haus Gottes. Als solches wurde sie geweiht und ihrer Bestimmung übergeben. Den Christen dient sie als Raum, in dem sie ihren Dienst am Glauben und ihre Gebete in besonderer Weise verrichten und in dem sie sich als Gemeinschaft im Glauben wahrnehmen. In unserer säkularen, der Bedeutung und der Gnade des Glaubens vielfach entfremdeten Welt ist dieser Auftrag der Frauenkirche besonders wichtig. Denn er stellt sie gegen eine zunehmende Haltung der Beliebigkeit, der Gleichgültigkeit und Ablehnung gegenüber Bindungen, über die wir als Menschen nicht verfügen können, weil sie ihren Ursprung im Glauben an Gott und damit jenseits unserer Macht und Möglichkeiten haben.

Das Gotteshaus erinnert uns an Grenzen, die uns gesetzt sind, auch wenn wir immer wieder der Illusion verfallen, wir könnten Wege finden, sie zu überwinden. Diese Erinnerung an Begrenzungen und ihre Bedeutung ist geboten in einer Zeit, in der uns ein bisher nicht erlebter Wohlstand, sich ständig erweiternde technische Errungenschaften und eine ins schier Unendliche expandierende Flut von Möglichkeiten und Optionen zu der Überzeugung verführen könnte, der Mensch selbst könne zum Schöpfer seiner Ordnung werden. Wenn wir die Gefahr dieser Verführung und ihres Irrtums nicht selbst erkennen, wird sie uns durch die Katastrophen vor Augen geführt, die hinter uns liegen. Katastrophen, von denen auch die Frauenkirche Zeugnis gibt.

Doch es gibt immer wieder Zeichen der Hoffnung, daß uns dies gelingen kann. Nach der Katastrophe der Terroranschläge in New York am 11. September 2001 versammelten sich Tausende Jugendlicher nicht im Kulturhaus der Stadt Dresden – wie es das Gerede vom gottlosen Osten hätte nahelegen können. Sie suchten in ihrem Entsetzen und ihrer Trauer Schutz und Zuflucht in der nahe dem Landtag gelegenen Hofkirche. In ihr fanden sie einen Ort der Besinnung und der gemeinsamen Bewältigung des Unfaßbaren ebenso wie der Hoffnung.

Doch die Bestimmung der Frauenkirche als Haus Gottes reicht weiter. Ihre schiere Existenz und die Kraft, die den Wiederaufbau erst möglich machte, legen Zeugnis ab von einer Kultur, die ihre Wurzeln im Christentum weiß. Dieser Kultur verdanken wir nicht nur die unzerstörbare Schönheit zahlloser Bauwerke und Kunstschätze, die unsere Vorfahren geschaffen und uns zu treuen Händen weiter gegeben haben. Wir verdanken

*Luftaufnahme mit Blick über die Frauenkirche in das Elbtal, Juli 2005*

ihr die Musik und die Orchester, die sie über Jahrhunderte pflegten, die gepflegte Schönheit der Landschaft und letztlich das Ansehen unseres Landes. Sie und ihre Wertvorstellungen prägen bis heute auch die Normen unseres Zusammenlebens.

Unter ihrem Geltungsanspruch vereinen sie alle Bürger in unserer staatlich und gesellschaftlich geordneten Gemeinschaft, auch wenn sie sich – wie die Mehrheit unter ihnen – nicht als Christen fühlen oder anderen Glaubens sind. Es ist die Gemeinschaft begründende Kraft unserer kulturell geprägten Wertvorstellungen und der auf ihnen beruhenden Wertordnung, die den Frieden wahren helfen, in dem wir allein in Würde und fruchtbar zusammen leben können. Diesen Frieden zu wahren und sich für ihn verantwortlich zu fühlen: auch das gehört zur Botschaft, die uns das Kreuz verkündet, welches die Frauenkirche krönt.

Unter ihm lädt uns die Kirche ein, in ihren Mauern über die Bedingungen eines friedlichen Zusammenlebens in unserem Lande zu sprechen und zu streiten. Sie mahnt uns zur Bescheidenheit gegenüber unseren Möglichkeiten und Zukunftsvorstellungen und hilft uns damit zugleich, die Notwendigkeit von Begrenzungen zu erkennen. Mit der Autorität des Wissens um die in ihr symbolisierten Folgen der Entgrenzung und der Intoleranz lehrt sie uns, die Bedeutung der Toleranz für das Zusammenleben der Menschen zu erkennen.

Sie erwartet von uns, Toleranz nicht mit Gleichgültigkeit zu verwechseln und uns so den Anstrengungen zu entziehen, die mit wohlverstandener Toleranz verbunden sind. Denn wirkliche Toleranz gegenüber dem Anderen und seinem Anderssein kann nur üben, wer seiner eigenen Identität sicher ist. Dann muß er die Identität des anderen nicht fürchten. Er kann sie als Bereicherung erfahren.

So fordert die Frauenkirche von uns Toleranz gegenüber unserem Nächsten und die Bereitschaft, sie – wenn nicht zu lieben – doch zu achten und in ihrer Menschenwürde als uns ebenbürtig zu erkennen. Denn die Würde des Menschen ist unantastbar. So weiß es der christliche Glaube, der im Menschen ein Ebenbild Gottes sieht. So will es auch die Verfassung unseres Landes. Ihr Gebot gilt nicht nur für alle staatliche Gewalt. Es gilt letztlich für jeden von uns. Wie wir – nicht nur als Christen, sondern als Bürger – diesem Anspruch gerecht werden und die Würde jedes Menschen schützen können: auch darüber zu sprechen und zu streiten lädt uns die Frauenkirche ein.

Und schließlich wird mir die Frauenkirche immer als ein Ort der Ermutigung erscheinen. Der Ermutigung, an die eigene Kraft ebenso zu glauben wie an die Möglichkeit, in Frieden zu leben, eine Ordnung der Freiheit und der Gerechtigkeit zu gestalten, in der Menschen bereit sind, Verantwortung für sich und für diejenigen Nächsten zu übernehmen, die auf die Hilfe der Gemeinschaft angewiesen sind. Wann immer uns Mutlosigkeit überfällt sollten wir uns an die Kraft erinnern, welche die Bürger Dresdens befähigte, im Angesicht des tausendfachen Todes und der Zerstörung ihrer Stadt nicht zu verzweifeln, sondern einen neuen Anfang zu wagen.

Diese Kraft war und bleibt eine wichtige Quelle des Zusammenhalts der Stadt und des Landes. Sie hat sich wieder bewährt in den Tagen der Demonstrationen gegen die Unfreiheit, die dem Zusammenbruch der Unrechtsherrschaft vorausgingen. Sie fand sich in der Entschlossenheit der Bürger Dresdens und ganz Sachsens, die neue Freiheit zu nutzen und an die Zukunft ihres Landes zu glauben. Wir können auf sie auch in Zukunft vertrauen und in ihr eine wichtige Quelle des Zusammenhaltes unseres Landes sehen. Ein Land, das uns an vielen Orten, nicht zuletzt durch die Frauenkirche einlädt, über die Bedeutung der Kultur und der Kunst für Sachsens Zukunft zu sprechen. Die „Kirche unserer lieben Frauen" bietet uns einen Ort, über unsere Verantwortung für die Kultur des Landes und ihren Erhalt auch zu streiten – aber zugleich stets aufs Neue auch den Reichtum eben dieser Kunst und Kultur zu erleben.

So ist die Frauenkirche nicht nur ein Symbol der Entschlossenheit ungezählter Helfer, ein Geschenk ihres Einsatzes und ihre Erneuerung nicht nur ein Wunder. Sie verkörpert zugleich einen Auftrag und ein Angebot:
– den Auftrag, Frieden zu wahren, untereinander, in der Stadt, im Land und in der Welt; den Nächsten in seiner Würde zu achten, Toleranz gegenüber dem Anderen zu üben, die Gebote oder Normen zu bewahren, ohne die ein friedliches Leben in Gemeinschaft nicht möglich ist, und die Begrenzungen zu respektieren, die uns gesetzt sind; die Zukunft unseres Landes zu gestalten, im kleinen wie im großen, mit dem Mut und der Entschlossenheit, von der nicht zuletzt die Frauenkirche und ihr Schicksal Zeugnis ablegt;
– und das Angebot, dem Rund der Kirche unsere Freude ebenso anzuvertrauen wie unser Leid. Sie wird es uns danken und uns dabei helfen.

Prof. Dr. jur. habil. Dr. h.c. *Kurt Biedenkopf*, geboren 1930 in Ludwigshafen; in den sechziger Jahren Ordinarius für Handels-, Wirtschafts-, und Arbeitsrecht an der Ruhr-Universität Bochum, drei Jahre lang Rektor der Universität; 1971–1973 Mitglied der Geschäftsführung des Waschmittelkonzerns Henkel; 1973–1977 CDU-Generalsekretär; 1977 Gründer des Instituts für Wirtschaft und Gesellschaft Bonn; 1990–2002 Ministerpräsident des Freistaats Sachsen; seit 2003 Vorsitzender des Kuratoriums der Hertie School of Governance Berlin; seit 2004 Rechtsanwalt in Dresden.
1992–1994 Kurator der Stiftung Frauenkirche Dresden e.V. und 1994–2002 der Stiftung Frauenkirche Dresden, seit 2003 Ehrenkurator.

*Hans-Jochen Vogel*

# Die Botschaft der Frauenkirche

Von Dresden hatte ich in meiner Kinder- und Jugendzeit, die ich – 1926 geboren – erst in Göttingen und dann in Gießen verbrachte, nur eine sehr allgemeine Vorstellung. Auch von der Frauenkirche wußte ich nur, daß sie ein wesentliches Element der berühmten Stadtsilhouette entlang des linken Elbufers bildete. Wahrscheinlich habe ich das einer Ansicht Canalettos entnommen, die in einem meiner Schulbücher oder in einem Kunstbuch meiner Eltern abgedruckt war. Später, im Februar 1945 als Soldat in Oberitalien, habe ich dann von dem schweren Luftangriff auf Dresden gehört. Obwohl wir allein auf die offiziellen Nachrichten angewiesen waren, vermittelten sie meinen Kameraden und mir doch eine Ahnung von dem extremen Ausmaß dieser Katastrophe.

Besucht habe ich Dresden zum erstenmal im Sommer 1981. Damals lebte ich in Berlin und hatte zunächst als Regierender Bürgermeister, dann als Fraktionsvorsitzender im Abgeordnetenhaus und schließlich als Bundestagsabgeordneter politische Funktionen inne. In Berlin wurde mir viel deutlicher als vorher in München und in Bonn, daß die seinerzeitige DDR mit ihren Städten und Regionen und ihren Menschen auf meiner individuellen Landkarte ein weißer Fleck war. Deshalb reiste ich mit meiner Frau und einem befreundeten Ehepaar privat in die verschiedenen Bezirke der DDR, um mich dort umzusehen und mit einigen derer, die dort lebten, in persönlichen Kontakt zu treten. Meist waren das Kirchenleute oder Bekannte unserer Freunde. Solche Reisen habe ich auch später von Bonn aus als Vorsitzender der SPD-Bundestagsfraktion immer wieder unternommen.

Bereits die erste oder zweite dieser Reisen führte uns nach Dresden. Schon bei dieser Gelegenheit beeindruckte mich die Stadt oder besser gesagt, was von der Altstadt nach den zerstörerischen Luftangriffen im Februar 1945 übrig geblieben war, ganz außerordentlich. So etwa die Katholische Hofkirche oder die Reste der Gebäude auf der Brühlschen Terrasse. Besonders fasziniert aber war ich von der Ruine der Frauenkirche. Die Reste der Fassade, der Schuttberg und vor ihm das Lutherdenkmal stehen mir noch heute deutlich vor Augen.

Im Anschluß daran begann ich, mich mit der Geschichte der Frauenkirche vertraut zu machen. Dabei wurde mir bald deutlich, daß es sich bei ihr um ein architektonisches Meisterwerk von höchstem Rang gehandelt

Die Botschaft der Frauenkirche 199

hat. Auch erkannte ich, daß die Begleitumstände ihrer Zerstörung ganz besondere Züge aufwiesen. Fiel sie doch zwölf Wochen vor Kriegsende einem höllischen Feuersturm zum Opfer, der damals die gesamte Dresdner Innenstadt zerstörte und innerhalb weniger Stunden schätzungsweise an die 35 000 Menschen – darunter viele Flüchtlinge aus dem Osten – das Leben kostete. Darum erschien mir die Ruine nicht nur als ein Symbol für die Sinnlosigkeit und Unmenschlichkeit eines kriegerischen Aktes, sondern als Symbol für die Sinnlosigkeit und das Barbarische des Krieges überhaupt.

Es war wohl auch diese symbolische Kraft, welche die Ruine bereits in den achtziger Jahren zu einem Ort werden ließ, an dem sich die Anhänger der Friedensbewegung regelmäßig und vor allem jeweils am Jahrestag der Zerstörung trafen. Die Bilder mit den Kerzen, die dabei entzündet wurden, gingen schon damals durch das geteilte Deutschland und durch weite Teile der Welt. Versuche der SED, sich der Symbolik zu bemächtigen und sie gegen den „westlichen Imperialismus" zu instrumentalisieren, hatten keinen dauerhaften Erfolg. Im Gegenteil: Gerade bei einer solchen Gelegenheit sprach der damalige Landesbischof Hempel 1985 das Wort von der innerdeutschen Grenze, die „unser Land wie eine blutende Wunde" durchziehe und – so konnten die Zuhörerinnen und Zuhörer im Geiste hinzufügen – deshalb eben nicht dem Frieden diene. Mit diesen Aktivitäten wurde der dieser Kirche und ihrer Ruine innewohnenden Mahnung zum Frieden schon damals Folge geleistet und ihrer Symbolik ein weiterer wichtiger Aspekt hinzugefügt. So jedenfalls habe ich das empfunden und viele Menschen im noch geteilten Deutschland ebenso. An das Wort von der „blutenden Grenze" habe ich übrigens Erich Honecker bei einem Gespräch im Rahmen seines Staatsbesuches in Bonn im September 1987 erinnert und hinzugefügt, daß wir immer wieder drängen würden, diese Situation zu überwinden.

Mit der Frage, ob die Ruine in ihrem damaligen Zustand belassen oder die Kirche eines Tages wieder aufgebaut werden sollte, habe ich mich zu dieser Zeit noch nicht beschäftigt. Auch wußte ich nichts davon, daß man in Dresden in der unmittelbaren Nachkriegszeit den Wiederaufbau zunächst für selbstverständlich hielt. Der Anstoß, mich damit zu befassen, kam 1987 aus Dresden. In diesem Jahr besuchten mich in meinem Berliner Bürgerbüro auf Anregung von Dr. Rudolf Stephan – ein in Sachsen aufgewachsener, später nach Berlin übergesiedelter Wissenschaftler und Freund des Bürgerbüros, der mit seiner Heimat im Kontakt stand – nacheinander eine ganze Reihe Dresdner Experten, die sich darüber bereits intensiv Gedanken gemacht hatten. So Frau Dr. Elisabeth Hütter, die bis 1982 Mitarbeiterin im Dresdner Institut für Denkmalpflege war. Dann Dr. Otto Baer, damals Dombaumeister in Meißen und ehemaliger Leiter des Kirchenbauamtes der Evangelisch-Lutherischen Landeskirche Sachsens, und mehrmals Kurt Leucht, ehemals Stadtarchitekt von Dresden. In den Gesprächen traten sie für den Wiederaufbau ein und brachten dafür beachtliche Argumente vor. Auf eine entsprechende Frage von mir hin deuteten sie an, es erscheine ihnen nicht gänzlich ausgeschlossen, dafür nicht nur die Landeskirche, sondern auch die zuständigen Stellen der DDR zu gewinnen. Angesichts der Funktionen, die meine Gesprächspartner in ihrer Heimat ausübten, erschien mir diese Andeutung bemerkenswert. Allerdings – so sagten sie weiter – bedürfe es in jedem Falle der – insbesondere auch finanziellen – Hilfe aus der Bundesrepublik. Eine solche Kooperation würde sicher weit über Deutschland hinaus als eine Friedensinitiative ganz eigener Art verstanden werden.

Ich war zunächst einigermaßen überrascht, und zwar auch darüber, daß sich die eben erwähnten Personen gerade an mich wandten. Auch schätzte ich die Schwierigkeiten, die der Realisierung eines derartigen Projekts unter den seinerzeit herrschenden Verhältnissen entgegenstanden, durchaus realistisch ein. Aber die Argumente für den Wiederaufbau beeindruckten mich. Denn der Wiederaufbau – so formulierte ich es teils expressis verbis, teils in Gedanken – würde am Beispiel der Frauenkirche zeigen, daß Ruinen und Schutt nicht die letzte Antwort der Geschichte sind und daß Trennung und Haß überwunden werden können. Meine seinerzeitige Funktion als Vorsitzender meiner Partei und ihrer Bundestagsfraktion und die damit verbundenen vielfältigen Gesprächskontakte – sie erstreckten sich auch auf damals maßgebende Persönlichkeiten der DDR – ließen zudem Sondierungen in verschiedenen Richtungen möglich erscheinen.

In der Bundesrepublik ergaben meine Sondierungen im politischen, im kirchlichen und im gesellschaftlichen Bereich teils Zustimmung, teils Skepsis, teils auch Ablehnung. Auf Zustimmung stieß ich beispielsweise in Hamburg, das seit Dezember 1987 Partnerstadt Dresdens war. Dort existierte auch eine informelle Gruppe Gleichgesinnter.

In der DDR nahm ich zunächst Kontakt mit der sächsischen Landeskirche, das heißt konkret im Rahmen einer privaten Begegnung mit dem Mitglied des Landeskirchenamts, Herrn Oberlandeskirchenrat Dr. Folkert Ihmels, auf. Er verschloß sich meinen Darlegungen keineswegs, äußerte aber die Befürchtung, daß Leistungen aus der Bundesrepublik für den Wiederaufbau der Frauenkirche auf Kosten der von dort kommenden

Hilfen für die Erhaltung vorhandener Gemeindekirchen gehen würden. Deshalb werde man sich sehr zurückhalten.

Erörtert habe ich das Thema bei einem weiteren Besuch in Dresden im Mai 1989 auch mit dem damaligen SED-Bezirkssekretär Hans Modrow. Zu meinem Erstaunen reagierte er verhalten positiv und fügte hinzu, daß man sich bereits mit dem Thema befasse.

Diese konkreten Aktivitäten traten für mich dann im Zuge der sich überschlagenden Ereignisse der friedlichen Revolution in der DDR verständlicherweise zunächst in den Hintergrund. Allerdings gewann die Ruine der Frauenkirche in diesen Wochen an symbolischer Bedeutung dadurch, daß die Bürgerbewegung den Neumarkt als Platz für ihre Demonstrationen und Versammlungen wählte und zusätzlich dadurch, daß der damalige Bundeskanzler am 19. Dezember 1989 vor der Ruine die historische Rede hielt, bei der die Anwesenden in Sprechchören die Devise „Wir sind das Volk" durch die Devise „Wir sind ein Volk" ergänzten. Zu Recht gilt diese spontane Willensbekundung als ein entscheidender Schritt auf dem Wege zur deutschen Einheit. Ein Schritt, der wiederum aufs engste mit der Frauenkirche verbunden war. Nun wurde die Frage des Wiederaufbaus mit großem Engagement dort aufgegriffen, wo sie hingehörte und zuerst beantwortet werden mußte – nämlich in Dresden. Den entscheidenden Impuls erhielt die Diskussion bereits im Februar 1990 mit dem „Ruf aus Dresden – 13. Februar 1990", für den sich Ludwig Güttler ganz besonders eingesetzt hat. Das war ein Ruf mitten aus der Bürgerschaft, sozusagen aus dem Herzen Dresdens. Im März 1991 entschied sich die Landeskirche, der Stiftung Frauenkirche Dresden e. V. beizutreten und im Februar 1992 die Stadt Dresden, den Wiederaufbau zu unterstützen. Die Debatten dieser Jahre und den sehr ernsthaften Disput der Denkmalschützer darüber, ob und wenn ja, wie die Kirche aufgebaut werden sollte oder ob es nicht doch bei der Ruine als Mahnzeichen bleiben sollte, habe ich mit Interesse, aber mehr aus der Ferne wahrgenommen.

Nach der Errichtung der Stiftung Frauenkirche Dresden e. V. wurde ich 1992 in deren Kuratorium berufen. Bald danach habe ich mit anderen dazu beitragen können, daß der Bund eine Sondermünze im Nennwert von 10 DM auflegte, die für die Finanzierung des Wiederaufbaus einen Beitrag von 45 Millionen DM (= 28,1 Millionen Euro) erbrachte. Über diesen Gedanken sprach ich bereits 1991 mit Prof. Güttler, weil es eine solche Sondermünze während meiner Münchner Oberbürgermeisterzeit schon einmal zur Finanzierung eines größeren Teilbetrages der Olympiakosten gab. Um diese gelungene Maßnahme nun für die Frauenkirche zu wiederholen, gewann ich zunächst mehrere Bundestagskollegen, dann mit diesen gemeinsam den seinerzeitigen Bundesbankpräsidenten und schließlich auch den damaligen Bundesfinanzminister. Den entsprechenden Beschluß faßte die Bundesregierung 1994.

In- und außerhalb des Kuratoriums habe ich dann nach dem Maß meiner Kräfte und Möglichkeiten mitgearbeitet. Dabei habe ich Eindrücke und Erfahrungen gewonnen, von denen ich einige hier festhalten will, weil sie mir über den Tag hinaus bedeutsam erscheinen.

Zum einen habe ich selten eine so hohe Kooperationsbereitschaft erlebt. Der Bund, der Freistaat Sachsen und die Stadt Dresden haben ihre Beiträge ohne die sonst fast unvermeidlichen Dispute erbracht. Das gilt in gleicher Weise für die Mitwirkung der Landeskirche, der Dresdner Bank und der sonst beteiligten gesellschaftlichen Kräfte, von denen besonders die Gesellschaft zur Förderung des Wiederaufbaus der Frauenkirche Dresden e. V. zu nennen ist. Mit ihren Aktivitäten hielt sie auch immer die Tatsache in Erinnerung, daß der Anstoß zum Wiederaufbau von einer bürgerschaftlichen Initiative ausging.

Überwältigend war für mich die Spendenbereitschaft in- und außerhalb der Bundesrepublik. Fast sechzig Prozent der Gesamtkosten konnten auf diese Weise gedeckt werden. Auch dafür wüßte ich auf Anhieb kein anderes Beispiel. Neben großen Spenden, die vor allem dem Engagement der Fördergesellschaft, der Dresdner Bank und des ZDF zu verdanken sind, haben dazu die Aktivitäten von über zwanzig örtlichen Fördervereinen beigetragen; darunter für mich am anschaulichsten der Münchner Verein, dessen Arbeit ich über die Jahre hinweg begleiten konnte. Ein Münchner Bürger verdient dabei eine besondere Erwähnung, weil er seit den neunziger Jahren bei unzähligen Gelegenheiten mit seiner Sammelbüchse fast 100 000 Euro zusammengetragen hat. In Anbetracht all dessen läßt sich die Behauptung, in unserem Land würden mehr und mehr Egoismus und Beliebigkeit grassieren und für ideelle Projekte könnte kein Interesse geweckt werden, jedenfalls in dieser Allgemeinheit nicht aufrecht erhalten. Offenbar kommt es auf den Gegenstand der Hilfe, dessen Bedeutung und darauf an, wie das Interesse geweckt wird.

Die wiederaufgebaute Frauenkirche ist ein Symbol der Versöhnung. Eindrucksvolle Zeichen der Versöhnung hat es bereits während des Wiederaufbaus gegeben, so etwa die Spenden aus dem Vereinigten Königreich, aus den USA, Frankreich und der Schweiz, oder das neue Turmkreuz *(Abb. S. 313),* das durch Spenden aus Großbritannien finanziert wurde und an dessen Herstellung in Großbritannien ein Silberschmied

# Die Botschaft der Frauenkirche

*Vorfristige Öffnung des Hauptkirchenraumes zur Nacht der Stille, 13. Februar 2005*

mitwirkte, dessen Vater als Bomberpilot an dem Angriff auf Dresden beteiligt war. Und nicht minder bewegend: Die Flammenvase, die Bürger und Bürgerinnen der polnischen Kleinstadt Gostyn gestiftet haben – einer Stadt, die im Krieg unter der deutschen Besetzung schwer zu leiden hatte und aus der zwölf Mitglieder einer Widerstandsgruppe in Dresden begraben liegen, weil sie dort im Juni 1942 erschossen wurden. Selbst Hinterbliebene der Opfer haben sich an der Spende beteiligt. Auch das war ermutigend und stärkend.

Ein weiteres hat mich in der Zeit des Wiederaufbaus sehr beeindruckt. Das war die Disziplin, mit der der Kostenrahmen und auch die zeitlichen Vorgaben eingehalten wurden. Gerade als Münchner Oberbürgermeister war ich für viele große Bauvorhaben mitverantwortlich. Deshalb weiß ich, was es bedeutet, wenn die Kosten eines so anspruchsvollen und schwierigen Bauwerks innerhalb von mehr als zehn Jahren nur um weniger als drei Prozent steigen und es sogar rascher vollendet wird, als geplant. Möglich war das wohl nur, weil auf der Baustelle unter Leitung von Eberhard Burger ein besonderer Geist herrschte. Viel von der Bedeutung und dem Sinn des Wiederaufbaus hat sich allen dort Tätigen schon von Anbeginn an mitgeteilt und sie entsprechend motiviert. Zu Recht waren und sind sie stolz auf das, was sie zustandegebracht haben.

Schließlich möchte ich noch ein Ereignis erwähnen, das nicht unmittelbar mit dem Wiederaufbau, aber doch mit der Geschichte der Kirche zusammenhängt. Ich meine die Art und Weise, mit der die Dresdner Bürgerschaft am 13. Februar 2005 mit der Erinnerung an die Zerstörung Dresdens und der Frauenkirche und mit der Provokation rechtsextremistischer Landtagsmitglieder umgegangen ist, die zuvor den Angriff auf Dresden und den Holocaust auf eine Stufe gestellt hatten. Die Antwort, die gegeben wurde, war würdig und eindeutig. Es gehe um Versöhnung und nicht um Aufrechnung und schon gar nicht um eine Bagatellisierung des Völkermords an sechs Millionen Juden – so lautete die Mahnung der Demonstranten, die sich mit weißen Rosen schmückten.

Jetzt geht der Blick in die Zukunft. Die Weihe der Kirche am 30. Oktober des Jahres 2005 lenkte die Aufmerksamkeit zahlloser Menschen nicht nur in der Bundesrepublik, sondern in ganz Europa und anderen Teilen der Welt in ganz besonderem Maße auf das, was in Dresden geschehen ist. Aber die Weihe stellt keinen Schlußstrich dar. Jetzt muß sich die Botschaft der Frauenkirche – fast könnte man erneut von einem Ruf aus Dresden, diesmal von einem anhaltenden, sich immer wieder erneuernden Ruf sprechen – auf Dauer entfalten und bewähren. Die Assoziationen, die sie weckt, müssen in die Zukunft hinein fruchtbar gemacht werden. Fruchtbar im Sinne eines Kernsatzes der Präambel des UNESCO-Vertrages, in dem es heißt: „Da Kriege im Geiste der Menschen entstehen, müssen auch die Bollwerke des Friedens im Geiste der Menschen errichtet werden". Die Stiftungssatzung sagt dazu: „Die Frauenkirche soll zu Toleranz und Frieden der Völker und Religionen untereinander mahnen; sie soll als eine Stätte vielfältiger gottesdienstlicher Nutzung und der Begegnung wiedergewonnen werden, die den Willen der Länder und Kirchen zum Aufbau eines gemeinschaftlichen Europas symbolisiert; und mit der Frauenkirche soll ein Ort geschaffen werden zur Durchführung von Symposien, Vorträgen, Konzerten und Ausstellungen."

Das ist gut so. Und natürlich muß der Gottesdienst, die Verkündung der Schrift und die Konzentration auf die Texte, die sich gerade einem solchen Ort anbieten, im Mittelpunkt stehen. Wie ja überhaupt der sakrale Charakter des Bauwerks gewahrt werden muß. Ein weiteres kann und will die Musik leisten. Aber auch hier verbietet es sich, mit dem Raum umzugehen, als ob er im Grunde nur einer von vielen Konzertsälen wäre. Ähn-

liches gilt für die Ausstellungen, von denen in der Satzung die Rede ist.
Dies alles und ein ständiges Angebot an Führungen und historischen Erläuterungen genügt jedoch nicht. Ein „Bollwerk im Geiste der Menschen" fordert mehr. Die internationalen Jugendbegegnungen, die bereits mehrfach im Umfeld des Kirchenbaus stattgefunden haben, und andere sinnvolle Aktivitäten der von der Landeskirche im Einvernehmen mit der Stiftung bestellten Kräfte zeigen in die Richtung, die es einzuschlagen gilt. So kann die Kirche insgesamt zu einem geistlichen und geistigen Zentrum im Dienste der Ideale des Friedens, der Gerechtigkeit und der Bewahrung der Schöpfung werden – und überdies zu einem Zentrum der Ökumene. Die Nachfolgeorganisation der Dresdner Fördergesellschaft sollte daran auf Dauer mitwirken. Und es wäre gut, wenn auch das Netz der regionalen Fördervereinigungen fortbestünde und sich an dieser großen Aufgabe beteiligen würde.

Geschieht dies alles, dann wird am Beispiel der Frauenkirche deutlich werden, was mir und anderen schon vor fast zwei Jahrzehnten zur Zeit der ersten Gespräche in Berlin als die zentrale Aussage vorschwebte. Eine Aussage, die ich ihrer elementaren Bedeutung wegen hier am Ende meines Beitrags noch einmal wiederhole: Krieg, Zerstörung und massenhafter Tod sind nicht die letzte Antwort der Geschichte. Der Wille zum Frieden und zur Versöhnung ist stärker. Und deshalb ist auch das Leben stärker als der Tod.

Dr. jur. *Hans-Jochen Vogel,* geboren 1926 in Göttingen; Studium der Rechtswissenschaften in München und Marburg, 1950 Promotion; 1960–1972 Oberbürgermeister von München; 1970–1991 Mitglied des SPD-Bundesvorstandes; 1972–1981 Bundesminister; 1981 Regierender Bürgermeister von Berlin; 1972–1981 und 1983–1994 Abgeordneter des Deutschen Bundestages, 1983–1991 Vorsitzender der SPD-Fraktion; 1987–1991 Vorsitzender der SPD; 2001–2005 Mitglied des Nationalen Ethikrates; zahlreiche Veröffentlichungen.
1992 bis 1994 Mitglied des Kuratoriums der Stiftung Frauenkirche Dresden e.V. und seit 1995 des Kuratoriums der Stiftung Frauenkirche Dresden.

*Theo Waigel*

# Eine Gedenkmünze für die Frauenkirche

1985 besuchte ich zum ersten Mal in meinem Leben Dresden. Mit großem Stolz präsentierten mir die damaligen Offiziellen den wieder aufgebauten Zwinger und die Semperoper. Damit sollte gezeigt werden, daß sich die früheren Machthaber in der DDR durchaus der Kunst und Kultur verbunden wüßten. Danach stand ich vor der steinernen Wüste der Frauenkirche in Dresden. Die Bausünden der Umgebung vergrößerten die Trostlosigkeit eines Ortes, der vierzig Jahre zuvor in Steine, Schutt und Asche geborsten war.

Nie hätte ich mir vorstellen können, daß wenige Jahre später Professor Ludwig Güttler mit seiner Fördergesellschaft, Mithelfern und Sympathisanten aus aller Welt diesem Haufen aus Steinen wieder das Gesicht der Frauenkirche geben könnte. Unglaublich wäre es mir erschienen, wenn man mir gesagt hätte, daß ich zehn Jahre später an gleicher Stelle als Bundesminister der Finanzen für ganz Deutschland eine 10-DM-Gedenkmünze „Wiederaufbau der Frauenkirche Dresden" präsentieren würde. Nie hätte ich es geglaubt, wenn jemand die Prognose gewagt hätte, wiederum zehn Jahre später, am 30. Oktober 2005, würde die wiederaufgebaute Dresdner Frauenkirche feierlich geweiht werden.

Dieser Wiederaufbau bedeutet mehr als die Wiederherstellung eines kunsthistorischen Erbes. Die wiederaufgebaute Dresdner Frauenkirche überstrahlt die Semperoper, den Zwinger und andere großartige Bauten Dresdens. Sie ist ein Zeichen dafür, daß Geistiges, Religiöses, Transzendentes in den Trümmern nie untergegangen ist und wiedererstehen kann. Man hat nach dem Zweiten Weltkrieg oft die Frage gestellt, ob es Schlösser, Museen, Theater, Denkmäler und Kirchen wert sind, mit viel Opfer und Geld wieder aufgebaut zu werden. Wohnungen, Schulen und Fabriken mit Arbeitsplätzen wären doch notwendiger! Doch ohne die Kirchen, ohne die Theater und ohne die Museen wäre Deutschland steinern geblieben – ohne Seele, ohne Geist, ohne Gott.

Martin Walser hat zum Wiederaufbau der Frauenkirche als „Friedenskirche" gesagt: „Dieses Bauwerk in seiner Vollkommenheit wieder herzustellen, das heißt wirklich eine Wunde schließen und eine Hoffnung stiften." Im Jahre 2005 ist die Frauenkirche stärker als je in ihrer Geschichte zum Symbol der Hoffnung auf Frieden geworden und entfaltete eine be-

# Eine Gedenkmünze für die Frauenkirche

*Modell der 10-DM-Gedenkmünze für den Wiederaufbau der Frauenkirche, Vorder- und Rückseite, 1995*

sondere Leuchtkraft. 1945 war ein Jahr der Befreiung und der Hoffnung nach langen Jahren der Finsternis. In das Grauen vor den Verbrechen des Nationalsozialismus mischte sich die Trauer um die Opfer und neues Leid. Der Wiederaufbau der Frauenkirche ist ein Symbol für die wieder gewonnene Einheit Deutschlands – ein Symbol jenseits von Angebot und Nachfrage, von Mark und Euro. Unser Dank, unsere Anerkennung und unser Glückwunsch gilt den Initiatoren, die sich gegen Widerstände vielfältiger Art durchgesetzt haben und unbeirrt an ihrer Idee bis zur Verwirklichung festhielten und mitgearbeitet haben.

Bald nach der politischen Wende in der DDR mußten wir feststellen, daß das öffentliche Geld nicht für jedes wichtige Projekt ausreicht. Es waren vor allem die Bundestagsabgeordneten Renate Jäger, Johannes Nitsch, Wolfgang Mischnick, Dr. Hans-Jochen Vogel und Dr. Wolfgang Ullmann, die Ende 1993 den Vorschlag machten, eine Gedenkmünze prägen zu lassen, deren Erlös dem Wiederaufbau der Frauenkirche zu Gute kommen sollte. Ich habe diesen Vorschlag aufgegriffen und unterstützt. Für diese gute Sache habe ich das Jahrhunderte alte Privileg des staatlichen Münzregals erstmals durchbrochen und auf die Zuführung der Erlöse in die Bundeskasse verzichtet. Mit dem Bundesminister des Innern wurde vereinbart, im Jahre 1995 zusätzlich zu den bereits beschlossenen Gedenkmünzen eine dritte 10-DM-Gedenkmünze „Wiederaufbau Frauenkirche Dresden" herauszugeben. Auch die gestrenge Bundesbank unter Präsident Professor Hans Tietmeyer hat sich diesem Anliegen nicht verschlossen. Der Zentralbankrat der Deutschen Bundesbank hat dem Vorhaben im März 1994 zugestimmt. Das Bundeskabinett billigte am 29. September

*Präsentation der Gedenkmünze im Dresdner Schloß (v.l.: Prof. Ludwig Güttler, Bundesfinanzminister Dr. Theo Waigel)*

1994 die Prägung der Gedenkmünze mit einer Auflage von 7,45 Millionen Stück. Der Haushaltsausschuß stimmte am 8. Februar 1995 der Verwendung der 45 Millionen DM Münzeinnahmen für den Wiederaufbau der Frauenkirche zu.

Die Umschrift auf der Gedenkmünze lautet: *50 Jahre Mahnung zu Frieden und Versöhnung.* Der glatte Münzrand trägt in vertiefter Prägung die Inschrift: *Steinerne Glocke: Symbol für Toleranz.* Versöhnung und Toleranz sind ein Schlüssel dafür, daß sich das Inferno von Dresden in Deutschland, in Europa und in der Welt nicht wiederholen darf. Es ist für mich ein beeindruckendes Zeichen der Freundschaft und eine große Geste, daß das neue Turmkreuz der wieder erstandenen Frauenkirche mit britischen Spenden finanziert und von einem britischen Künstler gefertigt wurde. Spenden kamen auch aus den Ländern der ehemaligen Kriegsgegner und der heutigen Freunde.

Deutschland steht erstmals im Verlaufe der letzten hundert Jahre auf der Seite der Gewinner der Geschichte:
– Frühere Feinde wurden zu Freunden,
– die Europäische Einigung ist unsere Zukunfts- und Friedensaufgabe,
– Ausgleich, Versöhnung und friedlicher Wettbewerb sind unsere politischen Prinzipien.

Wann immer mich in den letzten fünfzehn Jahren der Weg nach Dresden führte, besuchte ich diese Stätte. Das Grauen beim ersten Besuch wich der Hoffnung und später der Freude. Jedes Mal war ein weiterer Teil dieses großartigen Werkes fertiggestellt. Die Freude der Initiatoren, der Künstler und Handwerker und der Verantwortlichen sprang auf die Besucher über. Ich habe die Hoffnung, daß diese Kirche nicht nur ein steinernes Gebäude mit schöner Innenausstattung ist. Ich glaube, der Funke des liebenden Gottes ergreift eine materialistische, atheistische Welt und wird zum Sinnbild des Glaubens in den neuen Bundesländern und in ganz Deutschland.

Dr. jur. *Theodor Waigel*, geboren 1939 in Oberrohr (Schwaben); 1959 Abitur in Krumbach; Studium der Rechts- und Staatswissenschaften in München und Würzburg, 1967 Promotion; 1971–1975 Landesvorsitzender der Jungen Union Bayern; 1973–1988 Vorsitzender der Grundsatzkommission der CSU; 1988–1999 Vorsitzender der CSU; 1972–2002 Mitglied des Bundestages; 1982–1989 Vorsitzender der CSU-Landesgruppe und stellvertretender Vorsitzender der CDU/CSU-Fraktion; 1989–1998 Bundesminister der Finanzen; seit 1999 Rechtsanwalt in München.

*Hans-Olaf Henkel*

# Was wir vom Wiederaufbau der Frauenkirche lernen können

An den Eindruck, den der gigantische Trümmerberg in Dresden auf mich machte, als ich 1983 zum ersten Male davor stand, erinnere ich mich noch gut. Die schwarzen Gesteinsbrocken, das wie ein hohler Zahn in den Himmel ragende stehengebliebene Teil des Kirchenschiffs, die Lutherstatue, ebenfalls ganz schwarz, und natürlich die Bronzetafel davor, welche den Besucher nicht nur zum Frieden mahnen, sondern ihn auch daran erinnern sollte, daß die Verantwortung für die Zerstörung dieser Kirche den „Anglo-Amerikanern" gebühre. „Komisch", dachte ich, „sonst wird doch seitens der DDR immer auf die Alleinschuld der Nazis hingewiesen!" Aber die Frauenkirche erlaubte den Machthabern, einen eleganten Bogen von den Luftangriffen der Alliierten aus der Zeit des Zweiten Weltkrieges hin zum damaligen Klassenfeind zu schlagen.

Zu der Zeit war ich in Frankreich in der europäischen Hauptverwaltung der IBM in Paris tätig und hatte kurz vorher auch die Verantwortung für unser Geschäft in Osteuropa übernommen. Damals war der Vertrieb von Informationstechnik hinter dem Eisernen Vorhang besonders schwierig, mußte man doch die Computer gleich zwei Mal verkaufen: zum einen an die potentiellen Kunden und die für sie zuständigen Ministerien, zum anderen an die amerikanische Regierung, die in jedem einzelnen Fall davon überzeugt werden mußte, daß der Export amerikanischer Technik nicht zu einer Erhöhung des militärischen Potentials hinter dem Eisernen Vorhang führte. Trotzdem waren wir recht erfolgreich in Jugoslawien, in Bulgarien, Polen und auch in Rußland. Um herauszukommen, wie groß denn das Potential im anderen Teil Deutschlands war, führte mich mein erster Besuch nach Ostberlin. Dort traf ich mich mit einem stellvertretenden Minister, der innerhalb des Wirtschaftsministeriums zuständig für „Computer" war. Dieser schlug mir vor, das DDR-Kombinat Robotron in Dresden zu besuchen. Dort könnte ich mir einen direkten Überblick sowohl über die DDR-Kompetenz auf dem Gebiet der Informationstechnik – damals nannte man das noch Datenverarbeitung – als auch über das Potential für IBM-Produkte verschaffen. Also machte ich mich auf den Weg nach Dresden.

Wenige Jahre zuvor hatte ich zwei Jahre lang in New York gearbeitet und dort eine der vielen von der IBM Corporation gesponserten Ausstel-

*Bernardo Bellotto, gen. Canaletto, Dresden vom rechten Elbufer unterhalb der Augustusbrücke, 1748*

lungen besucht. Sie lief unter dem Titel „The Splendor of Dresden" und zeigte dem staunenden amerikanischen Museumsbesucher im Metropolitan-Museum die schönsten, wertvollsten und attraktivsten Stücke des Grünen Gewölbes aus Dresden. Diese Ausstellung beeindruckte nicht nur mich, denn wie sich nach einigen Wochen herausstellte, brach sie alle Besucherrekorde, die Ausstellungen im Metropolitan-Museum bis dahin erzielt hatten. – Zu Recht, denn die dort gezeigten Schätze aus fünf Jahrhunderten waren im wahrsten Sinne des Wortes von unbeschreiblicher Schönheit, Kunstfertigkeit und Eleganz. Darunter waren herrliche Exemplare aus der Porzellanmanufaktur Meißen, Büsten der Könige Sachsens, Statuen, Bilder, Rüstungen von August dem Starken, wunderbare Juwelierarbeiten. Am meisten beeindruckten mich die Gemälde von Bellotto, genannt Canaletto. Ein Bild dieses Malers hatte ich besonders in mein Herz geschlossen. Es zeigte Dresdens einzigartige Silhouette mit der Kuppel der Frauenkirche von der rechten Elbseite aus.

Nun fuhr ich, einige Jahre später, von Ostberlin kommend, mit dem Auto zum ersten Mal nach Dresden, um meinen Antrittsbesuch bei Robotron zu machen. Als ich an der Stelle vorbeikam, von der aus Canaletto „mein" Bild gemalt haben mußte, hielten wir an und gingen zum Elbufer hinunter. Wir waren von der Schönheit des Anblicks überwältigt, aber wir merkten auch, daß etwas fehlte.

Als am 30. Oktober 2005 die wieder aufgebaute Frauenkirche feierlich eingeweiht werden konnte, ging ein alter Traum in Erfüllung. All die Reden und Artikel, die gehalten und geschrieben wurden, vermittelten den Eindruck, als handelte es sich hierbei um eine von oben herab geförderte Massenbewegung, die zu diesem Erfolg geführt habe. Nun wollten alle immer schon dafür gewesen, den Anstoß gegeben und einen besonders wichtigen Beitrag dazu geleistet haben. Doch ist nach meiner eigenen Erfahrung nichts weiter von der Wirklichkeit entfernt, als dieser Eindruck. Im Gegenteil: In Abwandlung einer Aussage von Winston Churchill über die Leistung der Royal Air Force 1940 bei der Schlacht um England, läßt sich auch hier feststellen: Selten haben so Viele soviel so Wenigen zu verdanken. Zu den ganz Wenigen gehören nach meiner persönlichen Beobachtung über die Jahre der Planung, des Wiederaufbaus und seiner Vollendung hinweg, vor allem Prof. Ludwig Güttler und die Männer der ersten Stunden, die von 1989/1990 an aus der Bürgerinitiative kommend Verantwortung in verschiedenen Gremien von Fördergesellschaft und Stiftung übernommen haben, sowie Eberhard Burger und seine engagierten Bauleute, die er seit 1991 um sich scharte.

Es ist ganz erstaunlich zu sehen, mit welchem Selbstverständnis heute die wiederaufgebaute Frauenkirche wieder im Stadtbild wahrgenommen wird. Dabei war der Wiederaufbau alles andere als selbstverständlich. Im Gegenteil – die Widerstände, die diejenigen, die Verantwortung übernommen hatten und sich für den Wiederaufbau engagierten und einige andere nicht nur anfangs, sondern noch während der Jahre des Wiederaufbaus überwinden mußten, sind schon Geschichte und sollen von mir an dieser Stelle nicht wiederholt werden. Ich persönlich habe im Laufe der Zeit immer wieder aus der Tatsache Kraft gezogen, daß es diesen Personen gelungen ist, gegen viele Widerstände ihren Traum doch noch zu verwirklichen.

Auch ich habe einen Traum – den einer wettbewerbsfähigen deutschen Gesellschaft. Diesem Ziel habe ich mich verschrieben. Doch leider ist es den meisten Deutschen immer noch nicht klar, daß die Zukunft unseres Landes gerade von seiner Wettbewerbsfähigkeit abhängt. Die Globalisierung bringt nicht nur Unternehmen sondern auch Nationen in Wettbewerb zueinander. Die Regeln dieses Wettbewerbs zwischen Gesellschaften sind die gleichen wie die des Wettbewerbs im Sport, in der Kultur oder zwischen Unternehmen: Selbst, wer sich bewegt, kann zurückfallen, wenn andere schneller sind.

Die für den Wiederaufbau der Frauenkirche in Dresden Verantwortlichen sind – sicher unbewußt – nach einem dreistufig erscheinenden Plan vorgegangen, der sie letzten Endes zum Erfolg führte:

1. Um Platz für den Wiederaufbau zu schaffen, mußten sie erst sorgfältig die Trümmer bergen und beräumen lassen.
2. Sie haben die Steine verwendet, die noch brauchbar waren, damit das Bewahrenswerte aufgehoben ist und wieder wirken kann.
3. Sie hatten eine Vision: die Silhouette der Stadt Dresden und deren Mitte so wiederherzustellen, wie sie auch Canaletto gesehen und gemalt hatte.

Auch unsere Gesellschaft sollte ebenso wie diejenigen vorgehen, die die Dresdner Frauenkirche wiederaufgebaut haben, und zwar in drei Stufen.

*Die Trümmer wegräumen*

So wie zuerst die Trümmer der Frauenkirche geborgen werden mußten, um die Unterkirche und die Mauerreste freizulegen sowie Platz für den Wiederaufbau zu schaffen, müssen wir in unserer Gesellschaft auch erst einmal einige Trümmer beiseite räumen. An erster Stelle steht für mich hier die Überbetonung der Gleichmacherei zu Lasten der Individualität und der Freiheit. Mir ist nach siebzehn Jahren beruflichen Auslandsaufenthaltes und vielen Reisen immer klarer geworden, daß unsere Gesellschaft besonders stark darunter leidet, daß in ihr das Gebäude der Gleichheit übermächtig, gleichzeitig das Fundament der Freiheit immer brüchiger geworden ist. Die Gefahr besteht, daß alles einstürzt, Freiheit und Gleichheit mit sich reißend.

Wir leiden an einer überbordenden Bürokratie, die auch immer ein Entzug von Freiheit ist. Wir leiden an einem übermächtigen Staat, der mit seinen hohen Kosten Existenzen gefährdet und Arbeitsplätze ins Ausland treibt. Wir leiden an einem Übermaß an Fürsorge, die die Leistungskraft des Einzelnen langsam verkümmern läßt und dadurch immer wieder neue Ansprüche an staatlicher Fürsorge schafft. Wir leiden an einer unsäglichen Gleichmacherei, die dazu führt, daß bei uns meist der Langsamste das Tempo der gesamten Gesellschaft festlegt. Übertragen wir das mal auf den Sport: Deutschland funktioniert so wie eine Gruppe von Langstreckenläufern, die nicht nur zur gleichen Zeit am Start losläuft, sondern sich unterwegs auch noch in die Hände verspricht, zur gleichen Zeit am Ziel anzukommen. Kein Wunder, daß wir langsamer laufen als andere, daß die Leistungskraft der gesamten Gesellschaft Schaden nimmt.

Zwischen Freiheit und Gleichheit gibt es einen Gegensatz, der sich nicht wegdiskutieren läßt. Schon die alten Griechen haben darüber philosophiert, und nachdem die französischen Revolutionäre 1789 an die Macht gekommen waren, entdeckten auch sie plötzlich, daß sie sich über ihre Ziele uneinig waren. Die einen hatte die Bastille für die Freiheit erstürmt, die anderen für die Gleichheit. Wenn man heute einen in Frankreich geprägten Euro in die Hand bekommt, dann kann man auf einer Seite die Prägung „Liberté, Egalité, Fraternité" lesen, was wir mal großzügig ins Deutsche mit „Freiheit, Gleichheit, Solidarität" übersetzen wollen. Die „Solidarität" wurde erst nach langem Palaver und teilweise gewalttätigen Auseinandersetzungen zwischen den Revolutionären sozusagen als Kitt zwischen den beiden anderen einander widersprechenden Polen „Gleichheit" und „Freiheit" eingefügt. Damit wurde zwar der Streit beendet, der Widerspruch aber nicht.

Mir ist im Laufe der vielen Jahre, in denen ich mich mit den Ursachen der deutschen Reformschwäche befaßt habe, immer deutlicher geworden, daß es in Deutschland kaum noch Advokaten für mehr Freiheit gibt, aber eine Armee von beauftragten und selbsternannten Anwälten für mehr Gleichheit. Kein Wunder, daß man schon vor der Bildung der Großen Koalition mit Fug und Recht von der Sozialdemokratisierung ganz Deutschlands sprechen konnte. Kurz nachdem sie „mehr Freiheit wagen" als Leitmotiv ihrer Politik in ihrer ersten Rede als Bundeskanzlerin im Bundestag vorstellte, kassierten sowohl Angela Merkels eigene Sozialpolitiker als auch die Sozialdemokraten alle Versuche in Richtung von mehr Freiheit wieder ein. Nun mag man fragen, wieso sich der Begriff „Gleichheit" trotz meiner Beobachtungen eher selten in Reden und Aufsätzen unserer politischen Führung findet. Bei uns hat sich dafür ein Begriffspaar durchgesetzt, welches wiederum in keiner Rede eines Politikers in Deutschland – egal von welcher Partei – fehlen darf: das der „sozialen Gerechtigkeit". Ich muß gestehen, mir ist dieses Begriffspaar zutiefst zuwider. Zum einen, weil die Verknüpfung von „sozial" mit „Gerechtigkeit" unnötig erscheint, denn „Gerechtigkeit" müßte eigentlich genügen. Ist nicht Gerechtigkeit von vornherein nur in einem sozialen Kontext möglich? Man stelle sich vor, man wäre allein auf einer Insel. Wonach würde man sich sehnen? Vielleicht nach einem Partner oder einer Partnerin, einer eiskalten Coca-Cola, einem Boot oder, daß einem eine weitere Kokosnuß von oben in den Schoß fallen möge. Aber einem Mensch, der allein auf einer Insel lebt, käme nie in den Sinn, Gerechtigkeit zu fordern! Erst in dem Augenblick, in dem man nicht mehr allein ist, macht der Wunsch nach Gerechtigkeit überhaupt Sinn, und schon deshalb sollte dieser Begriff ohne weiteres Adjektiv genügen. Trotzdem, mit dem tautologischen

Pathos von „sozialer Gerechtigkeit" bewaffnen sich gerade in Deutschland gern Politiker, um sich damit zum Anwalt der Gleichheit, ja meist Gleichmacherei, zu machen. Gerechtigkeit in einer Gesellschaft ist die unabdingbaren Voraussetzung für das Funktionieren einer jeden Gesellschaft. Diejenigen, die dauernd das Begriffspaar „soziale Gerechtigkeit" im Munde führen, unterstellen entweder fälschlicherweise, daß Gerechtigkeit als Ziel allein nicht ausreiche, oder, daß es sie nicht gibt. Sie verschreiben meist Rezepte, die die Freiheit weiter aushöhlen und letzten Endes die Gleichheit mit. Nicht umsonst prägte Ludwig Erhard den Satz „Zu sozial ist unsozial".

Sollte der geneigte Leser immer noch meinen, daß wir in Deutschland einen gewaltigen Nachholbedarf an Gleichheit zu Lasten der Freiheit haben, daß wir, statt unter einem eklatanten Mangel an Wettbewerbsfähigkeit unter einem zu großen Unterschied zwischen arm und reich leiden, dann beantworte er einmal ganz für sich allein im stillen Kämmerlein diese Frage: „Kennen Sie ein Land, wo der Unterschied zwischen arm und reich geringer ist, als in Deutschland?"

*Das Bewahrenswerte erhalten*

Von Anfang an hatten die Verantwortlichen für den Wiederaufbau der Frauenkirche auch die Idee, möglichst viele der Steine zu verwenden, die im Trümmerberg seit Jahrzehnten lagerten. Das war natürlich nicht so einfach, denn nicht nur mußten alle Steine vermessen und auf ihre Festigkeit überprüft werden. Es mußte ja genau die Stelle gefunden werden, an der sich der betreffende Stein einmal im Mauerwerk befunden hat. Das war nur mit moderner Computertechnik möglich. So wurden die Meßdaten der Steine und ihr genauer Fundort registriert und diese Daten mit denen in den Originalbauplänen verglichen. So waren die Steintechniker und Steinmetzen in der Lage, viele der unbeschädigt gebliebenen Steine an ihre alten Plätze einzufügen. Steht man heute vor der Frauenkirche oder sieht sich ein Foto von ihr etwas genauer an, kann man unschwer erkennen, wo die alten Steine eingefügt werden konnten. Im vorwiegend hellen Mauerwerk sind sie als eingesprenkelte schwarz-graue, rechteckig Flecken zu erkennen. Fachleute erzählten mir, daß in spätestens fünfzig Jahren der Unterschied zwischen alt und neu kaum mehr zu erkennen sein wird. Dafür sorgt die natürliche Eigenschaft des verwendeten sächsischen Sandsteins, der sich durch Patinierung außen dunkel verfärbt.

*Außenmauerwerk mit Pilasterkapitell, Februar 2000*

Gerade die Wiederverwendung vieler der Originalsteine macht aus der neu erbauten Dresdner Frauenkirche ein bauhistorisch besonders interessantes Experiment. Auch im Inneren der Kirche wurde auf Originales zurückgegriffen. Der schwer beschädigte Altar wurde zwar behutsam aus seinen Einzelteilen wieder zusammengefügt, aber nicht völlig restauriert. So wurde eine ausgesprochen gelungene Kombination zwischen Altem, Bewährtem, und Neuem gefunden.

Ich meine, auch beim Wiederaufbau unserer Gesellschaft sollten wir so vorgehen. Es ist ja nicht so, daß Deutschland alle seine Tugenden über Bord geworfen und daß wir nichts mehr zu bieten hätten, was nicht auch im Zeitalter der Globalisierung einzusetzen wäre. Ganz im Gegenteil: Wir sollten uns gerade wieder auf die klassischen deutschen Stärken und Tugenden besinnen. Vor allem sollten wir dafür sorgen, daß wir unsere noch existierenden Stärken nicht auch noch verlieren.

Beispielhaft für so eine Tugend ist unser „Made in Germany". Bildlich gesprochen, ist „Made in Germany" zwar ein alter schwarzer Stein, aber ein eminent wichtiger für das ganze Fundament unserer Gesellschaft. Wir müssen unbedingt dafür sorgen, daß er in unserer Gesellschaft einen prominenten Platz bekommt, denn ohne diesen hätten wir auch den letzten Rest unserer Wettbewerbsfähigkeit eingebüßt, würde unser ganzes volkswirtschaftliches Modell einstürzen. Die immer noch bestehende Exportweltmeisterschaft bei den Handelsgütern ist vor allem dem guten Ruf geschuldet, den deutsche Produkte durch ihre Qualität in vielen Jahrzehnten begründet haben. Angemerkt werden muß allerdings, daß wir eigentlich nicht mehr Exportweltmeister sind. Berücksichtigt man nicht nur die Güter, die man anfassen kann, wie z. B. Maschinen, Autos oder Spielzeuge, sondern zählt solche hinzu, die man nicht anfassen kann, wie Software, Copyrights, Patente, Lizenzen, industrielle Dienstleistungen usw., dann sind wir nur noch Vize-Weltmeister. Der Unterschied zum wahren Exportweltmeister, den USA, vergrößert sich sogar von Jahr zu Jahr, und es wird nicht lange dauern, bis uns China auch den Rang des Exportweltmeisters bei den Waren, die man anfassen kann, abgelaufen hat.

Gerade bei den Produkten, die man nicht anfassen kann, die mehr auf geistigem Eigentum als auf handwerklicher Arbeit beruhen, ist das Wachstum besonders stark. Das sind dann auch die gleichen Produkte, mit denen meist mehr Geld zu verdienen ist. Überspitzt gesagt heißt das: Betrachtet man Deutschlands Volkswirtschaft einmal als ein einziges Unternehmen, müssen wir selbstkritisch feststellen, daß wir unser Geld mit reifen, ja, teilweise auslaufenden Produkten verdienen.

Um „Made in Germany" zu bewahren, müssen wir in der ganzen deutschen Gesellschaft das Bewußtsein für Qualität wieder schärfen. Allen Schichten, angefangen von den Schülern, über die Beschäftigten bis hin zu den gesellschaftlichen Vorbildern in Wissenschaft, Wirtschaft, Kultur und Politik muß die Bedeutung der sogenannten Sekundärtugenden wie Zuverlässigkeit, Genauigkeit, Pünktlichkeit wieder klar gemacht werden. Sie ist Voraussetzung nicht nur für die Qualität unserer Produkte und Dienstleistungen, sie ist die Grundlage unseres Wohlstandes. Es macht mir großen Kummer zu sehen, wie in den DEKRA- und TÜV-Statistiken aus der Sicht deutscher Inspektoren immer öfter Autos aus asiatischer Produktion besser abschneiden, als solche aus deutscher. Als ich vor kurzem las, daß in der entsprechenden amerikanischen Statistik der beste Mercedes auf einem hinteren Platz landete, war ich zutiefst deprimiert. Denn der Mercedes, oder wie man dort auch sagt, der „Merc", war in Amerika und anderswo mehr als nur ein Statussymbol, er war immer auch ein Synonym für deutsche Qualität gewesen. Daß Toyota den deutschen Autobauern den Rang des Herstellers der zuverlässigsten Autos längst abgenommen hat, ist den wenigsten Deutschen bewußt. Wenn deutsche Konsumenten bereit sind, für ein Flachbildschirm-Fernsehgerät aus Asien mehr Geld auszugeben, als für ein entsprechendes aus Deutschland, dann zeigen sie selbst, daß sie inzwischen immer öfter die Qualität aus Asien höher einschätzen als die aus Deutschland.

Deshalb brauchen wir eine umfassende Bewegung, die alle gesellschaftlichen Schichten und viele Themen umfaßt. Das beginnt mit einer Verbesserung unseres Schulsystems („PISA"), umfaßt die Notwendigkeit, auch in Deutschland Elite-Universitäten zu schaffen, die sich im internationalen Vergleich messen und halten können, bis hin zu den deutschen Vorstandsetagen, in denen – nach meiner Beobachtung – die Behandlung des Themas „Qualität" zu oft nach unten delegiert wird. Meine Oma sagte immer: „Eine Treppe kehrt man von oben!". In der Tat, alle gesellschaftlichen Vorbilder sind gefordert, um „Made in Germany" als Markenzeichen für unser Land zu erhalten. Beim Wiederaufbau unserer Gesellschaft müssen wir, wie auch die Baumeister der neu aufgebauten Frauenkirche, auch auf Bewährtes setzen.

*Eine Vision verfolgen*

Mir ist schon klar, daß viele Menschen mit dem Begriff „Vision" nichts anfangen können. Auch in der Wirtschaft gibt es große Skepsis gegenüber Visionen. Das ist auch verständlich, braucht man sich doch nur an die dramatischen Bauchlandungen visionärer Vorstände zu erinnern. So haben sich zwei Vorstandsvorsitzende eines großen Automobilkonzerns im Baden-Württembergischen mit ihren jeweiligen Visionen nicht nur blamiert, sie haben Vision zu einem Unwort in der deutschen Wirtschaft gemacht. Wollte der eine einen „integrierten Technologiekonzern" zusammenzimmern, so verfolgte der andere schon fast größenwahnsinnig anmutende Ziele in der Automobilindustrie. Was daraus geworden ist, kann ich an den Börsenkursen meiner früher als Daimler-Benz und jetzt als Daimler-Chrysler bezeichneten Aktien erkennen. Nicht nur die Aktionäre, auch die Mitarbeiter, die Zulieferer und leider neuerdings auch die Kunden können inzwischen besichtigen was passiert, wenn man sich als Chef weniger mit den Visionen seiner Kunden als mit seinen eigenen beschäftigt.

Trotzdem bin ich der Meinung, daß eine Gesellschaft eine Vision braucht und wissen sollte, warum die politisch Verantwortlichen von ihr Veränderungen und Entbehrungen verlangen. Natürlich sollte eine Vision positiv sein. John F. Kennedy hatte mit seinem visionären Anspruch, zu einem gewissen Zeitpunkt einen Amerikaner auf dem Mond landen zu lassen, unglaubliche Kräfte in der Gesellschaft freigesetzt. Gerhard Schröder versuchte es gerade umgekehrt, also mit negativen Bildern. Er verstand es immer wieder, Feindbilder zu entwerfen, die den Deutschen das Marschieren erleichtern sollten. Den traurigen Höhepunkt eines solchen Feindbildes erreichte Franz Müntefering mit dem Bild der Heuschrecken, die wie eine Plage über deutsche Unternehmen herfallen, um dann die Früchte der braven Arbeitnehmer aufzufressen und sich dann in ferne Gefilde zu verflüchtigen.

Ludwig Güttler, Eberhard Burger und deren Mitstreiter hatten auch eine Vision: die Vision, die Dresdner Stadtsilhouette wieder zu vervollkommnen. Es war genau diese Vision, die viele Menschen und Organisationen dazu beflügelte, sich bei dem Projekt des Wiederaufbaus der Frauenkirche zu beteiligen. Ich bin fest davon überzeugt, daß ohne die visionäre Vorstellung einer wiederaufgebauten Frauenkirche das Projekt nicht einmal hätte gestartet werden können. 1990 hatte ich als damaliger Chef der IBM Deutschland ein Computerprogramm in Auftrag gegeben, welches die Frauenkirche wenigstens auf dem Bildschirm wiedererstehen lassen sollte. Dem damaligen Bundeskanzler Helmut Kohl konnte anläßlich seines Geburtstages am 3. April 1990 die planungsbegleitende Unterstützung des Wiederaufbaus der Frauenkirche durch IBM zugesichert werden. Mit dieser Vision und dieser Idee sollten dann auch andere für das Wiederaufbauprojekt begeistert werden. Der damals bei der IBM in

*Frauenkirche mit Trümmerberg, Grafik, IBM Deutschland, 1990*

Europa leistungsstärkste Großcomputer stand in Großbritannien, und auf diesem System ließen wir die Frauenkirche in aus Einzelbildern zusammengefügten Videofilmsequenzen wiedererstehen. Das Projekt war damals eine Sensation. Heute, im Zeitalter der dreidimensionalen Computerspiele, die jeder auf dem flachen Bildschirm seines Laptops und bald schon auf seinem Mobiltelefon spielen kann, ist kaum noch vorstellbar, welchen Eindruck dieses Projekt damals auf die Zuschauer machte. Das System konnte dem Betrachter auf dem Bildschirm die Frauenkirche nicht nur von außen zeigen, er konnte gleichsam um sie herumgehen, ja, in das Innere der Kirche eintreten, den Blick nach oben richten, die Deckenfresken beobachten, auf den Altar zuschreiten und über die Treppen die Kirche besteigen. Der Hauptgrund der Begeisterung lag im dargestellten Objekt selbst. Ich führte es auf der weltweit größten Computermesse, der CeBit, dem damaligen Bundeskanzler Helmut Kohl vor, seiner Frau, dem damaligen Ministerpräsidenten Gerhard Schröder und vielen anderen. Ich bin fest davon überzeugt, daß die im Computer entstandene Vision einer wiederaufgebauten Frauenkirche viel dazu beigetragen hat, dieses Projekt zu fördern und zu realisieren.

Welche Vision aber ist die richtige für Deutschland? Meine ist die einer „wettbewerbsfähigen Gesellschaft". Ich bin fest davon überzeugt, daß die Deutschen mit dieser Vision auch etwas anfangen können, obwohl sie schon seit Jahrzehnten in vielen Bereichen an Wettbewerb nicht mehr gewöhnt sind. Man denke nur an das Thema Schule. Aber warum sollte eine Bevölkerung, die sich jeden Samstagabend vor der Sportschau für ihr jeweiliges Team bei der Bundesliga begeistert und den deutschen Medaillen-Aspiranten bei den Olympischen Spielen die Daumen drückt, nicht in die Lage versetzt werden können, auch in anderen Bereichen den Wettbewerb als Anreizsystem für mehr Leistung zu akzeptieren. Die im Frühjahr 2006 von der Großen Koalition beschlossene Reform des deutschen föderalen Systems ist nach meiner Überzeugung genau der richtige Schritt. Die Diskussion um das Für und Wider ist dabei aber auch typisch für den von mir bereits erwähnten Konflikt zwischen Freiheit und Gleichheit. Überspitzt formuliert, wollen die Gegner der Reform, daß in allen Schulen das gleiche gelehrt und wohl auch geleistet wird, mit dem scheinbar plausiblen Argument, damit einen Übergang von einer Schule zur anderen zu erleichtern. Die Befürworter dagegen wollen durch den Wettbewerb ein insgesamt leistungsfähigeres Niveau erreichen.

Die Neuordnung unseres föderalen Systems ist eine unabdingbare Voraussetzung zur Wiederherstellung des Wettbewerbs in unserem Land und damit zur Wiederherstellung unserer Wettbewerbsfähigkeit. Dazu gehört nicht nur die Neuordnung von Verantwortlichkeiten zwischen Bund und Ländern, wie bei der sogenannten Föderalismusreform beschlossen, dazu gehört auch als nächster Schritt eine Änderung unserer Finanzverfassung. Ein Grund für die Überschuldung von Bund, Ländern und Kommunen ist die wild durcheinander geratene Verantwortung für die jeweiligen Finanzierungsaufgaben. Man kann eher von organisierter Verantwortungslosigkeit sprechen, wenn jeder jedem in die Tasche greifen kann, niemand aber für die weiter steigenden Schuldenberge verantwortlich gemacht wird. Heute kann der Bundestag das Recht auf einen Kindergartenplatz für jedes Kind beschließen, obwohl die wenigsten Kommunen das Geld haben, diesen Beschluß überhaupt in die Tat umzusetzen. Im Länderfinanzausgleich ist inzwischen eine Situation entstanden, in der 12 von 16 Bundesländern zu Nehmerländern geworden sind. Nach dem Saarland und Bremen will nun auch Berlin sich vom Bundesverfassungsgericht bescheinigen lassen, daß es Anspruch auf zusätzlichen Finanzhilfen von anderen Ländern hat. Inzwischen haben schon 12 Bundesländer keinen verfassungsmäßigen Haushalt mehr. Selbst einen ausgeglichenen Haushalt hat, mit Ausnahme Bayerns im Jahr 2006, schon lange kein Bundesland mehr zustande gebracht hat. Wenn es so weitergeht, müßten bald alle Bundesländer beim Verfassungsgericht auf mehr Finanzmittel klagen. Spätestens, wenn die Einsicht fortgeschritten ist, daß auch das Bundesverfassungsgericht kein Geld hat, wird man um eine Neuordnung der Finanzverfassung nicht herumkommen. Diese Einsicht sollten wir uns heute schon zumuten.

Das deutsche politische Entscheidungssystem, 1948 im Schnellgang unter alliierter Oberaufsicht zustandegekommen, war darauf angelegt, zu verhindern, daß sich unser Land noch einmal so schnell wie zwischen 1933 und 1945 bewegen kann. Es konstruierte eine große Zahl von „checks and balances", von Blockaden zwischen Bund und Ländern. Es gab den Parteien eine große Machtfülle zu Lasten der einzelnen Bürger. Es sorgte für Langsamkeit und gab uns damit paradoxerweise einen großen Standortvorteil: Stabilität. In den ersten Jahrzehnten nach dem Krieg war Deutschland synonym für stabile Verhältnisse. Wir hatten die geringste Arbeitslosigkeit, im August 1963 waren weniger Menschen arbeitslos, als die Nürnberger Arbeitsbehörde heute zur Verwaltung der Arbeitslosen beschäftigt. Die Deutsche Mark war die stabilste Währung in Europa. Gestreikt wurde selten bei uns, aber oft woanders. Der erste deutsche Finanzminister erwirtschaftete im immer noch zerstörten Westdeutschland kräftige Haushaltsüberschüsse, die er in damals noch bestehenden imagi-

*Dresden vom rechten Elbufer, Juli 2006*

nären „Juliusturm" versteckte. Heute werden auch mit dem Hinweis auf die Wiedervereinigung Jahr für Jahr neue Rekorde in der Gesamtverschuldung aufgestellt.

Deutschland hat seine Wettbewerbsfähigkeit eingebüßt, nicht etwa weil es sich geändert hat, sondern weil es sich nicht geändert hat. Durch die sich dauernd verändernden technologischen Veränderungen, die zunehmende Globalisierung hat sich aber um uns herum alles verändert. So konnte aus dem klassischen deutschen Standortvorteil „Stabilität" der inzwischen auch schon wieder klassische deutsche Standortnachteil „Unbeweglichkeit" werden. Weil sich alles um uns herum geändert hat, haben wir den Verlust unserer Wettbewerbsfähigkeit kaum bemerkt.

Nachdem ich mich viele Jahre lang um die eine oder andere Reform in Deutschland bemüht habe, ist mir in den letzten Jahren immer deutlicher geworden, daß wir ein Problem mit unserer Reformfähigkeit selbst haben. Den Anstoß zu diesem Gedanken gab mir 1997 Bundespräsident Roman Herzog mit seiner zu Recht berühmt gewordenen „Ruckrede", mit der er die Tradition der Berliner Reden deutscher Bundespräsidenten begründete.

Um die Reform der Reformfähigkeit wiederherzustellen, haben sich im Jahre 2003 dreizehn Deutsche zu einem „Konvent für Deutschland" zusammengetan. Diese Gruppe, angeführt von Roman Herzog und seinem

Stellvertreter Klaus von Dohnanyi, hat sich zur Aufgabe gesetzt, den Politikern Vorschläge zur „Mutter aller Reformen" zu machen. Die von der Großen Koalition beschlossene Föderalismusreform wäre nach meiner Überzeugung ohne die Vorarbeit einiger im Konvent beteiligter Personen nicht zustandegekommen.

Zurück zur Bildungsreform: Gleichheit wird immer nur zu Lasten des Leistungsniveaus erzielt werden können, und schon deshalb bin ich ein klarer Befürworter für die Delegierung der schulischen Verantwortung an die Länder, die sie dann umgehend an die Schulen weiterreichen sollten. Mit einem Zentralabitur auf Länderebene kann dann sichergestellt werden, daß die Abschlüsse vergleichbar sind. Nur so kann wieder Wettbewerb entstehen. Der Wettbewerb zwischen kleinen Einheiten führt immer zu einem stärkeren Ganzen, das gilt in der Wirtschaft, das gilt im Sport, in der Kultur, und selbstverständlich gilt das auch in der Bildung. Wenn Deutschland weiterhin mit dem Tempo des Langsamsten marschieren will, um sicherzustellen, daß alle mitkommen, wird Deutschland seinen Wohlstand ganz aufs Spiel setzen.

Wie man wettbewerbsfähig wird? Ganz einfach: durch Wettbewerb. Diese vordergründig tautologisch klingende Forderung hat Sinn, denn es gilt, in Deutschland den Wettbewerb wieder zu organisieren und dadurch insgesamt wieder leistungsfähiger zu werden. Das ist eine Vision, die die Verantwortlichen für den Wiederaufbau unseres Landes verfolgen sollten, so wie die Herren Güttler, Burger & Co. die Wiederherstellung der Frauenkirche und damit der bekannten Dresdner Stadtsilhouette, die einst von Canaletto gemalt wurde, verfolgt haben.

*

Was Visionen vermögen, zeigt eine kleine Geschichte, die sich vor einigen Jahrhunderten mitten in Dresden zugetragen haben könnte. Damals sah ein Fremder drei Steinmetzen bei ihrer Arbeit. Ihm fiel auf, daß der erste offensichtlich verdrießlich und mißgelaunt bei der Arbeit war, der zweite relativ emotionslos auf den gerade bearbeiteten Stein hämmerte, in der DDR hätte man wohl gesagt: „Er erfüllt seine Norm." Der dritte war offensichtlich mit großer Begeisterung dabei, einem Stein eine schöne neue Form zu geben. Der Fremde fragte den ersten: „Sag mal, was machst du da?" Die Antwort ließ nicht lange auf sich warten: „Herr, Sie sehen das doch. Ich behaue einen Stein." Dann fragte er den zweiten, der offensichtlich ohne Widerwillen aber auch ohne Freude seine Arbeit machte, „Und

du?" „Ich verdiene hier mein Brot." Dann fragte er den dritten, der mit Begeisterung bei der Sache war und offensichtlich auch bessere Arbeit ablieferte: „Und was machst Du?" Dieser antwortete ihm lächelnd: „Ich arbeite an der Frauenkirche."
Wir sollten uns alle für eine wettbewerbsfähige deutsche Gesellschaft engagieren.

Prof. Dr.-Ing. E. h. *Hans-Olaf Henkel*, geboren 1940 in Hamburg; 1962 Eintritt in die IBM Deutschland, 1987 Vorsitzender der Geschäftsführung; 1989 Vizepräsident der IBM Corporation, 1993 Chef der IBM Europa, Mittlerer Osten und Afrika; 1995–2000 Präsident des Bundesverbandes der Deutschen Industrie (BDI); 2001–2005 Präsident der Leibniz-Gemeinschaft; seit November 2000 Honorarprofessor an der Universität Mannheim; Mitglied in deutschen und internationalen Aufsichtsräten; Autor zahlreicher Veröffentlichungen.
Seit 1995 Ehrenkurator der Stiftung Frauenkirche Dresden.

*Ludwig Güttler*

# Ein Paukenschlag
*Jahrtausendwechsel in der Dresdner Frauenkirche*

Vieles ist im Vorfeld über den Wechsel vom 2. zum 3. nachchristlichen Jahrtausend geschrieben worden. Nicht immer war dabei klar, das dieser nicht 1999/2000, sondern erst 2000/01 stattfinden würde. Zum echten Jahrtausendwechsel war es uns gelungen, einen Vorgeschmack auf die mit Spannung erwartete, im Jahre 2005 stattfindende Weihe der Kirche zu erhalten. Das Zusammenwirken aller Beteiligten, besonders der Bauleute, ermöglichte es, Kirchenschiff, Betstubengeschoß und erste Empore für Veranstaltungen im Dezember 2000 der Öffentlichkeit zugänglich zu machen. Wie schon beim Bau der 1945 zerstörten Frauenkirche ist der Hauptraum in Höhe des Kuppelgesimses vorläufig und vorsorglich geschlossen worden, um 1 200 Gästen in der festlich beleuchteten und beheizten Frauenkirche, die noch mit einem Hauptgerüst versehen war, einen musikalischen Kunstgenuß zu bieten. Nach erfolgreichem Abschluß des ersten Bauabschnitts und dessen gesicherter Finanzierung sollten diese Konzertveranstaltungen die Freude über das bisher Erreichte zum Ausdruck bringen und allen Interessierten vor Augen führen, wie der zweite und letzte Bauabschnitt begonnen und ausgeführt werden kann, wenn die hierfür benötigten Spenden auch weiterhin eingehen. Diese Konzerte stellten eine Einmaligkeit dar. Der Reinerlös kam direkt dem Wiederaufbau zugute.

---

*Programm der Konzerte im Dezember 2000
in der Frauenkirche zu Dresden*

**Sonntag, 3.12.2000 (1. Advent), 11.00 Uhr im Hauptraum**
**Erstes Festliches Konzert**
Sächsische Staatskapelle unter Leitung von Giuseppe Sinopoli zusammen mit der Mezzosopranistin Cecilia Bartoli (ZDF-Übertragung des Konzertes am 25. 12. 2000)

**Sonntag, 3.12.2000 (1. Advent), 20.00 Uhr im Hauptraum**
**Festliches Konzert für alle Mitarbeiter der Frauenkirche**
Das neue Weihnachtsprogramm mit Musik aus vier Jahrhunderten
Blechbläserensemble Ludwig Güttler – Leitung: Ludwig Güttler

**Montag, 4. 12. 2000, 20.00 Uhr im Hauptraum**
**Festliches Konzert zugunsten der Dresdner Synagoge**

S. Rachmaninow: Vesper op. 37 (in russischer Originalsprache)
Michail Agafonov, Tenor – Klaudia Zeiner, Alt – Lew Maidatschewski, Lektor
Chor des Mitteldeutschen Rundfunks – Leitung: Howard Arman

**Sonntag, 10. 12. 2000 (2. Advent), 11.00 Uhr im Hauptraum**
**Georg Friedrich Händel: „Der Messias" (in englischer Originalsprache)**

Antje Perscholka, Sopran – Martin Wölfel, Altus – Robert Wörle, Tenor – Jörg Hempel, Baß
Hallenser Madrigalisten – Virtuosi Saxoniae – Leitung: Ludwig Güttler

**Mittwoch, 13. 12. 2000, 20.00 Uhr im Hauptraum**
**Mozart Gala-Abend**

Wolfgang Amadeus Mozart: Serenata notturna D-Dur KV 239
für zwei kleine Orchester
Wolfgang Amadeus Mozart: Klavierkonzert A-Dur KV 488
Wolfgang Amadeus Mozart: Symphonie C-Dur („Jupiter-Symphonie") KV 551
Sophie Mautner, Klavier – Virtuosi Saxoniae – Leitung: Ludwig Güttler

**Sonnabend, 16. 12. 2000, 20.00 Uhr im Hauptraum**
**Weihnachtsliederabend mit Peter Schreier**

Lieder von Peter Cornelius, Joseph Haas, Max Reger, Hugo Wolf
Peter Schreier, Tenor – Hans-Jörg Albrecht, Orgel, Klavier, Cembalo

**Dienstag, 19. 12. 2000, 20.00 Uhr im Hauptraum**
**Weihnachtsliedersingen des Dresdner Kreuzchores**

Leitung: Roderich Kreile

**Mittwoch, 20. 12. 2000, 20.00 Uhr im Hauptraum**
**Franz Schubert: Symphonie Nr. 5 B-Dur**

Franz Schubert: Messe Es-Dur für Solisten, gemischter Chor und großes Orchester
Michaela Kaune, Sopran – Britta Schwarz, Alt – Christoph Genz, Tenor –
Tom Martinsen, Tenor – Jörg Hempel, Baß
Dresdner Philharmonie – Ernst-Senff-Chor Berlin – Dirigent: Marek Janowski

**Mittwoch, 21. 12. 2000, 20.00 Uhr im Hauptraum**
**Johann Sebastian Bach: Weihnachtsoratorium, Kantaten 1–3**

Friederike Holzhausen, Sopran – Elisabeth Wilke, Alt – Christoph Genz,
Tenor – Egbert Junghanns, Baß
Kammerchor der Semperoper Dresden – Virtuosi Saxoniae – Leitung: Ludwig Güttler

**Mittwoch, 27. 12. 2000, 16.00 Uhr im Hauptraum**
Festkonzert für die Blechbläser der Sächsischen Posaunenmission, die bei den Weihnachtlichen Vespern jeweils am 23. Dezember mitgewirkt haben, und deren Angehörige
Blechbläserensemble Ludwig Güttler und Semper Brass Dresden – Leitung: Ludwig Güttler und Matthias Schmutzler

**Sonnabend, 30. 12. 2000, 20.00 im Hauptraum**
Johann Sebastian Bach: Weihnachtsoratorium, Kantaten 4–6
Antje Perscholka, Sopran – Annekathrin Laabs, Alt – Martin Petzold, Tenor – Olaf Bär, Baß
Hallenser Madrigalisten – Virtuosi Saxoniae – Leitung: Ludwig Güttler

Der Stiftungsratsvorsitzende Bernhard Walter und ich haben wiederholt in unregelmäßigen Abständen die Problematik der Spendeneinwerbung mit allen dafür in Betracht kommenden Partnern immer wieder aufs neue beraten. Wir waren bestrebt, das großartige Engagement des Zweiten Deutschen Fernsehens (ZDF) und besonders seines Intendanten Prof. Dr. h.c. Dieter Stolte so für uns einzusetzen, daß die Notwendigkeit einer Information der am Wiederaufbau interessierten und beteiligten Öffentlichkeit erkannt und realisiert würde und daß dadurch der zweite und abschließende „Spendenanlauf" gestartet werden könnte. Die Überlegungen für diese durch das ZDF zu verbreitenden Veranstaltungen durchliefen mehrere Phasen einer Entwicklung, des Beiseitelegens, des Wiederaufnehmens, des Klärens, des Verdichtens. Letztlich konnte die ursprünglich seitens des ZDF uns gegenüber geäußerte Ansicht, daß der Silvestertag 2000 für ein hochrangiges Konzert in dem dann durch bauliche Maßnahmen vorbereiteten Hauptraum in Betracht komme, mit Hinweis auf den inzwischen landauf landab zu beobachtenden Charakter von Silvesterveranstaltungen dahingehend verändert werden, für die erste Ausstrahlung eines solchen Konzerts die ideal geeignete Weihnachtszeit zu nutzen. Dies wiederum setzte voraus, daß dieses Konzert im Vorweihnachtszeitraum veranstaltet werden müßte. Die mir obliegenden diesbezüglichen Vorgespräche waren bereits vor längerer Zeit mit den von uns gewünschten Partnern, der Sächsischen Staatskapelle und ihrem Orchestervorstand, insbesondere ihrem Chefdirigenten Dr. Giuseppe Sinopoli (†), sowie ihrem Konzert-Dramaturgen Eberhard Steindorf erfolgt. Nachdem das ZDF sich auf diese Weihnachtsvariante einstellen konnte, mußte unverzüglich ein Termin gesucht werden, der sich in die feststehende, nicht mehr zu verändernde Planung der Staatskapelle und der Staatsoper einpassen ließ.

# Ein Paukenschlag

*Erster Gottesdienst im Hauptkirchenraum, Bachkantate „Jauchzet Gott in allen Landen" mit Friederike Holzhausen, Sopran; Virtuosi Saxoniae unter Leitung von Ludwig Güttler, Dezember 2000*

Die übliche zwei- und mehrjährige Vorausplanung von Kulturinstituten, Orchestern und Solisten mit internationalen Verpflichtungen geriet hier mit der viel zu kurzfristigen und sehr späten Entscheidung für dieses Vorhaben in der Frauenkirche in Widerspruch. Es ist in diesem Zusammenhang nicht hoch genug zu würdigen, daß die Musiker der Staatskapelle, die nach einer sehr anstrengenden USA-Tournee am Freitag vor dem 1. Advent in den Nachmittagsstunden wieder in Dresden eintrafen, den einzigen freien Tag, der ihnen zur Erholung von den Reisestrapazen zustand, nämlich den Sonnabend, zu nutzen bereit waren, um für das am 1. Adventsvormittag um 11.00 Uhr vorgesehene erste Konzert im Hauptraum der Frauenkirche musikalisch-künstlerisch zu proben, für die Tontechnik dazusein, dem Fernsehen die bildoptische Umsetzung zu ermöglichen und das alles, wie sich später herausstellte, bei keinesfalls verträglichen klimatischen Bedingungen! Dieser Tag war nach dem unverzüglich erfolgten Vergleich des Opern- und Konzertplanes der Staatskapelle mit den Terminen von Giuseppe Sinopoli und den Forderungen und Möglichkeiten des ZDF der einzige hierfür noch nutzbare Zeitpunkt. Zudem waren für den Hauptraum der Kirche keinerlei technische, akustische oder klimatische Parameter abrufbar, auf denen die vielfältige Vorbereitung hätte fußen können. Diese wurden erst während der – sehr geringen – Probenzeit annähernd erkannt. Das Konzert trotzdem zu wagen, war nur bei stärkstem innerem Engagement und unter Zurückstellung berechtigter persönlicher Belange möglich.

Mein Gedanke, den Zeitraum zwischen diesem ersten Konzert (am 3. Dezember) und der dann wieder notwendigen Umrüstung im Hauptraum der Frauenkirche für weitere Veranstaltungen zu nutzen, gründete sich zunächst auf die Erfahrung, daß zur technischen Vorbereitung für das ZDF-Konzert - als solches soll es hier bezeichnet werden – umfangreiche bauliche Maßnahmen zu leisten waren, die einen hohen Investitionsaufwand erforderten. Aber mit jedem weiteren unter Nutzung dieser baulichen Maßnahmen durchgeführten Konzert würden sich die zu erzielenden Einnahmen und somit der Zufluß an Spendengeldern erhöhen. Die oben aufgeführte Liste der Veranstaltungen würde auch erst komplett durch die Überlegung, diesem ersten Konzert einen Gottesdienst vorausgehen zu lassen. Dieser konnte dann am Freitag (1. Dezember 2000) vor dem 1. Advent stattfinden, und die Musiker der Staatskapelle, die Mitglieder meines Kammerorchesters Virtuosi Saxoniae sind, haben es sich nicht nehmen lassen, quasi vom Flugplatz aus in die Frauenkirche zu eilen, um sich an jenem Gottesdienst mit der Bachkantate „Jauchzet Gott in allen Landen" zu beteiligen.

Zurück zu den Vorbereitungen. Die (sehr späte) Entscheidung aller Verantwortlichen einschließlich des ZDF, dieses Konzert zu veranstalten, hatte eine Vielzahl von Besprechungen und Konferenzen zur Folge, um Orchester, Solisten und Dirigenten zu gewinnen sowie Repertoire und weitere Details festzulegen. Große Sorgen bereitete die rasch verstreichende Zeit, die für die Vorbereitung der weiteren im Dezember beabsichtigten Gottesdienste und Konzerte benötigt wurde. Deren Planung wurde von zu Tag schwieriger bis nahezu unmöglich. Es mußte deshalb spätestens zu den Dresdner Musikfestspielen im Juni 2000 die musikinteressierte Öffentlichkeit informiert werden, um sich ggf. auf den Besuch eines oder mehrerer Konzerte im Dezember noch einrichten zu können. Dieses Vorhaben erst nach den Sommerferien anzugehen, wäre aussichtslos gewesen. Also war zügiges Handeln gefordert. Die Erörterung, wie unsere Vor-

# Ein Paukenschlag 231

*Konzerte in der Frauenkirche, Programmvorschau "Ein Paukenschlag – Jahrtausendwechsel in der Frauenkirche", hrsg. von der Stiftung Frauenkirche Dresden und der Gesellschaft zur Förderung des Wiederaufbaus der Frauenkirche Dresden e.V., Juni 2000*

stellung vom Wiederaufbau der Frauenkirche in Thematik, Qualität und Preisgestaltung in dem dann zur Verfügung stehenden Hauptraum der Frauenkirche verwirklicht werden könnte, schlug sich in der Festlegung nieder, Preiskategorien von 250 DM bis 60 DM anzubieten. Und zwar nicht, um einen überdurchschnittlichen Stellenwert der anzubietenden

Konzerte anzuzeigen, sondern um deutlich zu machen, welch große Anstrengungen der Wiederaufbau der Frauenkirche von uns allen erfordert und daß nur ein angemessener Beitrag dazu die Sprache sprechen kann, die überzeugt.

Von vornherein wurde deshalb versucht, diese Frage zuerst inhaltlich zu beantworten, um der Botschaft des Wiederaufbaus, der Versöhnung und des Brückenbaus durch die Konzerte jene Ausstrahlung zu verleihen, die uns weitere Freunde des Wiederaufbau gewinnen läßt und die für den Wiederaufbau Spendenden nach einem dieser Konzerte in dem Bewußtsein entläßt, etwas Sinnvolles, Begrüßenswertes, ihnen am Herzen Liegendes und bisher Einmaliges bewirkt zu haben, um dann ein zusätzliches Mal zu spenden. Der Anspruch des Einmaligen, des Außergewöhnlichen war zu artikulieren, ohne elitär zu wirken. Im Mittelpunkt unserer Überlegungen stand zunächst die Beteiligung der Virtuosi Saxoniae am Gottesdienst (Freitag, 1. Dezember), die von der Auffassung getragen ist, daß gottesdienstliche, kirchenmusikalische und musikalische Veranstaltungen zusammengehören. Zur Freude des Verfassers haben die weiteren gottesdienstlichen Aktivitäten diesen Zusammenklang aufs glücklichste befördert, wie überhaupt die Planung der Konzerte mit dem Engagement unseres ersten hauptamtlichen, vollständig für die Frauenkirche zur Verfügung stehenden Pfarrers zusammenfiel, was einen erheblichen Fortschritt gegenüber früher geäußerten diesbezüglichen Absichten der hierfür Verantwortlichen darstellte.

Es lag nahe, im Jahre der Übergabe des goldenen Kuppelkreuzes durch unsere britischen Freunde die uns verbindende Musikkultur zu nutzen, die sich durch Georg Friedrich Händel und seinen „Messias" (in der englischen Originalfassung „The Messiah") in einmaliger Weise aufdrängte. Daß wir dieses Oratorium ungekürzt und in englischer Originalsprache aufführten, daß es auch eine Brücke zum Aufbau der Dresdner Synagoge schlug, sei hier festgehalten. Die Ausführenden Antje Perscholka, Martin Wölfel, Robert Wörle, Jörg Hempel, die Hallenser Madrigalisten und insbesondere die Virtuosi Saxoniae waren dem Wiederaufbau der Frauenkirche durch inzwischen Hunderte in Deutschland gegebene Konzerte und durch zahlreiche Konzerte in der Unterkirche so eng verbunden, daß es allen nicht nur eine Freude, sondern geradezu eine Selbstverständlichkeit bedeutete, dabei zu sein.

Die nächste Überlegung bezog sich darauf, die inhaltliche Notwendigkeit des zeitgleichen Wiederaufbaus von Frauenkirche und Synagoge darzustellen. Daher konnte es nicht sinnfälliger konzipiert werden, nach dem ersten Konzert nun jenes zugunsten des Wiederaufbaus der Dresdner Synagoge mit dem „Lobgesang" von Sergej Rachmaninow zu veranstalten, einem Werk, das, in der musikalischen Tradition der Ostkirche stehend, von den berühmten chorischen Möglichkeiten der orthodoxen Chöre geprägt ist. Daß wir hierfür einen der besten europäischen Chöre, den Leipziger Rundfunkchor, mit seinem Leiter Howard Arman gewinnen konnten, erfüllt mich heute noch mit Freude und Dankbarkeit. Rachmaninow lebte mehrere Jahre in Dresden. Sein „Lobgesang" erklang ebenfalls in ihrer Originalsprache, in Russisch (Altrussisch). Das Englisch des „Messiah" ist die Sprache der gemeinsamen Musikkultur von Engländern und Deutschen, die Georg Friedrich Händel verkörpert. Das Russisch des „Lobgesangs" ist die Sprache der uns mit Rußland verbindenden Musikkultur und der mannigfaltigen geschichtlichen, überwiegend konstruktiven Beziehungen nach Osten.

Die in der Frauenkirche vor ihrer Zerstörung 1945 besonders lebendige Pflege der Werke Wolfgang Amadeus Mozarts durch Domkantor Erich Schneider, von den Dresdnern liebevoll „Dom-Erich" genannt, wurde durch das an diese Tradition anknüpfende Konzert der Virtuosi Saxoniae mit der Pianistin Sophie Mautner verdeutlicht. Das in der wiederaufgebauten Frauenkirche mögliche Fortführen auch dieser Tradition wurde mit diesem Konzert aufgezeigt. Die Dresdner Philharmonie unter ihrem Chefdirigenten Marek Janowski stellte sich mit den Gesangssolisten Michaela Kaune, Britta Schwarz, Christoph Genz, Tom Martinsen und Jörg Hempel sowie dem von Janowski für diese Aufführung gewonnenen Ernst-Senff-Chor Berlin mit der Messe Es-Dur von Franz Schubert als eine der die Dresdner Musikkultur mitbestimmenden Institutionen an die Seite der Musiker, die für den Wiederaufbau warben und musizierten. Daher war dieses Konzert das Bekenntnis der Dresdner Philharmonie, ihres Chefdirigenten, ihres Dramaturgen, aber besonders des Orchesters und seines Vorstands.

Der Einsatz der Staatskapelle für den Wiederaufbau wurde auch durch die personelle Gemeinsamkeit von Staatskapelle und Virtuosi Saxoniae charakterisiert, beginnend beim ersten Benefizkonzert noch unter Herbert Blomstedts Leitung und fortgesetzt in einer seither tradierten Folge von Konzerten in der Unterkirche und bei zahlreichen anderen Anlässen als hervorragender Bestandteil musikalischen Engagements für die Frauenkirche. Die Mitwirkung des Dresdner Kreuzchores nicht nur bei den Weihnachtlichen Vespern jeweils am 23. Dezember, sondern auch bei Sonderkonzerten in der Unterkirche bildete zusammen mit den genannten Dresdner Kulturinstitutionen eine Klammer. Der Weihnachtsliederabend des Kreuzchors knüpfte darüber hinaus an eine Tradition an, die von Rudolf Mauersberger in der Frauenkirche gepflegt wurde, nämlich an das Musizieren in Kreuz- und Frauenkirche. Daß Peter Schreier zusammen mit seinem Partner Hans-Jörg Albrecht (Orgel, Klavier, Cembalo) gewonnen werden konnte, ist ebenfalls ein Bekenntnis der Dresdner Künstler und eines ihrer hervorragenden Protagonisten zum Wiederaufbau der Frauenkirche. Die bis dahin einmalige (musikalische) Zusammenkunft zweier zwar durch mannigfaltige Personalunion verbundenen, aber als Ensembles getrennt agierender Gruppen, der Semper Brass Dresden und des Blechbläserensembles Ludwig Güttler, in einem attraktiven Konzert verfolgte den Nebeneffekt, all jene bei unseren Weihnachtlichen Vespern am 23. Dezember eines jeden Jahres aus ganz Sachsen herbeieilenden Posaunenchorbläser und einen Teil ihrer Angehörigen mit eben diesem Konzert zu beschenken. Ein Dankeschön für ihren ständigen Einsatz wollten wir unsererseits damit zum Ausdruck bringen.

Daß im Moment des Innehaltens und Gewahrwerdens des bisher Geleisteten, durch die neue Erfahrung des Hauptraumes der Frauenkirche, durch das gesprochene Wort, das Predigtwort und die Musik als besondere Form des Gottesdienstes, eine bisher einmalige Unterstützung des

*Konzert im Hauptkirchenraum: Weihnachtsliederabend mit Peter Schreier, Tenor; Hans-Jörg Albrecht Orgel, Klavier, Cembalo, 16. Dezember 2000*

Ein Paukenschlag 235

*Konzert im Hauptkirchenraum als Dank an Mitarbeiter und ehrenamtliche Helfer, Blechbläserensemble Ludwig Güttler, 3. Dezember 2000*

Wiederaufbaus erreicht wurde, kann ungezählten Äußerungen dankbar Betroffener entnommen und als unser Lohn der Dezemberveranstaltungen in der Frauenkirche verstanden werden. Liturgisch ist von großer Bedeutung, daß dies alles zu Beginn des ersten Kirchenjahres im neuen Jahrtausend möglich wurde. Diese tiefempfundene Freude verlangte gebieterisch nach Bachs Weihnachtsoratorium, nach jauchzen, nach frohlocken über den bisher so segensreich gelungenen Wiederaufbau unserer Dresdner Frauenkirche. Daß aus diesem Grunde bereits am 3. Dezember abends mit dem Blechbläserensemble Ludwig Güttler der Dank an die Mitarbeiter und ehrenamtlichen Helfer von Stiftung, GmbH und Fördergesellschaft im Mittelpunkt stand, war zu Beginn dieser festlichen Konzertserie allen Mitwirkenden ein Herzensbedürfnis. Haben doch die Mitglieder des Blechbläserensembles, vergleichbar jenen der Virtuosi Saxoniae, bei ungezählten Konzerten, Sammlungen, Ansprachen und Festakten für den Wiederaufbau mitgewirkt und sind über die Notwendigkeit des Wiederaufbaus, über seine Propagierung und Durchsetzung, über seine Begründung und über sein Gelingen quasi nebenbei durch mich stets einbezogen worden und deshalb nicht nur an jedem 23. Dezember bei der Weihnachtlichen Vesper mit ganzem Herzen dabei. Daß erstmalig ein Kammerchor des Opernchors der Semperoper beim Weihnachtsoratorium in der Frauenkirche mitwirkte, ist in der Fülle der Aufmerksamkeit heischenden Ereignisse fast untergegangen. Auch diese Chorgründung ist kein Zufall im Rahmen all dessen, was im Hinblick auf die Frauenkirche neu initiiert und glücklich vorangebracht wurde. Die Konzerte klangen aus mit dem Schlußchor des Bachschen Weihnachtsoratoriums, dem Choral „Nun seid ihr wohl gerochen", im strahlenden D-Dur, in der Tonart des Sieges und der Freude, aber in einer Melodie, auf die auch der Choral „Oh Haupt voll Blut und Wunden" gesungen wird. Mit dem Konzert wurde symbolisiert, was den Wiederaufbau über die unmittelbare Bauaufgabe hinaus kennzeichnet.

Das genannte Ziel mit Blick auf den zweiten und abschießenden Spendenaufruf war nur dank des hohen Einsatzes des ZDF zu erreichen, das einen Eigenanteil von einer knappen Million an Mitteln in das 11.00-Uhr-Konzert am 3. Dezember zugunsten des Wiederaufbaus investiert hatte. Diese Tatsache und alle Besucher, die den hohen Eintrittspreis von 450 DM zahlten, halfen den ökonomischen Erfolg sichern. Dieses Konzert und der damit verbundene hohe Einsatz finanzieller Mittel – auch durch die Stiftung – waren gerechtfertig durch die mittel- und langfristige Wirkung, die durch seine Ausstrahlung im Fernsehen in Form von Engagement, Sponsoring, Mäzenatentum und Spenden für die Frauenkirche und ihren Wiederaufbau zurückfinden sollte. Insgesamt trugen die Konzerte getreu unserer seit 1989 verkündeten und verwirklichten Initiative zur weiteren Ausbreitung der Wiederaufbauidee bei. Das daraufhin wahrzunehmende Echo hatte die Erwartungen weit übertroffen. Insofern war auch hier noch stärker als bei der Einweihung der Unterkirche deutlich geworden, daß der Wiederaufbau nicht nur eine einmalige Bauaufgabe von nicht zu überschätzender Bedeutung darstellt, sondern das Wiederaufbauwerk selbst als gesellschaftliche Kraft über diese seine Bedeutung hinausreicht. Der Wiederaufbau und alle ihn begleitenden und ermöglichenden Aktionen sind zu einem Symbol geworden. Die geistige, geistliche und emotionale Fülle dieser Konzerte war Ausdruck der musizierten Werke, aber auch jener Bemühungen, die diesen Konzerten gewidmet wurden und wie eine Rechenschaftslegung gegenüber der weltweiten Gemeinde unserer Spender zu verstehen waren, als Botschaft, Ermutigung und Bitte um weiteres Zusammenstehen und weitere Unterstützung. Darüber hinaus erzeugten sie Mut und Hoffnung auch bei jenen besonders betagten Dresdnern, die es nicht mehr für möglich halten wollten, daß der Wiederaufbau der Dresdner Frauenkirche gelingen würde. Die Veranstaltungen im Dezember 2000, die Konzerte und Gottesdienste in Verbindung mit den Berichten und Führungen, haben einen eigenen, stärkenden Mechanismus entfaltet. Ja, selbst die trotz der einmaligen Konzerte im Hauptraum stark besuchte Weihnachtliche Vesper am 23. Dezember an der Frauenkirche machte die Wiederaufbaubewegung zu einer Kostbarkeit. Vor allem konnte mit zunehmender Sympathie von außen und tiefer Befriedigung bei uns die ihr innewohnende Kraft immer deutlicher wahrgenommen werden. Bei diesen Konzerten hatte sich gezeigt, daß die Entwicklung der Initiative der Förderung des Wiederaufbaus nicht nur tragfähig war, sondern durch ein solch konzentriertes Geschehen bei allen Beteiligten neben dem als unabdingbar vorauszusetzenden Können auch Zeit und Kraft einfordert. Sie zeigten aber auch, daß die Initiative höchst belastbar war. Deshalb ist die Überlegung richtig gewesen, das ideelle Engagement, das Hinzutreten des Partners Kirche, die Möglichkeiten der Kuratoren aus Landeskirche, Freistaat Sachsen und Landeshauptstadt Dresden für die Vorbereitungen zu nutzen. Wie glaubwürdig, wie überzeugend dieses Wiederaufbaugeschehen selbst ist und was es den Menschen, die dafür gespendet haben, wert ist, beispielsweise Reisen zu unternehmen und Übernachtung zu bezahlen, einen hohen Eintrittspreis für die Veranstaltungen in der Hauptkirche zu entrichten und über das bisher Geleistete hinaus weiter zu spenden, genau dies haben besonders die Konzerte im Dezember 2000 deutlich werden lassen.

Die Künstler, die für den Wiederaufbau der Frauenkirche gewonnen werden konnten, bilden eine nie dagewesene tragfähige und wirkungsmächtige Substanz. Es ist dieser Gedanke, den George Bähr äußert, wenn er sich auf seinen Steinbau bezieht und die über das Selbstverständliche hinausreichende Absicht bekundet, darin „eine gute Musik" zu machen und den in ähnlicher Weise Altbischof Dr. Hempel mit den Worten ausdrückte: „Der Geist des Wiederaufbaus möge ein guter Geist sein!" Dieses „Gute-Musikmachen", von dem Bähr spricht, bezieht sich nicht nur auf die Qualität der Kompositionen, die aufgeführt werden, und auf das Können der Ausführenden, sondern darauf, daß der Anlaß, bei dem diese gute Musik erklingt, in einem ihr gewidmeten Raum gut sein möge, und er wollte dazu von sich aus mit der Frauenkirche eine gute Voraussetzung schaffen. Es ist dies die engagierte, verantwortliche Haltung derer, die damit zu verinnerlichtem, glaubwürdigem Ausdruck gelangt und somit zu der von uns höchst erwünschten und verständlichen Aussage. Es ist ein Unterschied, ob ein Musiker, ein Spender oder ein Helfer sich einmal zu möglichem Mittun entschließt, oder ob er dieses Engagement über mehr als fünfzehn Jahre mitträgt. Auch hieran wird deutlich, was der Wiederaufbau dem Einzelnen wert ist.

Es ist ein Glück, daß die Musik über Eigenschaften verfügt, die benötigt werden, um Menschen unterschiedlicher Weltanschauung, Konfession, Erfahrung und Prägung in dieser Weise beim Wiederaufbau zusammenzuführen. Es ist ein Glück und Segen für uns, daß es von 1989 an Menschen in verantwortlichen Positionen bei der Landeskirche, beim Freistaat, bei der Landeshauptstadt, bei der Dresdner Bank und bei anderen Firmen gab und gibt, die uns Mut gemacht haben und bis heute unterstützen, so daß wir es wagen konnten, das am Wiederaufbauwerk bisher Geleistete schrittweise in eine musikalische Tat umzusetzen. So ist das Gelingen der Dezemberveranstaltungen 2000 nicht nur eine Bitte an alle: „Wir brauchen Euch – wenn Ihr mithelft, wird es uns gelingen", sondern gleichzeitig auch ein mehr als verbal zum Ausdruck gebrachter Dank für jedes uns ermutigende Wort. Ist schon die Liste all derjenigen, die an den Dezemberkonzerten beteiligt waren, eindrucksvoll, so war das Gewinnen eines jeden Mitwirkenden zum Freund des Wiederaufbaus noch bedeutsamer. Darüber hinaus war die Summe, die als Spende den weiteren Wiederaufbau befördern konnte, höchst beachtlich. Die von einigen Medien gestellte Frage, wieviel Bauverzug die Konzerte und Gottesdienste in der

*Konzert im Hauptraum mit der Sächsischen Staatskapelle Dresden und dem Chor der Sächsischen Staatsoper Dresden, Leitung und Dirigent: Guiseppe Sinopoli, 3. Dezember 2000*

Frauenkirche verursacht hätten, stellte allerdings die Wahrheit auf den Kopf. Denn das stetige Einwerben von Spenden, kulminierend in den Dezemberveranstaltungen, ermöglichte erst jeden Handgriff beim Bauen und nicht umgekehrt. Wir sehen, wie schwer es war, den Geist des Wiederaufbaus zu vermitteln, von dem wir alle hofften, daß es ein guter Geist sein möge, ihn so in die Herzen und Hirne zu pflanzen, daß er konstruktiv, aufbauend und nicht destruktiv, verhindernd und zerstörend wirkt.

Nachdem über George Bähr als Baumeister unserer Frauenkirche viel Wissenswertes veröffentlicht wurde, ist es dem Verfasser an dieser Stelle wichtig, auf George Bähr als musischen Menschen hinzuweisen, der, bevor er als Ratszimmermeister fungierte, Mechanikus genannt wurde und als Orgelbauer (Orgelmacher) seine Laufbahn begann.[1] Es ist deshalb nicht verwunderlich, daß er sich später als Architekt der Verwirklichung der lutherischen Einheit von Wort und Musik in einer Weise verpflichtet fühlte, die wir beim Wiederaufbau unserer Frauenkirche in ihrer ganzen Tiefe wieder neu begreifen konnten. Um dieser Einheit nahezukommen, hatte der Vorsitzende unseres Kuratoriums, Landesbischof Volker Kreß, das erste Konzert im Hauptraum unserer Frauenkirche mit folgenden Worten eröffnet:

> Meine sehr verehrten Damen und Herren, als Vorsitzender des Kuratoriums der Stiftung Frauenkirche Dresden wird mir die Ehre zuteil, Sie zum Ersten Festlichen Konzert im Innenraum unserer wiedererstehenden Frauenkirche zu begrüßen. Mein Gruß, in den ich den Dank für alle deutschland-, ja weltweite Unterstützung dieses wohl einmaligen Wiederaufbauwerkes einschließe, verbinde ich an diesem Adventsmorgen mit der Erinnerung an eines der großen Adventsworte der Bibel. Im Psalm 24 heißt es, später oft zu wunderbarer Musik vertont: „Machet die Tore weit und die Türen in der Welt hoch, daß der König der Ehren einziehe!" Uralt ist diese machtvolle Aufforderung. Pilger, die sich dem Tempel, dem alten Heiligtum Israels näherten, riefen diese Worte diesem Bauwerk entgegen. Sie proklamierten den Wunsch, daß sich ein heiliger Ort für den Geist und die Wahrheit Gottes öffnet.
> 
> Heute ist der Innenraum dieser wiedererstehenden Kirche, eines wahrlich heiligen Ortes, zum ersten Mal für ein festliches Konzert geöffnet. Musik wird auf ihre Weise zur Mittlerin dieser uralten Aufforderung: „Machet die Tore weit und die Türen in der Welt hoch, daß der König der Ehre einziehe!"
> 
> Es war Wilhelm Furtwängler; der einmal gesagt hat, Musik ströme „bei aller Erregung, die bis an die Grenze des für den Menschen Faßlichen getrieben sein kann, eine tiefe und unerschütterliche Ruhe aus, die alles und jedes durchdringt – wie eine Erinnerung an die Majestät Gottes." Und Albert Schweitzer hat einmal in einem Gespräch mit Wilhelm Kempff gesagt, daß Menschen in der Musik das finden, „was ihnen unsere Zeit vorenthält: Glauben, Hoffnung, Liebe." Der Dichter und Theologe Albrecht Goes schließlich sagte einmal: „Musik ist im Bündnis mit allem dem in uns, was das Licht des Tages nicht zu scheuen braucht." Erinnerung an die Majestät Gottes, in der Musik finden, was

uns unsere Zeit vorenthält, dabei im Bündnis mit allem in uns, was das Licht des Tages nicht zu scheuen braucht, das wünsche ich Ihnen für dieses Erste Festliche Konzert aus dem Innenraum der Frauenkirche im Geiste dieses Adventswortes: „Machet die Tore weit und die Türen in der Welt hoch, daß der König der Ehren einziehe!"

Die Musik, die wir, der Konzertdramaturg der Staatskapelle Eberhard Steindorf, Giuseppe Sinopoli als der Chef der Staatskapelle und ich als künstlerischer Leiter der Wiederaufbaukonzerte, gemeinsam für das Konzert am 3. Dezember 2000 aussuchten, beginnt denn auch mit Antonio Vivaldis „Gloria in excelsis deo". Dieses Konzert beinhaltete Teile aus der für Dresden komponierten h-moll-Messe von Johann Sebastian Bach und stand in besonderer Weise zu jenen Vorgängen in Beziehung, die im Herbst 1989 unsere Gedanken, die Frauenkirche jetzt aufzubauen, erwachen ließen. Die abschließende Friedensbitte „Dona nobis pacem" weist aber dahinter zurück und gleichzeitig darüber hinaus auf die Zerstörung und deren Ursachen hin. Dies soll hier ausdrücklich unterstrichen werden. Prüfen wir also, ob die dem Wiederaufbau dienenden Dezemberkonzerte in der Tradition der für die protestantische Kirchenmusik maßgeblichen Anschauungen Martin Luther stehen.

Über das Grundsätzliche in Martin Luthers Musikverständnis führt Friedrich Blume aus: „Die Kultur der Renaissance ist mit Musik erfüllt und durchdrungen [...]. Musik war ein unentbehrliches Glied in der Ordnung des Lebens und übte eine unverzichtbare Funktion aus, in der höfischen Zeremonie wie im Gottesdienst, im bürgerlichen Leben wie in der Schule, in der Bildungsgesinnung der Zeit wie im Denksystem der Gelehrten."[2] In diesem Sinne ist die in der ersten Torgauer Kirchenvisitation (Luther, Melanchthon u. a.) um 1529 enthaltene Bedingung zu sehen, Johann Walter, der mit Martin Luther befreundete Kantor, solle „die Jugend allhie in der Schulen unterweisen und die gottesdienstliche Musik besorgen", und der Kantorei sei eine jährliche Collation von 8 Gulden anzuweisen. Dieses Torgauer Modell unter Johann Walter wird zum Urbild der protestantischen Kantorei schlechthin, die vom akademisch gebildeten, gesellschaftlich hoch geachteten Schul- und Stadtkantor geleitet ward.[3]

Bereits die 1534 erfolgte zweite Torgauer Kirchenvisitation bescheinigte dem Torgauer Rat, daß „Gott der Allmächtige diese Stadt Torgau vor viel anderen mit einer herrlichen Musica und Kantorei begnad". Das am zeitgenössischen Stand der Kompositionskunst orientierte Repertoire der hier erwähnten Kantorei reicht von der Pflege der niederländischen Tradition über den deutschsprachigen Liedsatz bis zum mehrstimmigen lateinischen

Gesang. Martin Luther betrachtet die Musik als vom Beginn der Welt an existierend *(Musica ab initio mundi)*. Daher ist die Musik, und zwar jedwede Art von Musik, im wesentlichen dazu da, zwei Aufgaben zu erfüllen, nämlich Gott zu loben und den Menschen zu erbauen. In seiner kurzen und treffenden Art bemerkt Martin Luther, die Noten machen den Text lebendig.

Ins Blickfeld möchte ich ferner rücken, daß Luther in Zusammenhang mit Johann Walter eine gewaltige Reform des Kirchengesanges, der Kirchenmusik und der Musik überhaupt in der Absicht auf den Weg gebracht hat, damit das Wort Gottes auch durch den Gesang unter den Menschen fortbestehe *(quo verbum dei vel cantu inter populos maneat)*. Die Stellung Johann Walters in der deutschen Musikgeschichte wird auch unter evangelischen Kirchenmusikern bisweilen unterschätzt. In der Beurteilung der musikhistorischen Bedeutung seines Wittenberger Chorgesangbuches aus dem Jahre 1524 herrscht jedoch Einmütigkeit.[4] Zwei Jahrzehnte vor vergleichbaren Sammlungen erschienen, war es eine Pionierleistung der evangelischen Kirchenmusik. Hauptzweck dieser Veröffentlichung aber ist die Bereitstellung kunstvoller Chorsätze für den protestantischen Gottesdienst, auch für Lehrzwecke.

Um sich der hierdurch zum Ausdruck kommenden Haltung zu nähern und sie möglichst zu begreifen, muß man sich vergegenwärtigen, daß Martin Luther auch praktizierender Musiker war. Das ist nicht nur aus Abbildungen bekannt, sondern er komponierte auch mehrstimmige Sätze und ging überhaupt von der Zusammengehörigkeit von Theologie und Musik aus. Durch die Dezemberkonzerte und den Wiederaufbau der Dresdner Frauenkirche im allgemeinen bestand nicht nur die Chance, sondern die daraus abzuleitende Verpflichtung, der Musik, insbesondere der Kirchenmusik, in der Frauenkirche den Raum zu verschaffen, der schon ihrem Erbauer George Bähr so wichtig war und der, wie wir sehen, auf das Musikverständnis von Martin Luther zurückgeht. Johann Walter bringt es mit einfachen Worten zum Ausdruck: „All Freud auff erd ist roh und kalt, Wo Music kunst nicht bringt gestalt".

Die Dezemberkonzerte, als künstlerische Manifestation des bisher beim Wiederaufbau der Frauenkirche Geleisteten und als Darstellung dessen, wozu die wiederaufgebaute Frauenkirche einmal wieder in der Lage sein sollte, haben zahlreichen Besuchern unvergeßliche Eindrücke verschafft. Die Errichtung dieses Sakralbaus und die aus dieser Realität erwachsende missionarische Aufgabe bezieht im engeren Sinne die Kirchenmusik und im weiteren Sinne die Musik überhaupt ein. Daß dies so erlebbar wurde, ist auch all jenen zu danken, die uns geholfen haben. Die Einmaligkeit dieser Konzertsituation ist nun bereits Geschichte, und sie bleibt es auch, weil sie sich nicht wiederholen läßt. Denn der vollendete Wiederaufbau bescherte uns eine andere Raumsituation.

Die Musik in der Frauenkirche, erstmals wieder in den Dezemberkonzerten eindrucksvoll erlebbar, folgt dem Musikverständnis ihres Erbauers George Bähr, dessen Grabdenkmal in der Unterkirche den Wiederaufbau begleitete, und jenem des Reformators Martin Luther, dessen Denkmal vor der Frauenkirche steht. In Verantwortung für den Wiederaufbau, für das Erlebnis und weitere Verbreiten des ideellen Engagements mit dem Ziel, durch möglichst viele sinnvolle Unternehmungen weiterhin Spenden zu gewinnen, war es uns wichtig, die Konzerte vorsorglich durch eine qualifizierte Aufnahmetechnik und hervorragende Aufnahmetechniker hochwertig zu dokumentieren, so daß die Nutzung dieser Initiative in Form von CD zugunsten des Wiederaufbaus der Frauenkirche erfolgen konnte.

Die ideelle Wirkung der Dezemberveranstaltungen 2000, besonders der Konzerte, war nicht hoch genug einzuschätzen, haben sich doch Sächsische Staatskapelle, die Dresdner Philharmonie, der Kreuzchor, Solisten von Weltgeltung, viele Ensembles, Chöre, Orchestersolisten und Sänger nicht nur in den Dienst des Wiederaufbaus gestellt, sondern sich mit ihm identifiziert.

Der deutlichen Zunahme der Spendentätigkeit war zu entnehmen, daß die Botschaft der Dezemberkonzerte bezüglich des abschließenden Spendenanlaufs verstanden wurde, aber unterschätzt wird. Die gestaltende und für den Wiederaufbau prägende Wertigkeit der Musik wurde in bezug auf diesen überwiegend als dienende, beitragende, spendenschaffende Funktion wahrgenommen. Der eigentliche Gewinn läßt sich jedoch in den uns geläufigen Kategorien des Abzählbaren schwerlich würdigen. Die Wirkung, die die Musik in den Herzen und Hirnen der Zuhörer, aber auch bei den Ausführenden selbst hinterläßt, setzt einen Mechanismus in Gang, der nur mit dem Ziel charakterisiert werden kann: Wiederaufbau der Dresdner Frauenkirche – Soli deo gloria.

Ein Paukenschlag 243

1 HELMUT PETZOLD, George Bähr und seine erzgebirgischen Vorfahren, in: Die Dresdner Frauenkirche. Jahrbuch 1997, S. 178f.
2 FRIEDRICH BLUME, Renaissance, in: Die Musik in Geschichte und Gegenwart (MGG). Bd. 11. Kassel, Basel 1963, Sp. 272.
3 Vgl. ARMIN SCHNEIDERHEINZE, Lob und Preis der himmlischen Kunst Musica. Johann Walter und die Musik der Reformation. Ausstellung im Martin-Luther-Jahr 1996. Ringbuch Unikat. Leipzig 2001, Bl. 8.
4 Ebenda, Bl. 23. Das Chorgesangbuch, dessen Erscheinungsjahr auf dem Titelblatt falsch angegeben ist (vgl. VD 16, Nr. L 4776/W 997), erfuhr bereits 1525 eine zweite Ausgabe, eine 2. Auflage 1528, eine 3. Auflage 1544, eine 4. Auflage 1550/51.

Prof. *Ludwig Güttler*, geboren 1943; Solist auf der Trompete, Kammermusiker, Dirigent, Forscher, Veranstalter; Studium 1961–1965 in Leipzig; 1965–1969 Solotrompeter des Händel-Festspielorchesters Halle; 1969–1980 als Solotrompeter Mitglied der Dresdner Philharmonie; Lehraufträge am Internationalen Musikseminar Weimar und an der Dresdner Musikhochschule. 1990–2005 mehr als 1500 Konzerte für den Wiederaufbau der Frauenkirche mit den von ihm begründeten „Leipziger Bach-Collegium", „Blechbläserensemble Ludwig Güttler" und dem Kammerorchester „Virtuosi Saxoniae".
1989/90 Gründungsmitglied und Sprecher der Bürgerinitiative zum Wiederaufbau der Frauenkirche; Unterzeichner des „Rufes aus Dresden – 13. Februar 1990", 1990–2005 Vorsitzender der Gesellschaft zur Förderung des Wiederaufbaus der Frauenkirche Dresden e.V.; 1991–1994 Vorsitzender der Stiftung Frauenkirche e.V.; 1995–2005 Kurator der Stiftung Frauenkirche Dresden; Künstlerischer Leiter und Mitglied verschiedener Gremien der Stiftung Frauenkirche Dresden; seit 2003 Vorsitzender der Gesellschaft zur Förderung der Frauenkirche Dresden e.V.; seit 2006 Mitglied des Stiftungsrates der Stiftung Frauenkirche Dresden.

*Edward Herzog von Kent*

# Die Frauenkirche – wieder aufgebaut und in Erwartung

*Untergehen – das ist Gewißheit. Auferstehen – das ist Traum*
(Oderbruch in Carl Zuckmayers „Des Teufels General")

Als ich zum ersten Mal im Jahre 1954 nach Deutschland kam, um die Bayreuther Festspiele zu besuchen, war das Grundgesetz bereits fünf Jahre alt und die Bundesrepublik Deutschland auf gutem Wege, sich als einer der führenden demokratischen Staaten Europas zu etablieren. Es war allgemein erkennbar, daß eine „Wiedergeburt" stattgefunden hatte. Und doch – wie auch in meinem eigenen Land – war das interne Bemühen mit Verlusten und Veränderungen zurechtzukommen, noch in vollem Gange und endete sehr oft in moralischen und politischen Diskussionen.

Das Leben geht weiter und mit zunehmendem Alter denken wir über die verschiedenen Geschehnisse nach. Eine meiner wichtigsten Lebenserfahrungen war die Entdeckung und Freude an Deutschland. Meine verschiedenen Bayreuth-Besuche waren immer ein besonderer Höhepunkt, denn ich liebe Wagners Musik, in der ich die Kraft und den romantischen Geist Deutschlands verspüre. Die längste Zeit habe ich jedoch als Offizier der britischen Armee in diesem Lande zugebracht: Zwischen 1958 und 1961 in Detmold und in Münster, wo ich sehr direkt den erstaunlichen Wiederaufbau, der überall im Land vor sich ging, miterleben konnte, und 1963 bis 1965 in Fallingbostel. Es waren sehr aktive und glückliche Jahre, die ich später von Zeit zu Zeit durch Besuche auf Militärbasen und bei Freunden wiederbeleben konnte.

Der östliche Teil Deutschlands, die damalige DDR, war über Jahrzehnte ein verschlossenes Buch für mich. Ich war allerdings immer sehr am Dialog der beiden Teile Deutschlands interessiert und es war mir möglich, in England daran teilzunehmen. Als königlicher Schirmherr der Britisch-Deutschen Gesellschaft konnte ich die freudige Aufregung miterleben, als sich Ende der achtziger Jahre die politische Wende abzeichnete. Wir waren einfach überwältigt zu sehen, wie plötzlich die Züge aus Dresdens Hauptbahnhof westwärts fuhren, wie die Trabis über die ungarische Grenze nach Österreich gelangten und wie die vielen glücklichen jungen Deutschen Stücke aus der berüchtigten Berliner Mauer hämmerten. Auch Helmut Kohls Ansprache an alle Deutschen vor dem Trümmerberg der

Die Frauenkirche – wieder aufgebaut und in Erwartung 245

*Laterne mit neuem Kuppelkreuz, Juli 2004 (vgl. auch Abb. S. 313)*

Frauenkirche war tief bewegend. 1992 hatte ich dann das große Glück, eine Reise nach Gotha und Leipzig zu unternehmen.

All dies hat mich dazu bewogen, meine bereits bestehenden engen Verbindungen zu Deutschland zu stärken und im Jahre 1994 der königliche Schirmherr des neu gegründeten Dresden Trust zu werden. Es war für mich besonders eindrucksvoll, die Stadt im Februar 1995 – fünfzig Jahre nach der Zerstörung und nur zweieinhalb Jahre nach dem Staatsbesuch der britischen Königin – zu besuchen, um eine farbige Zeichnung des Kuppelkreuzes zu übergeben, das dann der Mittelpunkt des Spendenaufrufs des Dresden Trusts geworden ist.

Auf meiner Fahrt durch das Stadtzentrum bemerkte ich damals viele Plakate, die darauf hinwiesen, daß der Krieg, der Dresden zerstörte, in Deutschland selbst begonnen hatte. In der Kreuzkirche erinnerte Bischof Simon Barrington-Ward an all die Kräfte, die damals diesen zerstörerischen Krieg gewinnen und damit schnell beenden wollten. Als wir unsere Kerzen im Gedenken an die Toten vor die Ruine der Frauenkirche stellten, gedachten wir auch der mutigen Dresdner und Deutschen, die im Widerstand tätig waren und deshalb ihr Leben lassen mußten: Zum Beispiel an General Friedrich Olbricht, der nach dem Attentat des 20. Juli 1944 in Berlin hingerichtet wurde, an Generalmajor Hans Oster, den Chef des Generalstabs der Abwehr, der zusammen mit Dietrich Bonhoeffer in Flossenbürg wenige Tage vor Kriegsende hingerichtet wurde. Viele andere, deren Namen in unserem Buch „Dresden. A City Reborn" vermerkt sind, wurden in Dresden ermordet.

Als ich im Jahre 2000 nach Dresden zurückkehrte, schritt die Verwirklichung des Traumes, wie ihn die Figur Oderbruch in Carl Zuckmayers „Des Teufels General" ersehnte, weiter voran: Das in der Londoner Silberschmiede Grant Macdonald von Alan Smith, dem Sohn eines Bomberpiloten, gefertigte Kuppelkreuz, wurde an die Stiftung Frauenkirche Dresden übergeben. Ich empfand es damals und heute als eine große Ehre und als ein besonderes Zeichen, das Hauptwerk des Spendenaufrufs des Trusts unterstützen zu dürfen. Denn es hätte kein bedeutungsvolleres Symbol für das Leid, die Aussöhnung und die „Wiedergeburt" geben können.

Man kann in der Tat sagen, daß das Kuppelkreuz, besonders zu Beginn des neuen Jahrtausends, ein eindringliches Zeichen gemeinsamen Willens für andauernden Frieden und ein gemeinsames Versprechen der immer tiefer werdenden Freundschaft zwischen unseren Völkern setzte. Diese Erkenntnis veranlaßte den Trust, seine Ziele insofern zu verändern, daß auch kulturelle Veranstaltungen, Kulturaustausch und Benefizveranstaltungen in die zu fördernden Projekte mit einbezogen wurden. Der Trust richtete zusammen mit dem Council for Independent Schools ein Programm für Schulstipendien ein, das während der letzten Jahre fast zweihundert junge Deutsche nach Großbritannien und über ein Dutzend junge Briten nach Sachsen geführt hat. In den Jahren 2000 bis 2004 hat der Trust zusammen mit der Reuters-Foundation ein Stipendium für sächsische Journalisten an der Universität von Oxford finanziert.

Das vom Trust unter dem Titel „Why Dresden. Warum Dresden?" herausgegebene Buch enthält u. a. Erinnerungen britischer Besucher des Jahres 2000 in Dresden.

Zunehmend werden auch musikalische Veranstaltungen unterstützt, wie der Besuch des „Neuen Chors Dresden" in Großbritannien. Eine Ausstellung mit Fotografien aus Klaus Sitzmanns Buch „Dresdner Frauenkirche – Dem Himmel näher" wurde in Coventry, Edinburgh, London und Chichester gezeigt. Damit hat der Dresden Trust zu künstlerischen und kulturellen Kontakten beigetragen, die – und ich bin stolz das sagen zu können – zwischen Großbritannien und Sachsen über Jahrzehnte aufgebaut worden sind. Im Zusammenhang mit der Frauenkirche selber denke ich an Anish Kapoors imposanten Altar aus irischem Marmor in der Unterkirche und an Robert Lees Engel für Dresden, der in einem der Treppenaufgänge zu den Türmen hängen soll, sowie an das Angebot der gebürtigen Dresdnerin Karin Churchill, eine Büste von Johann Sebastian Bach für die Kirche anzufertigen.

Darüber hinaus sollte man auch an Sir Norman Fosters elegantes neues Dach für Dresdens Hauptbahnhof denken. Vor allem aber möchte ich den gegenseitigen Austausch in der Musikwelt erwähnen, zu dem die damalige DDR in großem Umfange beigetragen hat. Bereits 1950 wurden dem Dresdner Publikum moderne englische Komponisten vorgestellt und die alten Gemeinsamkeiten des 18. und 19. Jahrhunderts wurden mit Brittens „War Requiem" und Solisten wie John Mitchinson und Dame Felicity Lott sowie den Konzerten der Staatskapelle in Großbritannien wieder neu aufgenommen. Eberhard Steindorf erinnert in seinem Essay in der vom Dresden Trust und dem Dresdner Geschichtsverein gemeinsam herausgegebenen Schrift „Großbritannien und Sachsen. Erfahrungen gemeinsamer Kultur" daran, daß es eine lange Liste von hervorragenden britischen Dirigenten gibt – so unter anderem Sir John Pritchard, Sir John Eliot Gardiner, Sir Charles Groves, James Lourghan, Sir Neville Marriner, Donald Runnicles, Daniel Harding und Sir Andrew Davis – die alle in Dresden aufgetreten sind. David Hill, damaliger Musikdirektor in der Kathedrale zu Winchester, nun Musikprofessor in Cambridge, hat zudem dem Londoner Bach-Chor im Dezember 2005 in der Frauenkirche dirigiert.

Ich bin vom Fortschritt, den wir hinsichtlich des Wiederaufbaus der Stadt und des sprießenden kulturellen Lebens sowie der fruchtbaren Zusammenarbeit aller Menschen gemacht haben, enorm beeindruckt. All diese Aspekte und Verbindungen werden in der Frauenkirche zu einem „Gesamtkunstwerk der Menschen" zusammengefügt, und wir Briten hoffen, daß wir über den Dresden Trust und die Britisch-Deutsche Gesellschaft – deren beider königlicher Schirmherr ich bin – und über viele andere Wege weiterhin dazu beitragen können. Deshalb ist es durchaus angemessen, den Wiederaufbau der Frauenkirche, die nun wieder die größte barocke Kirche der protestantischen Welt in Nordeuropa und ein Symbol der Wiedergeburt Dresdens ist, zu feiern. Laßt uns auch daran denken, daß ihre Nutzung als Gotteshaus, als internationales Friedenszentrum und als eine Bühne für sakrale Musik eben erst begonnen hat. Die Feierlichkeiten zur Beisetzung von Papst Johannes Paul II. und um die Amtseinführung seines Nachfolgers Benedikt XVI. erinnern daran, wie tief der spirituelle Hunger auf unserem Kontinent ist, obwohl es manchmal vielleicht anders erscheinen mag. Die Frauenkirche wird dies sicherlich aufgreifen und eine wichtige Rolle bei der Umsetzung dieses geistlichen Bedürfnisses vieler Menschen spielen.

Unsere von Herzen kommenden guten Wünsche begleiten die Kirche auf ihrer Mission. Sie gelten ebenso der Stiftung Frauenkirche Dresden, die sich weiterhin um das Bauwerk kümmern wird, und der neuen Gesellschaft zur Förderung der Frauenkirche Dresden e.V., deren Mitglied der Dresden Trust bereits geworden ist. Ich hoffe, daß wir weiterhin zu deren wichtiger Arbeit beitragen können.

\*

Im Jahre 2006 wurde in Mittelengland die Anlage des neuen Britisch-Deutschen Friedens- und Versöhnungsgartens fertiggestellt. Im Herbst hatte ich die Ehre, den Garten einzuweihen. Er soll auf britischem Boden die Einheit im Leben sowie die Zusammengehörigkeit unserer Völker und unsere Entschlossenheit symbolisieren, zu jeder Zeit und an jedem Ort in Furcht und Zittern vor dem Allmächtigen Gott den Frieden zu erhalten – so, wie es auf einer Tafel im Garten zu lesen ist: „So sollen nun alle Schwierigkeiten zwischen beiden Ländern durch Geduld und gegenseitiges Verstehen überwunden werden; so sollen nun das Leid und die Freude miteinander geteilt werden. In der Schönheit der Natur und in der Nähe Gottes sind wir alle eins."

*S. Kgl. H. Prinz Edward*, Herzog von Kent, geboren 1935 in London; 1955–1976 militärische Laufbahn, Stationierung vor allem in Deutschland; seitdem Wahrnehmung von Repräsentationspflichten, Schirmherr von über 100 Organisationen; Knight of the Order of the Garter, Träger des Großkreuzes (II. Klasse) des Verdienstordens der Bundesrepublik Deutschland. Er ist Schirmherr der Britisch-Deutschen-Gesellschaft und des „Dresden Trust".

*Alan Keith Russell*

# Ein kleiner Schritt für eine große Zukunft
*Die Arbeit des Dresden Trust für die Frauenkirche*

Im Vereinigten Königreich gibt es fast eine viertel Million Wohltätigkeitsvereine, große und kleine, die sich mit allen möglichen Interessen und Anliegen beschäftigen. Sie repräsentieren, individuell oder auch im Zusammenschluß als Gruppe, ein typisches Phänomen der britischen Gesellschaft, nämlich den Wunsch, den Willen und die Fähigkeit ganz normaler Bürger, sich außerhalb staatlicher Strukturen zusammenzuschließen, um ausgewählte Projekte ohne Gewinnstreben voranzutreiben. Man muß in diesem Zusammenhang zwischen privaten und öffentlichen Initiativen unterscheiden, sonst kann es leicht zu Mißverständnissen kommen – wie zum Beispiel bei der Enthüllung des Denkmals für die Gefallenen des britischen Bomber-Command in London. Die Unabhängigkeit einer solchen Aktion darf nicht durch die Mitwirkung öffentlicher Stellen oder die Schirmherrschaft eines Mitglieds der königlichen Familie in Frage gestellt werden; genauso darf nicht automatisch die Zustimmung der Regierung vorausgesetzt werden.

Auf der Grundlage dieser rechtlichen Bedingungen und britischer Traditionen haben wir den Dresden Trust gegründet. Yehudi Menuhin erklärte mit großer Genugtuung kurz vor seinem Tode dem deutschen Rundfunk und den Fernsehjournalisten in seinem Haus in Belgravia, daß die Gründung die Erfüllung eines privaten Traums war. Lord Ralf Dahrendorf – ein damaliger Schirmherr unseres Trusts und darüber hinaus einer der wenigen Menschen, die ein tiefes Verständnis für Großbritannien und Deutschland besitzen – äußerte sich in einem Interview in St. Anthony's College Oxford (20. Oktober 1995) ähnlich. Es sei eine Tradition der britischen Bürgergesellschaft, für eine als richtig erkannte Aufgabe private Initiativen zu mobilisieren. In Deutschland hingegen besitzen solche Aktionen häufig einen amtlichen bzw. staatlichen Charakter.

So kam es, daß sich im Juni 1992 eine Anzahl Gleichgesinnter im „Strand Palace Hotel" zusammenfand, um sicherzustellen, daß das Denkmal als Gedenken für die ums Leben gekommenen Bomber-Besatzungen verstanden wird und nicht als Denkmal glorifizierter Vernichtung. Auch wollten die Teilnehmer des Treffens den Zivilpersonen, die in den Angriffen auf Dresden und ganz Europa umgekommen sind, gerecht werden und in das Gedenken einbeziehen. Daraufhin folgten einige dem von Canon Paul Oestreicher angeführten Friedensmarsch den Kingsway entlang; andere standen ruhig vor dem Australia House mit einem Banner in der Hand, auf dem es hieß, daß ihrer Meinung nach die Vernichtung Dresdens keine zu rechtfertigende Kriegshandlung gewesen ist. Andere wiederum schrieben an die Presse, um ihre Besorgnis auszudrücken. Zu ihnen gehörte auch der Trustee (Vorstandsmitglied) Wing Commander Peter Johnson, der wie viele der Meinung war, daß eine Statue eines unbekannten Flugpiloten ein besseres Denkmal abgegeben hätte als das Standbild von Air Vice Marshal Harris, und daß auch Dresden eine Gedenkstätte verdient hätte.

Es folgten tagelange Telefongespräche, und Briefe von Interessierten wechselten hin und her. Ein Brief von Dr. Claus Fischer, dem Schriftführer der Gesellschaft zur Förderung des Wiederaufbaus der Frauenkirche Dresden e.V., wurde mir persönlich von der gebürtigen und leidenschaftlichen Dresdnerin Erika Woollams, ebenfalls Mitglied dieser Fördergesellschaft, in meinem Londoner Haus übergeben.

Endlich, nach vielen gemeinsamen Überlegungen beschlossen wir, daß der „Ruf aus Dresden – 13. Februar 1990" im Vereinigten Königreich nicht unbeantwortet bleiben dürfte. Der eine oder andere wünschte sich eine schnelle Aktion, was bedeutet hätte, daß man mit der Sparbüchse ein paar Tage rütteln und den gesammelten Betrag dann aushändigen sollte. Die meisten jedoch entschlossen sich dazu, eine auf lange Sicht geplante und gut durchdachte Aktion ins Auge zu fassen. Es war uns schnell klar geworden, daß dringend eine Organisationsform erforderlich war, mit deren Hilfe das Bedauern der vielen Menschen im Vereinigten Königreich über die Brutalität und die Zerstörungswut des Krieges vermittelt und Geld gesammelt werden konnte. Schließlich wurde am 16. August 1993 der gemeinnützige Trust gegründet „zur Unterstützung der Religion durch den Wiederaufbau der Frauenkirche und des Gedenkens an die Opfer von Luftangriffen in den zwei Weltkriegen" (... *the advancement of religion by the restoration of the Church of Our Lady in Dresden and the commemoration of the victims of aerial bombardment in the two World Wars*).

Die erste Sitzung des Gründungsvorstandes fand im luxuriösen Foyer des Londoner Goring Hotels statt; die zweite in der Wohnung meiner Tochter im Londoner Stadtviertel Bloomsbury und das dritte im wundervollen Haus in Oxford von Trustee John Beale, wo wir uns auch danach noch des Öfteren versammelten. Als dann kurz darauf ein Brief von Lord Menuhin in meinem Haus in Sussex eintraf, in dem er unsere Einladung,

Schirmherr zu werden, annahm, war klar, daß unser Aufruf mit diesem weiten Kreis von gleichgesinnten geistlichen, politischen und akademischen Persönlichkeiten eine gute Erfolgschance haben würde. Ein Büro mit Computerausstattung wurde unter der freiwilligen Leitung von Carolyn Jordan eingerichtet. Als dann der Herzog von Kent, der bereits königlicher Schirmherr der Britisch-Deutschen Gesellschaft war, bereit war auch der königliche Schirmherr des Trusts zu werden, hatten wir endlich ein solides Fundament.

Die wichtigste Frage aber war, wie man in Großbritannien eine Spendenaktion, die sich für eine Kirche in einer Stadt, die soeben erst aus dem Eisernen Vorhang heraus in Erscheinung getreten war, starten sollte. Sollte der spirituelle, der kulturelle oder der historische Aspekt das Fundament dieser Aktion bilden, und an welche Organisationen könnte man sich mit diesem Appell wenden? Vor allem aber fragten wir uns, wie der Trust die Kosten tragen sollte, denn er hatte zunächst kein Geld auf der Bank außer den symbolischen 10 Pfund, die von Trustee John Beale, dem damaligen Eigentümer der Firma „Past Times", eingebracht worden waren, um überhaupt ein Bankkonto eröffnen zu können. Die erste Entscheidung des Vorstands war, erst einmal Dresden zu besuchen, um von der Stiftung Frauenkirche Dresden e.V. und der Fördergesellschaft zu erfahren, für welche Teile der Frauenkirche finanzielle Unterstützung gewünscht und möglich sein würde.

Dieser Besuch fand vom 8. bis 10. September 1994 statt, als die Enttrümmerungsarbeiten auf der Frauenkirchen-Ruine bereits weit fortgeschritten waren. Der Geschäftsführer der Gesellschaft zur Förderung des Wiederaufbaus der Frauenkirche Dresden e.V., Dr. Hans-Joachim Jäger wies uns auf vielfältige Möglichkeiten der finanziellen Förderung hin, wie z. B. für Fenster, Portale, Säulen oder die Laterne. Als wir abends mit einigen unserer neuen Freunde und dem stellvertretenden Vorsitzenden der Fördergesellschaft Professor Jürgen Paul um den Eßtisch saßen, wurde die Idee geboren, daß der Trust vielleicht daran interessiert sein könnte, das neun Meter hohe Kuppelkreuz herzustellen und der Kirche als Schenkung zu übergeben. Wir waren verblüfft und erfreut, als uns dieser Vorschlag gemacht wurde, nicht weil wir daran nicht gedacht hätten, sondern weil wir uns außerordentlich geehrt fühlten. Die Tatsache, daß die Sachsen überall in der Welt für ihr handwerkliches Geschick bekannt sind, war auch uns nicht verborgen geblieben, und daß wir den Teil des Gebäudes beitragen konnten, der den größten symbolischen Wert überhaupt hat, erschien uns als eine Geste von großer Bedeutung und gutem Willen. Wir wußten sofort, daß die Finanzierung, Herstellung und Aufsetzung des Kuppelkreuzes ein überaus wirksamer Impuls sein würden. Zurück in England überdachten unsere Vorstandsmitglieder diese Aufgabe und entschieden, daß wir mit einem so gewichtigen Projekt verschiedene Gruppen in Großbritannien ansprechen sollten, die aufgrund ihrer professionellen Aktivitäten ein Interesse an Deutschland haben: Parlamentsmitglieder, Beamte im auswärtigen Amt und in den Institutionen der EU, das Königliche Institut Britischer Architekten, das in jener Zeit bekannte Architekturjournal „Perspectives", Universitäts- und Schulabteilungen sowie Kirchen und britisch-deutsche Freundschaftskreise. Wir haben Tausende von Flugblättern versandt. Der „Wagen" kam daraufhin ins Rollen, und als 1995 unser Trustee, der letzte britische Botschafter in der DDR Timothy Everard es erreichte, daß die Regierung 50 000 Pfund spendete, wußten wir, daß wir auf dem richtigen Weg sind. Unser erster Scheck über 10 Pfund war am Ende des ersten Geschäftsjahres des Trusts (am 31. März 1995) mittlerweile auf über 100 000 Pfund angewachsen. Am Ende des zweiten konnten wir bereits den doppelten Betrag verbuchen. Zwei glänzende Galadiners im St. James Palast waren nicht nur ein Gaumenschmaus, sondern hoben das Profil des Trusts und brachten eine beachtliche Summe ein, zu der die Königin und der Erzbischof von Canterbury sehr großzügig beitrugen. Ein Diner im Palace of Westminster zeigte und konsolidierte die überparteiliche Unterstützung und unsere historische und architektonische Ausstellung begann ihre lange Reise durch das Land und machte die britische Öffentlichkeit mit den Details unseres Projekts bekannt. Trustee Tonie Smith begann zudem, positive interkirchliche Beziehungen mit der „Meißen-Kommission" aufzubauen, die partnerschaftliche Beziehungen zwischen der Evangelischen Kirche in Deutschland und der anglikanischen Kirche von England fördert.

Die Zeit und die ehrenamtliche Arbeit, die von zahllosen einzelnen Personen in dieser Entwicklungsphase investiert wurden, kann man gar nicht genügend hervorheben. Im ersten öffentlichen Konzert in St. James, Piccadilly, London sang Ruth Gomme mit ihrer wunderschönen Sopranstimme das „Jauchzet" von Bach und andere Musikstücke und half uns dabei nicht nur die Kosten zu decken, sondern auch unsere Finanzen aufzustocken. Stephen Conlin, ein Graphiker aus Nordirland, übernahm die Aufgabe, eine Zeichnung des Kuppelkreuzes in Farbe anzufertigen, das der Herzog von Kent dem Sächsischen Landesbischof Volker Kreß am 13. Februar 1995 in der Kreuzkirche übergab. Zu diesem Anlaß hielt Coventrys Bischof Simon Barrington-Ward, ein Schirmherr des Trusts und

Mitglied des Kuratoriums der Stiftung Frauenkirche Dresden, eine beeindruckende Predigt, mit der er die Gemeinde dazu aufrief, gegenseitiges Verstehen und Vergeben bezüglich Kriegsverbrechen zu üben. Es war sehr passend, daß am selben Tag der damalige Bundespräsident Roman Herzog im Kulturpalast erklärte, daß die Dresdner den Briten für diesen krönenden Glanzpunkt zu danken hätten, wenn die Frauenkirche fertig sei. Dies war ein Tag, an dem auf beiden Seiten alle Schranken fielen.

In der Londoner South Bank Universität hatte mittlerweile der Architekt und Wissenschaftler Peter Nardini, Vorstandsmitglied und Präsident des technischen Komitees des Trusts Material für eine Wanderausstellung zusammengestellt. Gleichzeitig beendete seine Kollegin im Vorstand, die Germanistin Judith Purver von der Universität Manchester die Übersetzung der von der IPRO-Dresden gefertigten Projektbeschreibung und des Berichts über das in den Trümmern gefundene alte Kuppelkreuz ins Englische. Merrilyn Thomas, eine der ersten britischen Volontäre, die mitgeholfen hatten, das Diakonissenkrankenhaus in Dresden wieder aufzubauen, organisierte das zweite und sehr erfolgreiche Konzert des Trusts mit dem Titel „Cellars of Fear" (In den Kellern der Angst) in Cambridge, das aus Musik und Vorlesungen bestand, die die Luftangriffe in all ihren Schrecken wiedergaben. Trustee Timothy Everard veranlaßte ein höchst originelles und erfolgreiches Programm von Schulpartnerschaften und im ganzen Land organisierten englische, schottische, walisische und deutsche Vereinigungen Vorträge und andere kleinere Veranstaltungen. Kurz darauf begann die lange Odyssee von Nachforschungen zur präzisen Form des originalen Kuppelkreuzes von Johann Georg Schmidt aus dem Jahre 1743, um technische Möglichkeiten zur Anfertigung zu erkunden und Spezialisten innerhalb Großbritanniens zu suchen, die diese Arbeit ausführen könnten. Wir hatten großes Glück: In dem unermüdlichen Architekten Peter Nardini stand uns ein bewährter Kenner aller technischen Aspekte der Herstellung zur Verfügung. Baudirektor Eberhard Burger und Architekt Thomas Gottschlich von der Stiftung Frauenkirche waren jederzeit bereit, uns zu beraten. Außerdem spielte bei unseren Besuchen in Dresden Frau Gudrun Lawlor als technische Übersetzerin bei der detaillierten Erörterung des IPRO-Projektes eine unentbehrliche Rolle. Ausflüge in die geheimnisvolle Welt der Gold- und Silberschmiede zeigten uns, daß in Großbritannien und besonders in London einige der größten Talente auf diesem Gebiete ansässig sind, die es in Europa und vielleicht sogar auf der ganzen Welt gibt. Eine Liste potentieller Firmen wurde aufgestellt und mit Hilfe von Rolls Royce Aero Engines in Derby setzte John McCartney einen Vertragsentwurf auf.

Ein kleiner Schritt für eine große Zukunft

*Bergung des historischen Turmkreuzes, 1. Juni 1993*

Im Jahre 1997 bekam der Trust drei Angebote von sehr gut qualifizierten Firmen und entschied sich aufgrund der Kosten und anderer Gründe (wie z. B. Räumlichkeiten, Zahl der erfahrenen Mitarbeiter, Werkstattausstattung) für die Londoner Firma des Schotten Grant Macdonald. Erst nachdem der Vertrag geschlossen war, wurde bekannt, daß der Leiter der dortigen Facharbeiter der Sohn eines Bomberpiloten war, der 1945 über Dresden flog. Alan Smith sprach immer sehr bewegend von dem Kummer, den sein Vater verspürt hatte, als ihm die Realität dieser Angriffe, die eine so schöne Stadt zerstört und so vielen Menschen ihr Leben genommen hatten, bewußt wurde. Das Kuppelkreuz, das heute über Dresden wacht, ist ein Tribut nicht nur der Kunsthandwerker, die mit viel Geschick das Kupfer getrieben haben, sondern steht auch für die innere Überzeugung, mit der Alan Smith die Gruppe motiviert und angeführt hat.

Das Team mußte hart und unter enormem Zeitdruck arbeiten, damit das Kuppelkreuz rechtzeitig für den Staatsbesuch von Bundespräsident Herzog im großen Hof von Schloß Windsor am 1. Dezember 1998 aufgestellt werden konnte *(vgl. Abb. S. 182)*. Es war sehr knapp! Einige Details mußten noch einmal gefertigt werden und das Verladen der verschiedenen Teile des Kuppelkreuzes auf den in der Werkstatt hergestellten Tragrahmen (zusammen mit einer großen Zahl spezieller Werkzeuge) dauerte länger als erwartet. Aber durch Grant Macdonalds pflichtbewußte Ausdauer und mit Hilfe der erfahrenen Spedition Schenker gelang es, die Lieferung rechtzeitig und sicher durchzuführen. Auch bei weiteren Transporten des Kuppelkreuzes durch ganz Großbritannien erbrachte die Firma Schenker eine ausgezeichnete Serviceleistung. So konnten die Briten es überall aus der Nähe betrachten. In der riesigen neugotischen Kathedrale in Liverpool und in St. Pauls in London bereiteten die Dimensionen des Kreuzes kein Problem. In Coventry jedoch mußten sich die Arbeiter enorm anstrengen, um die Kisten in das westliche Ende der Kathedrale zu schaffen, in der John Huttons eingraviertes Fenster über die Ruinen von St. Michaels blickt. Es handelte sich um nur ein bis zwei Zentimeter Spielraum auf beiden Seiten. In der mittelalterlichen Kathedrale von St. Giles in Edinburgh mußte das Kreuz durch mehrere enge Gänge transportiert werden. Die Kosten betrugen 5 000 bis 10 000 Pfund Sterling pro Kathedrale. Aber dafür strömten britische Besucher zu Tausenden herbei und konnten, wenn auch indirekt und nur sehr kurzfristig, an der Pilgerreise des Kuppelkreuzes teilhaben. In London wurden mehrere Tausend Euro gespendet, und als Anfang 2000 der Moment gekommen war, die kostbare Fracht nach Dresden zu schaffen, bedeutete dies zwar eine Erleichterung, rief jedoch auch Bedauern hervor, daß nun Abschied genommen werden mußte.

Aber das Unerwartete bleibt niemals aus. So passierte es, daß das Kuppelkreuz bei der Ankunft in Dresden beinahe bei dem Versuch beschädigt worden wäre, es nach oben zu heben, damit es von der Menschenmenge,

# Ein kleiner Schritt für eine große Zukunft

*Hebung von Turmhaube und Turmkreuz, 22. Juni 2004 (vgl. auch Abb. S. 315)*

gesehen werden konnte. Die Ingenieure hatten in ihrem Eifer besondere Sicherungsschrauben vergessen. Zum Glück blieben größere Schäden aus und zur großen Erleichterung der anwesenden Mitarbeiter von Grant Macdonald wurde es sozusagen auf den Flügeln eines Gebetes wieder sicher auf den Boden heruntergelassen und mit ein paar Pinselstrichen ausgebessert. Das Kuppelkreuz stand dann über drei Jahre vor der Frauenkirche, wo sich die Dresdner und ihre Gäste mit den Details vertraut machen konnten, denn auf der Kuppel wird es kaum mehr jemand aus der Nähe betrachten können. Noch ein zweites Problem galt es, aus der Welt zu schaffen: Die Bild-Zeitung hatte von Rostflecken auf dem Kuppelkreuz berichtet und damit die Qualität der britischen Handwerker in Frage gestellt. Dieser Bericht war natürlich völlig falsch! Die kleinen rötlichen Streifen waren von einer Handvoll nicht rostfreier Schrauben verursacht worden, die nur eingebracht worden waren, um das Kreuz anzuheben.

So kam nun endlich der Tag des 22. Juni 2004, an dem die kupferne Turmhaube zusammen mit dem Kuppelkreuz emporgehoben werden sollte – dorthin, wo es nun über den Dächern Dresdens schwebt. Als die Reden vorüber und die Lieder gesungen waren, hörte man die Stimme von Baudirektor Burger, der mitteilte, daß der Wind zu stark sei und man noch nicht mit dem Heben beginnen könne. Das Warten erschien endlos, Regentropfen fielen, und alle hielten den Atem an. Plötzlich jedoch hörte der Wind auf und der riesige Kran begann mit der Hebung der 20 bis 30 Tonnen schweren Last. Als es endlich auf der Laterne saß, ging ein stolzes und freudiges Raunen durch die ca. 60 000 Zuschauer, unter denen sich auch zahlreiche britische Besucher befanden. Nach all den Ungewißheiten, Ausstellungen und Problemen befindet sich das Kuppelkreuz seitdem wieder auf seinem Platz.

Das Turmkreuz ist eine außerordentlich wertvolle Sache – und dies in doppelter Hinsicht. Im Vorwort zu dem Buch „Dresden. A City Reborn" schrieb der Herzog von Kent: „Die Möglichkeit mit anderen Schmerz zu teilen – wenn auch in kleinem Maße – und mit ihnen für Wiederversöhnung, Freundschaft und Kooperation zu arbeiten ist gleichzeitig heilend und erfüllend." Es ist wirklich so, denn es öffnen sich Türen zu neuen Interessen und gegenseitigem Verstehen. Deshalb hat der Trust seit 2001 bei der englischen Charity-Commission die Voraussetzungen geschaffen, künftig stärker auch im kulturellen Austausch zwischen Deutschland und Großbritannien tätig werden zu können, um damit das Wissen der Briten über deutsche und insbesondere sächsische Kunst, Architektur und Literatur zu fördern. 1999 gaben Anthony Clayton und Alan Russell bereits das erste Buch des Trusts mit dem Titel „Dresden. A City Reborn" heraus (Nachauflage 2006). Es war und ist für die englisch sprechende Leserschaft gedacht, um ihnen zu zeigen, daß die Stadt Dresden ehemals ein großes historisches und kulturelles Zentrum war und daß es nun wieder ein solches sein wird. Das zweite Buch „Why Dresden. Warum Dresden?" (Nachauflage 2006) ist eine Ergänzung des ersten. Darin präsentieren Brigitte Pierce und anderen Autoren die Motivationen und Gefühle der britischen Freunde und Besucher, die im Februar 2000 in Dresden waren.

Im Jahre 2002 wurde ein weiterer Schritt in Richtung Völkerverständigung getan, als nämlich Heft 70 des Dresdner Geschichtsvereins dank des immer behilflichen Redakteurs Hans-Peter Lühr herauskam. Diese Ausgabe beschreibt „Großbritannien und Sachsen – Erfahrungen gemeinsamer Kultur" und schildert in ausgewählten Beiträgen den kulturellen Austausch und die kulturellen Erfahrungen der beiden Länder in den vergangenen drei Jahrhunderten. Es demonstriert, daß friedliche Zusammenarbeit und gegenseitiger Respekt die historischen Beziehungen zwischen Briten und Deutschen in der Vergangenheit viel mehr beeinflußt haben als Streit und Krieg.

In dem Buch „Firestorm", das die Beiträge eines von der Universität Edinburgh, British Academy, Carnegie Foundation und Dresden Trust geförderten Seminars enthält, werden Zerstörung und Wiederaufbau thematisiert und dem Leser der Unterschied zwischen Kriegsverbrechen und Verbrechen gegen die Menschlichkeit verdeutlicht.

Ein weiteres Werk über die vielfältigen Verbindungen, die zwischen Briten und Sachsen einmal bestanden haben und an die nun wieder angeknüpft werden soll, ist im Entstehen begriffen. Dabei werden emotionale und kulturelle Impulse in spezifischen und oft sehr persönlichen Erinnerungen zusammengebracht. Sehr positiv ist auch, daß die Bücher über die Zerstörung Dresdens von Jörg Friedrich „Der Brand" (2002) und Frederick Taylor „Dresden. Dienstag, 13. Februar 1945" (2004) jeweils in die Sprache des anderen Landes übersetzt worden sind. Es ist zu hoffen, daß auch A. C. Graylings gründliche und gut lesbare Studie zu den im Zweiten Weltkrieg stattgefundenen Luftangriffen, deren Ursachen und Ethik („Among the Dead Cities") in die deutsche und andere Sprachen übersetzt wird. Denn solche Bücher sind eines weitverbreiteten Leserkreises wert. Wichtig wäre außerdem, daß das Fernsehen und die Tageszeitungen – besonders im Vereinigten Königreich – den Ton ihrer Berichterstattung entsprechend anheben und eine ebensolche Ehrlichkeit und Objektivität walten lassen, wie sie aus diesen Büchern sprechen.

Besonders im Bereich der Musik leistet der Trust einen grenzüberschreitenden Beitrag. So haben auf Einladung des Trusts Professor Ludwig Güttler und Kirchenmusikdirektor Friedrich Kircheis in London Konzerte für Trompete und Orgel gegeben; der „Neue Chor Dresden" und begabte junge Musiker des Landesjugendorchesters Sachsen haben an verschiedenen Orten in Großbritannien gespielt; das Bläserensemble der Dresdener Philharmonie hat unser Galadiner in der Londoner Goldsmith's Hall bereichert. Im Jahre 2005 unterstützte der Trust die Tournee des Dresdner Philharmonischen Kinderchors in Großbritannien (so in Coventry in der King-Henry-VIII.-Schule, in der dortigen Kathedrale und in der Umgebung von Coventry). Aufführungen des sächsischen Landesjugendorchesters fanden einmal in der Queen-Elizabeth-Schule Faversham (vier von deren Schülern waren bei der Hebung des Kuppelkreuzes in Dresden dabei) und zum anderen im Konzertsaal der Universität Cambridge statt, wo es ein hervorragendes Konzert zusammen mit dem Chor vom Clare-College gegeben hat. Auch trat der „Neue Chor Dresden" zu den Festspielen in Chichester auf, wo die Hymne des Trusts an Dresden „In deinem Haus" uraufgeführt wurde. Zur Vollendung und zur Weihe der Frauenkirche hat der Londoner Bach-Chor am 8. und 9. Dezember 2005 zwei Aufführungen des Messias von Händel im Kirchenraum gesungen: Der enthusiastische Beifall verdeutlichte, daß die wiederaufgebaute Frauenkirche von Beginn an sowohl ihrer kulturellen wie auch ihrer geistlichen Rolle gerecht wird. Im nächsten Jahr ist unter anderem ein Orgelkonzert mit der Musikprofessorin Margaret Phillipps vom Royal College of Music in London geplant. Solche musikalischen Veranstaltungen helfen dabei, das Wissen über Dresdens Wiederaufbau und die kulturellen Leistungen dieser Stadt in Vergangenheit und Gegenwart zu verbreiten.

Nicht weniger erfolgreich waren die Stipendienprogramme des Trusts zusammen mit dem damals von David Woodhead geleiteten Independent-Schools-Council in London, um jungen Sachsen Aufenthalte in Großbritannien zu ermöglichen und umgekehrt junge Briten nach Sachsen zu holen. In den Jahren 2002 bis 2005 haben fast zweihundert junge Deutsche sehr glückliche und erfolgreiche Semester an britischen Schulen verbracht, und ein Dutzend junger Briten hat Stipendien für St. Afra in Meißen, für St. Benno und für die Kreuzschule in Dresden und für das Schiller-Gymnasium in Pirna erhalten. Einer dieser Schüler – George Bacon – beschrieb seinen Aufenthalt in Dresden als eine der größten Erfahrungen in seinem Leben.

In Zusammenarbeit mit dem sächsischen Kultusministerium sind weitere, dauerhafte Schulpartnerschaften vorgesehen, so z. B. zwischen der Yehudi-Menuhin-Schule in der Nähe von London und dem ebenso bekannten Landesgymnasium für Musik „Carl Maria von Weber" in Dresden, dessen Schirmherr Sir Colin Davis ist. Es ist außerdem zu hoffen, daß die von der Reuters Foundation und dem Trust gewährten Stipendien für sächsische Journalisten an der Universität Oxford weiter fortgesetzt und auf andere Universitäten (z. B. Cambridge) ausgeweitet werden können.

Für den Frieden ist Verständnis ein wesentliches Element. Inspiriert von der Zerstörung Dresdens und als sichtbarer Ausdruck wechselseitig gelebter Versöhnung wurde der britisch-deutsche Freundschaftsgarten im National Memorial Aboretum (20 km nördlich von Birmingham) gepflanzt: zwei Silberbirken-Ringe (46 Bäume wurden von Mitgliedern aus 16 Frauenkirchen-Freundeskreisen aus Deutschland persönlich gestiftet), und ein kleinerer Kreis von übrig gebliebenen Steinen der alten Frauenkirche um einen Eichen- und einen Gingkobaum, die von zwei besonders hilfreichen Freunden in Dresden – Hans-Joachim Jäger und Eva-Christa Bushe – finanziert worden sind. Nach seiner Eröffnung durch den Herzog von Kent im Oktober 2006 dient dieser Garten als Ort der Stille und des Mitgefühls.

Auf diese Weise wird sich die Verbindung des Trusts mit Dresden auch in der Zukunft weiter vertiefen, denn die Weihe der Frauenkirche bedeutet kein Ende sondern eine Fortsetzung unseres Wirkens. Gemeinsam mit anderen Organisationen und Einzelpersonen wird der Trust im Rahmen seiner Möglichkeiten mit der Stiftung Frauenkirche und der Gesellschaft zur Förderung der Frauenkirche Dresden e.V. und in immer engerem Zusammenhang mit der Britisch-Deutschen Gesellschaft in ganz Großbritannien seine Bemühungen weiterführen. Darüber hinaus hofft der Trust, daß er „als Draht" von der Frauenkirche aus nach Großbritannien dienen kann, um den Briten diese Kirche als Glaubenszentrum und allgemeine Begegnungsstätte, als internationales Symbol der Aussöhnung, und als Bühne für sakrale Musik näher zu bringen.

Es ist sehr bedeutungsvoll, daß Dresden wieder seine Steinerne Glocke hat. Sollte die Wiederentstehung der Kirche nicht mehr als die Kreation eines wunderbaren Barockgebäudes sein, so wäre das tief enttäuschend. Sollte sich jedoch die Kirche vom äußeren Symbol auch zu einem geistigen Inhalt entwickeln, so wird sie eine sehr wichtige Rolle nicht nur im zukünftigen britisch-deutschen Dialog, sondern auch in der europäischen

Kulturwelt spielen. „Brücken bauen, Versöhnung leben, Glauben stärken" – aus diesem Geiste mögen in den kommenden Jahren unsere Nachfolger geistliche, geistige und ästhetische Inspiration erhalten.

Dr. phil. *Alan Keith Russell*, M.A., OBE, geboren 1923; Studium der Wirtschaft, Philosophie, Geschichte, Architekturgeschichte und Denkmalpflege in Oxford und Oxford Brookes; Tätigkeiten im britischen Auswärtigen Amt, in Einrichtungen der Europäischen Union und an verschiedenen Universitäten; Autor zahlreicher Veröffentlichungen. Träger des Ordens „Officer of the British Empire" (OBE) und des deutschen Verdienstkreuzes. Seit 1993 ist er Gründungsmitglied und Präsident des britischen Dresden Trust.

*Frank Wobst*

## Dresden und Columbus
*Eine Städtepartnerschaft im Zeichen des Wiederaufbaus der Frauenkirche*

Am 4. Juni 1992 unterzeichneten die Oberbürgermeister der Städte Dresden und Columbus, Dr. Herbert Wagner und Greg Lashutka, im Dresdner Rathaus einen Städtepartnerschaftsvertrag. Dieser Vertrag hatte im Anhang eine beeindruckende Liste von geplanten Austauschprojekten für die Jahre 1992/93 und schuf die Voraussetzung für die in den folgenden Jahren entstehende Freundschaft und Verbundenheit zwischen den Einwohnern der beiden Städte, die vorher so gut wie gar keine Berührungspunkte hatten. Damit war auch die Voraussetzung geschaffen für den aktiven Beitrag, den Columbus für den Wiederaufbau des Wahrzeichens der Stadt Dresden – die Frauenkirche – leisten sollte.

Vorausgegangen war unsererseits die Kontaktaufnahme mit der Dresdner Stadtregierung, die Gewaltiges zu bewältigen und eigentlich ganz andere Dinge auf ihrem Plan hatte, als sich mit einer Gruppe Amerikaner zu beschäftigen. Und vorausgegangen waren auch meine Kindheits- und Jugendjahre in Dresden, ein furchtbarer Krieg und eine lange Zeit der Stille zwischen den Bürgern der DDR und der USA.

Als 1989 die Mauer fiel und ein knappes Jahr später zwei Teile eines Landes sich wieder vereinigten, gab es auch in Amerika Wellen wahrer Euphorie. Die friedliche Revolution in der DDR hatte bei der amerikanischen Bevölkerung große Achtung und Bewunderung für das Volk des bis dahin wenig beachteten kleinen Landes im Zentrum Europas bewirkt und Interesse am weiteren Verlauf der Ereignisse geschürt. Die USA unter Präsident Bush sen. hatten einen großen Anteil an den Beitrittsverhandlungen, und das Ergebnis dieser Verhandlungen entsprach so ganz dem Freiheitsglauben des amerikanischen Volkes. Ein beachtlicher Teil desselben geht auf deutsche Ursprünge zurück, und viele Deutsche haben ihre Heimat vor, während und nach dem Zweiten Weltkrieg in Richtung USA verlassen. Besonders für diese Menschen bedeutete die Wiedervereinigung viel, da sie ihnen das Gefühl eines Stücks alter Heimat wiedergab.

Auch ich gehöre zu diesen Menschen. Ich wurde in Dresden geboren und verbrachte meine Kindheit und Jugend dort. Hier sammelte ich in den ersten achtzehn Jahren meines Lebens wichtige Eindrücke, die mich für immer prägten. Als Elfjähriger mußte ich miterleben, wie meine Stadt in einer Nacht zu Schutt und Asche zerfiel. Meine Mutter, meine Schwestern und ich standen auf unserem Balkon in Radebeul und versuchten das Unfaßbare zu begreifen. Niemand hatte mit der Bombardierung gerechnet. Alle waren sicher, daß Dresden mit seinem reichen Kulturerbe davon verschont bleiben würde. Als dann zwei Tage darauf auch die Frauenkirche dem Feuersturm erlag, hauchte unsere Stadt das letzte bißchen Leben aus. Später mußte ich mit meiner Mutter in den Trümmern der Stadt nach Verwandten suchen. Die Ruinen, der Brandgeruch und das Leid, das wir überall sahen, ließen die Grausamkeit des Krieges plötzlich mit aller Wucht über uns hereinbrechen. Bis dahin hatten wir ein verhältnismäßig normales Leben geführt, wenn auch wie so viele ein Leben ohne Vater. Er war schon im September 1939 als Reserveoffizier von der Wehrmacht eingezogen worden. Am Ende des Krieges kam er in russische Kriegsgefangenschaft, die er wie durch ein Wunder ebenfalls überlebte, und aus der er am zweiten Weihnachtsfeiertag 1949 endlich heimkehrte. Im neuen Staat aber war uns kein Glück beschieden, obwohl mein Vater, der vor dem Krieg als Akademiker in der Privatwirtschaft tätig gewesen war, seine Arbeit gleich nach der Rückkehr wieder aufnehmen konnte. Zwei Monate später, Anfang März 1950, wurde er wegen Wirtschaftssabotage verhaftet und in Handschellen abgeführt. Die Firma sollte enteignet werden. Als er Anfang Oktober 1952 freigesprochen wurde, verließ er einen Tag später mit meiner Mutter und meinen Schwestern, die als Töchter eines Kapitalisten trotz sehr guter Noten nicht die Oberschule besuchen durften, die DDR in Richtung Westen.

Ich selbst hatte diesen Schritt bereits am 13. Juli 1952 getan, kurz nach meinem Abitur an der Kreuzschule. Der Abschied von Dresden tat mir weh, aber mit meinem familiären Hintergrund sah ich keine Zukunft für mich in der DDR. Mein Weg führte über Berlin und mehrere Lager in Westdeutschland, verschlug mich einige Monate als Knecht auf einen Bauernhof in Württemberg und vereinigte mich in der Nähe von Nürnberg schließlich wieder mit meiner Familie. Ich studierte Wirtschaft und Rechtswissenschaften in Erlangen und später Göttingen, wo ich meine jetzige Frau Joan, eine amerikanische Fulbright-Studentin, kennenlernte. Mit ihr ging ich 1958 in die USA, wo ich im gleichen Jahr im Bundesstaat Virginia meine Banklaufbahn begann. Seit 1974 leben wir in Columbus, der Hauptstadt des Bundesstaates Ohio.

Im Zusammenhang mit den Ereignissen in Deutschland, aber auch im Zuge einer bewußten internationalen Öffnung der Stadt Columbus, wurde ich als gebürtiger Deutscher und als Honorarkonsul, als der ich seit

Dresden und Columbus

*Columbus (Ohio), Partnerstadt von Dresden, 2005*

1987 die Bundesrepublik Deutschland repräsentierte, von der Stadtregierung unter Bürgermeister Dana G. „Buck" Rinehart damit beauftragt, eine geeignete deutsche Partnerstadt für Columbus zu finden. Was lag näher, als zu versuchen, Dresden dafür zu gewinnen? Ich liebe Dresden, die Kontakte waren nie ganz abgebrochen und die Verbundenheit zu meiner Heimatstadt war immer da. Selbst vor 1989 hatte ich Dresden zweimal besucht.

Aber es gab auch andere Gründe für eine Partnerschaft der beiden Städte. So sind beide Hauptstädte und damit Regierungssitze wichtiger Bundesländer. Mit ihren großen Universitäten, der Technischen Universität und der Ohio State University, und einer Reihe von Hochschulen und Akademien sind Dresden und Columbus wichtige Bildungszentren, die bestrebt sind, ihrem Anspruch an eine Verknüpfung von Forschung und Wirtschaft gerecht zu werden. Natürlich kann sich Columbus nicht mit Dresdens reicher Kulturgeschichte vergleichen. Es ist eine Stadt mit ca. 1,5 Millionen Einwohnern und einer gesunden wirtschaftlichen Basis. Durch die Partnerschaft und die damit verbundenen Austauschprogramme wollten wir uns besonders an die jungen Bewohner beider Städte wenden, die in den Jahren der Trennung aus Unkenntnis und durch Fehllenkung einen völlig falschen Eindruck vom Leben auf der anderen Seite und voneinander bekommen hatten. Das war die eigentliche „Mission".

In Erinnerung geblieben ist mir besonders meine erste Begegnung mit dem damaligen Dresdner Oberbürgermeister Herbert Wagner. Ich hatte eigentlich einen Termin mit Wolfgang Berghofer, seinem Vorgänger, vereinbart. Doch als ich dann im Juni 1990 im Dresdner Rathaus eintraf, erwartete mich nicht Herr Berghofer, sondern der seit kurzem amtierende neue Oberbürgermeister Herbert Wagner. Es war ein heißer Tag, es gab keine Klimaanlage im Rathaus, die Lampen hatten noch die für die DDR typischen Miniwattbirnen, alles wirkte ziemlich düster und verlassen. Außer Herbert Wagner und seiner Sekretärin traf ich niemanden auf den langen Gängen. Angesichts der Sorgen und Schwierigkeiten, mit denen Wagner damals konfrontiert war, weiß ich nicht, warum er mich überhaupt empfing. Mein Besuch im Dresdner Rathaus endete jedenfalls mit der Floskel: „Wir bleiben in Verbindung", und es bedurfte einiger Überzeugungskraft unsererseits und einer Einladung durch den damaligen Präsidenten der Vereinigten Staaten, George Bush, den Oberbürgermeister dazu zu bewegen, Columbus in einer politisch so schwierigen Zeit einen Gegenbesuch abzustatten und schließlich als Partnerstadt zu wählen.

Zwei Jahre später war ich wieder in Dresden, diesmal gemeinsam mit Gregory Lashutka, unserem neuen Bürgermeister. Auf dem Wege zum Rathaus kam unsere Delegation auch an der Ruine der Frauenkirche vorbei. Für mich war der Anblick der Trümmer nichts Neues, aber meine Columbuser Freunde waren zum ersten Male in Dresden und sehr daran interessiert, mehr über die Geschichte der Kirche, ihre Bedeutung für die Stadt und die Rekonstruktionspläne zu erfahren. Wir nutzten die Gelegenheit, um zu erfahren, wie wichtig das Projekt Frauenkirche für die Dresdner Bevölkerung war und daß wir im Rahmen der Partnerschaft mithelfen könnten, es zu verwirklichen. Die Frauenkirche wurde so zum Symbol unserer Zusammenarbeit.

Das Ergebnis unserer Bemühungen war eine große Anzahl von Spenden, die in der Summe mehr als eine halbe Million Dollar betrugen. Wie war es uns aber möglich geworden, in einer so weit entfernten Stadt einen so respektablen Betrag zu sammeln, wenn man dabei noch bedenkt, daß auch die vielen anderen Aktivitäten der Partnerschaft ausschließlich privat finanziert wurden?

In den USA ist Spendenbereitschaft Teil eines bürgerschaftlichen Engagements, das seine Wurzeln zum einen in der US-amerikanischen Geschichte und zum anderen in der tief verwurzelten Religiosität des amerikanischen Volkes hat. Amerikaner kennen den europäischen Wohlfahrtsstaat nicht und wollen ihn auch nicht. Es gehört zum amerikanischen Selbstverständnis, daß sich jeder selbst behaupten muß; individuelle Freiheit mit all ihren Chancen und Risiken wird grundsätzlich höher bewertet als staatlich organisierte Solidarität. Gleichzeitig erzeugen die Risikobereitschaft und das Wissen, daß soziale Miseren jeden treffen können, aber auch Mitgefühl und Hilfsbereitschaft. Ein großer Teil der Amerikaner ist bürgerschaftlich organisiert: durch freiwillige Arbeit in gemeinnützigen Verbänden, durch unentgeltlichen Arbeitsaufwand, durch Gemeinschaftsaktionen zugunsten sozial oder gesundheitlich Benachteiligter, durch Geldspenden usw. Große Firmen erwarten von ihren Mitarbeitern eine gewisse Bereitschaft zu solchem Engagement und fördern es, indem sie einen gewissen Teil ihrer Ressourcen, wie zum Beispiel die Arbeitszeit ihrer Mitarbeiter dem guten Zweck spenden. Kinder werden von klein auf dazu erzogen, sich sozial zu engagieren. Jede Schule, jede Arbeitsgemeinschaft veranstaltet sogenannte „Fundraisers", um Geld für gemeinnützige Zwecke zu sammeln.

Angesprochen auf diese Bereitschaft, sich sozial zu engagieren, hört man hierzulande immer wieder, daß der- oder diejenige sich als „blessed" (gesegnet, im Sinne von in glücklicher Lage) empfindet, und es sei daher eine Selbstverständlichkeit, „to give back" (etwas zurückzugeben). Als „blessed" empfindet sich ein Amerikaner, wenn er gesund ist, eine gute Ausbildung genossen und eine glückliche Familie hat, es ihm finanziell gut geht usw. Hier kommt die religiöse Seite des Phänomens zum Ausdruck. Natürlich waren und sind die Kirchen eine wichtige Institution bürgerschaftlichen Engagements. Gleichzeitig sind sie ihm aber auch ausgeliefert. In den USA kennt man keine Kirchensteuer und eine staatliche Unterstützung der Kirchen wäre verfassungswidrig. Kirchen finanzieren sich vorrangig aus Spenden.

Als ich als junger Mann am Schalter einer Bank in Virginia meine Karriere begann, wurde ich schnell über diese Seite des amerikanischen Lebens belehrt. Ich hatte als Berufseinsteiger ein sehr niedriges Gehalt und mußte mit fünfzig Dollar in der Woche auskommen. Nach kurzer Zeit kam ein Bankmitarbeiter zu mir und bat mich um eine Spende für „United Way", eine Organisation, die eine Anzahl von Wohltätigkeitsgruppen repräsentiert. Auf meinen vorsichtigen Einwand hin, daß ich doch nur so wenig Geld verdiene, reagierte er mit Unverständnis und mahnte mich: „Wir sind Amerikaner, wir müssen zusammenhalten, dafür sorgen, daß es allen gut geht." Von da an spendete ich jeden Monat einen Teil meines Gehaltes, anfangs fünf Dollar, später wurde es mehr.

Die Höhe der Summe, mit der Columbus den Wiederaufbau der Frauenkirche und den Bau der Synagoge – hierfür wurden über 200 000 Dollar gesammelt – unterstützt hat, ist dem Engagement einer großen Anzahl meiner Mitbürger und dem Effekt der zahlreichen Austauschprogramme zuzuschreiben. Ein Beispiel sei hier erwähnt: Im Mai 1994 besuchten fünfzehn Schüler und Schülerinnen der hiesigen Mifflin Alternative Middle School die Stadt Dresden im Rahmen eines Austauschprogramms mit dem Gymnasium Dresden-Zschertnitz. Für die Schüler und ihre Lehrer war das sicher ein einmaliges und unvergeßliches Erlebnis. Das Geld, das sie benötigten, um die Unkosten dieser Reise zu decken, hatten die Jungen und Mädchen sich durch verschiedene Jobs wie Babysitting oder Rasenmähen und durch Spenden-Sammelaktionen selber verdient. Als die Mifflin-Schule von unseren Bemühungen erfuhr, Gelder für die Frauenkirche zu sammeln, veranstaltete sie eine Spendenaktion zugunsten der Kirche, bei der Schüler der 5. und 6. Klassen an einem „Sleep-in" teilnahmen und eine Nacht in der Schule verbrachten, wobei jeder der Teilnehmer eine kleine Gebühr zahlen mußte. Weiteres Geld wurde durch den Verkauf von Kuchen, Plätzchen und selbst Getöpfertem gesammelt. Mit diesem Geld und einer zusätzlichen anonymen Spende konnte die Mifflin Alternative School einen Stifterbrief in Gold und – symbolisch – einen Stein in der Frauenkirche erwerben.

Allein in den ersten fünf Jahren der Städtepartnerschaft fanden beinahe einhundert Austauschprojekte statt. Wir konnten unter anderem den Dresdner Kammerchor, die Dresdner Staatskapelle, den Kreuzchor, den Philharmonischen Kinderchor und ein Puppentheater bei uns begrüßen. Unsere Ohio State Alumni Marching Band und die Capital University Jazz Group traten in Dresden auf. Künstler beider Städte besuchten jedes Jahr die jeweilige Partnerstadt, um dort für mehrere Monate zu leben und zu arbeiten und sich von neuen Eindrücken inspirieren zu lassen. Auch der Bereich des Sports blieb nicht unberührt. Columbus und Dresden maßen ihre Kräfte bei zwei „Challenge Days"; in diesem Jahr fand zum dritten Mal ein Fernwettkampf zwischen Sportschützen Dresdens und Columbus' statt, und Dresdner Läufer nahmen mehrfach am alljährlichen Marathon in Columbus teil. Dreimal veranstalteten wir einen Striezelmarkt mit Händlern aus Dresden und Umgebung. Eine Reihe wirtschaftlicher und wissenschaftlicher Projekte und unzählige Schüler- und Studentenaustauschprogramme fanden und finden statt. Es entstanden Partnerschaften zwischen Universitäten und Hochschulen, in deren Rahmen bis heute reguläre Austauschprogramme laufen, Zusammenarbeit von Gesangvereinen bzw. Chören, die sich weiterhin regelmäßig besuchen, zwischen dem Dresdner und dem Columbuser Zoo und den beiden Flughäfen.

Etliche Personen wurden durch die Städtepartnerschaft dazu inspiriert, doch auch einmal das „Florenz an der Elbe" zu besuchen – sowohl im Rahmen einer der beiden „Friendship Tours", die beide Male eine große Gruppe aus Columbus nach Dresden führten, als auch individuell. Auf diese Weise konnten Menschen auf beiden Seiten ihre Partnerstadt und deren Bewohner kennenlernen, Gastfreundschaft geben und genießen sowie für die Belange ihrer Freunde sensibilisiert werden. Nur so und in diesem Zusammenhang kann das Ergebnis unserer Spendenaktion für die Frauenkirche erklärt werden.

Ein weiterer Umstand kam uns bei unserem Frauenkirchenprojekt zugute. Über vierzig Prozent der Bevölkerung Ohios sind deutschstämmig. In Columbus gibt es zwei große deutsche Kulturvereine, die sich im „German Village", einem Stadtteil von Columbus befinden: den „Columbus Männerchor" (gegründet 1848) und die „Germania Singing and Sports Society" (gegründet 1866). Mitglieder sind vor allem ältere Menschen, die entweder selbst vor vielen Jahren ihre Heimat verlassen haben, oder Nachfahren deutscher Auswanderer sind und sich der deutschen Kultur besonders verbunden fühlen. Hier, in der „Germania" und dem „Männerchor" fanden auch die großen „Fundraiser" statt – Veranstaltungen, auf denen Geld für die Frauenkirche und die Synagoge gesammelt wurde.

Ich kann mich an mehrere solche „Fundraiser" zugunsten der Frauenkirche – veranstaltet von und für Menschen, die ihre Wurzeln in Dresden oder in Deutschland haben und ihrer alten Heimat auf diese Weise etwas zurückgeben wollen – erinnern. Gela Rosick, eine ursprünglich aus Dresden stammende Frau, deren Schwester noch dort lebt, empfing 1996 und 1997 die stolze Anzahl von neunzig bzw. fünfzig Gästen in ihrem Garten zu einem geselligen Abendessen und konnte dabei über 4000 Dollar sammeln. Auch die „Germania" veranstaltete unter anderem 1998 ein großes Spanferkelessen für ihre Mitglieder und Freunde und nahm dabei über 5000 Dollar zugunsten der Frauenkirche ein. Bedenken muß man dabei, daß Vereine wie die „Germania" selbst nur von Mitgliedsbeiträgen und Spenden leben und Mühe haben, ihre Ausgaben zu finanzieren. Oder meine Tochter Andi, die beim Columbus Marathon mitlief und auf diese Weise 2000 Dollar für die Frauenkirche sammelte.

Wie nun haben wir aber die Frauenkirche nach Columbus gebracht? Columbus hatte in den 90er Jahren das Glück, zwei Bürgermeister zu haben, die man ohne Übertreibung als weltoffen und international orientiert bezeichnen kann. Buck Rinehart und seine Mitarbeiter hatten die Idee, eine deutsche Stadt zu Städten wie Sevilla (Spanien), Genua (Italien), Hefei (China), Odense (Dänemark) und Tainan City (Taiwan) in die Liste der damals bestehenden Partnerschaften aufzunehmen. Rineharts Nachfolger Greg Lashutka belebte die Städtepartnerschaft von Beginn an mit. Er war es, der wenige Monate nach seiner Amtseinführung im Juli 1992 den Städtepartnerschaftsvertrag mit Dresden unterzeichnete. Während seiner achtjährigen Amtszeit besuchte er mit seiner fließend deutsch sprechenden Frau Catherine Adams Dresden sechs Mal und entwickelte eine feste Freundschaft mit dem damaligen Bürgermeister Dr. Herbert Wagner. Jeder dieser Besuche brachte ihm Dresden ein Stück näher, und von jedem dieser Besuche nahm er ein Stück von Dresden und der Frauenkirche wieder mit nach Hause. Auf diese Weise fungierte er als Botschafter und Missionar für die Städtepartnerschaft mit Dresden und den Wiederaufbau der Frauenkirche.

Ein Ereignis, das Greg Lashutka, mich und alle, die damals dabei waren stark beeindruckte und motivierte, war der 50. Jahrestag der Zerstörung Dresdens im Februar 1995. Eine Delegation aus Columbus unter Leitung des Oberbürgermeisters reiste nach Dresden, um gemeinsam mit den Delegationen der anderen Partnerstädte und vielen weiteren Gästen und Bewohnern der Stadt der Opfer der Bombenangriffe vom 13. Februar 1945 zu gedenken. Oberbürgermeister Dr. Wagner hatte seine Gäste zum Abendessen in das in unmittelbarer Nähe der Frauenkirche befindliche Hotel Hilton eingeladen. Plötzlich, gegen 21 Uhr, bat Herr Wagner seine Gäste um Ruhe. Die Fenster des Saales wurden geöffnet und die Lichter ausgeschaltet. Auf das, was uns erwartete, war keiner der Anwesenden vorbereitet. Von überall her ertönte das Geläut unzähliger Kirchenglocken, komponiert und synchronisiert zum – wie wir später erfuhren – Glocken-Requiem Dresden. Auf den Straßen der Altstadt hatten sich Tausende Menschen mit Kerzen in den Händen versammelt, zogen schweigend zu den Ruinen der Frauenkirche und gedachten der Geschehnisse vor fünfzig Jahren. Ein eindrucksvolleres Zeremoniell kann ich mir nicht vorstellen. Mit diesen Eindrücken von Dresden und seinen Menschen, die mit großer Entschlossenheit den Wiederaufbau Dresdens vollenden und der Stadt ihr Symbol wiedergeben wollten, fuhren wir nach Hause, um hier den Funken auch auf die Bevölkerung von Columbus überspringen zu lassen.

Im Sommer und Herbst des darauffolgenden Jahres fand in Columbus die wohl bedeutendste und wirksamste Aktion im Namen des Wiederaufbaus der Dresdner Frauenkirche statt. Am 5. Juli 1996 eröffneten Herbert Wagner und Greg Lashutka gemeinsam die Ausstellung „Rebuilding Dresden's Frauenkirche – An Exhibit – A Historical Look at the Effects of War and Reconciliation". Ziel dieser Ausstellung war es, die Bevölkerung von Columbus sowohl über die Städtepartnerschaft als auch über die Stadt Dresden selbst und vor allem die Frauenkirche zu informieren. Als Ausstellungsräume konnten wir den Eingangsbereich der im Stadtzentrum gelegenen Hauptniederlassung der Huntington Bank nutzen. Als ich im Oktober 1996 aus Anlaß der Sechs-Jahresfeier der deutschen Wiedervereinigung nach Dresden reiste, hatte ich wieder einen Scheck im Gepäck. Diesmal waren es 350 000 Dollar, die wir in den vorangegangenen Monaten größtenteils im Zusammenhang mit der Ausstellung gesammelt hatten.

Den Start der Ausstellung hatten wir bewußt auf Anfang Juli gelegt, um uns ein möglichst großes öffentliches Interesse zu sichern. Zum einen ist der 4. Juli ein Volksfeiertag, der mit seinen Paraden und dem Feuerwerk ein großes Publikum anzieht, zum anderen wurde in Columbus am 6. Juli das renovierte Statehouse, Sitz der Landesregierung und des Landesparlamentes, wiedereröffnet. Oberbürgermeister Wagner nahm am Volksfest anläßlich des Nationalfeiertages der USA, dem Unabhängigkeitstag, teil. Gemeinsam mit dem Oberbürgermeister von Columbus wurde er in einem offenen Wagen als Teil der hier üblichen Parade durch die jubelnde Menge gefahren. Über Lautsprecher wurde dabei für die Ausstellung geworben. Die Lokalzeitung „The Columbus Dispatch" hatte tags zuvor einen Artikel über die Ankunft der Delegation aus Dresden gedruckt, der mit den Worten: „Our relatives from Dresden are coming back" begann. Jeder, der sich ein wenig in den hiesigen Medien auskennt, wird die Bedeutung dieses Satzes für uns bestätigen können.

Am Tage der Ausstellungseröffnung stellten sich die beiden Oberbürgermeister einer Pressekonferenz, die ihnen neben wirtschaftlichen Themen – Herbert Wagner war als Teil einer Wirtschaftsdelegation nach Ohio gekommen – auch Gelegenheit gab, für die Frauenkirche und unsere Ausstellung zu werben. Für ausreichend Aufmerksamkeit durch die Presse sorgte bei der anschließenden Eröffnung der Frauenkirchen-Ausstellung auch die Anwesenheit von Robert Zoellick, dem jetzigen US-Vizeaußenminister unter Condoleezza Rice, der als einer der Architekten der Zweiplus-Vier-Verhandlungen in seiner damaligen Funktion als Staatssekretär im amerikanischen Außenministerium gilt. Auch Winfried Spaeh, der Executive Director der Friends of Dresden, war aus New York angereist und nahm an der Ausstellungseröffnung teil.

Den ersten Spendenbeitrag erhielten wir bei diesem Anlaß von Greg Lashutkas achtjährigem Sohn Mike, der in seine Hosentasche faßte und

Herbert Wagner einen Dollar von seinem Taschengeld überreichte. Ich glaube, kaum einer der geladenen Gäste verließ am Ende den Saal ohne uns einen bestimmten Betrag oder aktive Mithilfe bei der Spendenwerbung zuzusagen, was uns mit großem Stolz erfüllte und viel Mut und Hoffnung für die Wirkung der Ausstellung in den kommenden Wochen machte.

Ich kann gar nicht aufzählen, wer sich alles in welcher Form am Gelingen der Ausstellung beteiligt hat. Die zur Schau gestellten Exponate hatten wir natürlich größtenteils der Stiftung Frauenkirche zu verdanken. Außerdem hatten uns IBM und das Research Triangle Institute in North Carolina die notwendige Technik und das Know-how für eine Virtual Reality Tour durch die Frauenkirche vor und nach ihrer Zerstörung überlassen. Eine Reihe von Bankmitarbeitern widmete der Vorbereitung und Durchführung der Ausstellung unendlich viel Zeit und Geduld. Die lokalen deutschen Kulturvereine, aber auch die Universitäten schickten uns enthusiastische Helfer, die als Aufsichtspersonal dienten und durch die Ausstellung führten. Die Exposition wurde bei jeder Gelegenheit publik gemacht: in Zeitungen, im Fernsehen, auf Sportveranstaltungen und Konzerten, in unzähligen Briefen an Schulen, Universitäten, Firmen, Einzelpersonen. Der Flughafen Columbus hatte parallel dazu einige Schaukästen mit Informationen über und Ansichtsmaterialien von Dresden eingerichtet, die natürlich auch auf unsere Ausstellung verwiesen.

Die Spendenaktion ging schließlich über die Grenzen der Huntington-Schau hinaus. Die German Village Society, eine deutsch-amerikanische Gesellschaft im historischen Stadtteil „German Village", stiftete uns im Ausstellungsjahr einen Stand auf dem Columbuser „Oktoberfest", der es uns ermöglichte, an ein großes Publikum Frauenkirchen-Souvenirs zu verkaufen und für die Ausstellung und ihren Zweck zu werben. Am Ende konnte die Kollektion auf viele Tausend Besucher verweisen.

Das wohl schönste Dankeschön aus Dresden erhielten wir im Frühjahr 1999, als ein Teil der „Alten Meister" die Reise über den Atlantik in unser Columbus Museum of Art antrat. Professor Harald Marx, der Direktor der Gemäldegalerie Alte Meister, stellte uns die Ausstellung „Dresden in the Ages of Splendor and Enlightenment" für ein halbes Jahr zur Verfügung. Tausende Menschen aus allen Teilen der USA kamen nach Columbus, um unter anderem Canalettos „Dresden vom rechten Elbufer unterhalb der Augustusbrücke" zu bewundern, das die Dresdner Silhouette mit der Frauenkirche in ihrer überwältigenden Schönheit zeigt. Auch hier wurden wieder Türen geöffnet und Spenden initiiert.

Wenn wir die Frauenkirche heute sehen, wissen wir, daß es die richtige Entscheidung war, den Trümmerberg hinter dem Martin Luther Denkmal zu beseitigen und die Kirche wiederaufzubauen. Mit dem Abschluß der Bauarbeiten sind die Wunden, die der Krieg in die Herzen der Menschen gerissen hat, wieder ein Stück zugeheilt. Hoffen wir, daß Partnerschaftsprogramme wie das zwischen Columbus und Dresden helfen, daß das Schreckliche das wir erleben mußten, sich nie wiederholt.

Dr. h.c. *Frank Wobst*, geboren 1933 in Dresden; Besuch der Kreuzschule, 1952 Abitur; Studium der Volkswirtschaft in Erlangen und Göttingen; Auswanderung in die USA, Studium an der Rutgers University; Laufbahn als Banker in Virginia und Columbus/Ohio, hier 1974–2002 Vorstandsvorsitzender/Aufsichtsratsvorsitzender von Huntington Bancshares, einer regionalen Bankholding mit Zweigstellen vor allem im Mittleren Westen der USA und in Florida; Honorarkonsul der Bundesrepublik in den USA; Träger des Bundesverdienstkreuzes I. Klasse; 1999 Erich-Kästner-Preis.
Engagement für Städtepartnerschaft zwischen Dresden und Columbus, die 1992 Wirklichkeit wurde, Vorstandsmitglied der Friends of Dresden.

*Bernhard Walter*

## Eine Bank engagiert sich

Die Dresdner Bank wurde 1872 in Dresden gegründet. Jeder Mitarbeiter unserer Bank – ich war dies über 45 Jahre hinweg – hatte deshalb auch vor 1989 eine emotionale Bindung zu der Stadt, die unserem Institut den Namen gab. Einen Namen, den wir ungeachtet aller Anfechtungen von Seiten früherer DDR-Regierungen beibehalten haben.

Nach dem Fall der Berliner Mauer am 9. November 1989 waren wir uns im Vorstand sehr schnell einig, daß wir – wie schon vor dem Zweiten Weltkrieg – eine starke Präsenz im Osten Deutschlands erlangen wollten. Bis zum 1. Juli 1990 war dies nur in Form von Repräsentanzen möglich. Als erstes westliches Kreditinstitut haben wir schon Anfang 1990 derartige Beratungsbüros – teilweise im Vorgriff auf die erst später erfolgte Genehmigung durch die zuständigen DDR-Behörden – in den sechs größten Städten der damaligen DDR eröffnet. Mir, als dem u. a. für das 1989 noch existierende Comecon – und damit auch für die DDR – zuständigen Vorstandsmitglied lag hier sehr viel daran, an erster Stelle in Dresden präsent zu sein. Dies gelang bereits am 2. Januar 1990.

„Dresdner Bank wieder in Dresden" war das Motto, das nicht nur ganzseitige Zeitungsanzeigen prägte, sondern auch schon bald zehn der Stadt Dresden gespendete Linienbusse zierte. Am 23. Januar 1990 gaben wir anläßlich einer Vorstandssitzung in Dresden einen Empfang im damaligen „Dresdner Hof", also unmittelbar neben der Ruine der Frauenkirche. Es folgte die Gründung der „Kulturstiftung Dresden der Dresdner Bank", die mit einem Anfangskapital von 20 Millionen DM bis heute unzählige kulturelle, städtebauliche und wissenschaftliche Anliegen in Dresden förderte und weiterhin fördern wird. Aus dieser Stiftung kam am 15. Mai 1993 eine Geldspende der Dresdner Bank in Höhe von einer Million DM an die Gesellschaft zur Förderung des Wiederaufbaus der Frauenkirche Dresden e.V.

Dem folgte dann die bis heute andauernde nachhaltige Förderung des Wiederaufbaus der Frauenkirche. Diese hat ihre Wurzel in meinen Anfang 1990 mit Ludwig Güttler begonnenen Gesprächen. Er hat mich als wahrer „Überzeugungstäter" vom Wiederaufbaugedanken eingenommen und überzeugt.

Ludwig Güttler und ich waren uns von Anfang an einig, daß der Wiederaufbau der Frauenkirche in meisterhaften handwerklichen, technisch-

*Urkunde eines Stifterbriefes, 1995–2005*

organisatorisch versierten und planerisch perfekten Händen liegen mußte. Diese koordinierenden und genial gestaltenden Hände hatte damals und bis zur Fertigstellung der Kirche Eberhard Burger, den wir 1992 als Baudirektor für diese große Bauaufgabe gewinnen konnten. Einig waren wir uns aber auch darin, daß alle Hände nur dann tätig werden können, wenn die notwendigen Geldmittel zur Verfügung stehen. Diese wiederum sollten angesichts der schon absehbaren Leere der öffentlichen Kassen bevorzugt aus privaten Händen kommen, so wie das die Bürgerinitiative unter ihrem Sprecher Ludwig Güttler 1989/90 selbst bereits formulierte. Die Fördergesellschaft hatte auf diesem Felde schon großartiges geleistet. Bis zur Weihe der Kirche am 30. Oktober 2005 kamen 35 Millionen Euro an Geld- und Sachspenden aus dieser Quelle. Aber die Anfang der neunziger Jahre ungeachtet beginnender finanzieller Förderung durch die Stadt Dresden, die Denkmalpflege und eine große Zahl von Spendern und Förderern auftretenden Finanzierungslücken konnten nur noch durch unbürokratisch gewährte Kredite – hier ist wohl der begriff „gewähren" noch berechtigt – der Dresdner Bank gedeckt werden. Die Basis für die Einwerbung von privaten Mitteln mußte unbedingt erweitert werden Darin waren wir uns mit der Fördergesellschaft und dem Stiftungsverein einig. Die Dresdner Bank mit ihrer effizienten Vertriebskraft für Produkte und Ideen erschien uns als idealer weiterer Förderer. Ich konnte mit Unterstützung von kreativen und leistungsfähigen Mitarbeitern die Stifterbriefaktion der Dresdner Bank initiieren. Wiederum hat mich der gesamte Vorstand der Dresdner Bank mit maßgeblicher Hilfe der früheren Vorstandssprecher Dr. Wolfgang Röller und Jürgen Sarrazin begleitet.

Wichtig war es vor allem, Hunderte, ja Tausende von Mitarbeiterinnen und Mitarbeitern für die Stifterbriefaktion zu gewinnen. Auf diesem Wege kamen bis zum Abschluß des Wiederaufbaus 70 Millionen Euro zusammen. Darin sind enthalten eine Million Euro von Mitarbeitern der Dresdner Bank und die größte direkte Einzelspende für den Wiederaufbau der Frauenkirche von der Dresdner Bank über sieben Millionen Euro. Die von der Dresdner Bank initiierte Stifterbriefaktion wäre über den Zeitraum von zehn Jahren wohl kaum mit diesem Erfolg durchführbar gewesen, wenn wir nicht eine nachhaltige mediale Unterstützung gefunden hätten. Dafür ist dem ZDF und namentlich den Herren Prof. Dieter Stolte sowie Markus Schächter und allen ihren beigeisterungsfähigen Mitarbeiterinnen und Mitarbeitern zu danken.

Es ist der Fördergesellschaft und der Stiftung gelungen, zu verdeutlichen, daß die Frauenkirche zuvorderst als eines der bedeutendsten protestantischen Gotteshäuser wiedererrichtet wird. Gleichzeitig wurde unser gemeinsamer Wille vermittelt getreu unserem Motto „Brücken bauen – Versöhnung leben" und seit 2005 von uns ergänzt um den Zusatz „Glauben stärken", die Frauenkirche weit über die Grenzen Dresdens, Sachsens und Deutschlands hinaus zu einem Symbol werden zu lassen. So wird auch die Unterstützung unserer Freunde z. B. in Großbritannien, in den USA, in Frankreich und in der Schweiz verständlich.

Meine emotionale Bindung zum Wiederaufbaugedanken beginnend ab Anfang 1990 habe ich bereits beschrieben. Ich war dann von Beginn an Mitglied der Fördergesellschaft, im Kuratorium der Stiftung Frauenkirche Dresden e. V. und mit dem damaligen Ministerpräsident des Freistaates Sachsen, Prof. Kurt Biedenkopf, sowie Prof. Ludwig Güttler treibende Kraft zu der 1994 erfolgten Gründung der heutigen Stiftung Frauenkirche Dresden. Damit war dann die zunächst ca. 100jährige Verantwortung der Stiftung als Eigentümerin, als Bauherr und hinsichtlich der Erhaltung, Unterhaltung und Nutzung entstanden. Ich bin der Aufforderung der Stifter – Evangelisch-Lutherische Landeskirche Sachsens, Freistaat Sachsen und Stadt Dresden –, den Stiftungsratsvorsitz zu übernehmen, gefolgt. Maßgeblich dafür war, daß ich über das „Geldsammeln" hinaus weitergehende Verantwortung übernehmen wollte und damit für das Gelingen des Wiederaufbaus auch außerhalb des Kapitels „Finanzierung" einen persönlichen Beitrag zur Realisierung des gemeinsamen Herzenswunsches und der Vision zunehmend vieler Menschen leisten konnte.

Im Vordergrund stand zunächst die Finanzierung des Wiederaufbaus. Die Unterstützung der Fördergesellschaft und der Dresdner Bank auf der privaten Seite – von dort kamen bis zum Abschluß des Wiederaufbaus immerhin zwei Drittel der beschafften Mittel in Höhe von 173 Millionen Euro – hat dann auch die öffentlichen Hände legitimiert, das runde Drittel Restfinanzierung aufzubringen. Wir konnten den Wiederaufbau unter uneingeschränkter Erhaltung des Stiftungskapitals schuldenfrei verwirklichen. Alle seit Jahren aufgestellten und festgeschriebenen Kalkulationen für die Jahre ab 2006 zeigen, daß es der Stiftung gelingen kann, ihrer Verpflichtung zur Er- und Unterhaltung der Frauenkirche ohne laufende Zuschüsse der Stifter nachzukommen.

Die Stiftung trägt allerdings auch eine besondere Verantwortung für eine im wahrsten Sinne angemessene Nutzung dieses Baus im welthistorischen Maßstab. Dazu bedarf es auch künftig der Förderung durch private und institutionelle Hände. Hierfür setze ich auf Ludwig Güttler und seine Freunde sowie alle anderen, darunter die Dresdner Bank.

Dies zur zunächst größten Schwierigkeit in meinem Amt als Stiftungsratsvorsitzender. Parallel galt es vorerst, unterschiedliche Auffassungen in Sachfragen anzugleichen – nicht im Sinne fauler Kompromisse –, damit Gemeinsamkeit zu befördern, aber letztlich auch zu den immer wieder notwendigen Entscheidungen zu kommen. Diese Aufgaben wären nicht zu bewältigen gewesen, ohne meine stets fordernden, zudem immer konstruktiv fördernden Stiftungsratskollegen. Dank aber auch an das „Frauenkirchen-Team der Dresdner Bank" und damit auch meine „Assistenten Frauenkirche".

Deutschland hat eindrucksvoll bewiesen, daß es nach wie vor zu einer Bürgergesellschaft fähig ist. Daß wir diesen Grundgedanken im Sinne von „Versöhnung" auch in einem internationalen Rahmen transportieren können; dafür wiederum Dank an Ludwig Güttler, den Anstoßer und unermüdlichen Treiber, an die Fördergesellschaft und alle Förderkreise; selbstverständlich in diesem Zusammenhang auch an Dr. Alan Russell und Prof. Günter Blobel.

Gleichgewichtig ist aber auch die Leistung der Bauleute zu würdigen. Die Handwerker mußten alte Fertigkeiten neu erarbeiten und erlernen; sie haben dies mit Begeisterung und vollem Erfolg getan. Die Planer und Architekten haben sich in die Gedanken von George Bähr hineingedacht und dort, wo es angebracht und notwendig war, behutsam auch unsere heutigen Erkenntnisse eingesetzt.

Wichtig war aber auch die nicht immer einfache, aber stets fruchtbare Zusammenarbeit mit der Fördergesellschaft. Hier hat die persönliche Freundschaft zwischen Ludwig Güttler und mir ganz sicherlich auch eine Rolle gespielt.

Schließlich war auch die Zusammenarbeit mit den sogenannten öffentlichen Händen von Anfang an unkompliziert, dabei immer personenbezogen, im Ergebnis stets konstruktiv und im Sinne des Wiederaufbaus höchst hilfreich.

Die Initiative der Bürgerbewegung zum Wiederaufbau der Dresdner Frauenkirche von 1989 wird heute mit Dankbarkeit und Respekt bedacht und gewürdigt. Ohne die Anstoßer und Mutmacher, die Ideengeber und die unermüdlichen Geldsammler, ohne das mutige, von Gottvertrauen getragene Vorangehen von Ludwig Güttler und seinen Freunden gäbe es den Wiederaufbau nicht. Die Fördergesellschaft war und ist der wesentliche Teil der vorher beschriebenen Bürgerbewegung. Die „Rufer aus Dresden" und die Fördergesellschaft sind für mich im wahrsten Sinne des Wortes die „Anstifter" und die „Treiber" des Wiederaufbaus und besitzen somit eine Art „moralisches Urheberrecht" daran. Ich habe mich zur 12. Ordentlichen Mitgliederversammlung der Gesellschaft zur Förderung des Wiederaufbaus der Frauenkirche Dresden e.V. am 26. Oktober 2002 vehement dafür eingesetzt, daß die Fördergesellschaft auch über die Fertigstellung der Kirche hinaus in geeigneter Form weiter besteht. Am 19. Juli 2005 bin ich der neuen Fördergesellschaft beigetreten. Die Stiftung wird nach ihrer mittelfristigen Planung zur Erhaltung und Unterhaltung, vor allem aber auch zur angemessenen Nutzung weiterhin auf Spenden angewiesen sein. Es wäre aber zu kurz gesprungen, wenn die neue Fördergesellschaft sich künftig nur noch in der Rolle des Geldsammlers sehen würde. Die angemessene Nutzung bedarf der Ideengeber auch außerhalb der Stiftung. Das informelle Nutzungsforum bietet schon heute den Rahmen für die Zusammenarbeit von Fördergesellschaft und Stiftung auf diesem Feld. Darüber hinaus bin ich der festen Überzeugung, daß Ludwig Güttler in seiner Eigenschaft als Mitglied des Stiftungsrats das gedeihliche Miteinander auch weiterhin befördern wird.

Die Frauenkirche wird – wie schon in den Leitlinien für den Wiederaufbau festgeschrieben – mit erster Priorität ein Gotteshaus sein. Sie soll mit einem unverwechselbaren eigenen Konzept weiterhin das international ausstrahlende musikalische Leben in Dresden bereichern. Im vom Stiftungsrat eingesetzten Arbeitskreis Musik wurde dazu die Kirchenmusik und die „weltliche" Musik zusammengeführt. Selbstverständlich ist Ludwig Güttler Mitglied dieses Kreises. Wichtig ist aber auch die Friedensarbeit; diese ebenfalls mit internationaler Ausstrahlung. Nur in diesem Dreiklang läßt sich unser Motto „Brücken bauen – Versöhnung leben – Glauben stärken" erlebbar machen.

Im Zusammenhang mit dem Wiederaufbau haben mich insbesondere der unbeirrbare Wille und das Gottvertrauen der Frauen und Männer der ersten Stunde beeindruckt, das undenkbare Wirklichkeit werden zu lassen. Und die gelebte Versöhnung, festgemacht am Beispiel unserer Freunde im Dresden Trust und der Friends of Dresden Inc. Gekränkt hat mich, daß gewolltes Ringen um die jeweils beste Lösung an einigen Stellen in die Diffamierung von Personen entartet ist. Vielleicht hätten wir das Miteinander aller Wohlmeinenden stärker betonen sollen.

Die heute Verantwortlichen in der Dresdner Bank unter dem Vorstandsvorsitzenden Dr. Herbert Walter haben entschieden, daß sie die Frauenkirche auch weiterhin nicht nur materiell fördern wollen. Ein neues Konzept hierzu wurde mittlerweile erarbeitet. Zusätzlich wird auch die Kulturstiftung Dresden der Dresdner Bank in Dresden einen nachhaltigen Beitrag zum künftigen Leben in der Frauenkirche leisten.

*Bernhard Walter*, geboren 1942; seit 1987 Mitglied des Vorstands der Dresdner Bank, 1998–2000 dessen Sprecher; Aufsichtsratsmitglied bei namhaften deutschen Unternehmen; Vorsitzender des Kuratoriums der Technischen Universität Dresden.
Seit 1990 Mitglied der Gesellschaft zur Förderung des Wiederaufbaus der Frauenkirche Dresden e.V.; 1991 bis 1994 Mitglied der Stiftung Frauenkirche Dresden e.V., 1992–1994 Mitglied des Kuratoriums der Stiftung Frauenkirche Dresden e.V., seit 1995 Vorsitzender des Stiftungsrates der Stiftung Frauenkirche Dresden.

*Aino Kann Rasmussen*

# Eine besondere Spende

Im Jahre nach der deutschen Besetzung Dänemarks, am 1. April 1941, gründete der Diplomingenieur Villum Kann Rasmussen seine eigene Firma, deren Kernprodukt – das VELUX Fenster – während der ersten Jahre der Firma entwickelt wurde. Der Verkauf von VELUX Fenstern, der anfänglich nur auf Dänemark beschränkt war, erweiterte sich rasch auf die skandinavischen Länder. Ein weiteres Wachstum der Firma mit einem größeren Export erforderte den Aufbau von Fabriken außerhalb Dänemarks. Einem seiner Vertrauensmitarbeiter gab Villum Kann Rasmussen deshalb den Auftrag, im nördlichen Teil der damaligen Bundesrepublik Deutschland eine Holzverarbeitungsfirma zu finden. Nachdem 1951/52 mit der Tischlerfirma „Albers und v. Drathen" in Meldorf, Holstein, ein Zusammenarbeitsvertrag abgeschlossen werden konnte, gelang es Villum Kann Rasmussen und seinem Partner Ernst Günter Albers durch großen persönlichen Einsatz und mit besonderer Unterstützung ihrer Mitarbeiter, in der Bundesrepublik einen zentralen Markt für VELUX Fenster aufzubauen.

In Dänemark ist es eine lange Tradition, daß gemeinnützige Stiftungen Hauptaktionärinnen einer Firma sind. Als einer der ersten nutzte beispielsweise der Brauer J. C. Jacobsen (Gründer der Brauerei Carlsberg) im Jahre 1876 diese Firmenkonstruktion. Auch Villum Kann Rasmussen gründete 1981 zwei gemeinnützige Stiftungen. Die Stiftung, die seinen Namen trägt, war Hauptaktionärin der Firma, die heute als VKR Holding A/S bekannt ist. Die andere Stiftung bekam den Namen VELUX Stiftung, um so an dem Ursprung des durch Produktion und Verkauf der VELUX Fenster entstandenen Vermögens festzuhalten.

Ausgehend von einem Trompete-Orgel-Konzert (Ludwig Güttler/Friedrich Kircheis) zu Beginn der neunziger Jahre in der Christuskirche in Pinneberg, Schleswig-Holstein, bereits bestehende Kontakte nutzend warb Peter Albers – der Sohn von Ernst Günter Albers – im Jahre 1994 bei der Villum Kann Rasmussen Stiftung und der VELUX Stiftung um eine finanzielle Unterstützung des Wiederaufbaus der Dresdner Frauenkirche. Da Spenden bis zu dem Zeitpunkt noch nie außerhalb Dänemarks vergeben worden waren, wurde die Bitte im Sekretariat und in den Vorständen der beiden Stiftungen ausführlich besprochen, wobei direkter Kontakt zu Pro-

*Abschnitt des Treppenturms A, dessen Wiederaufbau durch die Spende der Villum Kann Rasmussen Stiftung ermöglicht wurde.*

fessor Ludwig Güttler gehalten wurde. Am 27. Februar 1995 beschloß der Vorstand der Villum Kann Rasmussen Stiftung eine Spende von zwei Millionen DM für den Wiederaufbau der Frauenkirche. Damit wurde der Aufbau des Treppenturms A der insgesamt vier Treppentürme der Dresdner Frauenkirche ermöglicht. Diese beträchtliche Summe war die erste Spende der Stiftung seit 1945, die einem Zweck außerhalb Dänemarks zugeführt wurde. Für die verwitwete Frau Bodil Kann Rasmussen bestand dabei kein Zweifel, daß ihr verstorbener Mann diesem Beschluß zugestimmt hätte. Bei der vieljährigen Zusammenarbeit mit dem deut-

# Eine besondere Spende

*Stifterbriefübergabe an die Villum Kann Rasmussen Stiftung im Foyer der Sächsischen Staatsoper Dresden (v.l.: Superintendent Hartmut Rau, Prof. Dr. Hans Nadler, Prof. Ludwig Güttler, Oberbürgermeister Dr. Helmut Wagner, Vorstandssprecher der Dresdner Bank Jürgen Sarrazin, Ministerpräsident Prof. Dr. Kurt Biedenkopf, Staatsminister beim Bundeskanzler Anton Pfeifer, Dr. Aino Kann Rasmussen, Vorsitzender der Villum-Kann-Rasmussen-Stiftung Kristian Haugard), 5. November 1995*

schen Partner und der engen Freundschaft, die im Laufe der Jahre zwischen den Familien Albers und Kann Rasmussen entstanden war, verkörperte diese Spende für alle Beteiligten eine ganz besondere Zuwendung: Das Symbol einer Versöhnung und einer Hoffnung auf Koexistenz im Zeichen des Friedens.

Am 5. November 1995 übergab Kristian Haugaard, der damalige Vorsitzende der Villum Kann Rasmussen Stiftung in Dänemark, zwei Millionen DM an Professor Ludwig Güttler als Unterstützung für den Wiederaufbau der Dresdner Frauenkirche. Zum Abschluß dieses ereignisreichen Tages besuchten wir ein Benefizkonzert der Dresdner Bank AG, Frankfurt a. M., zugunsten des Wiederaufbaus im Dresdner Opernhaus, auf dem Ludwig Güttler und seine Virtuosi Saxoniae auftraten.

Der Vorstand der Villum Kann Rasmussen Stiftung nahm mit Freude die Einladung der Stiftung Frauenkirche Dresden entgegen, in deren Ehrenkuratorium mitzuwirken. Der ehemalige Bankdirektor Arthur Schmiegelow konnte auf diese Weise viele Jahre lang die Verbindung zwischen der Villum Kann Rasmussen Stiftung und der Stiftung Frauenkirche Dresden aufrechterhalten.

Seitdem verteilt die Villum Kann Rasmussen Stiftung Spenden auch außerhalb Dänemarks. Die Spende an die Dresdner Frauenkirche wird aber für immer als ein besonderer Meilenstein in der Geschichte der Villum Kann Rasmussen Stiftung gelten.

Dr. phil. *Aino Kann Rasmussen*, geboren 1937; Studium der Archäologie an der Universität Kopenhagen, 1965 Promotion; bis 1996 Tätigkeiten im Nationalmuseum Kopenhagen, Kulturhistorischen Museum Esbjerg (Direktorin) und im Auktionshaus Bruun-Rasmussen Kopenhagen; 1996–2006 Vorsitzende der VELUX Stiftung; 2001 Ritter des Dannebrog-Ordens, der von der dänischen Königin verliehen wird.

*Dieter Joachim Vollstedt*

# Die Schafe, ein Papyrus, Dresden und die Frauenkirche

Weder die Frauenkirche noch Dresden standen am Anfang unserer Überlegungen. Daß sich später viel Verschiedenes – wie in einem Puzzle – zu einem nicht von vornherein geplanten, aber immer sinnvolleren Ganzen vereinen würde, hat uns alle mitgerissen. Es war eine Erfahrung besonderer Art. Am Anfang stand der Entschluß der Deutschen Wollvereinigung den Internationalen Wollkongreß nach zwanzig Jahren wieder in Deutschland auszurichten, wie dies zuvor schon einmal in München im Jahre 1978 geschehen war.

Die Deutsche Wollvereinigung e.V. ist ein Dachverband, dem als Unterverbände der Deutsche Wollhandel, die Wollkämmereien, die Kammgarnspinnereien und die Wollwebereien (Tuch und Kleid) angehören. Diese Deutsche Wollvereinigung (DWV) ist wiederum Mitglied einer seit 1929 bestehenden Weltorganisation, der International Wool Textil Organisation (IWTO) mit Sitz in Brüssel. Der IWTO wiederum gehören 24 nationale Verbände an, zum Beispiel alle wollerzeugenden und wollverarbeitenden Länder dieser Welt: die asiatischen Länder Japan, China, Indien, die europäischen Länder sowie Argentinien, Uruguay, Brasilien, USA, Südafrika, Australien und Neuseeland. Ferner sind Mitglieder Universitäten, Forschungsinstitute, Marketingfirmen, Messen, Textilmaschinenhersteller, somit alle, die sich im weiteren Sinne mit der Herstellung und der Weiterverarbeitung von Wolle befassen, kurz gesagt: vom Schaffarmer bis zum Tuchweber. Jährlich findet eine Weltkonferenz statt, die sich mit internationalen Handelsfragen, technischen Neuerungen, Marketingfragen und Konsumentenverhalten in Gegenwart und Zukunft befaßt.

1995 beschloß der Vorstand der Deutschen Wollvereinigung, sich um die Ausrichtung dieses Weltkongresses zu bemühen. 1996 erhielten wir in Kapstadt den Zuschlag für 1998. Für uns stellte sich die Frage, in welcher Stadt wir diesen Kongreß ausrichten sollten. An diesem Punkt fangen nun persönliche Erlebnisse der Vorjahre an zu greifen.

*Dresden 1992*

Die Bayerische Vereinsbank lädt ihre Beiratsmitglieder mit Frauen für einige Tage nach Dresden ein. Zwei Dinge bleiben haften:

*Erstens:* Der Vortrag des Ministerpräsidenten Prof. Dr. Kurt Biedenkopf, der in freier einstündiger Rede eine klare Analyse vom Zustand des Landes Sachsen gibt, mit einem Konzept was zu tun ist, mit Werbung um Investitionen und der Zusage, unbürokratisch und schnell zu helfen. Ich bin beeindruckt und sollte fünf Jahre später erfahren, wie das in der Praxis aussieht.

*Zweitens:* Eine Busfahrt in den desolaten, nur notdürftig reparierten Teil der Neustadt, vorbei an den immer noch vorhandenen Ruinen in der Altstadt. Als Quintaner habe ich die Zerstörung meiner Heimatstadt Hamburg erlebt, jedoch auch deren Wiederaufbau und den anderer Städte in Westdeutschland. Die Frauenkirche ist für mich nicht mehr als ein traurig anzusehender Trümmerhaufen, die Überreste einer Kirche. Das bedrückende Fazit dieser Reise ist: Hier ist alleine im „Sehbaren" unglaublich viel zu tun. Das wird viel Engagement, Arbeit, Zeit und Geld kosten.

## Wien 1994

In der Wiener Hofburg im ehrwürdigen Saal der historischen Nationalbibliothek der Republik Österreich hält die Wirtschaftsministerin einen Vortrag. Ich gehe in einen Seitentrakt und finde dort unter Glaskästen eine Ausstellung alter ägyptischer, koptischer Schriften, also Papyri von ca. 500 v. Chr. bis 700 n. Chr. Zu meiner Überraschung sehe ich einen Kaufvertrag über Wolle, datiert 596 n. Chr. Fasziniert finde ich alle Einzelheiten, wie sie auch heute noch festgelegt werden: Art der Wolle, Menge, Preis, Lieferzeit, sogar eine Pönale im Falle der Nichtlieferung, Unterschriften und eine notarielle Beglaubigung. Wir wissen aus griechischen Sagen und aus der Bibel welche Rolle das Schaf und dessen Wolle in den verschiedenen Kulturen gespielt haben. Aber authentische Dokumente?

Gibt es noch mehr davon? Vier Jahre später gab es Antworten darauf und dieser kleine Papyrus sollte eine besondere Rolle spielen.

> *Text des Papyrus (596 n. Chr.)*
>
> Ich, Phib, der Sohn der Hatre, aus Pwanneschoos, schreibe an Apa Johannes, den Chef der Verwaltung von Schmun, vertreten durch seinen Sekretär Biktor: Ich schulde euch klar und unverbrüchlich 23 Pfund Wolle, gewaschen und ohne Blätter, netto 23 Pfund Wolle nach der Waage des Pekol, des Sohnes der Pauline. Ich bin bereit, sie Dir am 16. Phamenoth des 14. Indikationsjahres zu geben. (11. März 596 n. Chr.) Wenn ich sie zum Termin nicht in guter Qualität und gewaschen geliefert habe, zahle ich einen Holokottinos ohne jeden Einwand, wobei ich bei Gott und unserem Herr, dem Kaiser Maurikios, schwöre, daß ich Euch nicht hintergehen werde.
> Geschrieben am 11. Tybl des 1. Indikationsjahres. Ich, Phib, der Sohn des Hatre, stimme dieser Urkunde zu. Ich, der Anwalt Joseph, wurde gebeten und habe für ihn geschrieben, da er nicht schreiben kann. Ich, Surus, Sohn des Jerimias, bin Zeuge für diese Urkunde. Ich, Joseph, Sohn des Johannes, bin Zeuge. Durch mich, Joseph, wurde geschrieben.

*Sommer 1996*

Wohin laden wir 24 Nationen ein, um ihnen einen Eindruck vom wiedervereinigten Deutschland zu geben? Unser Land hat sich seit der politischen Wende vergrößert und verändert. Für uns kommt eigentlich nur Berlin oder Dresden in Frage und zu meiner Freude einigen sich die vier Unterverbände der DWV sehr schnell auf das von mir vorgeschlagene Dresden. In unserer Einladungsschrift hieß es: „Since 1700, Dresden has been one of Europe's cultural metropolis. Neighbours brought their architecture and arts to the city on the invitation of an open-minded sovereign, King Augustus the Strong, who did not hesitate to accept the best Europe had to offer for his capital. The hallmarks of that time have now been re-erected after almost complete destruction at the end of World War II. After 40 years of communist rule and the extraordinary events since Germany's reunification in 1989, Dresden truly epitomises the new spirit of today. There is no other city in Germany which reflects the time span of the last 300 years in such an impressive way."

Im September 1996 ist das Kongreßprogramm im wesentlichen fertig. Dr. Jürgen Kraatz, Geschäftsführer der DWV hat alle Fäden des Koordinierens in der Hand; Ministerpräsident Prof. Dr. Kurt Biedenkopf übernimmt die Schirmherrschaft; die Staatskanzlei hilft unbürokratisch und schafft blitzschnell Kontakt zu Oper, Schloßverwaltung und Staatsschauspielhaus. Und die Menschen in Dresden ziehen mit: ob in Hotels, Drukkereien, Straßenbahnbetrieben, Restaurants, Musikkapellen, egal um was es geht. Alle sind begeistert mitzumachen: „Sie bringen 500 Menschen aus 24 Nationen zu uns – für sechs Tage?" Diese Begeisterung war nicht erwartet, sie steckt und spornt uns an – wir merken, sie kommt von Herzen.

Ist unser ehrgeiziges Programm zu bezahlen? Die DWV besinnt sich auf ihr Netzwerk. Allen voran nehmen die Bremer Kollegen die Dienstleister in die Pflicht: Schiffahrtslinien, Hafengesellschafen, Spediteure, Versicherungen und nicht zuletzt die Hausbanken. Seit mehr als hundert Jahren transportieren sie Wolle über Meere und Länder, sie versichern und finanzieren sie. Im Ergebnis verdreifachen wir unsere Möglichkeiten. Es geht los. Porzellanmanufaktur Meißen, Moritzburg, Pillnitz, Raddampferfahrt zum Elbsandsteingebirge, Grünes Gewölbe, Galerie Neue Meister, Ballhaus Watzke, Eröffnung des Kongresses im Staatsschauspielhaus Dresden. Zu unserer großen Freude bekommen wir die Genehmigung, den anschließenden Gala-Abend im noch nicht renovierten Teil des Residenzschlosses feiern zu dürfen.

*Der Papyrus in Wien*

Ein Gedanke läßt mich nicht los. Könnte man diesen Papyrus aus Wien bekommen, um einen Wettbewerb unter dem Motto: „Wer bringt den ältesten Wollkontrakt der Welt?" zu veranstalten. Teilnehmer müßten die Mitgliedsfirmen aller nationalen Verbände aus der ganzen Welt sein. Diese sollten in ihren Firmen-Archiven nach authentischen Dokumenten suchen.

Also auf nach Wien. Eine charmante Wienerin, Frau Dr. Beatrix Igler, stellt die Verbindung zu Hofrat Professor Dr. Hermann Harrauer her, dem Leiter der Papyrus-Sammlung in der Österreichischen Nationalbibliothek. Prof. Harrauer ist dort Herr über 140 000 Papyri. Wie er sagt, die zweitgrößte Sammlung der Welt nach Paris. Auf meine Frage, ob man diesen Papyrus denn kaufen könne, kommt die höfliche aber bestimmte Antwort „Mein lieber Herr, das ist Eigentum der Republik Österreich und die Republik verkauft Kulturgüter überhaupt nie und außerdem muß dieses Kulturgut auch weiterhin der Öffentlichkeit zugänglich sein."

Das Wort „Kulturgut" löst in unseren Köpfen neue Überlegungen aus. Beim nächsten Besuch in Wien haben wir die Lösung gefunden. Wie wunderbar wäre es, wenn dieses antike Kulturgut zum Wiederaufbau eines europäischen Kulturgutes, der Frauenkirche in Dresden, beitrüge! Die Republik Österreich würde mit Hilfe der Österreichischen Nationalbibliothek einen Akt der multikulturellen und länderübergreifenden Hilfe für die Erhaltung eines internationalen Kulturgutes setzte, indem sie diesen Papyrus zur Verfügung stellte. Wir könnten ihn dann anläßlich des Gala-Abends der IWTO 1998 symbolisch versteigern und den Erlös dem Wiederaufbau der Frauenkirche zuführen. Die Spender bekämen ein Faksimile.

Der Generaldirektor der Österreichischen Nationalbibliothek, Herr Dr. Hans Marte, stimmt diesem Gedanken begeistert zu. Er sieht diesen „Kulturtransfer" in einem größeren, weiteren Sinne. In der Zeit des Zusammenwachsens Europas soll diese großzügige Geste Österreichs zum Wiederaufbau der Frauenkirche Dresden beitragen. Dies ist der Ausdruck einer Aufgeschlossenheit und geistigen Verbundenheit, die Jahrhunderte zurückreicht in der Tradition der Österreichischen Nationalbibliothek.

Als ehemalige kaiserliche Hofbibliothek (1806–1918) und Zentralbibliothek des Römischen Reiches Deutscher Nationen (14. Jahrhundert bis 1806) ist sie ein Spiegelbild vielfältiger Kulturen und verkörpert zugleich den Gedanken eines einheitlichen Europas besonders eindrucksvoll. Die Direktoren und Bibliothekare der Österreichischen Nationalbibliothek kamen bis 1918 aus den verschiedensten Regionen Europas, so aus Holland, Italien, Polen und Deutschland, unter ihnen Sachsen. Hier arbeitete der berühmte Augsburger Romanist Konrad Celtis genauso wie Aeneas Silvus Piccolomini, der spätere Papst Pius II. Die Bestände der Österreichischen Nationalbibliothek zeichnen sich daher durch außergewöhnliche kulturelle und sprachliche Diversität aus.

Nun begann der Gang durch die Instanzen in Österreich, das in diesen Jahren von einer Proporz-Regierung geführt wurde. Ich hatte oft den Eindruck, daß meine österreichischen Freunde außer mit dem Verteidigungsministerium mit jedem Ministerium zu tun hatten, denn es dauerte ein gutes Jahr, bis die Genehmigung des Denkmalschutzamtes und damit der Republik Österreich vorlag, daß dieser Papyrus nun ausgeführt werden durfte.

*Dresden 1998*

Die Ausschreibung des internationalen Wettbewerbes im Rahmen des IWTO-Kongresses 1998 konnte beginnen. Im Frühjahr 1997 konnten wir auf dem IWTO-Kongreß in Boston (USA) Dresden als Kongreßstadt vorstellen und gleichzeitig den Wettbewerb bekanntgeben. Das Interesse war riesig. Wir konnten an die 500 Delegierte mit ihren Frauen erwarten

*Reproduktion der von Johann Joachim Kaendler um 1750 geschaffenen „Schäferin", Porzellanmanufaktur Meißen, 1998*

und die Fragen häuften sich. Japaner und Amerikaner fragten besonders oft: „Are we going to see Meißen?"

Mit der Zusage der Österreicher kehrte ich im April 1997 nach Deutschland zurück. Wir schrieben an den Vorsitzenden der Gesellschaft zur Förderung des Wiederaufbaus der Frauenkirche Dresden e.V., Professor Ludwig Güttler. Bei einem Besuch in Dresden konnten wir ihm unser Anliegen unterbreiten. Aufgrund unserer Vorgespräche mit Firmen und Menschen in vielen Ländern konnten wir eine erfolgreiche Versteigerung erwarten. Als ich ihm dazu noch sagte, daß auch Moslems und Juden spontan ihre Unterstützung zugesagt hatten, kannte seine Begeisterung keine Grenzen. Unserer Bitte, bei der Eröffnungszeremonie zu spielen und auch im Residenzschloß ein Benefizkonzert mit dem Leipziger Bach-Collegium zu geben, stimmte er spontan zu. Somit hatten wir einen Programmpunkt, der für unsere internationalen Gäste ein besonderes Erlebnis sein würde.

Ein Wettbewerb war ausgeschrieben – also mußten wir Preise haben. Meine Frau fand bei einem unserer vielen Besuche in Dresden im Museum der Porzellanmanufaktur in Meißen eine Schäferin, geschaffen ca. 1750 von Johann Joachim Kaendler. Wir fragten die Geschäftsführung, ob sie diese Figur für uns wieder anfertigen könnten. Die Antwort war, daß man Repliken 1850 und 1950 hergestellt hätte und der Produktionsplan dies jetzt nicht vorsehe. Als wir ihnen jedoch erklärten worum es ging, um den Weltkongreß – um die Versteigerung des Papyrus zu Gunsten des Wiederaufbaus der Frauenkirche – erklärte sich die Geschäftsführung gern und freudig bereit, uns zu unterstützen. Der zweite Preis war eine wunderschöne Porzellanschale, der dritte ein Porzellanteller.

Alle wurden bei der feierlichen Eröffnung des Kongresses am 15. Juni 1998 während der Preisverleihung an die Bühnenwand des Schauspielhauses projiziert. Gewinner waren die Firmen A. Dewrawin, Tourcoing mit einem Kontrakt von 1846, A. Michell, Adelaide mit einem Kaufvertrag von 1894 und E. Segard, Argentinien mit einem Dokument aus dem Jahre 1906 – bezeichnenderweise alles Familienfirmen mit langer Tradition.

Dann war auch Gelegenheit, Prof. Güttler mit dem Leipziger Bach-Collegium vorzustellen. Von ihm gefragt, ob ich denn wüßte, daß jede Kantate von Johann Sebastian Bach mit einem Imperativ beginnt, nämlich: arbeitet, betet, singet usw., mußte ich mein Unwissen eingestehen. Er gab mir jedoch damit den Aufhänger dieses auch unseren Gästen in der Eröffnungsansprache zu sagen und sie entsprechend zu begrüßen: „Come, be our guest, enjoy your time in Dresden together with us!"

Ministerpräsident Prof. Dr. Kurt Biedenkopf hielt die Festansprache. Er hatte mich vorher gefragt, welches Thema unsere Gäste wohl am meisten interessieren könnte. Mir war seine kritische, analytische Einstellung zur Einführung des Euro bekannt. Da wir kurz vor der Einführung des Euro standen, war es sicherlich von großem Interesse für Menschen aus 24 Nationen, eine Meinung hierzu von kompetenter Seite zu hören. Wie gewohnt hielt er seinen Vortrag in freier Rede auf Englisch. Die Gäste waren begeistert.

Bei herrlichem Sonnenschein war der kurze Gang vom Schauspielhaus durch den Zwinger zum Residenzschloß für alle ein Erlebnis. Der zweite Stock des Residenzschlosses war festlich hergerichtet. Das Schloß war noch nicht renoviert, das rohe Mauerwerk sichtbar. Im Kontrast dazu schufen Blumen, Kerzen, Barockmusik und die Aussicht auf die Semperoper eine unvergleichliche Atmosphäre.

Nach dem Hauptgang gingen alle Gäste in den anschließenden großen Saal des Residenzschlosses zu der Begrüßung durch den Generaldiektor der Österreichischen Nationalbibliothek Dr. Marte, der auf die geschichtlichen Beziehungen zwischen Sachsen und Österreich einging.

Danach sprach Herr Prof. Harrauer über seine Papyrus-Sammlung. Er stellte Dokumente vor, die bis in die Zeit von 270 v. Chr. zurückgingen und die belegten, daß es in Ägypten eine Staatswirtschaft nicht nur für z. B. Pflanzenöl, sondern auch für Wolle gab. Es wurde minutiös Buch geführt über jede Herde in Ägypten. Die größte dokumentierte Herde bestand aus 6276 Schafen, es wurden die Lämmer gezählt und über gestohlene Schafe berichtet. Es gab eine Subventionswirtschaft, in der man den Schafbauern nur die Hälfte ihrer Schur zu einem festen Preis abnahm. Über die andere Hälfte konnten sie selbst verfügen. Für alle Gäste war dies insofern hochinteressant, weil in Australien, dem größtem wollerzeugendem Land der Welt, bis zum Januar 1991 ein Minimum Reserve Price-System praktiziert wurde, das den Schafzüchtern ein hohes Einkommen sicherte. Dies führte dazu, daß man schließlich eine Jahresproduktion von 4,5 Millionen Ballen im Wert von 4,5 Milliarden Australdollar auf Lager hatte. Über Nacht gab die australische Regierung dieses System auf. Die Weltpreise fielen um die Hälfte, jeder, der Wolle hatte, konnte den halben Wert abschreiben. Seitdem gibt es nur noch den freien Markt, d.h. Angebot und Nachfrage regeln den Preis. Ein Gedanke an den Agrarprotektionismus in Europa liegt nahe; er hat jedoch eine größere Lobby als sie die nur 32 000 Schafhalter in Australien hatten.

Die danach folgende symbolische Versteigerung verlief großartig. Jeder wußte worum es ging: Einen Beitrag zu leisten zum Wiederaufbau der Frauenkirche. Es spendeten Menschen aus elf Nationen, Juden, Moslems und Christen. Das stolze Ergebnis wurde durch die Deutsche Wollvereinigung auf 200 000 DM aufgerundet. Das ist die materielle Seite, die allen Freude gemacht hat. Anderes erscheint mir jedoch wesentlicher. Da ist zum einen die Begeisterung der Dresdner. Hier ist allen zu danken, die

# Die Schafe, ein Papyrus, Dresden und die Frauenkirche

*Präsentation des Wiener Papyrus am 25. Juni 1998 im Dresdner Schloß aus Anlaß der symbolischen Versteigerung (v.l.: Prof. Ludwig Güttler; Dr. Beatrix Igler, Wien; Dieter Vollstedt)*

mitgewirkt haben, daß unsere Gäste aus aller Welt sich so wohl fühlten und an diesem Abend aus vollem Herzen zum Erfolg beigetragen haben. Dies ist zum anderen ein Beispiel dafür, wie Menschen gemeinsam eine Idee und einen Entschluß beharrlich in die Tat umgesetzt haben. Allerdings setzt es den Willen und die Entschlossenheit hierzu voraus. Es ist ferner ein Beispiel, daß Menschen über alle Glaubensbekenntnisse und Nationalitäten hinweg bereit sind, gemeinsam Gutes zu tun. Dies in einer Zeit, in der Menschen töten, sei es aus Glaubensfragen oder politischer Verbohrtheit.

Ein Sohn Sachsens, Gottfried Ephrahim Lessing, hat es in „Nathan der Weise" vor mehr als 200 Jahren versöhnlich auf den Punkt gebracht:

„Jude – Moslem – Christ – Ein Mensch."

## *Epilog*

Die Nachfolgerin von Professor Dr. Harrauer in Wien, Frau Dr. Cornelia Römer, wie auch wir, sehen es als unsere Pflicht an, daß wir den Vertrag mit der Republik Österreich, nämlich den Original-Papyrus in der Frauenkirche mit einer kurzen Erklärung sichtbar zu machen, buchstabengetreu erfüllen. Wir sind überzeugt, daß es keinen besseren Platz als die Frauenkirche gibt, um an die Worte Lessings zu erinnern, um die Menschen nachdenklich zu machen und um sie aufzufordern, entsprechend zu handeln ganz im Sinne des Imperativs, mit dem Kantaten von Johann Sebastian Bach beginnen. Bach und Lessing wären sicher einverstanden.

Der Fortschritt des Wiederaufbaues und die Fertigstellung der Frauenkirche ist von den Menschen, die bei IWTO 1998 in Dresden dabei waren, lebhaft verfolgt worden. Im Juni 1999 wurde ich in Florenz als neuer Präsident der IWTO gewählt. Insofern stand ich oft im Mittelpunkt ihrer Nachfragen, sei es in Buenos Aires, Hobarth, Barcelona oder wie 2006 in Kairo. Für alle, die geholfen haben, war diese Abendstunde in Dresden ein besonderes Ereignis in ihrem Leben, für einige eine Schlüsselstunde. Ich weiß, daß sie mit freudigem Herzen gegeben haben. Ja, daß sie auch ein wenig stolz sind, einen kleinen Teil zum Ganzen beigetragen zu haben. Mehr noch, einigen ist bewußt geworden, daß es in unserer Welt noch mehr zu helfen gibt und sie tun es jetzt.

*Dieter Joachim Vollstedt*, geboren 1932 in Hamburg; Abitur in Essen; 1953 Lehre als Groß- und Außenhandelskaufmann; 1966 selbständig: Neues Wollkontor, Essen; 1976–1978 Aufbau von eigenen Niederlassungen in Neuseeland und Australien. Gründungen von Firmen mit deutschen, türkischen und pakistanischen Partnern für den Handel mit Textilprodukten; 1978 Vorstandsmitglied der Vereinigung des Wollhandels mit Sitz in Bremen; 1994–1998 Vorsitzender der Deutschen Wollvereinigung Eschborn; 1998 Organisator des Internationalen Wollkongresses in Dresden; 1999–2003 Präsident der International Wool Textile Organisation, Brüssel, 2001–2006 Director/Board Member der Australian Wool Services Ltd./The Woolmark Company, Melbourne.

*Horst Köhler*

# Was uns eint

*Ansprache des Bundespräsidenten zur Eröffnung
der Dresdner Frauenkirche am 30. Oktober 2005*

## I.

„Suchet der Stadt Bestes." – Diese Aufforderung des Propheten Jeremia steht auf einer der Glocken der Frauenkirche.

Meine sehr verehrten Damen und Herren, der Kirchbau, dessen Einweihung wir heute feiern, zählt zu dem Besten, was freie Bürger leisten können. Dieser wunderbare Bau ist mehr als ein Gebäude. Er steht für das Gute, das uns eint.

Die Dresdner Frauenkirche, die schon kurz nach ihrer Fertigstellung 1743 als der schönste Kirchbau des Protestantismus beschrieben wurde, war nach dem Zweiten Weltkrieg vor allem eine schmerzliche Erinnerung und eine Wunde, ihre Ruine ein Mahnmal gegen Zerstörung und blinde Gewalt. Doch mit dem Herbst 1989 wurde die Vision, die sich mancher Dresdner durch die Zeit der DDR hindurch bewahrt hatte, dann zum konkreten Projekt. Dazu brauchte es mehr als die tausende Kubikmeter Sandstein, die in über einem Jahrzehnt zusammengefügt wurden. Es brauchte mehr als die weit über 100 Millionen Euro, die der Bau gekostet hat. Nötig waren vor allem die Tatkraft, die Zuversicht und der unermüdliche Einsatz von Menschen in Dresden und weit darüber hinaus.

## II.

In diesem Monat haben wir den 15. Jahrestag der Deutschen Einheit gefeiert. Versetzen wir uns einmal zurück ins Jahr 1990: Schien damals ein Projekt wie der Wiederaufbau der Frauenkirche nicht weltfremd? Hatte nicht Ostdeutschland Straßen, Dächer und Fabriken nötiger als einen teuren Kirchbau? Aber eine Gruppe von Bürgerinnen und Bürgern sagte: Dresden braucht mehr! Und spätestens heute erkennen wir: Diese Bürger hatten Recht! Menschen leben vom Brot, aber eben nicht vom Brot allein. Das Jahr 1989 hat gerade uns Deutschen gezeigt: Freiheit braucht man

*Blick in den Innenraum der Frauenkirche, 30. Oktober 2005*

wie die Luft zum Atmen. Gleichzeitig will Freiheit immer auch gestaltet werden, nicht egoistisch und selbstherrlich, sondern in der Gemeinschaft mit anderen. Dieses verantwortliche Miteinander in Freiheit, das ist es, was Zusammenhalt, was Einheit stiftet. Das ist es, was Menschen dazu befähigt, sich große Ziele zu setzen und die Welt um sich herum zum Guten zu verändern.

Das haben schon vor fast 25 Jahren auch jene Dresdner versucht, die zu Hunderten am Abend des 13. Februar 1982, dem Jahrestag des Bombenangriffs, an der Ruine der Frauenkirche zusammengekommen waren. An dem Ort der Zerstörung wollten sie gegen Krieg und für den Frieden demonstrieren. Mit ihrer Versammlung, mit ihren Kerzen und ihren Flugblättern gaben sie der Friedensbewegung mutig ein Gesicht. Doch schon die Tatsache, daß Menschen ihrem Wunsch nach Frieden ungefragt und ungelenkt Ausdruck verliehen, war für den SED-Staat Grund genug, weitere spontane Kundgebungen an der Frauenkirche zu verhindern. Danach wurde hier einmal jährlich demonstriert – und zwar staatlich organisiert.

Aber der Drang nach Freiheit, nach Meinungsfreiheit, nach Demokratie läßt sich nicht dauerhaft unterdrücken und wegschließen. Es kam der Herbst 1989, es kam die Wiedervereinigung und mit ihr auch die Vision vom Wiedererstehen der Frauenkirche.

Damals haben 14 Dresdner den entscheidenden Anfang gemacht. Sie schlossen sich bereits Ende November 1989 in einer Bürgerinitiative für den Wiederaufbau der Frauenkirche zusammen. Sie haben an ein Ziel geglaubt und aus eigenem Antrieb die Initiative ergriffen zu einem Zeitpunkt, an dem kaum jemand von dem heutigen Tag auch nur zu träumen wagte. Für sie war klar: Eine Stadt ist mehr als eine Ansammlung von Gebäuden. Eine Stadt lebt von der Tatkraft und der Haltung ihrer Bürger – Menschen, die der Stadt Bestes suchen.

*III.*

Gerhart Hauptmann hat 1945 gesagt: „Wer das Weinen verlernt hat, der lernt es wieder beim Untergang Dresdens." Dem ist 60 Jahre später hinzuzufügen: Wer die Zuversicht verloren hat, der gewinnt sie wieder beim Anblick der wiedererstandenen Frauenkirche! Das kann uns besonders viel sagen in einer Zeit, in der viele Menschen Sorgen haben, auch Angst vor der Zukunft.

Der Wiederaufbau hat Dresden, hat Sachsen, hat Deutschland verändert und uns gezeigt: Unser Land braucht mehr als nur Gewerbegebiete, Straßen und Forschungsinstitute, so dringend natürlich auch die gebraucht werden. Wir feiern heute, daß das Schicksal dieser Kirche Menschen im ganzen Land in Bewegung gesetzt, uns begeistert und miteinander verbunden hat. Der Wiederaufbau der Frauenkirche ist in einzigartiger Weise Ausdruck des Guten, das in einer Bürgergesellschaft und ihren Bürgern steckt und das darauf wartet, geweckt zu werden.

Und die Frauenkirche hat diese Kräfte nicht zum ersten Mal geweckt. Schon ihr Bau im Jahre 1726 wurde nicht von oben verordnet, sondern von den Dresdnern selber beschlossen: So war es nicht der sächsische Kurfürst, sondern der Rat der Stadt Dresden, der die Errichtung der Kirche durchsetzte. Und an Kreativität, die dafür nötigen Gelder zusammenzubekommen, hat es den Visionären auch im 18. Jahrhundert nicht gefehlt: So wurde eine Baulotterie ins Leben gerufen, und die wohlhabenden Dresdner liehen ihre Pferdegespanne für den Transport der Steine. Sogar die Einführung einer zusätzlichen Biersteuer wurde erwogen, um den Bau voranzubringen – der Plan zerschlug sich aber, verständlicherweise, denn beim Bier hört bekanntlich nicht nur in Sachsen der Spaß auf.

## IV.

Die Initiatoren des Wiederaufbaus waren beim Spendensammeln nicht weniger kreativ: Stifterbriefe, Patenschaften für Steine der Frauenkirche, Uhren mit Splittern des alten Mauerwerks, Benefizkonzerte und ungezählte Gespräche mit Spendern brachten Millionen Euro zusammen. Ich danke allen, die sich für die Frauenkirche eingesetzt haben. Stellvertretend für sie alle möchte ich nur einige nennen:

Die Dresdner Taxigenossenschaft erklärte sich über mehrere Jahre bereit, für jede über die Funkzentrale vermittelte Fahrt einen Pfennig für den Wiederaufbau zur Verfügung zu stellen.

Landtechnik-Studenten aus Dresden-Pillnitz gelang es auf einem Versuchsfeld, Landmaschinen per Satelliten-Navigation bei der Aussaat so genau zu steuern, daß ein 150 x 150 Meter großes Abbild des Frauenkirchen-Logos aus Winterroggen und Ackersenf entstand.

Britische Handwerker haben ihr Können in die Anfertigung des goldenen Turmkreuzes eingebracht.

Werner Jahn, der als politischer Häftling über vier Jahre in der berüchtigten DDR-Haftanstalt Waldheim einsaß, hat seine Haftentschädigung für den Wiederaufbau gespendet.

Und was kann uns mehr Hoffnung machen, als die Anwesenheit einer Abordnung der polnischen Stadt Gostyn bei diesem Festakt? Zwölf ihrer Söhne wurden als Widerstandskämpfer 1942 nicht weit von hier, im ehemaligen Gebäude des Landgerichtshofs am Münchner Platz, von den Nazis hingerichtet. Und ausgerechnet in dieser Stadt sammelte Marian Sobkowiak, ein überlebendes Mitglied der Widerstandsgruppe, mit anderen Bürgern für die Frauenkirche und ließ eine der Flammenvasen auf dem Turm dieser Kirche von einem polnischen Steinmetz anfertigen. Was kann uns mehr Hoffnung machen?

All diese Beispiele sind Zeichen für das Ungewöhnliche, das Kreative, das Gute, das in dieser Stadt und durch diesen Kirchbau bewirkt wurde. Und die wiederaufgebaute Frauenkirche verbindet Menschen – weltweit. Menschen, die die Völkerverständigung Wirklichkeit werden ließen und wollen, daß es nie wieder Krieg gibt – nicht in Europa und nicht anderswo auf der Welt.

Wer Schülern heute erklären will, was der Ausdruck „Europa als Friedenswerk" bedeutet, dem empfehle ich eine Klassenfahrt nach Dresden und Coventry. Den Partnerstädten ist es über Jahrzehnte gelungen, Deutsche und Engländer aus zwei Orten zusammenzubringen, die durch ihre Geschichte immer miteinander verbunden sein werden. Und der Dresden Trust hat diese Stadt und den Wiederaufbau der Frauenkirche vielen Menschen in Großbritannien nahe gebracht. Wer konnte sich dies nach den verheerenden Bombardements damals vorstellen?

Frieden ist ein Geschenk, für das man aber immer wieder arbeiten muß, und manchmal grenzt das, was Versöhnung bewirken kann, an ein Wunder. Die Dresdner Frauenkirche kann uns Kraft geben, uns gemeinsam und grenzenlos noch stärker für Frieden und Versöhnung einzusetzen.

*V.*

Was hier in Dresden erreicht wurde, sollte Deutschland insgesamt Mut machen. Der Wiederaufbau der Frauenkirche ist eine gesamtdeutsche Leistung. Wir bewundern die Handwerker und Planer aus Dresden und Sachsen. Die Glocken wurden in Bad Friedrichshall in Baden-Württemberg gegossen, das Holz für die Emporen im Chor ist im Schwarzwald geschlagen und in Chemnitz gebogen. So zeigt die Frauenkirche ganz prak-

*Blick auf die Frauenkirche am Tage der Weihe, 30. Oktober 2005*

tisch, was uns als Deutsche eint und was wir zustande bringen können, wenn wir gut zusammenarbeiten.

Hier ist eine Kirche wiedererstanden, in der sich Menschen mit all ihrer Freude und mit ihren Fragen, mit ihren Hoffnungen und Ängsten versammeln können, ein Ort, der Menschen zusammenbringt und eint: Zur ersten Christvesper nach dem Krieg strömten 1993 über 50 000 Menschen zur Ruine der Frauenkirche, und Landesbischof Hempel las vor dem freigelegten Altar die Weihnachtsgeschichte nach Lukas.

Ich wünsche jedem von uns ein Stück von dem Mut, von der Begeisterung und von der Zuversicht, die die Einweihung dieser Kirche möglich gemacht haben.

Ich wünsche der Stadt Dresden und all ihren Bewohnern und Freunden, daß sie beim Blick auf die Frauenkirche an das denken mögen, was uns eint: Als freie Bürger der Stadt Bestes zu erstreben.

Und ich wünsche unserem Land, daß die Dresdner Frauenkirche uns stets daran erinnern möge, was wir an Gutem zustande bringen können, wenn wir einig sind.

Wir Deutsche schreiben gemeinsam mit unseren Freunden und Partnern in aller Welt an einem neuen Kapitel unserer Geschichte.

Königin Elisabeth II. hat mir einen Brief geschrieben. Sie freut sich mit uns über die Rückkunft der Frauenkirche. Und sie bittet mich, allen Menschen in Deutschland und besonders den Bürgern Dresdens ihre allerbesten Wünsche zu übermitteln. Ich tue das wirklich gern.

Das alles zeigt, wofür die Frauenkirche steht – für die Kraft der Versöhnung und für das, was uns eint. Wenn wir diese Erkenntnis dauerhaft beherzigen, dann können wir gewiß sein: Dieses Kapitel, das wir gemeinsam jetzt schreiben, es wird ein gutes Kapitel.

Prof. Dr. rer. pol. *Horst Köhler*, geboren 1943 im polnischen Skierbieszów; 1965–1969 Studium der Wirtschaftswissenschaften in Tübingen, 1977 Promotion; seit 1981 Mitglied der CDU; 1998–2000 Präsident der Europäischen Bank für Wiederaufbau und Entwicklung in London; 2000–2004 Geschäftsführender Direktor des Internationalen Währungsfonds IWF in Washington; seit 2003 Honorarprofessur an der Universität Tübingen; seit 1. Juli 2004 Bundespräsident der Bundesrepublik Deutschland.
Seit 2004 Schirmherr der Stiftung Frauenkirche Dresden.

*Ludwig Güttler*

# Epilog

Zahlreiche Beobachter haben den Wiederaufbau als Wunder wahrgenommen. Dabei ist er als faszinierende Bauaufgabe in erster Linie eine bewunderte ingenieurtechnische und handwerkliche Meisterleistung. Die Voraussetzung hierfür, seine Organisation und Finanzierung, ist hingegen das Werk langfristiger, harter und unermüdlicher Arbeit, überwiegend ehrenamtlich und gegen zahlreiche auch unerwartete Widerstände geleistet. Dies ist noch kein Wunder! Für den Herausgeber von entscheidender Bedeutung und Gegenstand permanenter Betrachtung ist aber der folgende Umstand: 1989/90 gab es eine an beiden Händen abzuzählende Anzahl von Befürwortern des Wiederaufbaus. Sie sahen sich noch dazu der Schwierigkeit ausgesetzt, sich öffentlich Gehör verschaffen zu müssen und dabei geringschätzig belächelt, für größenwahnsinnig oder schlicht für unfähig erklärt zu werden. Die Zahl der Gegner hingegen war erdrückend, ja entmutigend. Sie waren in der Öffentlichkeit anfangs schlichtweg beherrschend. Von persönlichen Verletzungen, Unterstellungen und Verleumdungen in der Diskussion um das „Ob", „Wie" und „Wozu" des Wiederaufbaus ganz zu schweigen. Denn selbst namhafte sächsische Kirchenvertreter und Mitglieder der Landeskirche standen dem Wiederaufbau zunächst mit unverhohlener Ablehnung gegenüber. Wir erfahren zwar heute von Ideen innerhalb der Ev.-Luth. Landeskirche Sachsens, die Frauenkirche wiederaufzubauen. Diese waren aber offensichtlich derartig verdeckt, daß sie den Männern der ersten Stunde und der interessierten Öffentlichkeit leider verborgen geblieben sind.

Unsere Überzeugungsarbeit für den Wiederaufbau erlitt wegen der Widerstände zwar Behinderung, nicht jedoch Schwächung. Uns einte die unverdrossen und stets untereinander bekundete Gewißheit, daß der erste Schritt des Wiederaufbaus seine Unumkehrbarkeit sein müsse, dies zunächst unabhängig von der Frage, ob er in fünf, oder gar in fünfzig Jahren bewerkstelligt werden würde. Vordringlich war und blieb das Hinaustragen unserer Idee, um Partner, Helfer und Spender zu gewinnen.

Wenn nun beim Wiederaufbau der Frauenkirche ursprüngliche Gegner zu Befürwortern, ja zu Mitwirkenden, Gleichgültige zu Aufmerksamen und unerreichbar Scheinende zu begeisterten Interessenten geworden sind, dann ist dieser Umstand angesichts unserer gesellschaftlichen Gesamtsituation sicher eher geeignet, als Wunder wahrgenommen zu werden.

# Epilog

Dieses Wunder ist Ausdruck und Ergebnis der Tätigkeit einer Bürgerinitiative, die winzig begann und unaufhaltsam zu einer bisher singulären weltweiten Bewegung wuchs. Sie wird von ihren Initiatoren bewußt als gesellschaftliches Gegenmodell und als Anregung zu aktivem und verantwortungsbewußtem Handeln verstanden. Denn wir haben nicht die Zuständigen aufgefordert, die Frauenkirche wiederaufzubauen, sondern unseren eigenen tief in uns verwurzelten Wunsch nach dem Wiederaufbau und unsere Bereitschaft zur aktiven Mitwirkung daran bekundet, verbunden mit der ehrlichen und drängend vorgetragenen Bitte um Mithilfe. Dabei haben wir uns stets als Dienende an dieser einzigartigen, uns erfüllenden Aufgabe verstanden. Wir sind dankbar, daß diese Aufgabe für uns bereitstand und wir ihr standhalten konnten. Dies hat die so Angesprochenen (überwiegend „angesungenen", „angestrichenen" und „angeblasenen") dazu bewegt, uns zu glauben. Sie haben uns mit Interesse, Ermutigung, Mittun und Geben, Geben und nochmals Geben in die Lage versetzt, unermüdlich und ununterbrochen für den Wiederaufbau zu wirken. Immerhin hatte die Fördergesellschaft zum Ende des Wiederaufbaus am 30. Oktober 2005 mehr als 7000 Mitglieder in Deutschland und in über 20 Ländern aller Erdteile. Es existierten 24 Förderkreise in Deutschland und vier Fördervereine im Ausland. Hunderttausende Spenderinnen und Spender aus der ganzen Welt haben zum Wiederaufbau beigetragen. Landesbischof Jochen Bohl wählte in seiner Predigt zur Weihe der Frauenkirche hierfür das biblische Gleichnis vom Senfkorn, das einen großen Baum hervorbringt.

Das Bemühen um den Wiederaufbau hat mich gelehrt, daß die Helferin Musik über unermeßliche Kräfte verfügt, deren Existenz ich wohl zu kennen glaubte. Jedoch hat das durch sie Bewegte all meine optimistisch geprägten Annahmen weit übertroffen. Daß diese Kraft sich so entfalten konnte, ist den Musikern und Sängern zu danken, die sich mit ihrem Können und ihrer Bereitschaft in den Dienst des Wiederaufbaus stellen ließen. Dabei haben sich jene in den von mir geleiteten Ensembles (Virtuosi Saxoniae, Blechbläserensemble Ludwig Güttler, Leipziger Bach-Collegium, Trompete und Orgel) in einzigartiger Weise mit über 1500 Konzerten von 1989 bis 2005 hervorgetan. Diese Leistung bleibt unvergessen. Worte des Dankes, so tief empfunden sie auch sein mögen, können diesem Engagement nur annähernd gerecht werden. Danke!

Die zunehmende Anziehungskraft, die der Wiederaufbau der Frauenkirche auf fast alle der anfangs Gleichgültigen oder Ablehnenden auszuüben vermochte, ist für uns Initiatoren kein Grund zu Stolz oder gar

Überheblichkeit, sondern zu berührtem Staunen und tiefer Dankbarkeit. Unser Diktum „Brücken bauen – Versöhnung leben" gilt auch und zuerst innerhalb der weltweiten Kulturgemeinde, die sich für und durch den Wiederaufbau zusammengefunden hat. Es ist für uns weiterhin ein Auftrag. Auch deshalb werden wir die Arbeit in der Gesellschaft zur Förderung der Frauenkirche Dresden e.V. nach der Fertigstellung der Frauenkirche engagiert fortsetzen. Oft wird uns die Frage gestellt, inwieweit das Wiederaufbaugeschehen auf andere zunächst unlösbar scheinende Aufgaben übertragen werden kann und zu Mut, Zuversicht, Opferbereitschaft und Tätigwerden anzustiften vermag? Unsere Antwort besteht in der Hoffnung, daß das Beispiel des hierbei Möglichen auch anderenorts wirken möge. Als Bauaufgabe ist der Wiederaufbau die Herstellung eines historisch überaus wichtigen, wertvollen und unverzichtbaren Symbols. Als Bürgerbewegung kann er uns alle bewegen und wir sollten uns von ihm bewegen lassen. Das Wunder des Senfkorns wird sich dann ereignen, wenn wir säen. Das ist Voraussetzung.

An alle, die sich von der einzigartig aufgebauten Frauenkirche und ihrer Wirkung haben berühren lassen, sei es als Spender und/oder als Mitglieder der von uns neu gegründeten Gesellschaft zur Förderung der Frauenkirche Dresden e.V., tragen wir unsere Bitte um sichtbares weiterwirkendes Engagement mit den Worten heran: „Helfen Sie weiter mit!"

*Blick auf die Altstadt vor dem Wiederaufbau der Frauenkirche, 1994*

*Herabgestürzter Westgiebel 35 Jahre nach der Zerstörung im Schutze blühender Rosen, 1980*

*Jürgen Schieferdecker, Warten auf Grün, Collage, 1985 (vgl. S. 129)*

*Nach der archäologischen Enttrümmerung, September 1994*

*Erstes aufgehendes Mauerwerk, September 1994*

*Unterkirche während eines Vortrages*

*Südwestliche Pfeiler mit der Stahlkonstruktion der 2., 3. und 4. Empore vor dem wiedererrichteten Treppenhaus C, April 1999*

*Übergabe des Kuppelkreuzes, 13. Februar 2000*

*Das neue Kuppelkreuz auf der Frauenkirchen-Baustelle, Februar 2000*

*Aufführung von Händels „Messias" im Hauptkirchenraum, 10. Dezember 2000*

*Hebung der Kuppelhaube mit Kuppelkreuz, 22. Juni 2004*

*Altar nach der Wiederherstellung, August 2005 (im Vordergrund: wiederhergestellte Chorbalustrade und Lesekanzel)*

*Innenkuppel mit den von Christoph Wetzel geschaffenen Darstellungen der vier Evangelisten und der christlichen Tugenden Glaube, Liebe, Hoffnung und Barmherzigkeit, September 2005*

*Nordöstlicher Innenraum, Oktober 2005*

*Tausende von Menschen besuchen die Frauenkirche seit ihrer Weihe, Aufnahme: 25. November 2005*

*Altstädter Elbfront mit wiederaufgebauter Frauenkirche, September 2006*

*Claus Fischer, Hans-Joachim Jäger*
*und Manfred Kobuch\**

# Chronologischer Abriß zur Geschichte des Wiederaufbaus der Frauenkirche Dresden 1945–2005

*Vorbemerkung*

In diesem Abriß wird die Geschichte des Wiederaufbaus der Frauenkirche von ihrer Zerstörung im Jahre 1945 bis zur Weihe im Jahre 2005 skizzenhaft dokumentiert. Dabei liegt der Schwerpunkt auf dem diesen Wiederaufbau initiierenden und fördernden bürgerschaftlichen Engagement. Die notwendige Kürze ließ es nicht zu, all die vielfältigen Aktivitäten, angefangen bei den ersten Bemühungen um den Wiederaufbau, über die Bürgerinitiative, die Fördergesellschaft, den Stiftungsverein, die Stiftung Frauenkirche Dresden, die ausländischen Fördervereine, alle Förderkreise bis hin zu den unzähligen Veranstaltungen der vielen Freunde und Förderer, in angemessenem Umfang darzulegen.

Weitere einschlägige Tatsachen und Ereignisse sind in den Jahrbüchern „Die Dresdner Frauenkirche" 1995–2005, in den Rundbriefen der Fördergesellschaft, den Stifterzeitungen der Stiftung Frauenkirche, den Frauenkirchen-Nachrichten der Studenteninitiative und in dem Sammelwerk der Stiftung „Die Frauenkirche zu Dresden. Werden, Wirkung, Wiederaufbau" (2005) dargestellt.

Folgende Abkürzungen für häufig genannte Institutionen werden verwendet:

Fördergesellschaft = Gesellschaft zur Förderung des Wiederaufbaus
                               der Frauenkirche Dresden e.V.
IfD = Institut für Denkmalpflege, Arbeitsstelle Dresden (1952–1992)
LfD = Landesamt für Denkmalpflege Sachsen
LKA = Landeskirchenamt der Ev.-Luth. Landeskirche Sachsens
Stiftung = Stiftung Frauenkirche Dresden
Stiftungsverein = Stiftung Frauenkirche Dresden e.V.
THD = Technische Hochschule Dresden
TUD = Technische Universität Dresden

---

\* Die Verfasser danken Prof. Ludwig Güttler, Dipl.-Bibl. Gerd Kleber, Dr. Carlies Maria Raddatz, Dipl.-Ing. Dieter Schölzel, Dipl.-Archivarin Kristin Schubert, Dipl.-Bibl. Hans-Ulrich Thieme und OKR Dieter Zuber für wertvolle Hinweise.

## Die Ruine der Frauenkirche – Sorgen um ihre Erhaltung und erste Wiederaufbaubemühungen

### 1945

Im Zweiten Weltkrieg zerstören britische und amerikanische Bomber das Zentrum und weite Teile Dresdens (13./14. 2.). 300 Einwohner, die im Keller der Frauenkirche Schutz gesucht haben, gelangen mit Hilfe von Kirchenoberinspektor Hermann Weinert und eines Wehrmachtsangehörigen unbeschadet aus der brennenden Kirche heraus und zur Brühlschen Terrasse ins Freie.

Infolge des einsetzenden Feuersturms ausgebrannt, stürzt die nicht von Sprengbomben getroffene, aber durch die in Brand geratene Innenausstattung geschwächte Frauenkirche am Vormittag des 15. Februar in sich zusammen. Das Lutherdenkmal wird durch den Luftdruck der Bombeneinschläge vom Sockel gestürzt und beschädigt.

Bei ersten Bergungsarbeiten werden in den Katakomben Kirchenbücher, Kirchrechnungen und Bauakten sichergestellt (März).

*Mit der Gesamtkapitulation der deutschen Wehrmacht endet der Zweite Weltkrieg im europäischen Raum (7./9. 5.)*

Aus dem Tresor hinter dem Altar werden die bis zuletzt gebrauchten Altargeräte (*vasa sacra*) geborgen (Juni).

Erste Überlegungen zum Wiederaufbau Dresdens. Der Architekt Hanns Hopp legt eine Planung vor, die entlang der Elbe ein durchgrüntes Forum mit den Ruinen der Monumente, so auch der Frauenkirche, umgeben von einer – im Sinne Le Corbusiers – völlig neu gestalteten Stadt vorsieht (27.6.).

Die Kommission für Bergung und Wiederaufbau bei der neugebildeten Landesverwaltung Sachsen veranlaßt die Überführung aufgefundener Plastiken und sonstiger sakraler Gegenstände der Frauenkirche in das Albertinum (4.8.).

Stadtbaudirektor Dr. Herbert Conert will das alte Stadtbild Dresdens unter allen Umständen erhalten und mit den Erfordernissen des Verkehrs einer modernen Großstadt vereinbaren (18. 8.).

Der Architekt Arno Kiesling wird beauftragt, den Neumarktbereich und die Frauenkirchenruine zu überprüfen. Die Begehungen der Ruine im Herbst und Winter machen weitere Untersuchungen des Steinmaterials und der statisch-konstruktiven Probleme erforderlich, um Empfehlungen für den Wiederaufbau aus denkmalpflegerischer Sicht abzugeben. Landesdenkmalpfleger Dr. Walter Bachmann beauftragt die Architekten Dr.-Ing. Walter Henn und Kiesling mit entsprechenden Untersuchungen.

Dore Corty-Mönkemeyer entwirft einen Spendenengel mit der grafischen Darstellung der Frauenkirche in der Krone zur Unterstützung ihres Wiederaufbaus (Dez.).

### 1946

Der „Große Dresdner Aufbauplan" sieht als erste Planung nach dem Zweiten Weltkrieg den Wiederaufbau des Dresdner Zentrums in seinen wesentlichen Teilen einschließlich der Frauenkirche nach dem erhaltenen Stadtgrundriß vor (7.1.).

Martin Richter vom Kreisverband der CDU Dresden-Stadt berichtet dem LKA über die Bereitwilligkeit der evangelischen Kirchen Westdeutschlands und der Schweiz sowie der lutherischen Kirche in den USA, den Wiederaufbau der Frauenkirche finanziell zu unterstützen (12. 3.).

Henn legt das Vorprojekt „Die Frauenkirche zu Dresden. Konstruktive Möglichkeiten des Wiederaufbaus" vor, in dem er eine mit Sandstein verkleidete Stahlbetonkonstruktion vorschlägt (Juni). Die eingeleiteten Maßnahmen erfordern eine Teilberäumung der Trümmermassen zum Zwecke sachgerechter Bergung der wiederverwendbaren Steine.

Oberbaurat Richard Konwiarz unterrichtet das LKA über wiederholte Versuche, Werksteine von der Ruine der Frauenkirche zu entwenden (9.7.).

Im Auftrage des LKA wird eine Wiederaufbau-Geldlotterie zugunsten der Frauenkirche durchgeführt.

Der Maler Prof. Paul Sinkwitz entwirft ein Plakat zur Unterstützung des kirchlichen Wiederaufbaus. Die Herausgabe einer von ihm entworfenen Briefmarke wird von der Sowjetischen Militäradministration in Deutschland abgelehnt.

Kiesling fertigt eine großformatige Zeichnung mit einem Querschnitt durch die Frauenkirche nach Aufmaßen aus den dreißiger Jahren, die der Restaurator Willy Trede koloriert (Juni). Kiesling fertigt bis 1948 fünf weitere Zeichnungen (Grundriß und Ansichten).

*1947*

Der Berliner Schriftsteller Prof. Dr. Stephan Hirzel polemisiert in der neu gegründeten „Zeitschrift für Kunst" vehement gegen den Wiederaufbau der Frauenkirche.

Das Plakat von Paul Sinkwitz mit der Aufschrift „Hilf mit!", das die Trümmer der Frauenkirche vor dem Hintergrund ihres unzerstörten Umrisses zeigt und für eine Spende für den kirchlichen Wiederaufbau wirbt, erscheint (27. 5.) *(vgl. Abb. S. 13)*.

Prof. Walter Henn formuliert Grundsätze für die Verfahrensweise bei der vorgesehenen Teilenttrümmerung als technologische Grundlage der späteren archäologischen Enttrümmerung (26.11.).

*1948*

Der Abschluß der Wiederaufbau-Geldlotterie erfolgt am 6.4. Der Reingewinn dient der ersten Enttrümmerung (26.4). Die nach der Währungsreform ermittelten Einnahmen belaufen sich auf 11 000 DM.

Im Auftrage des LKA werden mit Unterstützung des LfD etwa 600 m³ Fassadensteine aus den Trümmern an der Nordseite der Ruine geborgen, vermessen, signiert, inventarisiert, zur Salzgasse transportiert und dort gestapelt, von denen sich etwa 60 Prozent als wiederverwendbar erweisen. Kiesling legt die Inventarisierung der aus der Ruine geborgenen Steine vor (5.11.). Henn empfiehlt, zwischen wieder verwendungsfähigen, als Modelle brauchbaren und Hintermauerungssteinen zu unterscheiden (26.11.).

*1949*

*In den westlichen Besatzungszonen entsteht nach Annahme des vorläufigen Grundgesetzes die Bundesrepublik Deutschland (23. 5.). In der sowjetischen Besatzungszone konstituiert sich der*

*Deutsche Volksrat als vorläufige Volkskammer und setzt die Verfassung einer Deutschen Demokratischen Republik in Kraft (7. 10.).*

### 1950

Im Stadtbebauungsplan des Dresdner Stadtplanungsamtes ist der Standort der Frauenkirche offen gehalten und zeigt nur den Umriß. In einem städtebaulichen Wettbewerb läßt die als erster Preisträger ausgelobte Architektengruppe in ihrem Entwurf den Wiederaufbau der Frauenkirche ebenfalls offen. Mit der weiteren Bearbeitung beauftragt, entwickelt sie ein sozialistisches Stadtzentrum, zeichnet jedoch die Frauenkirche zwischen den neuen Bauten wieder ein (März).

### 1952

*Auflösung der Länderstrukturen in der DDR und Bildung von Bezirken.*

Das LfD wird in Institut für Denkmalpflege, Arbeitsstelle Dresden, umbenannt. Chefkonservator Dr.-Ing. Hans Nadler gelingt es, die Strukturen des Amtes für die neugebildeten Bezirke Dresden, Leipzig, Karl-Marx-Stadt (Chemnitz) und zusätzlich Cottbus zu erhalten.

In einem weiteren Wettbewerb zu einem Teilbebauungsplan des Stadtzentrums werden städtebauliche Varianten von der THD erarbeitet, bei dem ein Modell der Ruine als „offene Kirche" zur Gestaltung einer Gedenkstätte für die Opfer des 13. Februar 1945 vorgestellt wird (26.8.).

Die aus den Trümmern ragenden Teile des Altars erfahren auf Initiative von Kiesling eine Schutzummauerung. Der Trümmerberg bleibt als Ganzes unberührt.

### 1953

Der Kunsthistoriker Dr. Werner Lange bringt in der Schriftenreihe „Das christliche Denkmal" einen Kunstführer zur Dresdner Frauenkirche heraus und gibt der Hoffnung auf ihren baldigen Wiederaufbau Ausdruck. Der Architekt Kurt W. Leucht veröffentlicht in der Zeitschrift „Deutsche Architektur" (Heft 2) einen Aufsatz über „George Bähr – ein Leben für ein Bauwerk".

In der 62. öffentlichen Sitzung der 16. Landessynode der Ev.-Luth. Landeskirche Sachsens stellt der Synodale Martin Richter den Antrag, „als bescheidenen Dank und als Ehrung des hochverdienten Landesbischofs D. Hugo Hahn den Wiederaufbau der Frauenkirche zu beschließen" (16.6.). Da seitens der Synode und der Kirchenleitung auf Grund der herrschenden politischen Verhältnisse *(Volksaufstand auch in Dresden am 17. Juni)* nicht an den Aufbau der Frauenkirche gedacht werden kann, wird der Antrag zurückgezogen (29.10.).

### 1954

In einer Veröffentlichung der Deutschen Bauakademie zu Berlin zu den „nationalen Aufgaben der deutschen Architektur" wird ein „Stadtbebauungsplan des zentralen Bezirks" für Dresden vorgestellt, der die Frauenkirche als Bestandteil der historischen Stadtsilhouette mit einem Hochhaus am „Zentralen Platz" (Altmarkt) zeigt.

## 1955
Das restaurierte Lutherdenkmal wird in vereinfachter Form wieder aufgestellt.
In seiner biographischen Erzählung über George Bähr rückt der Schriftsteller Otto Walcha die Vision des Wiederaufbaus der Frauenkirche in das öffentliche Interesse.

## 1956
Kiesling fertigt im Auftrage des IfD Aufmaßzeichnungen der Frauenkirche auf der Grundlage seiner Bautagebücher und Vermessungspläne aus den Jahren 1937–1943 an.
Zu einem stillen Gedenken an der Frauenkirchenruine kommt es nach dem Trauergottesdienst für den am 5. 11. verstorbenen Altbischof, den ehemaligen Frauenkirchenpfarrer, Superintendenten des Kirchenbezirkes Dresden-Land und Leiter der Bekennenden Kirche Sachsens, D. Hugo Hahn (8.11.).

## 1958
Ein Bebauungsplan für das Dresdner Stadtzentrum zeigt den Neumarkt mit einem Wohnhochhaus westlich des Trümmerberges der Frauenkirche. Die Stadtverwaltung erwägt die Errichtung eines Kulturhochhauses an einem „Zentralen Platz" (Altmarkt) als neue Dominante der Stadtsilhouette.

## 1959
Der Rat der Stadt läßt in der Salzgasse gestapelte Steine der Frauenkirche ohne Wissen des IfD abfahren (Mai). Nur mit Mühe wird diese Aktion gestoppt (6.5.) und die Rückführung des Materials (294 m³), vornehmlich Profilsteine, an den Trümmerberg der Ruine erreicht, wobei rund die Hälfte der 1949 eingestapelten inventarisierten Werksteine verlorengeht. Das IfD unter seinem Leiter Dr. Hans Nadler wendet außerordentliche Energie auf, um – gegen Widerstände von staatlicher und städtischer Seite – den Ruinenhügel vor der Beseitigung zu bewahren.

## 1961
Der ehemalige Küster der Frauenkirche Heinz Bürger erarbeitet bis 1962 für die Kunstdienst-Bildkammer Radebeul eine Diapositiv-Bildreihe mit Begleittext über „Die Frauenkirche – Der Dom zu Dresden" für den innerkirchlichen Gebrauch. Diese Bildreihe nutzt Pfarrer Karl-Ludwig Hoch für seine Vorträge über die alte Frauenkirche, ergänzt durch das Abspielen erhaltener Tondokumente mit dem Klang ihrer Orgel.

## 1962
Erneute Zweifel an der Standsicherheit der Ruine dienen als Vorwand für eine mögliche Beräumung. Eine Besichtigung der Ruine durch Fachleute der staatlichen Bauaufsicht, des Stadtbauamtes und der Denkmalpflege führt jedoch zu der Erkenntnis, daß die „Standsicherheit der beiden hohen Ruinenteile nicht angezweifelt wird" (23.7.).

## 1963
Zwei Seiten des Trümmerberges werden auf Anregung von Hans Nadler mit einer dichten Rosenhecke bepflanzt, um den Berg zu schützen und den Ruinenzustand zu bewahren.

*1966*
Nach längerer Diskussion in der Bevölkerung über das Schicksal der Kirchenruinen Dresdens beschließt die Stadtverordnetenversammlung die Erhaltung der Frauenkirchentrümmer als „Mahnmal für die Opfer des Bombenkrieges" (5.5.) und erkennt den Trümmerberg als Bestandteil der Stadtplanung an.
Auf Initiative ehrenamtlicher Dresdner Denkmalpfleger und in Abstimmung mit dem IfD werden an der Ruine Sicherungs- und Vermessungsarbeiten durchgeführt (4.5.–26.5.), um wiederholt beklagtes Eindringen Unbefugter in die Ruine zu unterbinden. Die Gruppe organisiert sich im Kulturbund der DDR, Stadtverband Dresden. Daraus entsteht eine Arbeitsgruppe, die die Pflegearbeiten an der Ruine bis 1992 durchführt.

*1967*
Anbringung einer kleinen Gedenktafel am Nordwest-Treppenturm der Kirchenruine neben Tür E.
Dipl.-Ing. Wolfgang Preiß führt in seinen mehrfach wiederholten Vorlesungen für Architektur- und Bauingenieurstudenten an der THD in Themen der Bautensicherung ein und erläutert beispielhaft die konstruktiven Leistungen seines Lehrers Prof. Dr. Georg Rüth an der Frauenkirche während der großen Restaurierung 1937–1942. Preiß setzt sich auf Tagungen oder Gastvorlesungen im Ausland immer wieder für den Wiederaufbau der Frauenkirche ein.

*1974*
Die mutwillig beschädigte Altarvermauerung wird nach freiwilliger und initiativreich organisierter Materialbereitstellung von der Arbeitsgruppe ehrenamtlicher Denkmalpfleger unter der Leitung des Dresdner Lehrers Egon Garte wieder repariert (16.11.).

*1977*
Die im Rahmen des ersten städtebaulichen Wettbewerbs (Variantenvergleich) zur Rekonstruktion des Neumarktes vorgelegten Arbeiten von Prof. Dr. Kurt Milde und Kurt W. Leucht sehen den Wiederaufbau der Frauenkirche in ihrer äußeren Erscheinung samt den Straßenfluchten des Neumarktgebietes vor.

*1978*
Die Berliner Bundestagsabgeordnete Lieselotte Berger (CDU) äußert öffentlich die Idee, „in einem Verein zum Wiederaufbau der Dresdner Frauenkirche die in aller Welt lebenden Dresdner sowie alle alten und neuen Freunde der Stadt zu versammeln, um einen Teil der Mittel für den Wiederaufbau zusammenzubringen" (28.3.).

*1980*
Eine Anfrage von Bundesminister a.D. Wolfgang Mischnick (F.D.P.) über den Rat der EKD beim Bund der Evangelischen Kirchen in der DDR, Berlin, nach der Möglichkeit des Wiederaufbaus der Frauenkirche wird abgelehnt (14.2.).

## 1981

Das vom Bund der Architekten der DDR, dem Rat der Stadt Dresden und der TUD veranstaltete „3. Internationale Entwurfsseminar Rekonstruktionsgebiet Neumarkt in Dresden" empfiehlt die Wahrung der Baufluchten und alten Straßenzüge. Von zehn eingereichten Vorschlägen sehen neun den Wiederaufbau der Frauenkirche vor (20.7.–12.8.).

## 1982

Erstmalig ist die Ruine am Gedenktag der Zerstörung Dresdens der Ort, an dem sich vorwiegend junge Menschen mit brennenden Kerzen ohne staatliche Genehmigung versammeln (13.2.). Friedensgruppen mit der biblischen Losung „Schwerter zu Pflugscharen" (nach Jesaja 2,4 und Micha 4,3) singen den Kanon „Dona nobis pacem". Die Dresdner Partei- und Staatsorgane versuchen, diese ihnen höchst unerwünschte Tendenz „antiimperialistisch" zu kanalisieren und organisieren ihrerseits Kundgebungen am Trümmerberg. Dennoch bleibt die Frauenkirche alljährlich am 13. Februar Versammlungsort friedlicher Demonstranten.

Eine steingefaßte Gedenkplatte wird vor der Westseite der Ruine verlegt, die an die vom Imperialismus verursachte Zerstörung der Kirche 1945 erinnert und die Lebenden zur Erhaltung des Friedens mahnt (17.8.).

Der Restaurator Erich Hennig verfaßt kurz vor seinem Tode ein Erinnerungsprotokoll zu den 1940/43 im Kircheninneren gesichteten Resten alter Farbbefunde – eine wichtige Quelle für die spätere Rekonstruktion der Innenfarbigkeit der Frauenkirche.

Eine „Erklärung von Dresden" zum Wiederaufbau kriegszerstörter Baudenkmale wird auf der europäischen Regionalkonferenz ICOMOS in Dresden verabschiedet. Sie betont, daß vollständige Restaurierung von Denkmalen wegen ihres Symbolwertes eine zuverlässige Dokumentation vor der Zerstörung voraussetzt (18.11.).

Chefkonservator Dr.-Ing. Gerhard Glaser, Nachfolger Hans Nadlers, findet beim Präsidenten des LKA Kurt Domsch auf seinen Vorschlag, den Chorkeller der Kirchenruine als Andachtsraum und für Ausstellungen zugänglich zu machen, keine Resonanz.

## 1983

Der zweite städtebauliche Wettbewerb zum „Neumarkt Dresden" plädiert für den Wiederaufbau der Frauenkirche als entscheidenden Akzent der historisch gewachsenen Stadtsilhouette (März/Aug.). In einer Direktive des Stadtarchitekten ist daraufhin der historische Stadtgrundriß des Neumarktensembles mit wiederaufgebauter Frauenkirche endgültig (31.10.).

## 1984

In der Schriftenreihe „Das christliche Denkmal" veröffentlicht Dr. Fritz Löffler eine Neubearbeitung des Kunstführers zur Dresdner Frauenkirche, die „künftig wieder das Stadtbild bekrönen wird".

## 1985

Superintendent Christoph Ziemer (Dresden-Mitte) wendet sich schriftlich an Kirchenamtsrat Steffen Heitmann und fordert „kirchlicherseits eine größere Klarheit über alle mit der Frauenkirchenruine zusammenhängenden Fragen" (12.3.). Die dazu gebildete kirchliche Arbeitsgruppe (Superintendent Ziemer, Baureferent OKR Dr. sc. techn. Ulrich Böhme, OLKR Hans-Dieter Hofmann, OKR Zuber, KAR Steffen Heitmann und Baupfleger Dipl.-Ing. Christian Möller) entscheidet sich für eine Beräumung des Trümmerberges, die Sicherung der Ruinenteile und die Gestaltung eines himmeloffenen Kirchenraumes (11.10). Diese Vorgabe bildet die Grundlage für eine später in Auftrag gegebene Projektstudie (15.1.1988).

*1986*
Prof. Dr.-Ing. habil. Günter Zumpe von der TUD, Sektion Bauingenieurwesen, beginnt im Rahmen studentischer Forschungsarbeiten alternative konstruktive Möglichkeiten des Wiederaufbaus der Frauenkirche untersuchen zu lassen.

*1987*
Im Bürgerbüro des Vorsitzenden der SPD-Bundestagsfraktion Dr. Hans-Jochen Vogel findet sich in Westberlin ein Personenkreis zusammen, der auf Anregung von Dr. Rudolf Stephan den Gedanken des Wiederaufbaus der Frauenkirche vertritt und dazu Reg.-Baurat a.D. Dombaumeister OKR i. R. Dr.-Ing. Otto Baer, der das Baureferat des LKA von 1963 bis 1982 leitete, sowie Reg.-Baurat i. R. Stadtarchitekt a.D. Kurt W. Leucht zu Vorträgen nach Westberlin einlädt.

*1988*
Das Hotel „Dresdner Hof" (später Hilton Dresden) entsteht in unmittelbarer Nähe der Frauenkirchenruine. Dadurch wird deren Umfeld zur Gefahrenzone durch eventuell herabstürzende Ruinenteile. Das LKA beauftragt eine Gruppe von Architekten und Ingenieuren (Dipl.-Ing. Dieter Schölzel, Dr.-Ing. Walter Köckeritz, Dr.-Ing. Roland Zepnik, Ewald Kay, Rolf Kaubisch) mit einer Studie zum weiteren Umgang mit dem Trümmerberg und zur Ruinensicherung (15.1.). Es wird die Beräumung der Ruine, das Schließen der Kellergewölbe und die Nutzung der Ruine als „Kirche im Freien" und Gedenkstätte untersucht. Nach Bestätigung der Konzeption schlagen Schölzel und Köckeritz dem Landesbischof vor, auch den Gedanken des Wiederaufbaus der Frauenkirche bei weiteren Überlegungen mit einzubeziehen (8.12.).

Die Großkundgebungen zum 13. Februar werden vom Platz vor der Ruine der Frauenkirche auf den Schloßplatz verlegt, da der Bau des Hotels „Dresdner Hof" beginnt. Dennoch ziehen nach dem Gottesdienst in der Kreuzkirche Menschen mit Kerzen zu der mit Bauzäunen umstellten Ruine der Frauenkirche.

Die Dresdner Gesellschaft für Denkmalpflege veranstaltet auf Initiative von Dr.-Ing. habil. Horst Fischer im Museum für Geschichte der Stadt Dresden ein Kolloquium anläßlich des 250. Todestages von George Bähr (15./16.3.). Hiervon geht eine Signalwirkung für den späteren Wiederaufbau der Frauenkirche aus.

Dr. Fritz Löffler, der unermüdliche Befürworter des Wiederaufbaus der Frauenkirche, stirbt (15.5.).

Die „Interessengemeinschaft Kulturhistorisches Stadtzentrum" wird durch den Stadtvorstand der Gesellschaft für Denkmalpflege beim Kulturbund der DDR gegründet. Die Arbeitsgruppe „Neumarkt" befaßt sich mit der Bebauung des Neumarktes und der

# Chronologischer Abriß 329

Frauenkirche. Die bisherige Arbeitsgruppe, die die Ruine im Auftrag des LKA pflegt, wirkt weiter (15.6.).

Der aus Dresden stammende Theaterwissenschaftler Dr. Fritz L. Büttner verfaßt in Bonn einen Gründungsaufruf zur „Aktion Frauenkirche" (4.12.).

*1989*
Die „Fördergemeinschaft Dresdner Frauenkirche e.V., Remagen" wird, dem Aufruf vom 4. Dezember 1988 folgend, ins Leben gerufen (10.2.) (Gründungsvorsitzender Dr. Fritz Büttner; nach dessen Tode wird 2003 Kajo Kusen zum Vorsitzenden gewählt).

Bergleute von der Bergsicherung Dresden führen Sicherungsarbeiten am Grundmauerwerk der Ruine der Frauenkirche und Trümmerberäumungen aus und errichten Absteifungen in den Gruftgewölben als Vorbereitung für geplante statisch-konstuktive Sicherungsarbeiten.

Hauptkonservator Prof. Dr. phil. habil. Heinrich Magirius bringt gegenüber dem Präsidenten der Synode der Ev.-Luth. Landeskirche Sachsens seine Sorge über den Umgang mit der Ruine zum Ausdruck, falls bei der Beräumung historische Substanz beseitigt würde, und fordert den Abbau des Trümmerberges nach archäologischen Prinzipien (27.3.).

Auf der I. Internationalen Tagung „Structural Repair und Maintenance of Historical Buildings" (STREMAH 89) in Florenz (Schirmherrschaft UNESCO) wird in einem Beitrag von Dr.-Ing. Wolfram Jäger und Dr.-Ing. Hans-Joachim Jäger die baumeisterliche Leistung George Bährs gewürdigt und die technische Möglichkeit des Wiederaufbaus der Frauenkirche begründet (5.–7.4.).

Dombaumeister OKR i. R. Dr. Otto Baer übergibt „Gedanken zum Aufbau der Frauenkirche in Dresden" an den Vorsitzenden des Ausschusses Evangelischer Kirchenbautag, Prof. Dr. theol. Rainer Volp (20.5.).

Privates Zusammentreffen von Dr. Hans-Jochen Vogel mit OLKR Dr. Folkert Ihmels in Dresden, der – wie schon beim Treffen 1987 – die ablehnende Haltung der Landeskirche gegenüber einem Wiederaufbau der Frauenkirche bekräftigt.

Der inzwischen dritte städtebauliche Wettbewerb zur Neubebauung des Neumarktes bezieht dessen gesamtes Quartier ein und sieht den Wiederaufbau der Frauenkirche unumstritten vor (Mai/Juni).

Prof. Dr.-Ing. Hermann Rühle, Prof. Dr. h.c. mult. Manfred von Ardenne, Senator Dipl.-Ing. Heinz Rausch, Aufsichtsratsvorsitzender der Dywidag AG, München, Dr. Hans-Joachim Jäger und Dr. Wolfram Jäger diskutieren in Meißen im privaten Kreis die technologischen Möglichkeiten eines Wiederaufbaus der Frauenkirche unter Nutzung moderner Betontechnologie für die Kuppel und stellen fest, daß ein größerer interdisziplinärer Kreis kompetenter Persönlichkeiten notwendige Voraussetzungen schaffen muß (14.7.).

Dr. Baer erörtert während der Tagung des Deutschen Kirchbautages in Wolfenbüttel in Nebengesprächen seine Gedanken, den Wiederaufbau der Frauenkirche mit einer Bauhütte zu verwirklichen und diese auch für die Ausbildung junger Bauhandwerker zu nutzen (14.–17.9.).

*In Dresden beginnen Protestdemonstrationen gegen die Politik der Staatsführung der DDR, die zur friedlichen Revolution führen (3.10./4.10.).* Eine dieser Demonstrationen bewegt sich auch um den Trümmerberg der Frauenkirche herum.

Die Stadt Dresden erteilt durch ihren Hauptauftraggeber in Abstimmung mit dem LKA dem VEB Denkmalpflege (Statiker Dr.-Ing. Roland Zepnik) den Projektierungsauftrag zur statisch-konstruktiven Ruinensicherung.

Zepnik, dem die Planung der konstruktiven Ruinensicherung obliegt, stellt zur Tagung „Stone Conservation of Masonry", durchgeführt vom International Center for Restauration of Monuments (ICROM) an der Universität Athen, die Anwendung von Zement-Injektionen am Beispiel der Frauenkirchenruine als Voraussetzung für einen Wiederaufbau dar (31.10.– 3.11.).

*Vorbereitung des archäologischen Wiederaufbaus*

*1989*

Der Dresdner Zahnarzt Dr. Günter Voigt richtet unmittelbar nach einem Vortragsabend im „Haus der Heimat" Freital-Burgk, an dem Pfarrer Dr. Karl-Ludwig Hoch zur Frauenkirche sprach, einen spontan verfaßten offenen Brief an Landesbischof Dr. Johannes Hempel und verteilt diesen an zahlreiche Persönlichkeiten aus Politik, Kunst und Kultur mit der Bitte, sich für den Wiederaufbau der Frauenkirche zu engagieren (1.11.). Eine Veröffentlichung des Briefes erfolgt in der Presse über Bekannte in München.

Prof. Nadler spricht anläßlich des Kolloquiums „Das Jahr 1949 zwischen Tradition und Erneuerung in geschichtlich bedeutsamer Zeit" zu den Bemühungen der Dresdner Denkmalpfleger um den Wiederaufbau der Frauenkirche (14.11.).

Demonstration der Kulturschaffenden auf dem Dresdner Theaterplatz zur Erneuerung des Kultur- und Geisteslebens; u. a. ergreifen das Wort Kammersänger Gunther Emmerlich, Prof. Ludwig Güttler, Dr. Hans-Joachim Jäger (19.11.).

Nach der „Revolution der Kerzen" im Oktober 1989 konstituiert sich die zunächst aus neun Personen bestehende „Bürgerinitiative für den Wiederaufbau der Dresdner Frauenkirche" im Hause des Kunsthändlers Heinz Miech in Dresden (24.11.). Pfarrer Dr. Hoch trägt seinen Entwurf des Appells „Ruf aus Dresden 1989" vor *(Mitglieder der Gruppe siehe S. 11)*.

Von der Bürgerinitiative um Mitarbeit gebeten, wendet sich Prof. Güttler an OLKR Volker Kreß mit der Bitte um einen Gedankenaustausch (25.11.). Güttler nimmt Bezug auf die während seiner Konzertreisen in die BRD seit 1976 erfahrene Zustimmung zu der von ihm häufig angesprochenen Idee des Wiederaufbaus der Dresdner Frauenkirche als einer Aufgabe von europäischem Rang.

Auf einem zweiten Treffen benennt die Bürgerinitiative Güttler zu ihrem Sprecher (26.11.). Dieser verlangt die Beteiligung der Landeskirche am Wiederaufbau der Frauenkirche. Fortsetzung der Diskussion über den „Ruf aus Dresden – November 1989". Güttler stellt das Preisgeld seines 1985 erhaltenen Nationalpreises der DDR für die Projektarbeit zur Verfügung.

Ein Gespräch der Architekten Köckeritz und Schölzel als Autoren der Studie über den Umgang mit der Ruine der Frauenkirche mit Superintendent Christof Ziemer endet mit dessen Ablehnung des Wiederaufbaus (4.12.).

Güttler beginnt bei Konzerten mit seinem Blechbläserensemble und den Virtuosi Saxoniae unverzüglich mit dem Sammeln von Spenden für den Wiederaufbau, darunter auch in Westberlin (Anfang Dez.).

Arbeitstreffen der Bürgerinitiative im Pfarrhaus Dresden-Plauen. Nadler schlägt eine Stiftung als geeignete Struktur für den Wiederaufbau vor (18.12.).

*Bundeskanzler Dr. Helmut Kohl spricht vor der Frauenkirchenruine zu Tausenden Dresdnern über Deutschlands Zukunft (19.12.).*

Arbeitstreffen von Vertretern der Bürgerinitiative mit Landesbischof Dr. Hempel. Dieser bittet um weiteren engen Kontakt zur Bürgerinitiative, sieht jedoch zunächst von einer Zustimmung zum Wiederaufbau ab (28.12.).

Eine Gruppe um den Dresdner Architekten Prof. Dr. Helmut Trauzettel schlägt die Errichtung eines Konzertsaales in einer die äußere Erscheinung der Frauenkirche zitierenden Form, ohne Bezüge zum Ort der Kirche und ohne Einbeziehung der sächsischen Landeskirche vor, der im Förderkreis keine Zustimmung findet (Dez.).

*1990*

Vertreter der Landeskirche nehmen zum Wiederaufbau gegensätzliche Positionen ein: entweder „Freiluftkirche" oder Erhaltung der Ruine als „Beitrag zur Erbepflege" (Jan.).

Die Bürgerinitiative richtet gleichlautende Schreiben an die Botschaften der USA und Großbritanniens in der DDR, an den Weltkirchenrat, an die Vereinten Nationen und an herausragende Persönlichkeiten, z. B. an Bundespräsident Dr. Richard von Weizsäcker, und informiert über einen beabsichtigten Appell zum Wiederaufbau der Frauenkirche (3.2.). Das LKA wird über den Appell ebenfalls in Kenntnis gesetzt (6.2.).

Am Vorabend des 45. Jahrestages der Zerstörung Dresdens wendet sich die Bürgerinitiative mit ihrem „Ruf" an die Weltöffentlichkeit (12.2). In das Pressegespräch zur Veröffentlichung des „Rufs" im Dresdner Hotel Bellevue fließen Argumente aus der Kirchen- und Kulturgeschichte sowie der Baugeschichte der Frauenkirche und eine Projektstudie zu ihrem Wiederaufbau ein.

Das Fernsehen der DDR berichtet in der „Aktuellen Kamera" über den Appell der Bürgerinitiative, eine internationale Stiftung zum Wiederaufbau der Frauenkirche zu gründen (12. und 13. 2.). Presseberichterstattung und öffentliche Diskussion verlaufen dagegen kontrovers.

Abendliche Kundgebung zum Gedenken an die Zerstörung Dresdens auf dem Altmarkt mit Tausenden Teilnehmern. Viele gehen im Anschluß daran mit Kerzen zur Ruine der Frauenkirche (13.2.).

Gründung des „Förderkreises zum Wiederaufbau der Frauenkirche Dresden e. V." und Übergabe der Anmeldeunterlagen beim zuständigen Kreisgericht (4./6.3.). Den Vorsitz übernimmt Prof. Güttler, die Aufgabe des Schriftführers Dr. Köckeritz und des Schatzmeisters Dipl.-Med. Hans-Christian Hoch.

Das Kreisgericht Dresden-Mitte bestätigt die Gründung des „Förderkreises" als erste eingetragene Vereinigung (e.V.) in Dresden (14.3.).

Für den Förderkreis überreicht Güttler dem Bundeskanzler zu dessen 60. Geburtstag ein Modell der Frauenkirche. Die musikalische Umrahmung der Geburtstagsfeier erfolgt durch die Virtuosi Saxoniae unter Leitung Güttlers. Die Gäste werden um „Spenden für die Bürgerinitiative zum Wiederaufbau der Frauenkirche in Dresden" gebeten (3.4.).

Die IBM Deutschland GmbH bietet durch den Vorsitzenden ihrer Geschäftsführung, Hans-Olaf Henkel, planungsbegleitende Unterstützung des Wiederaufbaus der Frauenkirche an (3.4.).

Treuhandverwaltung des Kontos des Förderkreises bei der Dresdner Bank durch die Deutsche Stiftung Denkmalschutz in Bonn (Apr.).

Weiterarbeit von 14 sich kontinuierlich treffenden Mitgliedern des Förderkreises an strukturellen und sonstigen Voraussetzungen zur Schaffung eines Stiftungsvereins (17.4.). Erfolglose Bemühungen um Einbeziehung des Baureferates des LKA als Partner des Wiederaufbaus.

Der Förderkreis legt eine detaillierte Begründung des archäologischen Wiederaufbaus (1.5.) und einen sachbezogenen Dank an die bisherigen Spender vor (15.5.).

Gegenkräfte des Wiederaufbaus erheben sich vornehmlich außerhalb Dresdens und in kirchlichen Kreisen.

Nach der Währungsumstellung (Einführung der DM) befinden sich bereits 92 017,43 DM auf Dresdner Spendenkonten des Förderkreises (1.7.).

Beginn der baulichen Sicherung des Nordwest-Treppenturms im Auftrage des LKA, verantwortlich ist der stellvertretende Baureferent KBR Dipl.-Ing. Eberhard Burger. Die Finanzierung erfolgt durch die Stadt Dresden (1.7.).

Nur wenige Tage vor der Herstellung der Deutschen Einheit gibt die britische Schülerband „The Millstones" als Antwort auf den „Ruf aus Dresden" in Warendorf/Westfalen ein Benefizkonzert zugunsten des Wiederaufbaus der Frauenkirche, bei dem sich über eintausend Zuhörer in der großen Mehrzweckhalle der Bundeswehr versammeln (25.9.).

*Durch den Beitritt der DDR zur Bundesrepublik Deutschland erfolgt die Herstellung der Deutschen Einheit (3. 10.).*

## 1991

Der Baureferent des LKA, OKR Dr. Böhme, verfaßt eine deutschlandweit verbreitete Denkschrift gegen den Wiederaufbau der Frauenkirche (Jan.).

Die von Gegnern des Wiederaufbaus negativ beeinflußte öffentliche Meinung führt zu einem drastischen Spendenrückgang.

Die Bauamtsleiterkonferenz der EKD spricht sich auf ihrer Jahrestagung in Dresden nahezu einstimmig gegen den Wiederaufbau der Frauenkirche aus (21.2.).

Der Förderkreis veranstaltet eine wissenschaftliche Arbeitstagung „Die Dresdner Frauenkirche und ihr archäologischer Wiederaufbau" (21.–23.2.). Die Teilnehmer, darunter neben Mitgliedern des Förderkreises prominente Fachleute, verabschieden ein Votum, das den Wiederaufbau des Bauwerks als Kirche, der Konstruktionsidee George Bährs folgend, in originaler Form und mit originalem Material, dem sächsischen Sandstein, fordert. Sie empfehlen die umgehende Errichtung einer Stiftung im Einvernehmen mit der Ev.-Luth. Landeskirche Sachsens, um damit die Bauherrschaft für den Wiederaufbau sicher zu stellen.

Der ehemalige Präsident des LKA Dr. h.c. Kurt Domsch hebt öffentlich den zu beklagenden Fehlbestand an Wohnungen mit ausreichender sanitärer Ausstattung hervor und stellt diesem den nicht benötigten „Bedarf an 3600 Sitzplätzen" in einer wiedererrichteten Frauenkirche gegenüber (15.3.).

Die 23. Landessynode der Ev.-Luth. Landeskirche Sachsens (16.–20.3.) entscheidet sich auf ihrer 12. öffentlichen Sitzung nach langer kontroverser Diskussion mit einer Mehrheit von 43 Ja-Stimmen bei 26 Nein-Stimmen und 5 Enthaltungen für die Mitarbeit der Landeskirche in einer zu gründenden Stiftung für den Wiederaufbau der Frauenkirche (18.3.).

Entwicklung des Wort-Bild-Zeichens der Fördergesellschaft auf der Grundlage eines Entwurfs der Architekten Schölzel und Dr. Köckeritz.

Im Rahmen ihrer ersten für Fachfirmen bestimmten Presse- und Werbeveranstaltung übergibt die Hünnebeck-RÖRO GmbH dem Förderkreis eine symbolische Sachspende von über 10 000 m² Stahlrohrgerüst für die Ruinensicherung des Choranbaus und den Wiederaufbau der Frauenkirche im Werte von ca. 750 000 DM (8.5.).

Symposium der Evangelischen Akademie Hamburg „Vom Umgang mit kirchlichen Ruinen" (31.5.–1.6.). Prof. Magirius referiert zum Thema „Frauenkirche in Dresden – Ruine oder Wiederaufbau?". Kirchliche Baupfleger und Kunsthistoriker lehnen den Wiederaufbau ab.

Die Vereinigung der Landesdenkmalpfleger in der Bundesrepublik Deutschland scheitert auf ihrer Jahrestagung in Potsdam (10.–12.6.) bei dem Versuch einer strikten Ablehnung jeder Form von Rekonstruktion (und damit auch des Wiederaufbaus der Dresdner Frauenkirche).

1. Ordentliche Mitgliederversammlung des Förderkreises im Gemeindehaus der Auferstehungskirche in Dresden-Plauen (31.8.). Der Förderkreis ändert seinen Vereinsnamen in „Gesellschaft zur Förderung des Wiederaufbaus der Frauenkirche Dresden e.V." (Fördergesellschaft) und beschließt eine neue, den sich rasch weiterentwickelnden gesellschaftlichen Verhältnissen entsprechende Satzung. Die Fachvorträge halten Prof. Magirius und Architekt Prof. (em.) Dr.-Ing. Curt Siegel. Die Fach- und Festvorträge sind künftig fest erwarteter Teil einer jeden Mitgliederversammlung.

Zu Mitgliedern des Vorstands der Fördergesellschaft werden gewählt: Prof. Güttler, Vorsitzender; Dr. Walter Köckeritz, 1. Stellv. Vorsitzender; Prof. Dr. phil. habil. Jürgen Paul, 2. Stellv. Vorsitzender; Bankdirektor Paul G. Schaubert, Schatzmeister; Dr. rer. nat. Claus Fischer, Schriftführer, und zu weiteren Mitgliedern: Hauptkonservator Prof. Heinrich Magirius; Dipl. Med. Hans-Christian Hoch; OKR i. R. Dr. Otto Baer; Dr. jur. Andreas Thomsen; OKR Dieter Zuber.

Erstes Konzert auf der Ruine der Frauenkirche zugunsten des Wiederaufbaus mit dem Blechbläserensemble Ludwig Güttler (31.8.).

Der Vorstand der Fördergesellschaft beruft den Mitbegründer der Bürgerinitiative Dr. H.-J. Jäger mit Wirkung vom 1.7.1991 zum Geschäftsführer (3.9.).

Die Fördergesellschaft ersucht Oberbürgermeister Dr. Herbert Wagner um Unterstützung des Wiederaufbauvorhabens durch die Landeshauptstadt hinsichtlich der Gewährung des Flächenbedarfs und einer finanziellen Beteiligung (3.9.).

Dr. Hans-Jochen Vogel schlägt vor, im Interesse der Finanzierung des Wiederaufbaus der Frauenkirche Sondermünzen prägen zu lassen (Sept.).

Das Architekturbüro Dr. Walter Köckeritz fertigt eine Steinkartierung der Fassade an (Sept./Okt.).

Die Förderinitiative „Freckenhorster Spendenbuch – Wiederaufbau Frauenkirche Dresden" wird in Freckenhorst (Nähe Warendorf) ins Leben gerufen; Initiatoren sind Dipl.-Päd. Marianne Webbeler und OStR Franz-Joseph Webbeler (3.10.).

Erste öffentliche Vorstellung des Spendenprojekts Frauenkirchen-Uhren, von der Fördergesellschaft mit der Firma Erich Lacher Uhrenfabrik GmbH & Co., Pforzheim, und der Stadtsparkasse Dresden vorbereitet, und Übergabe der ersten drei dieser Uhren an die nachmaligen Kuratoren Ministerpräsident Prof. Dr. jur. habil. Kurt Biedenkopf und Oberbürgermeister Dr. Wagner sowie den Vorsitzenden der Fördergesellschaft Prof. Güttler (9.10.).

Auf Initiative der Fördergesellschaft wird die Stiftung Frauenkirche Dresden e.V. gegründet, der die Bauherrschaft für den Wiederaufbau von der Landeskirche übertragen wird (23.11.). Die Fördergesellschaft und das LKA sind körperschaftliche Gründungsmitglieder. In den Vorstand werden gewählt: Prof. Güttler, Vorsitzender; OKR Zuber als von der Landeskirche benanntes Vorstandsmitglied; Prof. Siegel als Vorstandsmitglied für Architektur und Bautechnik; Hauptkonservator Prof. Magirius als Vorstandsmitglied für Denkmalpflege; Bankdirektor Schaubert als Vorstandsmitglied für Finanzen; Notar Dr. jur. Peter Horn de la Fontaine als Vorstandsmitglied für Recht.

Auf der anschließenden konstituierenden Vorstandssitzung (23. 11.) werden zu Stellvertretern des Vorsitzenden gewählt: 1. Stellv. Prof. Siegel und 2. Stellv. OKR Zuber . Der Geschäftsführer der Fördergesellschaft Dr. H.-J. Jäger wird mit kommissarischen Geschäftsführungsaufgaben durch den Stiftungsvereinvorstand beauftragt. Der Stiftungsverein nimmt in enger Kooperation mit der Fördergesellschaft, dem LfD und dem LKA zur Vorbereitung und anschließenden Auslösung von Beauftragungen des Tragwerkplaners und des Gesamtplaners seine Arbeit auf.

Der Stiftungsverein beruft einen Fachbeirat (17.12.) mit den Arbeitsgruppen für Denkmalpflege, Kunstgeschichte und Archäologie (Sprecher: Prof. Magirius), für Architektur und Konstruktion (Sprecher: Prof. Siegel, 28.1.1992), für Spenden, Werbung und Recht (H.-Ch. Hoch und Dr. Horn de la Fontaine) sowie für Dokumentation (Dr. Fischer, Dipl.-Ing. Henning Prinz und Dr. Rainer Thümmel).

Der „Förderkreis zum Wiederaufbau der Frauenkirche Dresden e.V.", Gedern in Hessen, wird gegründet, Vorsitzende Erika Leibfried (Nov.).

Auftragsvergabe zur Vorbereitung und Planung (später auch Bauleitung) der archäologischen Enttrümmerung an das Planungs- und Ingenieurbüro Dr.-Ing. Wolfram Jäger, Radebeul (9.12.).

*1992*

Die Stadtverordnetenversammlung der Landeshauptstadt Dresden bekennt sich mit einer Mehrheit von 90 Ja-Stimmen bei 12 Nein-Stimmen und 12 Enthaltungen zum Wiederaufbau der Frauenkirche und beschließt, daß die Stadt diesen in vielfältiger Weise unterstützt und zehn Prozent der zuwendungsfähigen Netto-Baukosten über zehn Jahre verteilt trägt (20.2.).

Beauftragung der Ingenieurgemeinschaft Frauenkirche Dresden (Dr. Wolfram Jäger und Prof. Dr.-Ing. Fritz Wenzel und Partner, Karlsruhe) mit der Tragwerksplanung (20. 2.).

Auf der Computermesse CeBit in Hannover werben die Fördergesellschaft und die IBM Deutschland GmbH um Spenden für den Wiederaufbau (10.–18.3.). Die IBM stellt der Fördergesellschaft ein Werbeheft zur Verfügung und präsentiert eine erste Computersimulation der wiederaufgebauten Frauenkirche.

Das Benefizkonzert der Virtuosi Saxoniae unter Leitung von Ludwig Güttler in Bad Nauheim – Förderkreis Gedern – begründet die Tradition der Benefizkonzerte zu Gunsten des Wiederaufbaus der Frauenkirche in den westlichen Bundesländern (15.3.).

Die Ingenieurgemeinschaft Jäger/Wenzel legt eine überschlägliche statische Berechnung zur Baueingabe vor. Darin wird nachgewiesen, „daß die Frauenkirche nach dem konstruktiven Konzept von George Bähr und Verwendung des artgleichen Materials, aber unter Berücksichtigung des technischen Fortschritts wiedererrichtet werden kann" (30.4.).

Ab Pfingstmontag (8.6.) befindet sich in der Nähe zur Frauenkirchenruine ein weißes Zelt mit der Aufschrift „Zelt der Stille", das als Ort der Besinnung die Möglichkeit zum Gebet anbietet. Es versieht seinen Dienst bis 1999 auf dem Neumarkt (1.8.). Seine Funktion als Raum der Stille übernimmt die Unterkirche der Frauenkirche (Nov. 2005).

Eröffnung der ersten Geschäftsstelle der Fördergesellschaft im Georgenbau des Dresdner Schlosses (12.6.).

Die IPRO Dresden Architekten- und Ingenieurgesellschaft mbH wird mit der Gesamtplanung des Wiederaufbaus beauftragt (8.9.).

KBR Burger wird von der Landeskirche beurlaubt und als Baudirektor beim Stiftungsverein angestellt (1.10.).

Prof. Dr.-Ing. Jörg Peter wird durch die Landeshauptstadt Dresden mit der bautechnischen Prüfung beauftragt (Okt.).

Das Kuratorium des Stiftung Frauenkirche Dresden e.V. konstituiert sich (17.11.) im Festsaal des Schlosses Albrechtsberg zu Dresden. Bundespräsident Dr. Richard von Weizsäcker übernimmt die Schirmherrschaft. Dem Kuratorium gehören an: als geborene Mitglieder der Bundeskanzler der Bundesrepublik Deutschland Dr. Kohl; der Ministerpräsident des Freistaates Sachsen Prof. Biedenkopf; der Oberbürgermeister Dr. Wagner; der Landesbischof der Ev.-Luth. Landeskirche Sachsens Dr. Hempel; der Präsident des LKA Hans-Dieter Hofmann als Vorsitzender; der Superintendent Dresden Mitte (zunächst unbesetzt); der Landeskonservator des LfD Dr. Glaser sowie als gekorene Mitglieder Bernhard Walter, Mitglied des Vorstands der Dresdner Bank; Dr. phil. Martin Walser, Schriftsteller; Dr. jur. Hans-Jochen Vogel MdB; Heinz-Werner Meyer, Vorsitzender des DGB und Synodaler der EKD; und Dr. Simon Barrington-Ward, Bischof von Coventry.

Der Fördergesellschaft wird der Konrad-Adenauer-Preis für Kommunalpolitik 1992 in Gold durch die Kommunalpolitische Vereinigung der CDU/CSU verliehen (12.12.).

Beauftragung der Arbeitsgemeinschaft „Archäologische Enttrümmerung Frauenkirche" (SPESA Nordhausen, Sächsische Sandsteinwerke GmbH und IVD Ingenieurvermessung Dresden Graupner-Henke-Hofmann-Kaden) durch den Stiftungsverein (17.12.).

Das Orchester der „United States Air Force in Europe" gibt in Dresden ein Benefizkonzert zugunsten des Wiederaufbaus der Frauenkirche (19.12.). Bis 1995 finden weitere solche Konzerte statt.

Mit einem Orgelkonzert ruft der Lehrer und Organist Rolf Herbst die „Initiative zur Förderung des Wiederaufbaus der Frauenkirche Dresden in Buchen" (Odenwald) ins Leben.

*1993*

Die archäologische Enttrümmerung der Kirchenruine durch die beauftragte Arbeitsgemeinschaft beginnt unter Leitung von Baudirektor Burger und Dr. W. Jäger (4.1.).

Regiekameramann Ernst Hirsch beginnt im Auftrage der Fördergesellschaft mit der umfangreichen videotechnischen Dokumentation des archäologischen Wiederaufbaus (4.1.).

Feierliche Schlüsselübergabe für die Baustelleneinrichtung durch Geschäftsführer Lorenz Flohr von der CADOLTO GmbH, Cadolzburg, an den Stiftungsvereinsvorsitzenden Prof. Güttler und Baudirektor Burger. Gleichzeitig Eröffnung von zwei Ausstellungsräumen mit einem Architekturmodell der Frauenkirche im Maßstab 1:50. Die Fördergesellschaft übernimmt die Besucherbetreuung und die weitere Spendenwerbung (12.2.).

Die Fördergesellschaft wird Veranstalter der Frauenkirchen-Lotterie, die seitdem von der Lotteriegeschäftsstelle Christian Miene Dresden/Berlin durchgeführt wird (März).

Die IBM Deutschland GmbH präsentiert moderne Computertechnik und ein computergestütztes Planungssystem mit virtueller Darstellung der Frauenkirche zur Spendenwerbung der Fördergesellschaft (März).

Die Dresdner Bank übergibt der Fördergesellschaft eine Großspende in Höhe von einer Mio. DM zugunsten des Wiederaufbaus (15.5.).

Am 250. Jahrestag der Vollendung der barocken Frauenkirche übergibt Dresdens Oberbürgermeister Dr. Wagner die Baugenehmigung für den Wiederaufbau dem Vorsitzenden des Stiftungsvereins und seinem Baudirektor (27.5.).

Die Stadtsparkasse Dresden übergibt Spenden in Höhe von 1 Mio. DM aus dem Verkauf der Frauenkirchenuhren an die Fördergesellschaft (27.5.). Gleichzeitig stellt die Pforzheimer Uhrenfabrik Erich Lacher GmbH & Co. KG eine erste von drei Turmuhren zur Verfügung, die jedoch später nicht zum Einsatz kommen.

Bergung des deformierten Kuppelkreuzes und des Turmknopfes der Laterne der zerstörten Frauenkirche aus dem Trümmerberg (1.6.).

Öffnung der geborgenen Kapseln aus dem Turmknopf im Beisein zahlreicher Vertreter der Öffentlichkeit im Dresdner Kulturpalast (2.7.). Der Papierinhalt der Kapseln ist völlig verkohlt, die Gedenk- und Kursmünzen hingegen sind überwiegend gut erhalten.

Dr. Claus-Dieter Heinze arbeitet als erster Geschäftsführer des Stiftungsvereins (1.8.–31.12.). Danach wird der Geschäftsführer der Fördergesellschaft, Dr. H.-J. Jäger, wieder kommissarisch mit Geschäftsführungsaufgaben bis Dezember 1994 betraut.

Die Netto-Baukosten für den Wiederaufbau werden mit 250 Mio. DM veranschlagt.

Der Stiftungsverein ruft die Spendenaktion „Ein Stein für die Frauenkirche" ins Leben, bei der erstmals die Möglichkeit der Steinadoption angeboten wird (Sept.).

Der TV-Sender SAT 1 sendet Werbespots zum Wiederaufbau der Frauenkirche als „virtuelle Realität" in Zusammenarbeit von IBM, Stadtsparkasse Dresden, dem Stiftungsverein und der Fördergesellschaft (Nov.).

Zum ersten Mal seit 1944 findet auf Initiative der Fördergesellschaft und des Stiftungsvereins die 1. Weihnachtliche Vesper in und vor der Frauenkirchenruine mit über 50 000 Besuchern statt (23.12.). Vor dem freigelegten, halb zerstörten Altar liest der sächsische Landesbischof Dr. Johannes Hempel die Weihnachtsgeschichte aus dem Lukas-Evangelium. Ansprache von Ministerpräsident Prof. Biedenkopf, Kurator des Stiftungsvereins, mit der eindringenden Bitte um Spenden für den Wiederaufbau. Die sächsischen Posaunenchöre, das Blechbläserensemble Ludwig Güttler, Solisten der

Sächsischen Staatoper und der Dresdner Kreuzchor gestalten die Vesper musikalisch. Sie wird von der Dussmann-Stiftung Ascholdinger Nachmittag gefördert.

Die von der Fördergesellschaft veranstalteten Weihnachtlichen Vespern finden seitdem alljährlich am 23.12. vor der Frauenkirche statt.

Die „Bad Salzufler Initiative für den Wiederaufbau der Dresdner Frauenkirche, Sprecher Kantor Werner Schmidt, die „Association Frauenkirche Paris", Brigitte Schubert-Oustry, Gisela Paul, Malcolm Livesey, und „The Dresden Trust" (16.8.), Angemering/West Sussex, U.K., Chairman Dr. phil. Alan Keith Russell, werden gegründet.

*1994*

Die Deutsche Bundesstiftung Umwelt stellt 1,5 Mio. DM für wissenschaftliche Untersuchungen im Rahmen der archäologischen Enttrümmerung zur Verfügung.

Auf einer Sitzung des Kuratoriums des Stiftungsvereins trägt der Kurator Ministerpräsident Prof. Biedenkopf konzeptionelle Gedanken zu dessen Weiterentwicklung vor (13.2.).

Im Rahmen der archäologischen Enttrümmerung wird trotz starker winterlicher Kälte die erstmalige Begehung des Altars durch Zehntausende Teilnehmer des Gedenkens an die Zerstörung Dresdens möglich (13.2.).

Der Bundesminister der Finanzen Dr. Theo Waigel kündigt die Ausgabe einer Gedenkmünze zur Unterstützung des Wiederaufbaus der Frauenkirche an (31.3.). Dem geht eine fraktionsübergreifende Initiative von Bundestagsabgeordneten in Zusammenarbeit mit der Fördergesellschaft voraus.

Die Fördergesellschaft beauftragt den Fotodesigner Jörg Schöner mit der fotografischen Dokumentation des Wiederaufbaus der Frauenkirche (28./30.4.).

In finanziell kritischer Situation erfährt der Stiftungsverein großzügige Unterstützung durch Gewährung einer Zwischenfinanzierung seitens der Dresdner Bank AG.

Unter den letzten Trümmern werden in den Katakomben das schwer beschädigte Grabdenkmal George Bährs und das Behältnis mit seinen Gebeinen gefunden (11.5.).

Der Abschluß der archäologischen Enttrümmerung erfolgt erheblich früher als geplant (24.5.). Aus dem 22 000 m³ umfassenden Trümmerberg werden 8400 Außenfassadenstücke und 87 000 Hintermauerungssteine gewonnen. Die für den Wiederaufbau verwendbaren Steine stellen etwa 15 Prozent der Fläche der Außenfassade bzw. 20 Prozent des Volumens der Hintermauerung dar.

Im Dresdner Stadtmuseum findet ein Symposium „Die Frauenkirche im Musikleben der Stadt Dresden" als gemeinsame Veranstaltung der Hochschule für Musik „Carl Maria von Weber", des Stadtmuseums und der Fördergesellschaft statt (28.5.).

*Unterstützung des archäologischen Wiederaufbaus*

Feierliche erste Versetzung eines Gewändesteins am Portal A. Nach Sicherung noch vorhandener Bausubstanz beginnt offiziell und nach außen sichtbar der Wiederaufbau (27.5.).

Erstes Internationales Künstlersymposium auf der Baustelle der Frauenkirche. Bildhauer aus zehn europäischen Ländern setzen sich künstlerisch mit Schicksal und Zukunft der Frauenkirche auseinander und unterstützen mit ihren Werken den Wiederaufbau (1.–30.6.).

Der Freistaat Sachsen, die Landeshauptstadt Dresden und die Ev.-Luth. Landeskirche Sachsens gründen als öffentliche Stifter die „Stiftung Frauenkirche Dresden" als Stiftung bürgerlichen Rechts. Sie ist Rechtsnachfolgerin der Stiftung Frauenkirche Dresden e.V. und übernimmt nun als Bauherr den Wiederaufbau der Frauenkirche sowie ihren späteren Erhalt. Das Stiftungsvermögen besteht zunächst aus dem von der Landeskirche übertragenen Erbbaurecht am Grundstück der Frauenkirche sowie aus dem Stiftungskapital von 6 Mio. DM.

Die vom Bundesministerium für Raumordnung, Bauwesen und Städtebau berufene Jury wählt den von Prof. Reinhart Heinsdorff aus Friedberg geschaffenen Entwurf der Gedenkmünze „50 Jahre Mahnung zu Frieden und Versöhnung – Wiederaufbau Frauenkirche Dresden" aus (11./12.8.). In der Jury wirkt die Fördergesellschaft durch ihren Vorsitzenden und ihren Geschäftsführer mit.

Erste Führungen um die Baustelle werden an den Wochenenden möglich (ab Aug.). Ausgangspunkt ist der neue Ausstellungscontainer der Baustelleneinrichtung. Die Führungen werden von ehrenamtlich tätigen Mitgliedern der Fördergesellschaft betreut.

Die IBM Deutschland GmbH übergibt dem Stiftungsverein auf der Baustelle ein multimediales Informationssystem zur Förderung der Spendenwerbung für den Wiederaufbau (20.10.).

4. Ordentliche Mitgliederversammlung der Fördergesellschaft (29.10.). Turnusmäßig findet die Neuwahl des Vorstands statt. Neu gewählt werden Eva-Christa Bushe, Dipl.-Ing. Schölzel für den 1993 ausgeschiedenen und zum Ehrenmitglied des Vorstands gewählten Dr. Otto Baer sowie – bis 1995 – Dipl.-Ing. Hermann Winkler, München.

Erstmals treffen sich Vertreter der Förderkreise und Mitglieder des Vorstands, um die Bildung weiterer Förderkreise zu beraten.

Der „Osnabrücker Förderkreis zur Unterstützung des Wiederaufbaus der Frauenkirche Dresden e.V.", Vorsitzender Fritz Brickwedde, die „Interessengemeinschaft ‚Mandelzweig' zum Wiederaufbau der Frauenkirche Dresden", Sprecherin Gerlind Fichtner, Bad Kreuznach, und die „Freunde der Dresdner Frauenkirche in München e.V.", Vorsitzender Dipl.-Ing. Winkler, konstituieren sich (Anfang Dez.).

Die Stifter entsenden als Mitglieder in den neu gebildeten Stiftungsrat der Stiftung: OKR Zuber (bisher Vorstandsmitglied des Stiftungsvereins) seitens der Ev.-Luth. Landeskirche Sachsens, Staatsminister Steffen Heitmann MdL, vom Freistaat Sachsen, Dr. Joseph Höß, Finanzbürgermeister, von der Landeshauptstadt Dresden. Außerdem werden Dr.-Ing. E. h. Christian Roth, Aufsichtsrat der Bilfinger & Berger Bauaktiengesellschaft, und Landeskonservator Prof. Glaser, bisher Kurator des Stiftungsvereins, berufen.

Berufung der Geschäftsführung der Stiftung durch den Stiftungsrat, dessen Vorsitz Bernhard Walter, bisher Kurator des Stiftungsvereins, übernimmt (2.12.). Baudirektor Burger wird im Amt bestätigt, Finanzdirektor wird Dr. rer. pol. Heinz Wissenbach, Bankdirektor a.D.

Der Förderkreis „Friends of Dresden, Inc.", New York (Präsident Prof. Günter Blobel, M.D. Ph. D.) wird gegründet (1994; Bestätigung Jan. 1995). Initiatoren sind: Prof. Günter Blobel, Prof. Dr. Peter Stern, Prof. Dr. Carl Wolff, Dr. Frank Wobst. Unterstützung gewährten Botschafter Richard C. Holbrook und Botschafter J. D. Bindenagel.

Allein die Fördergesellschaft hat seit Beginn ihres Bestehens bis zum Jahresschluß 1994 14 Mio. DM an Geldspenden gesammelt (31.12.).

Mit der erfolgten Gründung der Stiftung bürgerlichen Rechts „Stiftung Frauenkirche Dresden" hat der Stiftungsverein seinen Zweck erfüllt und beendet seine Tätigkeit (31.12.).

*1995*

Dr. rer. pol. Wolfgang Müller-Michaelis wird als Stiftungsdirektor bestellt (1.1.).

Sanierungsarbeiten am historischen Kellermauerwerk, an die sich die Wiedererrichtung der Gewölbe der Unterkirche anschließt (ab Jan.).

Der Vorstand der Fördergesellschaft bildet Arbeitsgruppen, um den umfangreicher gewordenen Aufgaben gerecht werden zu können. Darin wirken Mitglieder des bisherigen Fachbeirates des Stiftungsvereins weiter.

Das Kuratorium der Stiftung Frauenkirche Dresden, hervorgegangen aus dem Kuratorium der Stiftung Frauenkirche Dresden e.V., konstituiert sich (12.2.). Als geborene Mitglieder des Kuratoriums arbeiten weiterhin mit: Bundeskanzler Dr. Kohl, Ministerpräsident Prof. Biedenkopf, der Präsident des LKA Hofmann, Superintendent Rau, Oberbürgermeister Dr. Wagner. Landesbischof Kreß übernimmt den Vorsitz. Gekorene Mitglieder des Kuratoriums werden die bisherigen Kuratoren The Rt. Rev. Dr. Barrington-Ward, Bischof von Coventry, Prof. Dr. Federico Mayor, Generalsekretär der UNESCO-Generaldirektion, Dr. Hans-Jochen Vogel und Dr. Martin Walser. Der bisherige Vorsitzende des Stiftungsvereins und Vorsitzende der Fördergesellschaft Prof. Güttler wird ebenfalls ins Kuratorium berufen. Das Kuratorium genehmigt die vom Stiftungsrat vorgeschlagenen Leitlinien für die Umsetzung des Stiftungszwecks, insbesondere zur Baugestalt, Nutzung und Finanzierung. Prof. Güttler übergibt Landesbischof Kreß einen symbolischen Scheck über 6,064 Mio. DM der im Jahre 1994 von der Fördergesellschaft eingeworbenen Spenden.

Der Stiftungsrat bildet Ausschüsse und Kommissionen, um die weiter wachsenden komplexen Aufgaben der Stiftung Frauenkirche zu lösen. In ihnen wirken auch Vorstandsmitglieder der Fördergesellschaft mit, z. B. im Bauausschuß Prof. Magirius und Dipl.-Ing. Schölzel.

Beim ökumenischen Gottesdienst in der Kreuzkirche, 50 Jahre nach der Zerstörung Dresdens, überreicht Prinz Edward Herzog von Kent als Vertreter des britischen Königshauses und Schirmherr des Dresden Trust eine kolorierte Zeichnung des neu zu schaffenden Turmkreuzes der Frauenkirche (13.2.). Das Kreuz wird aus den vom Dresden Trust gesammelten Spenden finanziert und soll Symbol der Versöhnung zwischen Großbritannien und Deutschland sein.

Die Dresdner Bank stellt gemeinsam mit Stiftung und Fördergesellschaft die Aktion „Stifterbriefe" in Dresden der Öffentlichkeit vor (15.3.). Für 500, 1500 und 2500 DM kann ein Bronzener, Silberner bzw. Goldener Stifterbrief erworben werden. Der

Verkauf von Stifterbriefen erbringt allein im Jahre 1995 20,2 Mio. DM an Spenden für den Wiederaufbau.

Die 10-DM-Gedenkmünze, die auf Anregung von Dr. Hans-Jochen Vogel und mit Unterstützung der Fördergesellschaft sowie des Stiftungsvereins vorbereitet wurde, präsentiert Bundesfinanzminister Dr. Theodor Waigel im Dresdner Schloß (3.5.). Die Bundesregierung stellt den Münzgewinn in Höhe von 45 Mio. DM ausschließlich für den Wiederaufbau zur Verfügung.

Auf Initiative der Steinmetz- und Bildhauerinnung Berlin werden 28 als Gesellenstücke gefertigte Werksteine dem Wiederaufbau gestiftet (Juli). Daraus entwickelt sich eine Tradition, indem Innungen, Firmen und einzelne Handwerker den Wiederaufbau mit Stein- und Bauteilspenden unterstützen.

Nach Abschluß archäologischer Rettungsgrabungen in den Resten des alten Frauenkirchhofes (Aug.) entsteht das unterirdische neue Außenbauwerk, das die Kirche U-förmig von Süden über Osten bis Norden umschließt und Funktionsräume für moderne Nutzungsanforderungen enthält (Mai – Dez.).

5. Ordentliche Mitgliederversammlung der Fördergesellschaft (28.10.). Pfarrer Frank Richter plädiert für eine Gruppe, die der Fördergesellschaft kurz vor der Mitgliederversammlung beigetreten ist, „die mahnenden Ruinenteile" der Frauenkirche nicht mehr in den Wiederaufbau einzubeziehen. Diese Vorstellungen werden von den versammelten Mitgliedern empört zurückgewiesen (30.10.).

Der erste Band des von nun an alljährlich von der Fördergesellschaft herausgegebenen Jahrbuches „Die Dresdner Frauenkirche" erscheint (28.10.). Prof. Magirius legt in einem wissenschaftstheoretischen Beitrag Aufgaben und Ziele des archäologischen Wiederaufbaus der Frauenkirche dar.

Die dänische Villum Kann Rasmussen Stiftung übergibt der Fördergesellschaft eine Großspende von 2 Mio. DM zur Unterstützung des Wiederaufbaus unter Anwesenheit des Kuratoriums der Stiftung (5.11.).

Internationales Kolloquium „Gemauerte Kuppelbauten und der Wiederaufbau der Frauenkirche zu Dresden", veranstaltet von der Fakultät für Bauingenieurwesen der TUD in Zusammenarbeit mit der Stiftung (18.11.).

In der Dresdner Annenkirche wird Pfarrer Michael Winkel in sein Amt eingeführt. Er wird 25 Prozent seiner Tätigkeit missionarischen Aufgaben in der neu entstehenden Frauenkirche widmen (3.12.).

Der „Förderkreis Frauenkirche Dresden der Katholischen Gemeinde St. Paulus-Augustinus", Hamburg-Groß Fleetbeck, Vorsitzender Ing. Franz Tannenberg, der „Wiederaufbau Frauenkirche Dresden, Freundeskreis Celle e.V.", Vorsitzende Apothekerin Sigrid Kühnemann und Wolfgang Kühnemann, der „Freundeskreis Frauenkirche Dresden Lippstadt-Soest", Initiator und 1. Vorsitzender Joachim Weyrauch (zum nachfolgenden Vorsitzenden wird 1998 Superintendent i. R. Berthold Althoff gewählt), und der „Zahnärzte-Stifterclub Dresdner Frauenkirche", Sprecher Dr. med. Hans-Christian Hoch, werden gegründet.

*1996*

Das Zweite Deutsche Fernsehen (ZDF) wirbt um Spenden für den Wiederaufbau unter dem Motto „Ein Baustein für die Frauenkirche" mit Werbespots, Berichten über den Baufortschritt und die Durchführung von Konzerten (13.2.).

Abschluß des Probeloses 1 – Wiederaufbau des Portals C und der umgebenden Außenwand auf etwa 7,6 m Höhe (21.3.). Die Umstellung des Einsatzes von Turmdrehkränen auf Brückenkräne hat entscheidende Bedeutung für den weiteren Baufortschritt.

Stifterbriefkonzerte der Dresdner Bank AG im Schloßtheater Schwätzingen (27.03.) und im Konzerthaus Karlsruhe (28.3.) mit den Virtuosi Saxoniae, Leitung und Solist Ludwig Güttler. Eine Vielzahl von Konzerten dieser Art folgt.

Der oberirdische Wiederaufbau bis zur Höhe der ersten Fensterreihe (Baulos 2) beginnt (20.5.). Die Bauleistungen werden an die Arbeitsgemeinschaft (ARGE Los 2) der Firmen Heilit & Woerner Bau AG, Philipp Holzmann AG und Sächsische Sandsteinwerke GmbH vergeben, Oberbauleitung Obering. Gerhard Ringelmann.

Das ZDF sendet eine 16-teilige Veranstaltungsreihe des „ZDF-Fernsehgartens" aus den deutschen Landeshauptstädten und erzielt eine Spendesumme 3,1 Mio. DM für die Frauenkirche (Mai – Sept.).

In der von der LEGO GmbH Deutschland, der Legoland AVS Dänemark und dem Hotel Hilton Dresden in Zusammenarbeit mit der Fördergesellschaft vorbereiteten Aktion „Zusammen bauen" setzen 22 000 Erwachsene und Kinder aus 500 000 Legosteinen ein Frauenkirchenmodell im Maßstab 1:33 zusammen. Die dabei eingesammelte Spendensumme beträgt 292 000 DM (3.–31.8.).

Weihe des kreuzförmigen Mittelraumes als Unterkirche durch Landesbischof Kreß (21.8.). Der Altar, ein 11 Tonnen schwerer schwarzgrauer Monolith aus irischem Kalkmarmor, ist ein Werk des in Großbritannien lebenden Bildhauers Anish Kapoor.

Beginn der ersten Etappe der Planung zur Wiederherstellung der historischen Raumstrukturen des Kircheninneren.

Beginn der Wiederaufbaukonzerte in der Unterkirche (22.8.), künstlerischer Leiter: Prof. Ludwig Güttler.

Allwöchentlich finden ab Oktober Gottesdienste am Sonntagabend 18 Uhr und ökumenische Abendandachten am Freitagabend 18 Uhr in der Unterkirche statt. Die Wiederaufbaukonzerte, die Kirchenführungen, die Vorträge und Andachten werden von Tausenden besucht.

Die 6. Ordentliche Mitgliederversammlung der Fördergesellschaft (2.11.) findet erstmals im Rahmen der von der Fördergesellschaft veranstalteten Frauenkirchenfesttage mit Vorträgen, Informationsveranstaltungen und einem festlichen Konzert mit den Virtuosi Saxoniae, Leitung und Solist Ludwig Güttler, statt ( 30.10.–2.11.).

Der Tischlergeselle Steffen Thieme spendet sein Meisterstück, die Tür für das Portal F, dem Wiederaufbau (Dez.). Weitere junge Handwerker folgen diesem Beispiel.

Die in diesem Jahr von der Fördergesellschaft mit ehrenamtlich tätigen Mitgliedern organisierten Führungen an und über die Baustelle erbringen 130 000 DM an Spenden. Die Führungen werden ab 1996/97 von der Stiftung organisiert.

Der „Freundeskreis Köln-Düsseldorf der Frauenkirche zu Dresden" (Initiatoren Dr. jur. Udo Madaus, Dipl.-Ing.-Ök. Dipl.-Kfm. Ulrich Blüthner-Haessler, Dipl.-Ing. Arnd Böhme und Ing. Albert Boos) und die „Initiative Wiederaufbau Frauenkirche Dresden in Bad Elster", Sprecher Dipl.-Ing. Martin Schwarzenberg, werden gegründet.

### 1997

Abschluß des Bauloses 2, mit dem das Mauerwerk rundum eine Höhe von 8,8 m erreicht, Treppenhäuser für vier Eingänge sowie zwei Eingangshallen mit den dazugehörigen Betstuben und Kellertreppen sind fertiggestellt (11.4.).

Der Fördergesellschaft wird in Berlin der erste Nationalpreis der Deutschen Nationalstiftung verliehen (17.4.). Bundespräsident Prof. Dr. Roman Herzog und Bundeskanzler a.D. Helmut Schmidt würdigen das Engagement der Initiatoren und Förderer des Wiederaufbaus im In- und Ausland.

Gründung der Wiederaufbau Frauenkirche Dresden GmbH durch die Stiftung und die Fördergesellschaft als wirtschaftlich arbeitendes Unternehmen (30.4.).

Beginn des Bauloses 3 und 3N, das den Weiterbau der Außenmauern und die Errichtung der Innenpfeiler bis in 16 m Höhe vorsieht (18.6.).

Auf dem 27. Deutschen Ev. Kirchentag in Leipzig ist die Fördergesellschaft mit einem Informationsstand auf dem Markt der Möglichkeiten vertreten. Viele Kirchentagsbesucher lehnen den Wiederaufbau der Frauenkirche noch ab (18.–22.6.).

Die von der Dresdner Bank ins Leben gerufene Spendenaktion „Stifterkarte" wird der Öffentlichkeit präsentiert. Dafür stellen namhafte Dresdner Künstler ihre Werke der Stiftung Frauenkirche Dresden zur Verfügung (Juli).

Mehr als 30 000 Einzelpersonen und Unternehmen haben bisher rund 66 Mio. DM über die Aktion „Stifterbrief" für den Wiederaufbau gespendet. Dabei spenden die Dresdner Bank und ihre Mitarbeiter bis zu diesem Zeitpunkt 9 Mio. DM, um ein Zeichen des Bürgersinns zu setzen. Spender werden in der Aktion „Stifter werben Stifter" um weitere Mithilfe gebeten (Juli/Aug.).

Die „Initiative für den Wiederaufbau der Frauenkirche Dresden in Oldenburg, Bremen und Umgebung", Sprecherin Thekla Twietmeyer, und die „Studenteninitiative Wiederaufbau Frauenkirche Dresden e.V.", Vorsitzender Steffen Müller, werden gegründet.

### 1998

Auf der General-Distriktversammlung der Lions Clubs International in Dresden erfolgt die symbolische Übergabe aller bis dahin gesammelten Spenden in Höhe von 1 Mio. DM an die Fördergesellschaft (24.5.).

Die Beauftragung von Jörg Schöner mit der Fotodokumentation des Wiederaufbaus, die die Fördergesellschaft weiter unterstützt, geht auf die Stiftung über (1.6.).

Erstmals findet ein Vortrag in der Reihe „Donnerstagsforum", veranstaltet von der Fördergesellschaft, in der Unterkirche statt (26.3.). Diese Vortragsreihe wird seitdem jeden letzten Donnerstag im Monat vornehmlich in der Unterkirche fortgesetzt.

Auf dem 67. Internationalen Wollkongreß in Dresden unter Vorsitz des Präsidenten Dieter Vollstedt erfolgt in Zusammenarbeit mit der Fördergesellschaft die symbolische Versteigerung eines von der Republik Österreich gestifteten Papyrus aus dem Jahre 596 n. Chr. zu Gunsten des Wiederaufbaus (14.–18.6.). Der erzielte Spendenbetrag umfaßt 200 000 DM.

Abschluß des Bauloses 3 (30.8.). Außenmauern und Innenpfeiler, Treppen und Spieramen erreichen eine Höhe von 16,50 m. Die Betstuben im Erdgeschoß einschließlich Sakristei und Taufkapelle sind im Rohbau vollendet, ebenso der Bau der ersten beiden Emporen als Stahlkonstruktion.

Nach erfolgreicher Konservierung der Originalsubstanz des Altars durch die Restauratoren Dr.-Ing. Hendrik Heidelmann, Dipl.-Rest. Christoph Hein und Maler Jan Kretschmar – 1642 aus dem Schutt geborgene Fragmente sind zugeordnet und angebaut – beginnt Bildhauer Vinzenz Wanitschke mit der Ergänzung noch fehlender Teile (Aug.).

Prof. Dr. Dr. h.c. mult. Erich H. Markel, Präsident der New York Max Kade Foundation, USA, übergibt gemeinsam mit Prof. Dr. Günter Blobel, Präsident der Friends of Dresden Inc., eine Spende zugunsten des Wiederaufbaus an Kurator Oberbürgermeister Dr. Wagner und an den Vorsitzenden der Fördergesellschaft und Kurator der Stiftung Prof. Güttler (12.9.).

Bundesminister Dr. Waigel teilt Prof. Güttler mit, daß er dem Programmausschuß Sonderpostwertzeichen die Aufnahme einer Sondermarke Wiederaufbau Frauenkirche für das Jahr 2000 empfohlen hat (17.9.).

Die bereits 1995 begonnene Aktion der Dresdner Taxigenossenschaft e.G., pro vermitteltem Fahrauftrag einen Pfennig für die Frauenkirche zu spenden, erreicht die Summe von 20 000 DM (Okt.).

Die älteste Glocke des mittelalterlichen Vorgängerbaus kehrt an die Frauenkirche zurück. Sie wird von Landesbischof Kreß wieder in den Dienst genommen (22.11.).

Die Außenmauern erreichen eine Höhe von 20,50 m (Dez.). Die Frauenkirche wächst wieder in die Silhouette der Stadt hinein.

Präsentation des Goldenen Kuppelkreuzes im Schloßhof von Windsor anläßlich des Staatsbesuches des deutschen Bundespräsidenten in Großbritannien (1.12.).

*1999*
Die erste Nummer der „Frauenkirchen-Nachrichten" erscheint (1.2.). Herausgeber ist die „Studenteninitiative Wiederaufbau Frauenkirche Dresden e.V." Der Erlös aus dem Verkauf fließt dem Wiederaufbau zu.

Ausstellung des Kuppelkreuzes in der Kathedrale St Michael in Coventry als Zeichen der Versöhnung und Verständigung (Febr.).

Baudirektor Burger teilt mit, daß der Steinbau infolge des Einsatzes der Brückenkräne und des Wetterschutzdaches zwei Jahre früher als geplant beendet werden wird – also 2004 statt 2006 (14.2.).

Abschluß des Bauloses 3N (31.3.). Die Außenmauern sind 24,30 m hoch und erreichen die Schicht unter dem Hauptgesims. Die Innenpfeiler sind auf 18,37 m Höhe angewachsen, die dritte und vierte Empore ist montiert.

Mit Beginn des Bauloses 4 wird der letzte Bauabschnitt des Wiederaufbaus in Angriff genommen (1.4.).

Die polnische Kleinstadt Gostyń spendet eine von einem polnischen Steinmetzen gefertigte steinerne Flammenvase für den Nordost-Eckturm (16.4.). Sie erinnert damit an fünf junge aus Gostyń stammende antifaschistische Widerstandskämpfer, die in Dresden am 24. August 1942 hingerichtet wurden, und soll, auch im Namen noch lebender Angehöriger der Opfer, ein Zeichen der Versöhnung sein.

Die VI. Internationale Konferenz „Structural Studies, Repairs and Maintenance of Historical Buildings" (STREMAH 99) findet erstmals in Dresden statt. In der Sektion

"The Revival of Dresden" stehen der Wiederaufbau der Frauenkirche und das ihn tragende bürgerschaftliche Engagement im Mittelpunkt (22.–26.6.).

Ein großer ökumenischer Gottesdienst findet vor der Baustelle der Frauenkirche anläßlich des mit dem 1. Adventssonntag beginnenden Kirchenjahres 2000 statt (27.11.).

Abschluß des restauratorisch-konservatorischen Teils der Arbeiten am Altar – nahezu das gesamte ikonographische Programm des Altars ist wiederhergestellt.

Die Innen- und Außensanierung des Choranbaus sowie die Montage der Emporen sind abgeschlossen (31.12.). Das Bauwerk erreicht ringsum eine Höhe von 25,3 m.

*2000*

Amtseinführung von Stephan Fritz als Pfarrer der Frauenkirche (2.1.).

Der Herzog von Kent übergibt das neu gefertigte Kuppelkreuz (13.2.). Das Kreuz ist 4,70 m hoch und hat ein Gewicht von 1,24 t. Geschaffen wurde es in der Londoner Firma Grant McDonald durch den Kunstschmied Alan Smith.

Prof. Dr. Günter Blobel, Nobelpreisträger für Medizin 1999 und Vorsitzender der "Friends of Dresden, Inc.", New York, spendet in der Frauenkirche 1,6 Mio. DM seines Preisgeldes für den Wiederaufbau (22.5.).

Auf dem Gelände der EXPO 2000 in Hannover lädt direkt vor dem Deutschen Pavillon eine Kunstinstallation von Bernhard Buderath, Hamburg, und Werner Lorke, Frankfurt am Main/New York, im Auftrag der Dresdner Bank entworfen, zu Spenden für den Wiederaufbau der Frauenkirche ein (1.6.–31.10.).

Im Rahmen der EXPO präsentiert die Fördergesellschaft in Dresden zeitgleich eine Bildtafelausstellung zur Geschichte des Wiederaufbaus.

Das Altargewölbe im Chor wird geschlossen (Okt. – Dez.).

10. Ordentliche Mitgliederversammlung der Fördergesellschaft (28.10.). Bei der turnusgemäßen Neuwahl des Vorstands werden für die ausgeschiedenen Mitglieder Dr. Fischer, der von nun an als ehrenamtlicher Sekretär des Vorstands tätig ist, und Dr. Thomsen Rechtsanwalt Otto Stolberg-Stolberg und der Vorsitzende der Studenteninitiative Wiederaufbau Frauenkirche Dresden e.V. Steffen Müller gewählt.

In der Residenz des britischen Botschafters in Paris, Sir Michael Jay, wird auf dessen und des deutschen Botschafters Peter Hartmann Einladung am 60. Jahrestag der Zerstörung Coventrys durch einen deutschen Luftangriff ein Benefizkonzert mit der Sopranistin Dame Felicity Lott und dem polnischen Pianisten Maciej Pikulski veranstaltet (16.11.).

Erstmals seit 55 Jahren wird wieder ein Gottesdienst in dem noch im Rohbau befindlichen Innenraum der Frauenkirche abgehalten (1.12.).

Kurz danach findet am gleichen Ort das erste Konzert mit der Sächsischen Staatskapelle Dresden, dem Chor der Sächsischen Staatsoper Dresden unter Leitung von Giuseppe Sinopoli und der Sopranistin Cecilia Bartoli statt (3.12.). Bis zum 30. Dezember folgen weitere drei Gottesdienste und elf Konzerte mit insgesamt 18 000 Besuchern. Die Medien berichten in ganz Deutschland über diese Veranstaltungen und lösen eine weitere Spendenwelle zugunsten der Frauenkirche aus.

Die Ausstellung "George Bähr. Die Frauenkirche und das bürgerliche Bauen in Dresden" der Staatlichen Kunstsammlungen Dresden und des LfD wird im Georgenbau des Dresdner Schlosses eröffnet (21.12.–4.3.2001).

Der „Freundeskreis Wiederaufbau Frauenkirche Dresden, Darmstadt/Mühltal", Sprecherin Henrike-Victoria Imhof, und der „Verein Schweizer Freunde der Frauenkirche Dresden", Oberrohrdorf b. Zürich/Schweiz, Vorsitzender Dr. phil. Peter Rinderknecht, werden gegründet.

*2001*

In allen 950 Gemeinden der Ev.-Luth. Landeskirche Sachsens wird erstmalig für den Wiederaufbau der Frauenkirche gesammelt. Die Kollekte erbringt 140 200 DM (11.2.).

Bekanntmachung der Leitlinien zum Neubau der Hauptorgel durch die Stiftung (11.2.).

Auf dem 29. Deutschen Evangelischen Kirchentag in Frankfurt / Main stellt die Fördergesellschaft das weltweite Engagement für den Wiederaufbau der Dresdner Frauenkirche als Symbol der Versöhnung in den Mittelpunkt ihrer Repräsentanz (13.–17.6.).

Die rund 10 m hohe Innenkuppel ist vollendet, der letzte Stein des oberen Druckringes versetzt (29.6.). Eine in ca. 28 m Höhe eingebrachte Zwischendecke bietet eine genügend große Fläche, um in der inneren Kuppel mit allen Bauleuten ein „Kuppelfest" zu feiern (3.8.).

Das aus den Trümmern geborgene Großteil 35, der sogenannte „Schmetterling", wird nach seiner Sanierung mit einem Gewicht von etwa 75 t von einem 800 t-Mobildrehkran in 55 Minuten auf 38,4 m Bauhöhe im Treppenturm G an die gleiche Stelle gehoben, von der es am 15. Februar 1945 abgestürzt war (10.8.).

Im Rahmen der mehrjährigen Restaurierung des Altars ist die Ergänzung der Figuren durch Vinzenz Wanitschke, Jan Kretschmar, Johannes Peschel und Hartmut Witschel abgeschlossen (Sept.).

Zur ersten internationalen Jugendbegegnung an der Frauenkirche reisen Jugendliche aus Dresdens Partnerstädten an, um sich zum Gottesdienst, gemeinsamen Gebet und Gedankenaustausch zu versammeln (14.–23.9.).

Beginn der Schaffung einer 6 m breiten Probeachse am Pfeiler F bis zur Höhe der Innenkuppel mit dem Ziel der Wiederherstellung von Stuck und Farbe des Innenraums sowie der Emporen und des Gestühls im ursprünglichen Zustand zum Zeitpunkt der Kirchraumweihe 1734 (Nov.). Der Restaurator Wolfgang Benndorf erstellt ein Innenraumfarbkonzept. Die Arbeitsgruppe „Innenraumfarbigkeit" bei der Stiftung, in der Fachleute des LfD und der Kunstwissenschaft mitwirken, begleitet die Arbeit zur Farbgestaltung bis zum Abschluß des Wiederaufbaus.

Der Choranbau erreicht 34 m Höhe, der Gesamtbau 38 m. Der Rohbau des Kirchenraumes ist beendet (Dez.).

Der „Wiederaufbau Frauenkirche Dresden Freundeskreis Ladbergen e.V.", Vorsitzender Günther Haug, die „Freunde der Dresdner Frauenkirche in Altena-Iserlohn und Umgebung", Vorsitzender Helmut Rittinghaus, der „Freundeskreis Frauenkirche Dresden im Märkischen Kreis, Schalksmühle/Sauerland", Sprecher Karin Vedder und Horst-Erich Döpper und die „Aktionsgruppe Borken" (Hessen), Initiatorin Heidrun Pillar, werden gegründet.

*2002*

Mit der Verlegung der letzten Abdeckplatte sind die Arbeiten am Kuppelanlauf abgeschlossen (Jan.).

Die Unterkirche der Frauenkirche wird in diesem Jahr ein Zentrum des Weltgebetstages (1.3.).

Ein auf Initiative des Pädagogischen Arbeitskreises der Fördergesellschaft vom Beruflichen Schulzentrum für Bautechnik Dresden „George Bähr", dem überbetrieblichen Ausbildungszentrum des Berufsförderungswerkes Bau Sachsen e.V. sowie dem BSZ für Metalltechnik Dresden im Maßstab 1:5 geschaffenes Modell der Turmhaube der Frauenkirche wird der Stiftung übergeben und auf der Nordseite der Kirche aufgestellt (27.3.).

Stiftungsrat und Kuratorium der Stiftung fällen nach mehrjähriger Arbeit der Orgelkommission der Stiftung die Richtungsentscheidung für den Neubau einer Orgel, die Silbermann so weit wie möglich folgt (27.3.).

Die Chorbalustrade entsteht neu und mit ihr der Nachbau der 1739 von Johann Christian Feige d. Ä. geschaffenen Lesekanzel (Mai).

Fertigstellung der Probeachse um den Pfeiler F, die sich bis in die innere Kuppel fortsetzt (Ende Mai).

Das nicht mehr benötigte Hauptgerüst wird abgebaut (Ende Mai). Die Kirche ist nun bis zum Hauptgesims weithin sichtbar (Aug.).

*Dresden, Pirna, Meißen sowie die elbnahen Städte und Dörfer in Sachsen, Sachsen-Anhalt und Niedersachsen werden von einer katastrophalen Jahrhundertflut der Elbe und ihrer Nebenflüsse heimgesucht (13.–20.8.).*

Die Elbe erreicht am Pegel der Dresdner Augustusbrücke einen Rekordhöchststand von 9,40 m (17.8.). Die Kirche kommt glimpflich davon. Die durch Auftrieb des Grundwassers gefährdeten unterirdischen Außenbauwerke werden durch ca. 1000 t Steinmaterial, das sich auf der Baustelle befindet, belastet und damit gerettet. Die Unterkirche der Frauenkirche und die Funktionsräume im Keller erleiden Schäden durch eindringendes Grundwasser. Dank der Helfer, vor allem des Technischen Hilfswerkes Eisenach, kann das Wasser abgepumpt werden.

Die Bauarbeiten beginnen wieder (20.8.).

Der erste Gottesdienst nach dem Hochwasser kann wieder in der Unterkirche stattfinden (20.9.).

Das Wetterschutzdach wird zum fünften und letzten Mal angehoben und erreicht eine Höhe von 68 Metern (5./6.11.).

Während der 21. Ökumenischen Friedensdekade ist die Frauenkirche eines der wichtigsten geistlichen Zentren (11.–19.11.).

Die von Christoph Feuerstein M. A. nach vornehmlich alttestamentlichen Themen künstlerisch gestalteten neuen Glocken der Frauenkirche werden in der Glockengießerei A. Bachert in Bad Friedrichshall gegossen (20.12.).

*2003*

Der Stiftungsrat der Stiftung beschließt, daß die Frauenkirche eine moderne Orgel mit barockem Prospekt und 65 Registern auf vier Manualen erhält. Vergabe des Auftrags für die Orgel an die Straßburger Firma Daniel Kern (Febr.).

Mit Ausnahme der größten neuen Glocke zeigen sich bei den anderen Beeinträchtigungen des Klangbildes, was einen zweiten, diesmal erfolgreichen Guß in der Glockengießerei A. Bachert in Karlsruhe erfordert (4.4.).

Aufstellung der Glockenstühle in den Glockenstuben der westlichen Türme C und E (Apr.).

Nach ihrer Ankunft in Dresden werden die Glocken von Tausenden Einwohnern in einer festlichen Prozession willkommen geheißen (2.5.) und präsentiert (3.5.). Dann erfolgt ihre Indienstnahme während eines Gottesdienstes vor dem Georgentor auf dem Schloßplatz, an dem ungezählte Menschen teilnehmen (4.5.). Danach musizieren das Blechbläserensemble Ludwig Güttler, Schlagzeuger der Sächsischen Staatskapelle Dresden und der Dresdner Philharmonie die eigens von Güttler für diesen Tag komponierte feierliche „Musik für Kirchenglocken, Röhrenglocken, Gongs, Tamtams, Pauken, 5 Trompeten, Waldhorn, 4 Posaunen und Baßtuba" über den Choral „Jerusalem, du hochgebaute Stadt" (Uraufführung).

Zum Pfingstsonnabend läuten von den beiden Glockentürmen der Frauenkirche erstmalig acht Glocken, zu denen nun auch die älteste von 1518 gehört (7.6.). Sie sind mit den Glocken der Kreuzkirche und der Kathedrale (Katholische Hofkirche) harmonisch abgestimmt. Über hunderttausend Menschen erleben dieses Läuten in der Dresdner Innenstadt.

Der Turmuhrenservice Höppner in Pirna restauriert ein aus Lohmen stammendes, nicht mehr benötigtes mechanisches Turmuhrwerk gleichen Fabrikats wie das seit 1898 in der Frauenkirche vorhandene. Es wird im Turm C über den Glocken montiert (Mai).

Der Bau der Hauptkuppel ist vollendet (23.5.).

Die Fördergesellschaft ist auf dem Ökumenischen Kirchentag in Berlin präsent (28.5.–1.6.).

Vorstellung der neuen von Prof. Michael Schönholtz entworfenen Gestaltung der Unterkirche in der Öffentlichkeit (21.6.). Die Unterkirche wird ein Raum der Stille, des Gebets und des Gedenkens sein.

Die Hauptkuppel ist enthüllt, das Lehrgerüst entfernt (1.7.). Seitdem „schwebt" die „Steinerne Glocke" wieder über den Dächern Dresdens.

Gründungsversammlung der „Gesellschaft zur Förderung der Frauenkirche Dresden e.V." im Haus der Kirche (Drei-Königs-Kirche) in Dresden-Neustadt. In den Vorstand werden gewählt: Prof. Güttler, Vorsitzender; Pfarrer Gotthelf Eisenberg, 1. stellv. Vorsitzender; Rechtsanwalt Stolberg-Stolberg, 2. stellv. Vorsitzender; Dipl.-Kfm. Blüthner-Haessler, Schatzmeister; Andreas Schöne M.A., Schriftführer. Diese „neue" Fördergesellschaft will nach Abschluß der Bauaufgabe das bisherige bürgerschaftliche Engagement für die Frauenkirche in Zusammenarbeit mit der Stiftung weiterführen.

Als künstlerischer Oberleiter koordiniert Dipl.-Restaurator Peter Taubert die Arbeit der Künstler, Maler, Stukkateure und Tischler bei der Farbgestaltung des Innenraumes und setzt die Ergebnisse der Probeachse in Abstimmung mit der Arbeitsgruppe Innenraumfarbigkeit in die endgültige Fassung um (seit Juli).

Die Versetzarbeiten für den Laternenstuhl sind beendet. Der Steinbau der Frauenkirche erreicht eine Höhe von 65 m. Die ersten Steine der vier Laternenschäfte, die die Aussichtsplattform begrenzen, werden versetzt (Sept.).

Jugendliche aus den Partnerstädten Dresdens treffen sich auf Einladung des Pfarrbüros der Frauenkirche zur zweiten Internationalen Jugendbegegnung (27.9.–5.10.).

Der Innenausbau nimmt einen allseitig raschen Fortgang. Die Modelle für den künftigen Orgelprospekt, der originalgetreu wiederhergestellt wird, sind fertig. Die beiden Engel schafft der Bildhauer Quirin Roth in München, den Prospekt die Holzrestaurierungsfirma von Holzbildhauer und Diplom-Restaurator Karsten Püschner in Hartmannsdorf b. Freiberg.

13. Ordentliche Mitgliederversammlung der Fördergesellschaft (1.11.). Bei den Vorstandswahlen wird anstelle des ausgeschiedenen Steffen Müller Dipl.-Ing.-Ök. Dipl.-Kfm. Ulrich Blüthner-Haessler (Mettmann) gewählt.

Rückbau des Gerüstmittelturms im Innern der Frauenkirche (Anf. Aug.–3.11.).

Die Ausmalung der Innenkuppel mit den nach dem Vorbild der 1734 von Giovanni Battista Grone geschaffenen acht Deckengemälden wird dem Kunstmaler Christoph Wetzel übertragen (12.12.).

Der Pädagogische Arbeitskreis e.V. (Vorsitzender Dipl.-Ing.-Päd. Heiko Günther stellt den Jahreskalender „Junge Kunst für die Frauenkirche 2005" vor, aus dessen Erlös der Stiftung 10 000 Euro zufließen (Ende Dez.).

Ein Förderkreis Frauenkirche Dresden wird in Stuttgart gegründet (Initiator Manfred Bechtel).

*2004*

Der Stiftungsrat beruft Matthias Grünert in das Amt des Frauenkirchenkantors (15.2.).

Der letzte Nagel wird in einen Dachsparren der von jungen Zimmerermeistern abgebundenen Laternenhaube geschlagen und der Richtspruch gesprochen (15.3.).

Der letzte Stein wird im Laternengesims versetzt (13.4.). Damit ist der Steinbau der Frauenkirche vollendet.

Einsetzen der mit Dokumenten der Stiftung über den Wiederaufbau der Frauenkirche, mit Tageszeitungen, historischen und EURO-Münzen einschließlich der 10-DM-Gedenkmünze gefüllten deutschen und mit Dokumenten über die Aktivitäten des Dresden Trust gefüllten britischen Kapsel in den Turmknauf unter dem vergoldeten Turmkreuz der Frauenkirche (26.5.).

Deutsch-britische Schülerbegegnung im Zusammenwirken des Dresden Trust mit der Fördergesellschaft (18.–24.6.).

Feierliche Hebung der Laternenhaube mit Kuppelkreuz auf die Hauptkuppel der Frauenkirche; ungezählte Menschen wohnen diesem Ereignis am Ort des Geschehens bis hin zu den Elbwiesen bei (22.6.).

Mit dem Abbau der letzten Gerüstteile von der Fassade ist der Kirchbau in äußerer Gestalt vollendet (30.7.). Das Bauabnahmeprotokoll wird von der Stiftung, Baudirektor Burger, dem Hauptplaner IPRO, Bauleiter Dipl.-Ing. Dietmar Manig, und der Arbeitsgemeinschaft Los 4 (Walter-Bau und Sächsische Sandsteinwerke Pirna GmbH), Geschäftsführer Dipl.-Ing. Frank Spiegel, unterzeichnet.

Galakonzert zum Staatsbesuch der britischen Königin Elizabeth II. in der Berliner Philharmonie (3. Nov.). Das für den Wiederaufbau der Frauenkirche gespendete Geld in Höhe von 358 000 Euro übergibt der britische Botschafter in der Bundesrepublik Deutschland, Sir Peter Torry, dem sächsischen Landesbischof Jochen Bohl (15.12.).

Ausstellung „Dresdner Künstler unter der Steinernen Glocke" im Foyer des Sächsischen Staatsministeriums der Finanzen (15.11.–5.1.2005), veranstaltet von der Galerie F Dresden – Herta Fürch – mit Unterstützung durch die Stiftung, die Fördergesellschaft und das Staatsministerium der Finanzen. Sie ehrt die den Innenraum der Frauenkirche gestaltenden Künstler Wolfgang Benndorf, Werner Rauschhardt, Christian Schulze, Renate Schulze, Peter Taubert, Vinzenz Wanitschke und Christoph Wetzel.

Ein nach einem Entwurf von Architekt Schölzel gefertigter Herrnhuter Stern leuchtet seit dem 1. Advent in der Laterne der Frauenkirche (28.11.).

Der Stiftungsrat beruft Samuel Kummer in das Amt des Organisten an der Frauenkirche (Dez.).

*2005*

Der Aufgang zur Laterne über den Eingang G der Frauenkirche wird für die Öffentlichkeit freigegeben (1.2.).

60. Jahrestag des Gedenkens an die Zerstörung Dresdens (13.2.). Die Fördergesellschaft lädt zum stillen Gedenken an die Frauenkirche ein, die Stiftung öffnet zur Nacht der Stille erstmals den Hauptkirchenraum.

Christoph Wetzel beendet die Ausmalung der Innenkuppel mit den Bildern der vier Evangelisten und vier christlichen Tugenden (12.3.).

Die 17. Edition der Frauenkirchen-Uhr wird von der Fördergesellschaft, der Pforzheimer Uhrenfabrik Erich Lacher und der Ostsächsischen Sparkasse Dresden (Nachfolgerin der Stadtsparkasse Dresden) herausgebracht (März).

Zu einem Galakonzert mit den Virtuosi Saxoniae unter Schirmherrschaft des Bundespräsidenten und seiner Vorgänger lädt der sächsische Ministerpräsident in das Berliner Konzerthaus (Schinkelsches Schauspielhaus) ein, um im Zusammenwirken mit der Fördergesellschaft einen Beitrag zur abschließenden Finanzierung des Wiederaufbaus der Frauenkirche zu leisten und für weitere Hilfe zu werben.

Beginn des Einbaus der Orgel durch die Firma Daniel Kern aus Straßburg (9.5.). Fertigstellung 30.6., danach Intonation.

Das letzte Wiederaufbaukonzert findet in der Unterkirche statt (27.8.).

Die letzte öffentliche Kirchenführung in der Unterkirche der Frauenkirche, die Einblick in Geschichte, Wiederaufbau und Nutzung des Gotteshauses nach seiner Weihe gibt, findet statt (31.8.). Ein Film von Regiekameramann Ernst Hirsch illustriert wesentliche Stationen des Wiederaufbaus bis 2004.

Abnahme des wiederhergestellten Altars in seiner die gewesene Zerstörung nicht leugnenden Farbfassung durch die Stiftung. Daran wirken mit: Landesbischof Jochen Bohl, Landeskonservatorin Dr. Rosemarie Pohlack und Baudirektor Burger (30.9.).

Abnahme des Orgelwerkes durch die Stiftung (30.9.).

Der Chefkonservator a.D. des LfD, Prof. Nadler, Ehrenmitglied der Fördergesellschaft und Ehrenkurator der Stiftung, stirbt (8.10.).

Präsentation des von der Stiftung im Michel Sandstein Verlag herausgegebenen Sammelwerkes „Die Frauenkirche zu Dresden. Werden, Wirkung, Wiederaufbau" in der Unterkirche (12.10.).

Anläßlich der Weihe der Dresdner Frauenkirche gibt das Bundesministerium der Finanzen ein in Zusammenarbeit mit der Stiftung im Entwurf ausgewähltes Sonderpostwertzeichen heraus, gestaltet von der Grafikerin Andrea Voß-Acker (13.10.). Dieses Projekt war bereits durch die Bundestagsabgeordneten Dr. Hans-Jochen Vogel, Klaus Brähmig, Renate Jäger, Wolfgang Mischnick und Johannes Nitsch über viele Jahre beharrlich vorangetrieben und immer wieder beantragt worden. Bundesfinanzminister Hans Eichel präsentiert diese Sondermarke in der Unterkirche (19.10.).

Eröffnung der Gemeinschaftsausstellung des Stadtmuseums Dresden und der Stiftung „Die Frauenkirche zu Dresden. Werden, Wirkung, Wiederaufbau" im Stadtmuseum Dresden für eine Dauer von fünf Jahren (21.10.).

Einen Tag vor der Weihe erscheint der von der Fördergesellschaft unter Mitwirkung der Stiftung herausgegebene, vorerst abschließende 11. Band des Jahrbuches „Die Dresdner Frauenkirche" (29.10.).

Weihe der Frauenkirche Dresden (30.10.). Sie besteht aus dem Weihegottesdienst, in dem Kanzel, Taufstein, Altar, Orgel und schließlich die ganze Kirche geweiht werden, dem Festakt, in dem Bundespräsident Prof. Dr. Horst Köhler die Festansprache hält und Landesbischof Jochen Bohl als Vorsitzender des Kuratoriums der Stiftung Dankesworte spricht, und dem Fest der Freude auf dem Neumarkt, zu dem Hunderttausende Menschen anwesend sind. An der musikalischen Gestaltung wirken mit: der Dresdner Kreuzchor unter der Leitung von Kreuzkantor Roderich Kreile, das Blechbläserensemble Ludwig Güttler, der Kammerchor und der Chor der Frauenkirche unter der Leitung von Frauenkirchenkantor Matthias Grünert sowie Frauenkirchenorganist Samuel Kummer. Im Weihegottesdienst erklingt die Orgel nach ihrer Weihe erstmals öffentlich. Den Tag der Weihe beschließt ein ökumenischer Gottesdienst, in dem Bischof Colin Bennetts aus Coventry predigt.

Auf der 2. Ordentlichen Mitgliederversammlung der Gesellschaft zur Förderung der Frauenkirche Dresden e. V. (neue Fördergesellschaft) dankt Bernhard Walter, Vorsitzender des Stiftungsrates allen Spendern, Förderern und ehrenamtlichen Helfern, vor allem auch den Mitgliedern, und teilt mit, daß der Wiederaufbau vollständig finanziert ist. Die gesamte Investitionssumme beträgt 179,7 Mio. Euro, die Nettobaukosten belaufen sich auf 131,3 Mio. Euro. Fast zwei Drittel der Aufwendungen wurden über Spenden gedeckt. Die Fördergesellschaft trug dazu 35 Mio. Euro an Spenden und Sachzuwendungen bei (12.11.).

Die Dresdner Bank AG, Frankfurt/Main, hat in mäzenatischer Weise durch ihre Stifterbriefaktion entscheidend zur Finanzierung beigetragen. Seit 1995 sind durch diese überaus erfolgreiche Aktion 68 Mio. Euro für die Frauenkirche erbracht worden, hiervon hat die Fördergesellschaft bis 2005 mit 9,67 Mio. Euro einen bedeutenden Beitrag geleistet. Einschließlich der Weihe widmete das ZDF mehr als eintausend Sendungen dem Wiederaufbau der Frauenkirche, die über 5,5 Mio. Euro an Spenden einbrachten. Aus dem Verkauf der 476 000 Frauenkirchenuhren sind mit Unterstützung der Ostsächsischen Sparkasse Dresden bisher 5,9 Mio. Euro an Spenden eingegangen. Die Frauenkirchen-Lotterie erbrachte über 685 000 Euro, die die Fördergesellschaft dem Wiederaufbau zuführte (Nov.).

Die 15. Ordentliche Mitgliederversammlung der Gesellschaft zur Förderung des Wiederaufbaus der Frauenkirche Dresden e.V. beschließt nach Erfüllung des Satzungsziels (vollständiger Wiederaufbau) die Liquidation des Vereins zum 1.1.2006 (13.11.).

Die 13. Weihnachtliche Vesper der Fördergesellschaft findet auch nach Abschluß des Wiederaufbaus der Frauenkirche große Resonanz (23.12.). Sie wird in dieser Form auch weiterhin stattfinden.

# Personenregister

Adams, Catherine, Gattin von Greg Lashutka 270
Albers, Ernst Günter, Unternehmer in Meldorf 281
Albers, Peter, Sohn von Ernst Günter A. 281
Albrecht, Ernst, Niedersächsischer Ministerpräsident 68
Albrecht, Hans-Jörg, Organist, Pianist 234f.
Althoff, Berthold, Superintendent, i. R. 340
Ardenne, Prof. Dr. h.c. mult. Manfred von (1907–1997), Physiker 329
Arman, Howard, Chorleiter 233
Arnold, Henry H., Bankier u. Mäzen, Friends of Dresden 46
August der Starke (Kurfürst Friedrich August I. von Sachsen, 1670–1733) 158, 211, 287

Bach, Johann Sebastian (1685–1750), Komponist 158, 166, 234f., 240, 247, 253, 291, 294
Bachert, Albert, Glockengießer in Bad Friedrichshall 346
Bachmann, Dr. Walter (1883–1958), Landesdenkmalpfleger 77, 322
Bacon, George, engl. Schüler 260
Baer, Dr. Otto (1913–1996), Reg.-Baurat a. D., Oberkirchenrat i. R., Dombaumeister 16, 18, 29, 130, 144, 190, 278, 328f., 333, 338
Bähr, George (1666–1738), Ratszimmermeister u. Architekt 14, 23, 32, 75, 152, 158f., 162–168, 175–177, 237, 239, 242, 324, 329, 332, 335, 337
Barbarossa → Friedrich I.
Barrington-Ward, The Rt. Rev. Dr. Simon, Bischof von Coventry 34, 246, 253, 335, 339
Bartetzko, Dieter, Publizist 132, 168
Bartoli, Cecilia, Sopranistin 344
Beale, John, Dresden Trust 45, 251f.
Bechtel, Manfred 348
Beckert, Fritz (1877–1962), Maler 30
Bellotto, Bernardo (genannt Canaletto, 1721–1780), Maler 65, 158f., 164, 184, 198, 211, 213
Benedikt XVI., Papst 70, 248

Benndorf, Wolfgang, Dipl.-Rest. 345, 349
Bennetts, The Rt. Rev. Colin, Bischof von Coventry 350
Berger, Lieselotte (1920–1989), MdB, Parlamentarische Staatssekretärin 326
Berger, Prof. Dr. h.c. Peter L., Ph. D. Soziologe, Theologe 125
Berghofer, Wolfgang, Oberbürgermeister von Dresden 25, 66, 266
Berlichingen, Alexandra Freifrau von, Gattin von Roman Herzog 183
Berthold, Hausmeister der Dresdner Kunstakademie 80
Biedenkopf, Prof. Dr. habil. Dr. h.c. Kurt, Sächsischer Ministerpräsident 34, 37, 53, 190, 197, 277, 283, 286f., 291, 334–336, 339
Blaschke, Prof. Dr. habil. Karlheinz, Historiker 19, 23
Blobel, Prof. Dr. h.c. Günter, M. D. Ph. D., Biomediziner, Friends of Dresden 41, 46f., 278, 339, 343
Blomstedt, Herbert, Dirigent 233
Blüthner-Haessler, Dipl.-Ing.-Ök., Dipl.-Kfm. Ulrich 341, 348
Bohl, Jochen, Sächsischer Landesbischof 112, 123, 303, 348, 350
Böhme, Dipl.-Ing. Arnd 341
Böhme, Dr. sc. techn. Ulrich, Oberkirchenrat, Baureferent 144, 328, 332
Boisserée, Johann Sulpiz (1783–1854), Kunstwissenschaftler 72
Bonhoeffer, Dietrich (1906–1945), Theologe 246
Boos, Albert, Ingenieur 341
Born, Prof. Rudolf (1882–1969), Bildhauer 80
Boylan, Kim M., Esq., Friends of Dresden 46
Brähmig, Klaus, MdB 38, 350
Bretschneider, Franz (1926–2004), Modellbildhauer 18, 25, 36
Brickwedde, Dr.-Ing. E.h. Fritz, Generalsekretär der Deutschen Bundesstiftung Umwelt 338
Britten, Benjamin (1913–1976), englischer Komponist 247
Broomfield KCMG, Sir Nigel, britischer Botschafter 45

Buderath, Bernhard, Kunsthistoriker 343
Burger, Dr.-Ing. E.h. Eberhard, Kirchenbaurat i. R., Baudirektor und Sprecher der Geschäftsführung der Stiftung 25, 32–35, 43, 134, 142, 153, 176f., 203, 212, 219, 224, 254, 258, 276, 331, 335f., 338, 343
Bürger, Heinz (1906–1981), Küster 154, 325
Bush sen., George, Präsident der USA 263, 266
Bush, Betsy Hills, Friends of Dresden 46
Bushe, Eva-Christa 261, 338
Büttner, Dr. phil. Fritz L. (1922–2003), Theaterwissenschaftler 16, 329

Caesar, Gajus Julius (100 v. Chr. – 44 v. Chr.), römischer Staatsmann 91
Canaletto → Bellotto
Carey, The Mt. Rev., Rt. Hon. Dr. George, Erzbischof von Canterbury 253
Celtis, Konrad (1459–1508), Humanist 289
Chiaveri, Gaëtano (1689–1770), Architekt 162
Churchill, Karin, Bildhauerin 247
Churchill, Sir Winston (1874–1965), britischer Staatsmann, Premierminister 212
Cicero, Marcus Tullius (106 v. Chr. – 43 v.Chr.), römischer Redner 91
Clayton, Anthony, Militärhistoriker 258
Conert, Dr. Herbert (1886–1946), Stadtbaudirektor von Dresden 322
Conlin, Stephen, nordirischer Grafiker 253
Corbusier → Le Corbusier
Corty-Mönkemeyer, Dore (1890–1973), Malerin 13, 322

Dahrendorf KBE, Prof. Dr. Dr. h.c. mult. Lord Ralf, deutsch-britischer Soziologe und Politiker 114, 250
Davis, Sir Andrew, Dirigent 247
Davis, Sir Colin, Dirigent 47, 261
Dewrawin, A., Textilfirma in Tourcoing 291
Dieckmann, Dr. h.c. Friedrich, Schriftsteller, Publizist 158, 170
Dietze, Prof. Ernst Richard (1880–1961), Maler 80
Dohnanyi, Klaus von, Jurist und deutscher Politiker 224
Domsch, Dr. h.c. Kurt (1928–1999), Präsident des Sächsischen Landeskirchenamtes 143, 145, 327, 332

Döpper, Horst-Erich 345
Dostojewski, Fjodor (1821–1888), russischer Dichter 177
Dümmler, Volkhard, Tischler, München 202
Dürig, Hans, Generalkonsul der Schweiz 46

Edward, Herzog von Kent KG, Schirmherr des Dresden Trust 45, 50, 181, 244, 249, 252, 258, 339, 344
Eichel, Hans, Bundesfinanzminister 350
Eisenberg, Gotthelf, Pfarrer 347
Elizabeth II., Königin von Großbritannien und Nordirland KG 181–183, 246, 253, 301, 348
Emden, Prof. Wolfgang van (1931–2002), Mediävist, Romanist. Dresden Trust 46
Emmerlich, Gunther, Kammersänger 330
Erhard, Prof. Dr. Ludwig (1897–1977), Volkswirt und deutscher Politiker, Bundeskanzler 215
Erich Lacher Uhrenfabrik GmbH & Co KG 37, 336, 349
Ermisch, Dr. Hubert Georg (1883–1951), Architekt 162
Everard CMG, Timothy, britischer Botschafter 45, 253

Feige d.Ä., Johann Christian (1689–1751), Bildhauer 137, 346
Feuerstein, Christoph, M.A., Künstler 346
Fichtner, Gerlind, Lehrerin, Bad Kreuznach 338
Ficker, Prof. Dr. Dr. h.c. Friedbert, Kunsthistoriker 132
Fischer, Dr. Claus, Sekretär des Vorstands und Schriftführer der Fördergesellschaft 11, 28f., 58, 251, 321, 333, 344
Fischer, Prof. Dr. habil. Horst, Architekt 14, 130, 328
Flohr, Lorenz und Gerhard, Cadolto GmbH, Cadolzburg 36, 336
Foster, Lord Norman, britischer Architekt 247
François, Prof. Dr. Etienne, Historiker 96
Friedrich I. Barbarossa (1122–1190), Kaiser 65
Friedrich II. (1712–1786), König von Preußen 159
Friedrich, Jörg, Schriftsteller 259
Fritz, Stephan, Pfarrer 344

Fürch, Herta, Galeristin 349
Furtwängler, Wilhelm (1886–1954), Dirigent 239

Gardiner, Sir John Eliot, Dirigent 247
Garte, Egon, Lehrer 326
Gebhardt, Dipl.-Ing. Steffen, Architekt 23
Geisler, Dr. Hans, Stellvertretender Sächsischer Ministerpräsident 50
Genz, Christoph, Tenorist 233
Glaser, Prof. Dr. Gerhard, Architekt, Landeskonservator 30, 33f., 327, 335, 338
Göbel, Steinmetzmeister 78
Goebbels, Dr. Joseph (1897–1945), deutscher Politiker, Reichsminister 162
Goes, Albrecht (1908–2000), Theologe, Dichter 239
Goethe, Johann Wolfgang von (1749–1832), Dichter 101f.
Gomme, Ruth, Sopranistin 253
Görres, Joseph (1776–1848), Schriftsteller 72
Gottschlich, Dipl.-Ing. Thomas, Architekt 254
Götz, Siegfried, Schweizer Freunde der Frauenkirche 46
Grayling, A.C., britischer Philosoph 259
Grohmann, Dr. Will (1887–1968), Kunsthistoriker 80, 165
Grone, Giovanni Battista (1682–1748), Maler 348
Groves, Sir Charles (1915–1992), Dirigent 247
Grünert, Matthias, Kantor 348, 350
Günther, Dipl.-Ing. Joachim, MdB 51
Günther, Dipl.-Ing.-Päd. Heiko, 41, 348
Guratzsch, Dr. Dankwart, Architekturkritiker 27, 59, 76, 139, 164
Gurlitt, Prof. Dr. Dr. h.c. Cornelius (1850–1938), Architekt, Denkmalpfleger u. Kunsthistoriker 103
Güttler, Prof. Ludwig, Musiker, Vorsitzender der Fördergesellschaft 10, 12, 17, 19, 22–30, 33–40, 43–51, 130–134, 142, 148, 156f., 166, 190, 201, 208, 212, 219, 224, 226, 229, 234f., 240, 243, 260, 274, 277–283, 291, 293, 302f., 330–336, 339–343, 346–350

Habermas, Prof. Dr. habil. Dr. h.c. Jürgen, Philosoph 113f., 117, 125
Hahn, D. Hugo, Superintendent, Sächsischer Landesbischof (1886–1957) 324
Hahne, Peter, Fernsehjournalist und Publizist 176, 178
Händel, Georg Friedrich (1685–1759), Komponist 232f., 314
Hardenberg, Friedrich Frhr. von → Novalis
Harding, Daniel, Dirigent 247
Harrauer, Hofrat Univ.-Prof. Dr. Hermann, Direktor des Papyrusmuseums Wien 288, 292f.
Harris, Sir Arthur T. (1892–1984), britischer Luftmarschall 251
Hartmann, Dr. Peter, deutscher Botschafter 49, 344
Haug, Günther, Hotelier 345
Haugaard, Kristian, Vorsitzender der Villum Kann Rasmussen Stiftung 283
Hauptmann, Gerhart (1862–1946), Dichter 179, 297
Heidelmann, Dr. Hendrik, Restaurator 343
Hein, Christoph, Diplom-Restaurator 343
Heinsdorff, Prof. Reinhart (1923–2002), Designer 338
Heinze, Dr. Claus-Dieter, Geschäftsführer 336
Heitmann, Dipl.-Jurist Steffen, MdL, Sächsischer Justizminister 176, 328, 338
Hempel, Dr. D. Johannes, Sächsischer Landesbischof 16–19, 29f., 33, 35, 40, 47, 124, 132, 143, 155, 199, 237, 300, 328–330, 335f.
Hempel, Jörg, Bassbariton 232f.
Henkel, Prof. Dr.-Ing. E.h. Hans-Olaf, Industrieller 35, 210, 225, 331
Henn, Prof. Dr. Dr. h.c. Walter (1912–2006), Architekt 12, 80–83, 322f.
Hennig, Erich (1902–1983), Maler, Restaurator 12, 77, 327
Herbst, Rolf, Lehrer, Organist 50, 335
Herzog, Christiane (1936–2000), Gattin von Roman H. 182f.
Herzog, Prof. Dr. habil. Roman, Bundespräsident 52f., 179, 182f., 223, 254, 343
Hesse, Hermann (1877–1962), Dichter 136f.
Hill, Prof. David, Musikdirektor der Kathedrale in Winchester, Musikwissenschaftler 247
Hirsch, Ernst, Regiekameramann 33, 36, 43, 336, 349
Hirzel, Prof. Dr. Stephan, Schriftsteller u. Kunsthistoriker 323

Hitler, Adolf (1889–1945), deutscher Politiker, Reichskanzler und Führer  159
Hoch, Dr. Hans-Christian, Zahnarzt  18, 24, 29f., 331–334, 340
Hoch, Dr. Karl-Ludwig, Pfarrer  18f., 35, 131, 154, 325, 330
Hofmann, Hans-Dieter, Oberlandeskirchenrat, Präsident des Landeskirchenamtes  18, 33, 328, 335, 339
Holbrook, Richard C., amerikanischer Botschafter  339
Holzhausen, Friederike, Sopranistin  229
Honecker, Erich (1912–1994), deutscher Politiker, Vorsitzender des Staatsrats der DDR  199
Hopp, Hanns (1890–1971), Architekt  322
Höppner, Dipl.-Ing. Steffen, Turmuhrenbauer, Pirna  347
Horn de la Fontaine, Dr. Peter, Notar  30, 333f.
Höß, Dr. Joseph, Finanzbürgermeister  328
Hübner, Ralf, Journalist  164
Hultsch, Dr. Walter, Baureferent im Sächsischen Landeskirchenamt  81
Huse, Uni-Prof. Dr. Norbert, Kunsthistoriker  72
Hütter, Dr. Elisabeth, Kunsthistorikerin, Denkmalpflegerin  16, 200
Hutton, John (1906–1978), Graveur  256

Igler, Dr. Beatrix, Unternehmensberaterin in Wien  288, 293
Ihmels, Dr. h.c. Folkert, Oberlandeskirchenrat  23, 200
Imhof, Henrike-Victoria  345

Jacobsen, Jacob Christian (1811–1887), Gründer der Brauerei Carlsberg  281
Jäger, Dipl.-Päd. Renate, MdB  38, 207, 350
Jäger, Dr.-Ing. Hans-Joachim, Bauingenieur, Geschäftsführer der Fördergesellschaft  11, 23, 28, 31, 38, 58, 130, 252, 261, 321, 329f., 334, 336
Jäger, Prof. Dr.-Ing. Wolfram, Bauingenieur  31f., 130, 329, 334f.
Jahn, Dr. med. Werner, Verfolgter der SED-Diktatur  299
Janowski, Marek, Dirigent  233
Jaspers, Prof. Dr. habil. Dr. h.c. Karl (1883–1969), Philosoph  112–114
Jay GCMG, Sir Michael H., britischer Botschafter in Frankreich  49

Jeanneret, Charles  → Le Corbusier
Jeschke, Dipl.-Ing. Erich, Schloßbaumeister  171
Johannes Paul II. (1920–2005), Papst  70, 75, 248
Johnson, Peter, Wing Commander, Dresden Trust  251
Jordan, Carolyn, Büroleiterin des Dresden Trust  252

Kaendler, Johann Joachim (1706–1775), Bildhauer, Porzellanmodelleur  290f.
Kann Rasmussen, Bodil, Gattin von Villum K. R.  282
Kann Rasmussen, Dipl.-Ing. Villum (1909–1993)  40, 281f., 340
Kann Rasmussen, Dr. Aino, Tochter von Villum K. R.  281–284
Kanther, Manfred, deutscher Politiker, Bundesinnenminister  207
Kapoor, Anish, in Großbritannien lebender indischer Bildhauer  247, 341
Kästner, Erich (1899–1974), Schriftsteller  62
Kaubisch, Rolf, Bauingenieur  15, 328
Kaune, Michaela, Sopranistin  233
Kay, Ewald, Bauingenieur  15, 328
Kempff, Wilhelm (1895–1991), Pianist  239
Kennedy, John F. (1917–1963), Präsident der USA  219
Kern, Daniel, Orgelbaumeister in Straßburg  346, 349
Kesting, Prof. Edmund (1892–1970), Maler, Fotograf  160–162, 165
Kiesling, Arno (1889–1963), Architekt  12, 18, 32, 77–82, 86f., 105, 162f., 322–325
Kircheis, Friedrich, Kirchenmusikdirektor, Organist  43, 46f., 260, 281
Kobuch, Dr. Manfred, Historiker und Archivar  53, 321
Köckeritz, Dr.-Ing. Walter, Architekt  15, 23–26, 29, 35, 88, 130, 143, 328–333
Kohl, Dr. Helmut, Bundeskanzler  24f., 73, 157, 166, 186–189, 219, 221, 244, 331f., 335, 339
Kohl, Dr. h.c. Hannelore (1933–2001), Gattin von Helmut K.  221
Köhler, Prof. Dr. Horst, Bundespräsident, Schirmherr der Stiftung Frauenkirche Dresden  135, 178, 295, 301, 350
Konwiarz, Richard (* 1883), Oberbaurat  323

Kraatz, Dr. Klaus-Jürgen, Geschäftsführer der Deutschen Wollvereinigung 287
Kreile, Prof. Roderich, Kreuzkantor 350
Kreß, Volker, Sächsischer Landesbischof 34, 41, 239, 253, 330, 339–343
Kretschmar, Jan, Maler, Restaurator 343, 345
Krone, Prof. Hermann (1827–1916), Fotograf 161
Kühnemann, Sigrid, Apothekerin 340
Kummer, Samuel, Organist 349f.
Kusen, Kajo, Verlagsgeschäftsführer a. D. 329

Lange, Dr. Werner, Kunsthistoriker 324
Lashutka, Gregory (Greg), Bürgermeister von Columbus 263, 266, 270f.
Lashutka, Mike, Sohn von Greg L. 271
Lawlor, Gudrun, Übersetzerin 254
Le Corbusier (1887–1965) (eigentlich Charles Jeanneret), französisch-schweizerischer Architekt 322
Lee, Robert, Bildhauer 247
Leibfried, Erika, Selbständige 334
Leich, Dr. Werner, thüringischer Landesbischof 155f.
Lessing, Gotthold Ephraim (1729–1781), Dichter 293f.
Leucht, Kurt W. (1913–2001), Oberbaurat i. R., Stadtarchitekt a. D. 16, 130, 190, 324–328
Livesey, Malcolm, Association Frauenkirche Paris 33, 46, 337
Löffler, Dr. Fritz (1899–1988), Kunsthistoriker 14, 108, 128, 130, 154, 166, 171, 327f.
Lorke, Prof. Werner, Physiker, Gestalter 344
Longhena, Baldassarre (1598–1682), Architekt 158
Löscher, D. Valentin Ernst (1674–1749), Superintendent 159
Lott, Dame Felicity, Sopranistin 49, 247, 344
Lourghan, James, Dirigent 247
Love, Prof. Iris, Friends of Dresden
Lühr, Dipl.-Ing. Hans-Peter, Geschäftsführer des Dresdner Geschichtsvereins 259
Luther, D. Martin (1483–1646), Theologe, deutscher Reformator 118f., 240–242

MacDonald, Grant, Silberschmiede in London 246, 255, 258, 343

Madaus, Dr. jur. Udo 341
Magirius, Prof. Dr. habil. Dr. h.c. Heinrich, Kunsthistoriker, Landeskonservator 12, 19, 23, 26–29, 53, 101, 111, 130, 156, 162, 171, 329, 333f., 339
Maioglio-Blobel, Laura, Gattin von Günter Blobel, Friends of Dresden 46
Manig, Dipl.-Ing. Bauleiter von IPRO Dresden 348
Marchand, Louis (1669–1732), Organist, Cembalist 158
Markel, Prof. Dr. Dr. h.c. Erich H. (1920–1999), Präsident der New York Max Kade Foundation 343
Marriner, Sir Neville, Dirigent 247
Marte, Dr. Hans, Generaldirektor der Österreichischen Nationalbibliothek 289
Martinsen, Tom, Tenorist 233
Marx, Prof. Dr. habil. Harald, Kunsthistoriker 272
Mauersberger, Prof. Rudolf (1889–1971), Kreuzkantor 234
Mautner, Sophie, Pianistin 233
Mayor, Prof. Dr. Federico, Generaldirektor der UNESCO 339
McCartney, John, Mitarbeiter der Rolls Royce Aero Engines 254
Melanchthon, Philipp (1497–1560), Humanist und Reformator 240
Mendt, Dietrich (1926–2006), Superintendent in Zittau, Oberlandeskirchenrat 132
Menuhin, Lord Yehudi (1916–1999), Dirigent 251f.
Menzhausen, Dr. Joachim, Kunsthistoriker 28
Merkel, Dr. Angela, Bundeskanzlerin 214
Meyer, Heinz-Werner (1932–1994), DGB-Vorsitzender 34, 335
Michell, A., Textilfirma in Adelaide 291
Miech, Heinz, Kunsthändler 11, 330
Miene, Christian, Lotterieunternehmer 37, 336
Milbradt, Prof. Dr. Georg, Sächsischer Ministerpräsident 51
Milde, Prof. Dr. Dr. Kurt, Architekt, Pirna 326
Mischnick, Wolfgang (1921–2002), MdB, deutscher Politiker 15, 38, 130, 207, 326, 350
Mitchinson, John, Tenorist 247
Modrow, Dr. Hans, Ministerpräsident der DDR (1989/90), SED-Bezirkssekretär 187, 201

Mohl, Prof. Heinz, Architekt 61
Molière (eigentl. Jean-Baptiste Poquelin, 1622–1673), französischer Dichter 93
Möller, Dipl.-Ing. Christian, Architekt, Kirchenbaurat 144, 328
Mönkemeyer-Corty, Dore → Corty-Mönkemeyer
Mozart, Wolfgang Amadeus (1756–1791), Komponist 233
Müller, Dr. Klaus, Schweizer Freunde der Frauenkirche 46
Müller, Steffen, Student, Unternehmer 342, 344, 348
Müller-Michaelis, Dr. Wolfgang, Stiftungsdirektor 339
Münchow, Dr. Christoph, Oberlandeskirchenrat 177
Müntefering, Franz, Bundesminister 219

Nadler, Prof. Dr.-Ing. Hans (1910–2005), Architekt, Landeskonservator 12, 14, 18, 23, 30, 35, 77, 82, 85, 89, 108, 130, 134, 156, 163, 171, 283, 324–327, 330, 349
Nardini, D. Arch. (Hons.) Peter, Architekt, Dresden Trust 46, 254
Naumann, Klaus, Generalinspekteur der Bundeswehr 180
Neidhardt, Prof. Dr. phil. Hans Joachim, Kunsthistoriker 17, 23, 127, 141, 155, 156
Nitsch, Dipl.-Ing. Johannes, MdB, Parlamentarischer Staatssekretär 38, 207, 350
Nollau, Prof. Dr. habil. Volker, Mathematiker 28
Nora, Prof. Pierre, französischer Historiker und Publizist 96
Novalis (eigentl. Friedrich Freiherr von Hardenberg, 1777–1801), Dichter 59
Nuschke, Dr. h.c. Otto (1883–1957), Stellv. Ministerpräsident der DDR 85

Oestreicher, Revd. Dr. Dr. Litt. h.c. Paul, Domkapitular in Coventry 46, 251
Olbricht, Friedrich (1888–1944), General 246
Oster, Hans (1887–1945), Generalmajor 246
Ovid (43 v.Chr. – um 17), römischer Dichter 91

Panofsky, Prof. Dr. habil. Erwin (1892–1968), Kunsthistoriker 94

Pascal, Blaise (1623–1662), Philosoph 177
Paul, Gisela, Association Frauenkirche Paris 46, 337
Paul, Prof. Dr. habil. Jürgen, Kunsthistoriker 27, 29, 164, 252, 333
Perscholka, Antje, Sopranistin 232
Peschel, Johannes, Restaurator 345
Peter, Prof. Dr. Jörg, Bauingenieur 334
Pfeifer, Anton, Staatsminister im Bundeskanzleramt 283
Philip Mountbatten, Herzog von Edinburgh, Prinzgemahl von Elizabeth II. 182f.
Phillipps, Prof. Margaret, Organistin 260
Piccolomini, Enea Silvio → Pius II.
Pierce, Brigitte, Dresden Trust 259
Pikulski, Maciej, polnischer Pianist 49, 344
Pillar, Heidrun, Angestellte 345
Pinkert, Horst, Baumeister 79f.
Pius II. (1405–1464), Papst 289
Platon, (427 v.Chr. – 348/347 v.Chr.), griechischer Philosoph 90f.
Pöppelmann, Matthäus Daniel (1662–1736), Architekt 163, 165
Poquelin, Jean-Baptiste → Molière
Preiß, Prof. Dipl.-Ing. Wolfgang (1922–2004), Bauingenieur 15, 130, 326
Prinz, Dipl.-Ing. Henning, Archivar 334
Pritchard, Sir John (1921–1989), Dirigent 247
Purver, Dr. Judith, Germanistin, Dresden Trust 46, 254
Püschner, Karsten, Diplom-Restaurator, Holzbildhauermeister 348

Rachmaninow, Sergej (1873–1943), russischer Komponist 233
Radice, Dr. Anne-Imelda, Friends of Dresden 46
Raffael (Raffaelo Santi, 1483–1520), Maler 171, 174f.
Rau, Dr. h.c. Johannes (1931–2006), Bundespräsident 52
Rau, Hartmut, Superintendent 283
Rausch, Senator Dipl.-Ing. Heinz (1921–2004), Aufsichtsratsvorsitzender der Dywidag AG 329
Rauschhardt, Werner, Dipl.-Bildhauer 348
Recknagel, Dr.-Ing. Rüdiger, Architekt, Baudezernent 15
Reinelt, Joachim, Bischof des Bistums Dresden–Meißen 124, 126

Rice, Condoleezza, Außenministerin der USA 270
Richter, Frank, Kaplan, Pfarrer 132, 340
Richter, Martin (1886–1954) 323f.
Riegl, Univ.-Prof. Dr. Alois (1858–1905), Kunsthistoriker 93–97, 103
Rinderknecht, Dr. phil. Peter, Schweizer Freunde der Frauenkirche 46, 345
Rinehart, Dana G. „Buck", Bürgermeister von Columbus 265, 270
Ringelmann, Obering. Gerhard, Oberbauleiter 341
Rittinghaus, Helmut, Kommunalbeamter 345
Röller, Dr. Wolfgang, Vorstandssprecher der Dresdner Bank 37, 276
Römer, Univ.-Prof. Dr. Cornelia, Direktorin der Papyrusmuseums Wien 293
Rosick, Gela, Spenderin in Columbus 269
Rößler, Prof. Paul (1873–1957), Maler, Restaurator 12, 77, 162
Roth, Dr.-Ing. E.h. Christian, Aufsichtsrat der Bilfinger & Berger AG 338
Roth, Quirin, Bildhauer 348
Rühe, Volker, Bundesverteidigungsminister 24
Rühle, Prof. Dr.-Ing. Hermann (1924–1993), Bauingenieur 23, 329
Runnicles, Donald, Dirigent 247
Ruppelt, Dipl.-Ing. H.-G., Geschäftsführer 28
Russell OBE, Dr. Alan Keith, Dresden Trust 45, 181, 250, 258, 262, 278, 337
Rüth, Prof. Dr.-Ing. Georg (1880–1945), Ordinarius für Tragwerkslehre an der TH Dresden 15, 26, 77–80, 162, 326

Sack, Manfred, Publizist 132
Sarrazin, Jürgen, Vorstandssprecher der Dresdner Bank 35, 149, 276, 283
Schächter, Markus, Intendant des ZDF 276
Schäffer, Fritz (1888–1967), Bundesfinanzminister 222
Schaubert, Paul G., Bankdirektor (a. D.) 29f., 334
Scheel, Dr. h.c. Walter, Bundespräsident 52
Schieferdecker, Prof. Dipl.-Ing. Jürgen, Maler, Architekt 129, 307
Schinkel, Karl Friedrich (1781–1841), Architekt 71

Schmidt, Dr. h.c. Helmut, Bundeskanzler 53, 68
Schmidt, Johann Georg (1707–1774), Ratsbaumeister und Architekt 254
Schmidt, Werner, Kantor 337
Schmiegelow, Arthur, Bankdirektor a. D. 283f.
Schmitz, John P., Esq., Friends of Dresden 46
Schneider, Erich (1892–1979), Kapellmeister u. Domkantor 233
Schoenholtz, Prof. Michael, Bildhauer 347
Schölzel, Dipl.-Ing. Dieter, Architekt 15, 18, 22f., 26, 32, 35f., 88, 130, 143, 328–333, 338f., 349
Schöne, Andreas, M.A., Historiker, Geschäftsführer 347
Schöner, Prof. Jörg, Fotodesigner 33, 337, 342
Schreier, Prof. Peter, Kammersänger, Tenorist 234
Schröder, Dr. h.c. Gerhard, Niedersächsischer Ministerpräsident, Bundeskanzler 219, 221
Schröder, Joachim und Schröder-Helm, Ines, Schweizer Freunde der Frauenkirche 46
Schröder, Prof. Dr. habil. Dr. h.c. Richard, MdB, Theologe, Philosoph 163
Schubert, Franz (1797–1828), Komponist 233
Schubert-Oustry, Brigitte, Association Frauenkirche Paris 46, 337
Schulze, Christian, Bildhauer, Restaurator 349
Schulze, Dipl.-Ing. Renate, Architektin 349
Schulze, Prof. Dr. habil. Hagen, Historiker 96
Schwarz, Britta, Altistin 233
Schwarzenberg, Dipl.-Ing. Martin, Ingenieur Energieversorgung 341
Schweitzer, Dr. habil. Dr. h.c. Albert (1875–1965), ev. Theologe, Arzt, Philosoph 239
Sedlmayr, Hans (1896–1984), Kunsthistoriker 73
Segard, E., Textilfirma in Argentinien 291
Seitz, Prof. Dr. Frederick, Präsident (em.) Rockefeller University, New York, Friends of Dresden 46
Selbmann, Max, Baubetrieb 86

Semper, Prof. Gottfried (1803–1879), Architekt 159f.
Siegel, Prof. (em.) Dr.-Ing. Curt (1911–2004), Architekt 9, 26–32, 164, 334
Silbermann, Gottfried (1683–1753), Orgelbauer 166
Sinkwitz, Prof. Paul (1899–1982), Maler, Graphiker 13f., 323
Sinopoli, Dr. Guiseppe (1946–2001), Dirigent 50, 228, 230, 238f., 344
Sitzmann, Klaus, Fotograf 247
Sloterdijk, Prof. Dr. Peter, Philosoph 76
Smith, Alan, Kunstschmied 176, 202, 246, 256, 344
Smith, Tonie, Dresden Trust 46, 253
Sobkowiak, Marian, polnischer Widerstandskämpfer 299
Spaeh, Winfried, Bankdirektor a. D., Friends of Dresden 46, 271
Spiegel, Dipl.-Ing. Frank, Geschäftsführer der Walter-Bau AG, NL Dresden 348
Steindorf, Eberhard, Konzertdramaturg 228, 240, 247, 327
Stephan, Dr. Rudolf, Mikrobiologe, Berlin 17, 19, 23, 199, 328
Stern, Prof. Dr. Peter, Friends of Dresden 339
Stolberg-Stolberg, Otto, Rechtsanwalt 344, 347
Stolte, Prof. Dr. h.c. Dieter, Intendant des ZDF 50, 228, 276
Suger (1081–1151), Abt von Saint-Denis 76

Tannenberg, Franz, Bauingenieur 340
Taubert, Dipl.-Rest. Peter 347, 349
Taylor, Frederick, brit. Historiker 259
Tempel, Dipl.-Ing. Architekt Klaus F.W. 40
Thieme, Steffen, Tischlergeselle 341
Thomas, Merrilyn, Historikerin 254
Thomsen, Dr. jur. Andreas, Rechtsanwalt 29, 333, 344
Thümmel, Dr. oec. Rainer, Glockensachverständiger 334
Tietmeyer, Prof. Dr. Dr. h.c. mult. Hans, Bundesbankpräsident 202, 207
Timmermann, Prof. Dr. Dr. Heiner 40
Tomaszewski, Prof. Dr. habil. Andrzej, polnischer Generalkonservator 90, 100
Torry KCMG, Sir Peter, britischer Botschafter 349
Traeger, Prof. Dr. Jörg (1942–2005), Kunsthistoriker 27, 164
Trauzettel, Prof. Dr. habil. Helmut (1924–2003), Architekt 132, 331
Trede, Willy (1900–1974), Restaurator 77, 323
Twietmeyer, Thekla, Unternehmerin 342

Ulbricht, Walter (1893–1973), deutscher Politiker, Vorsitzender des Staatsrats der DDR 62f.
Ullmann, Dr. Wolfgang (1929–2004), MdB, MdEP, ev. Theologe 38, 207
Unkel, Kathrin, Association Frauenkirche Paris 46

Vedder, Karin, Unternehmerin 345
Veil, Simone E.R., Präsidentin des Europäischen Parlaments, Schirmherrin der Association Frauenkirche Paris 46
Vivaldi, Antonio (1678–1741), Komponist 158, 240
Vogel, Dr. jur. Hans-Jochen, MdB, deutscher Politiker und Bundesminister 15–17, 34, 38, 130, 198, 205, 207, 328f., 333, 335, 340, 350
Voigt, Dr. Günter, Zahnarzt 18f., 130, 154, 157, 330
Vollstedt, Dieter Joachim, Vorsitzender der Deutschen Wollvereinigung 285, 293f., 342
Volp, Prof. Dr. Rainer (1931–1998), ev. Theologe 329
Voß-Acker, Andrea, Grafikerin 350

Wackerbarth, August Christoph Reichsgraf von (1662–1734), Generalintendant und Oberinspektor aller Zivil- und Militärgebäude in Dresden 164
Wagner, Dr. Herbert, Oberbürgermeister von Dresden 30, 33, 37, 263, 266, 270f.,283, 333, 334, 336, 343
Wagner, Richard (1813–1883), Komponist 244
Waigel, Dr. Theodor, deutscher Politiker Bundesfinanzminister 38, 202, 206–209, 337, 339, 340, 343
Walcha, Otto (1901–1968), Architekt, Schriftsteller, Maler 325
Waldapfel, Prof. Willy (*1883), Maler 80
Walser, Dr. phil. Dr. h.c. Martin, Schriftsteller 34, 166, 171, 175, 206
Walter, Bernhard, Vorstandssprecher der Dresdner Bank, Vorsitzender des Stiftungsrates 33f., 37, 50, 148f., 228, 274, 280, 335, 338, 350

Walter, Dr. Herbert, Vorstandsvorsitzender der Dresdner Bank  279
Walter, Johann (1496–1570), deutscher Kantor und Komponist  240f.
Wanitschke, Vinzenz, Dipl.-Bildhauer  342, 345, 349
Webbeler, Marianne, Pädagogin  333
Webbeler, Oberstudienrat Franz-Joseph  333
Wehle, Robert (1815–1905), Maler  128
Wehner, Herbert (1906–1990), MdB, deutscher Politiker, Bundesminister  17, 130
Weidauer, Walter (1899–1986), Oberbürgermeister von Dresden  163
Weinberger, Franz, Rechtsanwalt, München  25
Weinert, Hermann (1881–1954), Kirchenoberinspektor  77–80, 322
Weizsäcker, Dr. jur. Richard von, Bundespräsident  22, 52f., 184, 331, 335
Wenzel, Prof. Dr.-Ing. Fritz, Bauingenieur, Karlsruhe  32, 334
Wetzel, Christoph, Maler und Grafiker  92, 317, 348f.
Weyrauch, Joachim (1915–1998), Kaufmann  340
Winkel, Michael, Pfarrer  340
Winkler, Dipl.-Ing. Hermann  338
Wissenbach, Dr. Heinz, Bankdirektor a. D., Finanzdirektor der Stiftung  35, 338

Witschel, Hartmut, Restaurator  345
Wobst, Andi, Tochter von Frank W.  269
Wobst, Dr. h.c. Frank, Bankier, Friends of Dresden  46, 263, 273, 339
Wobst, Joan, Gattin von Frank W.  264
Wobus, Oberingenieur  82
Wölfel, Martin, Countertenor  232
Wolff, Prof. Dr. Carl, Friends of Dresden  28, 339
Woodhead, David, Leiter des Independent-Schools-Council, London  260
Woollams, Erika, Dresden Trust  251
Wörle, Robert, Tenorist  232

Zepnik, Dr.-Ing. Roland, Bauingenieur, 15, 23, 25, 130, 328–330
Ziemer, Christof, Superintendent  34, 132, 327, 330
Zimmermann, Monika, Journalistin  164
Zoellick, Robert, Vizeaußenminister der USA  271
Zuber, Dieter, Jurist, Oberkirchenrat  18f., 23, 28–30, 328, 333, 338
Zuckmayer, Carl (1896–1977), Schriftsteller  244, 246
Zumpe, Prof. Dr. habil. Dr. h.c. Günter, Bauingenieur  36, 175, 328

# Abbildungsnachweis

Gesellschaft zur Förderung des Wiederaufbaus der Frauenkirche Dresden e.V., Dresden: 13, 20, 21, 39, 64, 231

Bundespresseamt, Berlin: 183, 301

Friedrich Dieckmann, Berlin: 161, 167, 169

dpa – picture alliance, Frankfurt/Main: 182, 188, 319

Experience Columbus, Ohio, USA: 265 (Randall Schieber)

M. Gebhardt: 61

Steffen Giersch, Dresden: 123, 155

Hans-Christian Hoch: 23

IBM Deutschland, Bildarchiv, Stuttgart: 220

Dieter Krull, Dresden: 67

Manfred Lauffer, Dresden: 180, 257

Gisela Rudat, Dresden: 306

Juliane Njankouo: 243

Sächsische Landesbibliothek – Staats- und Universitätsbibliothek, Abt. Deutsche Fotothek, Dresden: 63 (Tonig), 79 und 84 (Pressearchiv Erich Höhne und Erich Pohl), 120, 172 (Reinecke)

Jürgen Schieferdecker, Dresden: 307

Jörg Schöner, Dresden: 2, 41, 48 unten, 49, 51, 58 oben, 69, 74, 92, 98, 106, 107, 111, 145–153, 173, 174, 177, 185, 193, 195, 203, 207, 216, 229, 234, 235, 238, 245, 255, 283, 296, 308–318

Staatliche Kunstsammlungen Dresden, Gemäldegalerie Alte Meister: 159, 211

Städtische Galerie Dresden: 128 (Zadniček)

Steiner & Steiner GmbH, Dresden: 44, 48 oben

Villum Kann Rasmussen Fonden, Söborg/Dänemark: 282, 284

Dieter Vollstedt, Essen: 290, 293

Franz Zadniček, Dresden: 121, 125, 136, 139, 140, 141, 223, 300, 305, 320

*Es war nicht in allen Fällen möglich, die Rechteinhaber zu ermitteln. Es wird deshalb gegebenenfalls um Mitteilung gebeten.*